Reinhard Roseneck · Eberhard Semmler

Stadtgestalt und Außenwerbung

Schutz historischer Altstädte und Ortsteile
von geschichtlicher, künstlerischer
oder städtebaulicher Bedeutung

D1698851

Sachbeiträge, örtliche Bauvorschriften und praktische Beispiele
zum Thema „Werbeanlagen in Stadt und Gemeinde"

GEMINI DS

Für Herausgabe und Inhalt zeichnen:

Dr.-Ing. Reinhard Roseneck, Bezirkskonservator beim Niedersächsischen Landesverwaltungsamt – Institut für Denkmalpflege –, Braunschweig

und

Eberhard Semmler, Referent a. D. beim Deutschen Landkreistag – verantwortlich für die Geschäftsführung der Gesellschaft für Ordnung in der Außenwerbung, Bonn

CIP-Kurztitelaufnahme der Deutschen Bibliothek
Stadtgestalt und Außenwerbung

Verfasser: Reinhard Roseneck und Eberhard Semmler
GEMINI DS

ISBN 3-928349-00-7

Alle Rechte vorbehalten
GEMINI DS, Düsseldorf, Postfach 60 12

Dokumentation:

Wiedergabe von Referaten, die im Rahmen der Sacharbeit der Gesellschaft für Ordnung in der Außenwerbung e. V. gehalten wurden von:

Dr. Hartmut Dyong, Ministerialdirigent im Bundesministerium für Raumordnung, Bauwesen und Städtebau, Bonn

Dr. Günter Gaentzsch, Bundesrichter am Bundesverwaltungsgericht, Berlin

Prof. Dr.-Ing. Diether Wildeman, Hauptkonservator beim Westfälischen Amt für Denkmalpflege, Münster

Inhalt

Es wird darauf hingewiesen, daß das im Gesetzblatt der ehemaligen Deutschen Demokratischen Republik vom 13. August 1990 veröffentlichte „Gesetz über die Bauordnung (BauO)" vom 20. Juli 1990 in seinen Vorschriften über die Gestaltung und die Anlagen der Außenwerbung den entsprechenden Vorschriften der bundesdeutschen Musterbauordnung (siehe hierzu die Seiten 39 bis 44 der vorliegenden Veröffentlichung) entspricht. Das „Gesetz über die Bauordnung (BauO)" gilt zunächst in den fünf neuen Bundesländern Brandenburg, Mecklenburg-Vorpommern, Sachsen, Sachsen-Anhalt und Thüringen als einheitliches Bauordnungsrecht, bis diese Länder möglicherweise Änderungen vornehmen. Sollte dieses der Fall sein, erscheint es unwahrscheinlich, daß die Regelungen über die Anlagen der Außenwerbung hiervon betroffen werden.

Einleitung

In Deutschland gibt es seit dem 3. Oktober 1990, dem historischen Tag der Einigung der Deutschen Demokratischen Republik mit der Bundesrepublik Deutschland, mehrere Tausend Altstädte und Ortsteile mit unübersehbaren schutzwürdigen Gestaltwerten. Ihnen allen gemeinsam ist die immerwährende Verpflichtung der Pflege des Orts- und Stadtbildes im Rahmen von Maßnahmen der Stadterhaltung und Stadtentwicklung. Es geht um Form und Maßstab des Erscheinungsbildes der bebauten und unbebauten Teile des Gemeindegebietes, wie der Straßen, Plätze, Nischen sowie der Landschaft. Das Ortsbild darf durch Verunstaltungen nicht beeinträchtigt werden.

Den zahlreichen Anlagen der Außenwerbung (Werbeanlagen) kommt als Teil des gestalterischen Stadtbaugeschehens seit jeher besondere Gewichtigkeit zu. Hier gilt es, im Rahmen der Regeln des Bauordnungsrechts, aber auch anderer Rechtsgebiete, wie Denkmalschutzrecht und Verkehrsrecht, stets besondere Maßstäbe anzulegen. Die äußere Gestaltung von Werbeanlagen zur Durchführung baugestalterischer Absichten in bestimmten, genau abgegrenzten bebauten und unbebauten Teilen des Gemeindegebiets kann darüber hinaus durch örtliche Bauvorschriften geordnet werden.

Im Rahmen derartiger städtebaulicher Überlegungen ist allem baulich Schutzwürdigen besonderes Augenmerk zu widmen. Geschichtliche, künstlerische und städtebaulich besondere Gesichtspunkte sind zu bedenken. Örtliche Bauvorschriften können im Rahmen kommunaler Satzungen oder Bebauungspläne erlassen werden. Das Satzungsrecht ist wesentlicher Bestandteil der kommunalen Selbstverwaltung, betonte einstimmig der 57. Deutsche Juristentag 1990 in München. Die Satzung, so wurde unterstrichen, ist als eine verfassungsrechtlich anerkannte Handlungsform der Kommunen zu erhalten und zu fördern.

Die letzten Jahre standen im Zeichen des Aufbruchs für eine menschliche Stadt. Die Bürger erwarten Lebensqualität im gestalteten Lebensraum. In zahlreichen Bürgeraktionen wurde für den Einklang von Stadt, Mensch und Umwelt geworben. Auch die kommunalen Spitzenverbände haben sich sehr stark um die Qualifikationsanforderungen für Stadtgestaltung, Stadtbildpflege und bauliche Denkmalpflege im wohlverstandenen Sinn bemüht. Die Städte und Dörfer in der Bundesrepublik Deutschland mit den neuen Bundesländern Branden-

V

burg, Mecklenburg-Vorpommern, Sachsen, Sachsen-Anhalt und Thüringen sind angesichts des zusammenwachsenden Europas herausgefordert, Entscheidungs- und Entwicklungsspielräume zu bewahren und zu nutzen.

Die vorliegende Publikation will aufzeigen, was hinsichtlich der baulichen Anlagen der Außenwerbung nach dem Bauordnungsrecht und dem ihm zugeordneten kommunalen Satzungsrecht im allgemeinen und im einzelnen einer Regelung innerhalb der Stadtgestaltung und der Stadtbildpflege zugänglich ist. Der im Mittelpunkt des Buches stehende, reich illustrierte Beitrag „Werbung in historischen Altstädten" gibt jedem, der als Architekt, Geschäftsmann, Verwaltungsvertreter, Werbeanlagenhersteller oder Denkmalpfleger mit Fragen der Außenwerbung befaßt ist, wertvolle Hinweise zur Gestaltung von Werbeanlagen, die durch zahlreiche Beispiele aus dem In- und Ausland ergänzt werden. Den verantwortlichen Mandatsträgern und Ämtern im kommunalen Bereich sollen die Überlegungen zur Festlegung des Inhalts örtlicher Bauvorschriften erleichtert werden. Dem dienen auch die wiedergegebenen kommunalen Gestaltungssatzungen aus den Bundesländern Baden-Württemberg, Bayern, Hessen, Niedersachsen, Nordrhein-Westfalen, Rheinland-Pfalz und Schleswig-Holstein. Diese örtlichen Bauvorschriften lassen die Fülle der Möglichkeiten ortsspezifischer Gestaltungsmaßnahmen bei historischen, aber auch bei modernen Gebäuden erkennen.

Die Veröffentlichung dient gleichzeitig der willkommenen Dokumentation von Ausführungen zum Recht der Außenwerbung und zur Gestaltung alter Städte, wie sie im Rahmen der Sacharbeit der Gesellschaft für Ordnung in der Außenwerbung e. V. von Hartmut Dyong, Günter Gaentzsch und Diether Wildeman gehalten wurden.

Allen am Zustandekommen dieser Veröffentlichung Mitwirkenden sagen wir unseren aufrichtigen Dank.

Im Dezember 1990

Reinhard Roseneck – Eberhard Semmler

Eberhard Semmler

Außenwerbung

Bemühungen um eine gute Ordnung

1 Doppelwertigkeit der Außenwerbung

Kein Zweifel: Reklame beeinflußt die Gestalt der Städte. Außenwerbung ist ein Element des Stadt- und Ortsbildes – vielleicht das zwiespältigste und konfliktreichste. Die Interessenlage der Menschen und ihrer Gruppen ist sehr unterschiedlich. Die Wirtschaft besteht auf Außenwerbung. Der Bürger ist zweigeteilter Meinung. Der, dem sie nutzt, bejaht sie; der, den sie stört, lehnt sie ab. Städtebauer und Architekten haben sich ihrer als Segment des Stadtbildes angenommen. Sie soll sich der Umgebung anpassen und in die Architektur einfügen. Auffallen soll sie aber auch! So hat Außenwerbung viel mit guter Gestalt und Ästhetik zu tun. Hier tun sich die an der Außenwerbung Beteiligten oftmals schwer. Sie fühlen sich einerseits der Stadtarchitektur und Baukultur verpflichtet, andererseits sehen sie die Erfordernisse des wirtschaftlichen Lebens. Merkantile und bauästhetische Gesichtspunkte geraten in Konflikt. Vielfach werden Baufreiheit und Informationsfreiheit beschworen. Politische Prinzipien werden gesucht und gefunden. Die freie Marktwirtschaft benötigt die Werbung zum Absatz von Waren und Leistungen. Der öffentliche Raum ist frei und wirtschaftlich nutzbar. Hat er sich dem unserer Wirtschaft eigenen Konkurrenzdenken unterzuordnen? Gibt es sogar einen Wettbewerb innerhalb des Reklamegeschehens? Und sind hiervon die Anlagen der

Außenwerbung nicht auch betroffen? Die Sucht nach immer größerer und noch auffälligerer Außenwerbung ist zweifelsfrei vorhanden. Die Werbemanager – wie sollte es in ihrem Beruf auch anders sein? – sind erfinderisch. Erst waren es die Litfaßsäulen, die noch zur Stadtatmosphäre beitrugen, dann die ihre Umwelt häufig störenden Plakattafeln, und heute sind es vielfach überdimensionale, schreiende Plakatwände an den Haltestellen von Omnibus und Straßenbahn. Die in den Innenstädten einst zurückhaltende, teilweise architektonisch elegante Leuchtwerbung ist sehr häufig der Großlichtwerbung in Stadt und Dorf gewichen. Auch die Firmenwerbung an der sogenannten Stätte der Leistung – Kaufhäuser, Supermärkte, Einzelhandelsgeschäfte, Hotels, Gaststätten, Fabriken und Handelsbetriebe, Dienstleistungsunternehmen (Banken, Versicherungen und dergleichen) – haben manche Grenzen wohlgeordneter Stadtarchitektur und maßstabgerechter Angemessenheit überschritten. Sicher fehlt es den Beteiligten häufig an rechter Gesinnung und vernünftigem Handeln, die dem Nutzen und dem Erfolg der Außenwerbung durchaus gerecht werden könnten.

Diesen ersten Überlegungen zur Doppelwertigkeit der Außenwerbung in den innerörtlichen Bereichen der Städte und Gemeinden sollen – da gedankliche Berührungspunkte gegeben sind – noch einige Anmerkungen zum Thema „Außenwerbung in der Landschaft" angefügt werden. In der Bundesrepublik ist es gelungen – und das unterscheidet sie wohltuend von manchen anderen Ländern in Europa und in der Welt –, die offene Landschaft weitgehend frei von Werbung und Reklame zu halten. In der Landschaft hat Außenwerbung nichts zu suchen. Hier ist sie überflüssig – von nützlichen Hinweisen und Orientierungstafeln einmal abgesehen. Wenn Außenwerbung immer wieder in die Landschaft einzudringen versucht, hat dies mit den zahlreichen Verkehrsteilnehmern auf Fern- und Landstraßen zu tun. Die Plakate, die Blech- und Plastikschilder an Scheunen und Stadeln, die häufig zu sehenden häßlichen Hinweistafeln auf Hotels und Gaststätten, aber auch das Offerieren von Gebrauchsgütern – Getränke, Zigaretten, Sonnenschutzöle – sollen beim Wanderer und Autoreisenden Bedürfnisse wecken.

Außenwerbung ist außerhalb der Städte und Dörfer – bebauten Ortsteilen – unzulässig, an Verkehrswegen und Brücken ist sie eingedämmt. So steht die Bundesrepublik als Beispiel für manch andere Staaten. Reisende und Urlauber in südlichen Ländern haben die Störung der Landschaft durch Außenwerbung dort stets beklagt. Sie fühlen sich durch sie in ihrem Erholungsbedürfnis gestört. Sie wollen das Reiseland erleben, nicht die kommerzielle Werbung an den Verkehrsbändern. Selbst in den Vereinigten Staaten ist man seit vielen Jahren bemüht, die Großanlagen in der Landschaft einzudämmen. Nationale Programme zum Schutz von Landstraßen und der Landschaft wurden eingeführt. Mit zum Teil ungeheurem Kostenaufwand wurden die sogenannten „billboard-blights" entlang der US-Bundesstraßen bekämpft.

Die Umweltprogramme in der Bundesrepublik haben sich mit den Anlagen der Außenwerbung in der Landschaft nicht beschäftigt. War das richtig? Wo diese Programme den Bereich der Landschaft aufgreifen, ging es um Zerstörung und Zersiedelung durch Industrie und Technik, um Ausuferung der Wohnbereiche und um Immissionen durch Schadstoffe in Luft, Wasser und Landschaft. Daß die Eingriffe der Menschen und der Wirtschaft in die Natur auch gravierende optische Störungen durch Außenwerbung mit sich brachten, wurde in den Umweltprogrammen offensichtlich übersehen. Wo schon Fabriken, Raffinerien und Betriebe am Rande der Städte oder in der freien Landschaft erbaut wurden, störte offenbar nicht mehr die dort angebrachte, oft riesige Eigenreklame. Manche sahen zwar die Markenzeichen auch als hilfreiche Orientierungspunkte an. Andere jedoch beklagten sie als störende optische Reizauslöser, sowohl am Tag und vor allem in der Nacht — besonders, wenn es sich um große Leuchtanlagen handelt.

Die Gesetzgeber in einigen Bundesländern erkannten jedoch, daß weit in die Landschaft hinauswirkende Außenwerbung nicht opportun erscheint. So bestimmen einige Bauordnungen, daß Werbeanlagen, soweit sie in die freie Landschaft hineinwirken, unzulässig sind. Eine andere besagt, daß Werbeanlagen nicht erheblich in den Außenbereich hineinwirken dürfen.

Zurück zur Außenwerbung im Baugeschehen der Städte und Gemeinden. Wie beim Schutz von Natur und Landschaft sehr ausgeprägt, gelten auch hier die möglichen gleichen Gesichtspunkte. Das sind die des Wohlbefindens und der Gesundheit des Menschen, die Abwehr der optischen Reizwirkungen, von Gefährdungen und Belästigungen, die Bewahrung der Stadtgestalt und historischer Bausubstanz, die Erhaltung von Schönheit und Ästhetik schlechthin. Ein weites Feld der Diskussion öffnet sich!

Unbestritten: Außenwerbung, wie auch jegliche andere Werbung, informiert, orientiert und animiert. Der Bürger will unterrichtet sein. Er braucht Nachrichten und Hinweise für sein Einkaufs- und Konsumerlebnis jeglicher Art. Er will auch angesprochen werden. Das alltägliche geschäftige Leben setzt sich aus vielen Begegnungen und Erlebnissen zusammen. Die Werbung in der freien Wirtschaft hat ihren besonderen Wert und ihre ökonomische Berechtigung.

Wichtig ist jedoch festzuhalten: Eine gute Ordnung in der Außenwerbung ist dann erreichbar, wenn sich wirtschaftliche Interessen mit sittlichen und ästhetischen Ansprüchen der Bürger in Einklang bringen lassen. Außenwerbung darf nicht die Qualität des äußeren Erscheinungsbildes vieler Stadt- und Gemeindeteile in ihrer individuellen Eigenart und Unverwechselbarkeit beeinträchtigen. Merkantile Ansprüche sind den Schutzbedürfnissen der Menschen und ihrer bebauten Umwelt unterzuordnen. Im Vordergrund steht das Wohl der Allgemeinheit.

2 Wirtschaftsfaktor Außenwerbung innerhalb der Werbung

Die Bundesrepublik Deutschland ist einer der werbeintensivsten Staaten der Welt. Nach Hochrechnungen des Zentralausschusses für Werbewirtschaft (ZAW) erreichten die Ausgaben für Werbung im Jahr 1987 eine Höhe von 33,4 Milliarden DM. Dieser Betrag setzt sich aus der Summe der drei bei einem Werbungtreibenden enstehenden Kosten zusammen – den Werbemittelproduktions-Verwaltungskosten (wie Honorare und Gehälter) und den Werbeträgerkosten (Einnahmen der Medien). Das sind zwei Prozent vom deutschen Bruttosozialprodukt. Nur das Mutterland der Werbung, Amerika, wendet mehr auf – rund 2,8 Prozent.

Aufschlußreich sind die Umsätze der vom ZAW erfaßten Träger der Werbung. Danach sind folgende Netto-Werbeeinnahmen im Jahr 1987 zu sehen:

Werbeträger	1987
Tageszeitungen	7 022,6 Mio DM
Publikumszeitschriften	2 925,6 Mio DM
Direktwerbung	2 069,2 Mio DM
Fernsehwerbung	1 617,8 Mio DM
Fachzeitschriften	1 569,4 Mio DM
Adreßbuchwerbung	1 139,8 Mio DM
Hörfunkwerbung	625,8 Mio DM
Außenwerbung	534,5 Mio DM
Wochen- und Sonntagszeitungen	274,1 Mio DM
Filmtheaterwerbung	169,7 Mio DM
Werbeumsatz:	17 948,5 Mio DM

4

Die vorstehende Übersicht weist aus, daß die Außenwerbung am Gesamtumsatz der Werbeträger von nahezu 18 Milliarden DM mit 534,5 Millionen DM beteiligt ist. Der Fachverband Außenwerbung gliedert diesen Gesamtumsatz für das Jahr 1987 wie folgt auf:

Allgemeiner Anschlag	63,5 Mio DM
Ganzsäulen	41,0 Mio DM
Großflächen, Spezialstellen, Kleintafeln, 4/1-Bogen-Plakate	255,0 Mio DM
Aribus, City-Line, City-Plakat	51,0 Mio DM
Verkehrsmittelwerbung	124,0 Mio DM
Gesamt	**534,5 Mio DM**

Die verschiedenen Stellenarten in den Bundesländern (1987)

Länder	Allgemeine Stellen	Ganzstellen	Großflächen	Kleintafeln (4/1 und 6/1 Flächen)
Schleswig-Holstein	2 499	584	4 920	–
Hamburg	1 460	660	6 656	307
Niedersachsen	8 154	1 790	16 586	53
Bremen	700	287	3 054	22
Nordrhein-Westfalen	14 495	4 715	74 247	317
Hessen	6 235	1 222	17 745	37
Rheinland-Pfalz	3 727	656	8 869	12
Saarland	547	133	3 258	–
Baden-Württemberg	9 499	1 698	17 129	236
Bayern	15 073	1 823	21 514	101
Berlin	2 892	413	7 753	330
Gesamt	**65 281**	**13 981**	**181 731**	**1 415**

In den obigen Daten sind nicht enthalten mehrere Hundert Millionen DM, die von der Wirtschaft für Anlagen der Außenwerbung in den Bereichen der Außenwerbung, der Industrie, des Handels, des Handwerks und Gewerbes jährlich umgesetzt werden. Das sind u. a. Anlagen der Lichtwerbung, Transparente, Schilder und Schriften, Tafeln und Werbeausleger. Der Fachverband Lichtwerbung weist darauf hin, daß die Hersteller von Lichtwerbeanlagen im Jahr 1987 einen Branchenumsatz von 504 Millionen DM aufzuweisen hatten. Außenwerbung, so ist festzustellen, dient nicht nur der Wirtschaft, sondern ist selbst zum Wirtschaftsfaktor geworden.

3 Historisches

Die Außenwerbung hat selbstverständlich auch ihre weseneigene Historie. Sie ist nachweisbar bis in das 3. Jahrhundert vor Christus. Steinschneidearbeiten und Metallreliefs sind überliefert. Für die römische Zeit ist bereits eine Wahlwerbung mit Nachweis von Kandidaten, die sich um bestimmte Ämter bewarben, nachweisbar. Auch Mosaiken dienten Werbezwecken, u. a. in Restaurationen und Wirtshäusern. Werbegestalter und Schriftenmaler kannte das antike Pompei. Firmenschilder als Zeugnisse ihrer Arbeiten sind dort zu sehen. Ladenschilder aus Terrakotta weisen auf die Geschäfte der Metzger und Weinhändler hin. Seltsamerweise verfügen wir aber über kein einziges Zeugnis kaufmännischer Werbung aus dem alten Athen! – Eindrucksvolle Beispiele der Außenwerbung sind uns aus dem 13. Jahrhundert, dem Beginn der Ausdehnung der Städte, überliefert. Die Aushängeschilder breiteten sich im Mittelalter über ganz Europa aus. Die künstlerisch wohlgestalteten Ladenschilder waren es auch, die für die Wappen der Zünfte bestimmend wurden. Kunstvoll geschnitzte und bemalte Holztafeln, in Blech getriebene und in Eisen geschmiedete Werbeschilder ziehen sich durch die letzten vier Jahrhunderte (siehe hierzu auch Beitrag von Roseneck).

Die Buchdruckerkunst des 15. Jahrhunderts brachte der Außenwerbung dann den Aushängezettel und das Plakat. Die ersten Plakate wurden in den Jahren 1477 bis 1482 herausgebracht. Das erste französische Plakat galt der „Vergebung der Muttergottes von Reims". Der erste „Plakatkleberbund" wurde 1772 in Paris gegründet. Sebastian Mercier machte sich über die „Zettelkleber" lustig: „Sie sind das Ebenbild der Gleichgültigkeit. Mit derselben sorglosen Miene kleben sie Frivoles und Heiliges, juristische Erlasse, Todesurteile und verschollene Hunde an die Wand. Niemals lesen sie mehr als die behördliche Genehmigung. Ein Blick auf den Stempel, und sie würden ihr eigenes Todesurteil anschlagen!" Die seinerzeitige Pressezensur griff auf die Plakate über, deren aufrührerische Formulierungen von der Regierung gefürchtet wurden. – Die Londoner Stadtbehörde untersagte 1839 das Anschlagen von Plakaten auf Privatbesitz. Zur gleichen Zeit beschäftigte man sich auch in Deutschland mit dem störenden Zettelanschlag (siehe Ziff. 4 u. 8).

Ende des 19. Jahrhunderts entwickelte sich das Plakat zur Kunstform. Das berühmteste ist „Le Moulin Rouge" von Toulouse-Lautrec (1891). Die große Zeit der Plakatmalerei bricht an. Persönlichkeiten wie Bonnard, Franz von Stuck, L. von Hoffmann, A. Weißgerber und Ludwig Hohlwein gehören bis zu Herbert Leupin zu den Wegbereitern der Graphik und Plakatkunst.

Das Gaslicht und die Elektrifizierung der Städte bringt Ende des 19. und Anfang des 20. Jahrhunderts letztlich die Leucht- und Lichtwerbung in all ihren vielfältigen Erscheinungen und Ausdrucksformen.

„Die modernen Neon-Lichter, diese gelebten Irrlichter, haben das nächtliche Antlitz der Städte verändert. Wenn auch oft der schlechte Geschmack den Sieg davonträgt, so wird der Tourist doch von dieser Vielfalt der Farbe verführt" (Rencontre).

Der Kurzabriß der Historie der Außenwerbung leitet über zu zwei Persönlichkeiten, deren Wirken aus werbe- und verwaltungsgeschichtlicher Sicht besonders bedeutsam wurde. Sie haben das Phänomen Außenwerbung wesentlich und in unterschiedlicher Weise beeinflußt: Ernst Litfaß und Wilhelm Münker. Ihre Ideen und Vorstellungen stehen am Beginn von Entwicklungen des allgemeinen und besonderen Außenwerbungsrechtes und der Abwehr von Gefahren der ortsgebundenen Außenwerbung in Ort und Landschaft. Die folgenden Abschnitte sind ihnen gewidmet.

4 Ernst Litfaß – der große Werbemanager

Ernst Litfaß, geboren am 11. Februar 1816, Verleger und Drucker zahlreicher Veröffentlichungen für Literatur, Theater und Geselligkeit des aufstrebenden Berlin des 19. Jahrhunderts, wird als das bis in die heutige Zeit hineinwirkende Werbe-Genie angesehen. Der Fachverband Außenwerbung verleiht auf seinen Hauptversammlungen die „Ernst-Litfaß-Medaille" für Verdienste um die Außenwerbung.

Die „Schnellpressendruck Ernst Litfaß" steht für bekannte periodische Veröffentlichungen der Biedermeier-Zeit des alten Berlin, u. a. „Berliner Schnellpost", „Berliner Kurier", „Berliner Krakehler", „Berliner Tagestelegraph" sowie zahlreiche Flugblätter und Ankündigungen der Revolutionszeit 1848 und letztlich des Riesenplakats – „Biedermeier-Wunder" genannt –, das die erstaunliche Größe von 6,30 x 9,40 m erreichte. Es war auf den ersten Ausstellungen von Industrie, Handel und Gewerbe zu sehen, die Litfaß mit seinen Werbe-Ideen und Einfällen begleitete. Ernst Litfaß, ein fortschrittlich denkender und handelnder Unternehmer mit ausgeprägtem Geschäftssinn und Initiative, wäre jedoch, wie viele andere seiner Zeit, in Vergessenheit geraten, wenn ihn nicht eine Tat besonders berühmt gemacht hätte: die Errichtung seiner Anschlagsäulen. Es bedurfte einer mehrjährigen Anlaufzeit, bis er seine Idee, die er übrigens von den ersten Reisen seiner Ausbildungszeit als Buchhändler in die europäischen Hauptstädte mitbrachte, mit Geschick und Überzeugungskraft durchsetzen konnte. Litfaß hatte sich bereits durch seine bemerkenswerte „Volks- und Werbepublizistik" in der Berliner Gesellschaft des Biedermeier einen Namen erworben, als er dem seinerzeitigen königlichen Polizeipräsidenten Karl Ludwig Friedrich von Hinckeldey seine Idee vortrug. Es handelte sich um ein sehr überlegtes Angebot, das mehrerlei beinhaltete:

1. Aufstellung von Säulen für alleinige kommerzielle Werbung bei kostenlosem Anschlagen und Veröffentlichen von Bekanntmachungen und Ankündigen der Behörden.
2. Unterbindung des Ausuferns von Plakaten und Zetteln an Straßen und Plätzen, Hauswänden, Bäumen und Lattenzäunen.
3. Mögliche Umkleidung vorhandener „Straßenmöbel", u. a. Pumpen.

Dem Ordnungshüter und Verwaltungsfachmann Hinckeldey sagte dieses Angebot zu. Sah er doch darin eine Möglichkeit der Beseitigung des wilden Plakatanschlags sowie eine Konzentration amtlicher Verlautbarungen an bestimmten Orten. Ernst Litfaß erhielt aufgrund einer vom Königlichen Polizeipräsidium Berlin ergangenen Polizeiverordnung vom 15. 6. 1855 die Genehmigung für die Gründung des „Instituts der Anschlags-Säulen" ab 1. Juli 1855. Er durfte zunächst 100 Kunststeinsäulen und 50 Brunnenumhüllungen errichten. Litfaß, der seine Geschäfte schnell und gründlich zu besorgen pflegte, bediente sich sogenannter „Anschlag-Spediteure" und bestellte zur Inspizierung der Säulen sogleich einen „Anschlag-Inspector". Die Bürger von Berlin machte er mit den neuen „Anschlag-Säulen" durch einen gelungenen illustrierten Prospekt bekannt, in dem die für ihn wesentlichen Auszüge der „Polizei-Verordnung" zitiert wurden. Sie werden wegen ihrer historischen und verwaltungsrechtlichen Bedeutung hier wiedergegeben:

Polizei-Verordnung

Um den öffentlichen Zettel-Anschlag einer Regelung zu unterwerfen, ist dem Buchdruckerei-Besitzer und Buchhändler Ernst Litfaß hierselbst die Genehmigung erteilt worden, massive Säulen und zweckentsprechende Umhüllungen von Straßen-Brunnen zur Aufnahme von öffentlichen Anzeigen in den belebtesten Straßen der Stadt und nächster Umgebung aufzustellen.

Das Polizei-Präsidium verordnet mit Bezug hierauf auf Grund der §§ 6 und 11 des Gesetzes über die Polizei-Verwaltung vom 11. März 1850 (G.-E S. 265 ff.) für den engeren Polizei-Bezirk von Berlin was folgt:

§ 1. Öffentliche Anzeigen dürfen vom 1. Juli d. J. ab auf den öffentlichen Plätzen, Straßen und Wegen des engeren Polizei-Bezirks von Berlin an keinen anderen Ort als an den, in der untenstehenden Nachweisung ihrem Standorte nach bezeichneten Anschlag-Säulen angeschlagen oder sonst befestigt werden.

Den Grundeigentümern und Miethern steht jedoch die Befugniß zu, an ihren Grundstücken oder gemietheten Localen für das Publikum bestimmte, und auf ihr eigenes Privat-Interesse bezügliche Anzeigen anzuschlagen oder zu befestigen.

§ 11. Die Anzeigen dürfen von den Anschlag-Säulen nur durch die hierzu von dem Buchdruckereibesitzer und Buchhändler Litfaß bestellten und mit polizeilichen Legitimationskarten versehenen Personen abgenommen werden.

Berlin, den 18. Juni 1855
Königl. Polizei-Präsidium
Lüdemann

Mit dieser Konzession wurde Litfaß ein Initiator des späteren speziellen Außenwerbungsrechts. Es beinhaltet, daß die Aufstellung von Anschlagsäulen und der Plakatanschlag einer Benutzungsberechtigung und Erlaubnis an öffentlichen Straßen, Plätzen und Wegen bedürfen. Die heutigen Werbenutzungsverträge beinhalten ordnungsrechtliche Überwachungspflichten und die Verpflichtung zur Übernahme von Anschlagsaufträgen (siehe hierzu Ziff. 11.).

Der Siegeszug der Litfaßsäule begann nicht nur in Berlin, sondern auch in vielen anderen deutschen Städten. Im Jahr 1870 waren es in Berlin bereits 200 Säulen. Litfaß erhielt bei der Erneuerung seiner Konzession das Recht, alle Bekanntmachungen der Regierung – auch die seinerzeitigen Kriegsdepeschen 1871 – als erster zu veröffentlichen. Sein Hauptgeschäft war freilich der Anschlag von Plakaten der Kaufhäuser und kulturellen Einrichtungen. Das Kaufhaus Rudolf Hertzog und der Zirkus Renz gehörten zu seinen ersten Dauerkunden. Litfaß profilierte sich zum „Reklamekönig" des alten Berlin und erhielt vom Berliner Volksmund den Beinamen „der Säulenheilige". Die Berliner, für ihren Mutterwitz und ihre Gassenhauer bekannt, erfanden Redensarten wie „um die Litfaßsäule muß ick ma drehen, wenn ick wat wissen will", oder „der is vaschwiejen wie 'ne Litfaßsäule". Auf den Berlinder Bällen wurde die Ernst Litfaß gewidmete „Annoncir Polka" von dem ungarischen Schlagerkomponisten Kéler Béla getanzt. – So wurde und blieb die Litfaßsäule atmosphärisches und gestalterisches Element des zur Weltstadt aufstrebenden alten Berlins – ein Stück Volksgut.

5 Wilhelm Münker – der große Heimatschützer
Wilhelm Münker, geboren am 29. November 1874, Fabrikant und erfolgreicher Unternehmer eines eisenverarbeitenden Industriebetrie-

bes in Hilchenbach im Siegerland, wurde bekannt durch seine exemplarische Tätigkeit für praktischen Heimatschutz und geistige Lebenserneuerung. Die Bewahrung des Naturgesetzlichen und die Pflege der Volksgesundheit in einer Zeit technischen und wirtschaftlichen Fortschritts lag ihm am Herzen. Er war einer der Großen der deutschen Wander- und Heimatbewegung. Als Mitbegründer des Deutschen Jugendherbergswerks wurde er, zusammen mit Richard Schirrmann, weit über die Grenzen seines Vaterlandes bekannt. Münker war ein Organisationstalent von großer Kraft und Ausdauer. Er leitete das Jugendherbergswerk viele Jahre vor und nach der Hitler-Zeit und war hierbei überwiegend sein eigener Mäzen, wenn es um die wirtschaftliche Absicherung dieser viele hundert Herbergen umfassenden Einrichtung ging.

Wilhelm Münker sorgte sich stets um die Menschen und ihre Umwelt. Er dachte visionär und sah Gefahren für den einzelnen sowie für die Gesellschaft, denen es nachdrücklich entgegenzutreten galt. Hiervon zeugen seine zahlreichen Veröffentlichungen über gesunde Lebensweise, über die Pflege des Waldes und der Landschaft sowie über die Notwendigkeit heimatlichen Bauens in Stadt und Land. Er kämpfte gegen die Suchtgefahren – ob Rauschgift, Nikotin oder Alkohol. Er plädierte für eine geordnete Kulturlandschaft. Sein Buch über die Zukunft des Laubwaldes, in dem er sich gegen die zunehmende Vernichtung des Waldes aussprach, enthält wegweisende Gedanken für die heutige Biologie und Ökologie.

Als Anwalt der Baupflege plädierte Wilhelm Münker in seinen mahnenden Flugblättern für das landschaftsbezogene Bauen in den Dörfern und Städten. Er wandte sich gegen die unbegrenzte Baufreiheit und die Abkehr von traditions- und ortsgebundener Bauweise. Die vorgegebenen Stadtstrukturen in ihren hergebrachten Proportionen und Dimensionen wollte er erhalten wissen. Er wettert gegen die unerträgliche Architektur der stadtbildzerstörenden Kaufhäuser und wandte sich gegen den Bau von Hochhäusern mit ihrem seelenlosen Funktionalismus. Heimat war für ihn stets nicht nur etwas Vertrautes, sondern auch etwas Charakteristisches, etwas Einmaliges und Unverwechselbares. So kämpfte Wilhelm Münker auf vielen Feldern der Stadtkultur in der Zeit der schier unbegrenzten Wachstums-Euphorie einen gerechten Kampf, der sich letztlich auch gegen Unerträglichkeiten der Werbung im öffentlichen Raum richtete.

Schon frühzeitig und zwangsläufig stieß Wilhelm Münker in seiner ständigen Sorge um das Wohnumfeld der Menschen, um die Gestalt von Stadt und Dorf sowie Natur und Landschaft auf Verunstaltungen durch Anlagen der Außenwerbung. Ihn störten die zunehmende Plakatflut und die sich „pestartig" vermehrenden Blechschilder an Häusern und Gebäuden. Er faßte den Entschluß, mit allen ihm zur Verfügung stehenden Mitteln gegen die Auswüchse der Reklame im öffentlichen Raum anzugehen. So gründete er bereits Anfang der 30er Jahre die „Arbeitsgemeinschaft gegen die Auswüchse der Außenreklame". Auch sie hatte ihren Sitz in Hilchenbach. In ihr schloß er Gleichgesinnte zusammen. Sein von ihm mehrmals verlegtes Buch „Noch mehr Außenwerbung?" und sein häufig herausgegebener Nachrichtendienst richteten sich in der ihm eigenen Sprache voller Härte und Aggressivität an alle, die es angeht. Er sagte in einem Anfang der sechziger Jahre verteilten Merkblatt u. a.:

„Der öffentliche Raum hat einzig dem öffentlichen Interesse zu dienen.

Die Markenreklame im öffentlichen Raume ist eine Irrung. Sie geht auf Kosten von Ortsbild, Kultur und Nerven, ja von Kopf und Kragen.

Der städtisch oder gemeindlich gewerbsmäßig ausgeübte Reklamebetrieb an Fahrzeugen oder Plakatstellen ist ein Verstoß gegen die kommunalen Obliegenheiten. Der Erlös aus Reklamen für Genuß- und Luxusmittel ist zudem Geld aus trüber Quelle.

Angepaßte Eigenwerbung der Geschäftsinhaber bleibt unangetastet. Diese werden sich ohne Murren gewissen Beschränkungen unterwerfen, ja freudig auf auffallende und kostspielige Seitensprünge verzichten, wenn sie sehen, daß der Nachbar und vor allem der liebe Wettbewerber keinen Vorsprung hat.

Ja, man darf erwarten, daß weitaus die meisten eine solche Regelung alsbald freudig begrüßen werden. Nur wenige werden nach gründlicher Überlegung ihren Sonderprofit über ein störungsfreies, ungefährdetes und kulturwürdiges Ortsbild stellen.

Es gibt zudem hinreichend andere gute Werbeträger, in erster Linie die Zeitung. Auch hat das Fernsehen einen mehrfach höheren Werbeumsatz als die Plakatreklame."

Den Abwehrkampf gegen die Verschandelung und Verunstaltung des Orts- und Landschaftsbildes durch Reklame und Außenwerbung führte Wilhelm Münker mit seiner ihm eigenen Schärfe und Unbeirrbarkeit planmäßig und gezielt. Seine „mahnenden Aufrufe" richtete er tausendfach an verantwortliche Persönlichkeiten in Staat und Wirtschaft, Länder und Kommunen. Seine Bemühungen hatten System. Münker wurde auch auf diesem Arbeitsfeld zu einer bundesweit bekannten Institution, besonders auch bei den öffentlichen Verwaltungen, unter ihnen Städte, Kreise und Gemeinden. Vom Bürgermeister bis zum Bundeskanzler, von wirtschaftlichen Unternehmern und ihren Organisationen, Industrie, Handels- und Handwerkskammern bis zu den Gewerkschaften reichte sein Bände umfassender Schriftverkehr. Wohl kaum ein Minister in Deutschland, Regierungspräsident, Oberbürgermeister, Landrat und Oberkreisdirektor kannte nicht diesen streitbaren Anwalt für Ortsbildpflege, Natur und Landschaft. In zahlreichen Fällen sprach er – häufig auch unvermittelt – bei den jeweils verantwortlichen Persönlichkeiten vor und kämpfte kompromißlos für seine Sache. Es ging ihm stets um die „Pflege des Anständigen", wie er es in einem von ihm hinterlassenen Beitrag zur Thema „Stadtkultur und Reklame" einmal eindrucksvoll verdeutlichte. Diesem Beitrag – und deren gab es viele – sind die folgenden Auszüge entnommen:

„Wir reden viel von Kultur, aber wir zerstören sie unentwegt in Stadt und Land in aller Öffentlichkeit. Wir reden von neuer Architektur, aber wir zersplittern ihre Kraft. Wir reden von Städteplanung, aber wir sorgen für Vernichtung des Stadtbildes. . . .

Allenthalben in Stadt und Land werden neue und oft außerordentlich große, knallende Dauerschilder aufgehängt, es gibt, wie gesagt, in Zukunft keinen Platz, der freibleibt. Die alten Schilder hängen natürlich dazwischen, und so sieht das ganze, neu wie alt, auch noch so unsagbar schäbig aus, daß man sich eigentlich wundern muß, daß die Inhaber großer Firmen sich dessen nicht schämen.

Es scheint auch, daß der geschäftige Kaufmann noch gar nicht merkt, daß das Ende naht, daß Übertönen keine überzeugende Wirkung mehr auslösen kann, keinesfalls auf die Dauer. Er vermehrt lediglich das rasende Orchester um ein Kreischen. Er vergißt, daß der Jahrmarkt mit seiner Krachmusik und den ausgeleierten, aber heftigen Schreihälsen ein Jahrmarkt ist: eine Woche allenfalls im Jahre. Dauerüberreizung, dauernder Jahrmarkt ist zwecklos, ganz abgesehen davon, daß gelegentlich Werbung solcher Art ins Gegenteil umschlagen kann.

Die großen Werber möchten trotzdem wirken, und sie greifen nach Dingen, die nicht jedem zugänglich sind. So ist die Werbung zwiefach unmoralisch, zum einen Teil, weil sie nur ihnen, den Großen, gewährt werden kann, zum anderen, weil sie frech benutzen, was der Allgemeinheit gehört und weil sie vom gewonnenen Punkt, den ihnen im Grund genommen keiner geben darf, einen Zwang auf Tausende ausüben. Die Großen greifen hoch: Die Stadtkrone wird mit Fernreklame bestückt. . . .

Firmen, die Massenware erzeugen – oft sind es Markenartikel –, die über die nötigen Mittel verfügen, sind so recht Totengräber aller Stadtkultur, alles Landschaftsfriedens. Es ist keine Entschuldigung, zu sagen, die Vertreter hätten hie und da und dort bei der Anbringung der Werbung kleine Fehler gemacht. Das Prinzip ist unselig. Leider muß gesagt werden: die Reklameleute verwandeln unser Leben in eine Fratze.

Doch was tun? Niemals soll man sagen, es sei nichts zu machen. Der Werbung stehen andere Wege offen als uns das Letzte zu nehmen, was uns bruchstückweise von der Schönheit der Welt geblieben ist. Die Auswüchse der Außenreklame müssen beseitigt werden, sie müssen verhindert werden, und am leichtesten geht das, sollte man meinen, bei staatlichen Einrichtungen. Für allgemeine Regelung, die dringend erforderlich ist, ist der Gesetzgeber wohl zuständig, und als Berater kommen tapfere Leute in Frage, wie sie in manchen Bauämtern zu finden sind und auch in freien Berufen, in Regierungen und Ländern, und ohne ein gesundes Mißtrauen gegen die Werber geht es nicht gut. Die Behörde soll selbstverständlich keine Kultur erzeugen, sie bereitet als Gärtner den Boden, auf dem etwas wachsen kann. Das Rezept ist einfach: Pflegt das Anständige!

Wohlanständigkeit, ja Kultur, kann ansteckend wirken, ebenso wie Unkultur. Wir wollen aber nicht zu viel von Kultur reden, eher von Freiheit von Reklameunsitte. Wir wollen davon frei werden. Wenn wir durch das Land fahren, soll die Landschaft rein sein, Bahn und Bahnhof sollen sauber aussehen, und die Ämter würdig. Auf der Straße sollen die Menschen wieder freie Menschen sein, und auch die Stadt soll Heimatgefühl geben. Wir wollen frei sein vom ununterbrochenen Zugriff der Krämer und ihrem unsinnigen Zwang einander widersprechender Suggestionen, befreit vom Druck des Häßlichen."

Wilhelm Münker starb am 20. September 1970 im 96. Lebensjahr. Er war ein Rufer und Mahner bis zu seinem Lebensende. Wer ihn besuchte – auch noch im hohen Alter –, begegnete einem Asketen mit faszinierenden geistigen Kräften. Überaus bemerkenswert waren sein ganzes Leben hindurch sein disziplinierter Arbeitsstil, sein starker Wille und seine hoffnungsvolle Zuversicht. In dieser Zuversicht sorgte er am Ausgang seines Lebens dafür, daß seine Anstrengungen um die Ordnung in der Außenwerbung durch eine neu zu gründende Gesellschaft weitergeführt wurden.

6 Bemühungen der Gesellschaft für Ordnung in der Außenwerbung

Die im Jahr 1964 gegründete Gesellschaft für Ordnung in der Außenwerbung übernahm weitgehend das Gedankengut ihres Wegbereiters und Förderers Wilhelm Münker. Sie setzte sich die satzungsgemäße Aufgabe, Auswüchse der Außenreklame planmäßig in den Städten, Gemeinden und Kreisen abzuwehren. Ihre Gründer waren Persönlichkeiten des Staates, der Wirtschaft und Verwaltung, darunter besonders kommunale Führungskräfte und Mandatsträger. Den langjährigen Vorsitz hatte Oberbürgermeister August Seeling, Duisburg, inne. Dieser war auch Vorsitzender des Kulturausschusses des Deutschen

Städtetages. – Zweiter Vorsitzender war Stadtdirektor Albert Schröder, Jülich, der zugleich die Interessen des Deutschen Städte- und Gemeindebundes wahrnahm. – Der Deutsche Landkreistag war durch seinen Ersten Beigeordneten, Dr. Hans Jürgen von der Heide, vertreten. – Seitens der Geschäftsführung der Gesellschaft wurden für ihre Arbeitstätigkeit drei Forderungen formuliert:

1. Mitwirkung an der Weiterentwicklung des Rechts der Außenwerbung im Bereich der Bundesgesetzgebung und besonders der Landesgesetzgebung (Bauordnungen);
2. Förderung des Gedankens, für die Anlagen der Außenwerbung eigenes Ortsrecht zu erstellen (Gestaltungssatzungen oder eigene Außenwerbungssatzungen);
3. Pflege des Erfahrungsaustausches durch besondere Veranstaltungen und Publikationen.

Im Laufe der Jahre entfaltete die Gesellschaft eine breite Mitwirkung bei der inhaltlichen Ausgestaltung neuer gesetzgeberischer Kodifikationen in Bund und Ländern. Sie beteiligte sich auf Bundesebene u. a. bei gesetzlichen Regelungen im Straßen- und Verkehrsrecht sowie im Naturschutzrecht. Dem Bauordnungsrecht in den Bundesländern und Stadtstaaten sowie dem Satzungsrecht der Städte, Gemeinden und Kreise wandte sich die Gesellschaft besonders zu. Ihre Eingaben und Stellungnahmen wurden beachtet in parlamentarischen Beratungen und Anhörungen – Bundestag und Landtage. – Die Gesellschaft führte Veranstaltungen durch und beteiligte sich an Seminaren. Sie gab im Rahmen ihrer Öffentlichkeitsarbeit Schriften und Merkblätter heraus, darunter eine zahlreiche Folgen umfassende Rechtsprechungssammlung.

Die Gesellschaft für Ordnung in der Außenwerbung richtete ihre Bemühungen zur Abwehr der Außenwerbung im öffentlichen Raum besonders auf folgende zehn Bereiche:

1. Abwehr der verunstaltenden Reklamen an Fassaden, Giebeln und Brandmauern der Häuser;
2. Abwehr der störenden Großflächenreklame an Straßen und Plätzen, besonders auch in den Wohngebieten.
3. Abwehr der verkehrsgefährdenden und sichtbehindernden Reklame an Straßen und Kreuzungen;
4. Abwehr der Reklame in historisch schutzwürdigen Ortsteilen, Bau-Ensembles und an unter Denkmalschutz stehenden Gebäuden;
5. Abwehr der Reklame an Sportplätzen und Spielanlagen (besonders der Alkohol- und Tabakwerbung);
6. Abwehr der verwaschenen und verwahrlosten Reklame an Häuserwänden und Mauern;

7. Abwehr der Reklame-Blechschilder an Gebäuden und Geschäften, besonders auch an landwirtschaftlichen Bauten;
8. Abwehr jeglicher Reklame in der freien Landschaft und entlang der Fernstraßen;
9. Abwehr der in die Landschaft wirkenden Reklame an Stadträndern und Ortseingängen;
10. Abwehr der Reklame an Haltestellen von Bus und Bahn.

Unter den historisch interessanten Einzelschriften der Gesellschaft für Ordnung in der Außenwerbung findet sich ein Aufruf aus dem Jahr 1969 an einige Tausend kleinere Gemeinden und Dörfer, die sich vor der kommunalen Gebietsreform noch selbständig verwalteten. Dort wurde u. a. ausgeführt:

Richten Sie Ihre Bemühungen und Anstrengungen bei der Beseitigung störender Außenreklame besonders:

— **Gegen die häßlichen, bunten Schilder aus Blech und Kunststoff** an den Häusern, Geschäften, Scheunen, Stadeln, Schuppen, Mauern und Zäunen. Sie stören die Baugestaltung, die Architektur, die Umgebung oder die Landschaft. Wo sich erst ein Schild an einem Gebäude oder Zaun angesiedelt hat, kommen meistens sehr schnell mehrere hinzu. Die Häufung von Schildern, aber auch die überdimensionalen Einzelschilder sind ein verbreitetes Übel, das Bürger und Gemeindeverwaltungen stets und nachdrücklich abwehren müssen. Gehen Sie durch Ihre Ortschaft und Ihre Gemeindegemarkung! Hier finden Sie u. a. die marktschreierischen Schilder von Getränkeherstellern, Illustrierten und Zeitungen oder die der Öl- und Treibstoffindustrie. Bereits im Außenbereich und an den Ortseingängen beginnt die Blechpest. Denken Sie daran, daß die Ortseingänge die Visitenkarten der Gemeinden sind! Vielfach sind bereits die ersten Bauten von Schildern beeinträchtigt. Ihre Giebel weisen aber auch teilweise großflächige und schreiende Reklamebemalungen auf.

— **Gegen die Plakate und großflächigen Werbetafeln** an Stellen, wo sie nicht hingehören und ausgesprochen deplaziert und störend wirken. Denken Sie an die Repräsentation öffentlicher und privater Gebäude und Einrichtungen, z. B. Rathaus, Gemeindeverwaltung, Kirche, Schule, Turnhalle, Kindergarten, Dorfplatz, Gemeinschaftshaus, Grünanlage, Baudenkmale, Friedhof, Gasthof, Fachwerkhäuser und andere mehr. In ihrer unmittelbaren Nähe wirken großflächige Plakate und Werbeanlagen häufig störend und beeinträchtigend. Verhindern Sie die Plakattafeln in den ausgesprochen schutzwürdigen Ortsteilen und in der Nähe historischer Stätten! Unter Bau- und Denkmalschutz stehende Gebäude vertragen keine Anlagen der Außenwerbung. Denken Sie auch an die Schönheit der beschaulichen Winkel und ihre würdige Baugestaltung!

— **Gegen die unansehnlichen Bemalungen** in Schrift, Grafik und Farbe von Häuserfassaden, Hausgiebeln und Brandmauern. Den Gewerbetreibenden, Handwerkern und Industrie-Unternehmen kommt eine erhöhte Verantwortung zu. Sprechen Sie mit ihnen, daß sie das Orts- und Landschaftsbild beeinträchtigende Werbeanlagen beseitigen oder zum Besseren umgestalten. Werbeanlagen können auch so ausgeführt werden, daß sie sich wohltuend, harmonisch und trotzdem werbewirksam in den öffentlichen Raum einfügen. Fordern Sie auch die Haus- und Grundbesitzer auf, daß sie die noch vielfach zu sehende verwahrloste und verwaschene Reklame an ihren Häusern endlich beseitigen! Die Landesbauordnungen enthalten die notwendigen rechtlichen Hilfen. Beseitigen Sie auch die noch vorhandenen Zirkusplakate von der letzten Vorstellungsreise an Gebäuden, Mauern und Scheunentoren! Sie führen zumeist ein rigoroses und langes Eigenleben.

— **Gegen alle ungenehmigten Werbeanlagen** im Innen- und Außenbereich der Gemeinde. Die Bauordnungen der einzelnen Länder schreiben vor, daß die Errichtung, die Aufstellung, das Anbringen und die Änderung von Werbeanlagen grundsätzlich genehmigungspflichtig sind. ...
Die allgemeine Überwachungspflicht der Bauaufsichtsbehörde besteht jedoch unabhängig von der Genehmigungs- und Anzeigepflicht. Auch freigestellte Werbeanlagen müssen den materiell-rechtlichen Vorschriften der Bauordnung entsprechen. Lassen Sie nicht zu, daß neue Werbeanlagen ohne Zustimmung und Genehmigung der Gemeindeverwaltung und der Bauaufsichtsbehörde angebracht werden.
Alle Gemeinden, ihre Verwaltungen und ihre Bürger sind aufgerufen, der Außenwerbung im öffentlichen Raum besonderes Augenmerk entgegenzubringen. Erforderlichenfalls ist die Ordnung der Außenwerbung durch kommunale Satzungen zu regeln.

7 Bemühungen der Organisationen der Werbewirtschaft

Die in der Bundesrepublik tätigen Organisationen der Werbewirtschaft, besonders der Zentralausschuß der Werbewirtschaft, Bonn, der Fachverband Außenwerbung, Frankfurt, und der Fachverband Lichtwerbung, Heidelberg, stehen bei der Lösung dieser Aufgaben stets in dem Spannungsverhältnis der Erweiterung und Steigerung ihrer wirtschaftlichen Umsätze und dem Anspruch der Allgemeinheit auf ein gestalterisch wohlgeordnetes und nicht verunstaltetes Ortsbild. Da Außenwerbung auffallen will, ist es für die Unternehmen der Werbewirtschaft sicher nicht einfach, stets den rechten Standort für ihr kommerzielles Werbeanliegen im Erscheinungsbild der Städte und Gemeinden zu finden.
Die werbewirtschaftlich tätigen Verbände sind im Vollzug ihrer zahlreichen Aufgaben bemüht, ihre Mitgliedsunternehmen u. a. in den ihnen vorgegebenen Zielkonflikten zu beraten und in strittigen Fällen Entscheidungen der Verwaltungsgerichte herbeizuführen. Die Rechtspre-

chung in Sachen Außenwerbung beruht auf dem Spannungsverhältnis des Rechts- und Verwaltungszwanges einerseits und den Ansprüchen der Wirtschaft an die Bau- und Kommunikationsfreiheit andererseits. Der Zentralausschuß der Werbewirtschaft hat im Jahr 1969 Grundsätze zur Ordnung der Außenwerbung veröffentlicht. Sie enthalten aus der Sicht der Werbewirtschaft u. a. Gedanken und Hinweise zur Verunstaltungsabwehr und werden im folgenden wiedergegeben:

Grundsätze zur Ordnung der Außenwerbung

Leitsätze

1

Die Außenwerbung ist in der Marktwirtschaft als Mittlerin zwischen Wirtschaft und Verbraucher und zur Erhaltung und Steigerung der wirtschaftlichen Leistungsfähigkeit notwendig. Das gilt für den Plakatanschlag und die Großflächenwerbung ebenso wie für die Dauerwerbung.

2

Da die Außenwerbung die Aufmerksamkeit der Öffentlichkeit auf sich ziehen will, jedoch übergeordnete Interessen der Allgemeinheit nicht verletzen darf, ist es erforderlich, nach einem verständnisvollen Ausgleich der widerstreitenden Interessen zu suchen.

3

Ein solcher Ausgleich wird immer dann hergestellt, wenn das Interesse der Allgemeinheit am Schutz des Orts- und Landschaftsbildes mit dem hiervon verschiedenen, jedoch ebenso bedeutsamen Interesse der Wirtschaft an einer wirksamen, aber auch ansprechend gestalteten Außenwerbung in Einklang gebracht ist. Richtschnur für diesen Interessenausgleich muß sein, daß Außenwerbung das Orts- und Landschaftsbild nicht verunstalten darf.

4

Die Werbewirtschaft ist sich ihrer Verantwortung bewußt, wenn sie mit der Außenwerbung im öffentlichen Raum in Erscheinung tritt. Daher erkennt sie ihre Verpflichtung an, verunstaltende Außenwerbung zu unterlassen, beschädigte Außenwerbungsanlagen wiederherzustellen und verwahrloste oder gegenstandslos gewordene Anlagen zu beseitigen. Sie respektiert die Notwendigkeiten der Verkehrssicherheit.

5

Da die Werbewirtschaft seit jeher eine verunstaltende oder verkehrsgefährdende Außenwerbung ablehnt, billigt sie alle Maßnahmen von Gesetzgebung, Rechtsprechung und Verwaltung, die Verunstaltungen durch Außenwerbung verhindern und beseitigen sowie die Verkehrssicherheit aufrecht erhalten sollen.

6

Im Interesse der Rechtssicherheit und der Rechtseinheit tritt die Werbewirtschaft dafür ein, daß überall im Bundesgebiet einheitliche Vorschriften für die Außenwerbung eingeführt werden, die nicht nur in den Grundzügen, sondern auch in den Einzelheiten übereinstimmen. Aus den gleichen Gründen sollten die Gemeinden auf zusätzliche oder über die gesetzlichen Vorschriften hinausgehende Beschränkungen durch Ortssatzungen verzichten und besondere örtliche Verbote nur erlassen, wenn sie durch die örtlichen Verhältnisse veranlaßt sind.

7

Bei der Planung und Gestaltung von Bauwerken und von Gemeindegebieten sollten die verantwortlichen Stellen von vornherein berücksichtigen, daß die Bewohner und die Wirtschaft der Außenwerbung als Orientierungshilfe bedürfen. Es ist besser, Möglichkeiten zur Außenwerbung schon bei der Bauplanung und bei der Errichtung von Gebäuden vorzusehen, als Werbeanlagen nachträglich hinzuzufügen. Auf diese Weise ist es leichter, die gewünschten Werbeanlagen ohne Störung des gesamten architektonischen Bildes anzubringen. Insbesondere kann die Lichtwerbung als städtebauliches Gestaltungselement eingeplant werden.

8

Die Werbewirtschaft ist bereit, sich der Aufgabe anzunehmen, bei allen Neuplanungen frühzeitig eine Verbindung zwischen Bauherren, Architekten und Planern auf der einen Seite und den an Außenwerbung Interessierten auf der anderen Seite herzustellen.

Grundsätze der Verunstaltungsabwehr

9

Werbeanlagen sind dann als verunstaltend anzusehen, wenn sie einen häßlichen, das ästhetische Empfinden des Beschauers verletzenden Zustand herbeiführen. Bei der Auslegung des Verunstaltungsbegriffs ist von der Rechtsprechung des Bundesverwaltungsgerichts auszugehen, daß bloße Störungen der architektonischen Harmonie außer Betracht zu bleiben haben. Der Maßstab, mit dem das Vorliegen von Verunstaltungen zu messen ist, kann aus verfassungsmäßigen Gründen nur „der für ästhetische Eindrücke offene, durchschnittlich gebildete Betrachter" sein.

10

Aus Gründen der Rechtseinheit und Rechtssicherheit fordert die Werbewirtschaft, daß alle zuständigen Verwaltungsbehörden den Verunstaltungsbegriff entsprechend der ständigen Rechtsprechung aller deutschen Gerichte einheitlich und in rechtsstaatlich zulässiger Weise auslegen.

11

Gestützt auf die gesicherten Ergebnisse der Rechtsprechung wird die Werbewirtschaft bei ihrer Mitwirkung zur Verhütung von Verunstaltungen von folgenden Grundsätzen ausgehen:

a) Die Interessen des Heimatschutzes und der Wirtschaft sind gegeneinander abzuwägen; dabei ist zu beachten, daß eine Werbung, die sich der Umgebung so einfügt, daß sie überhaupt nicht mehr auffällt, ihren Sinn verliert.

b) Grundsätzlich ist davon auszugehen, daß der gebildete Durchschnittsmensch die Notwendigkeit der Außenwerbung anerkennt; er wird durch
Werbeanlagen, die sich von der Umgebung abheben, in seinem ästhetischen Gefühl nicht verletzt.

c) Darum betrachtet er es auch nicht als Verunstaltung, wenn durch
Ausnutzung modernerer technischer Mittel Formen angewandt werden, die
von hergebrachten Gestaltungsmöglichkeiten abweichen und für manchen
Beschauer ungewohnt wirken. Kontraste brauchen ein harmonisches
Gesamtbild nicht auszuschließen.

d) Neue Werbeanlagen können nicht als Störung der Einheitlichkeit des
Ortsbildes empfunden werden, wenn das Ortsbild bereits eine bestimmte
Prägung erfahren hat, die die neue Werbung nicht verändert, der sie sich
vielmehr anpaßt.

e) Als Maßstab für die Beurteilung des Charakters der Umgebung, mit der
eine Werbeanlage in Einklang gebracht werden soll, können nicht ganze
Stadtviertel oder Straßenzüge genommen werden; entscheidend ist vielmehr die Eigenart der jeweils in Betracht kommenden Straßenteile.

f) Auf das Vorhandensein von Bau- und Naturdenkmalen ist besonders
Rücksicht zu nehmen.

g) Auch in Orten mit erhaltenswertem altem Stadtbild ist es erforderlich,
jedem Geschäftsinhaber Werbung an der Stätte seiner Leistung in einer die
örtlichen Verhältnisse berücksichtigenden Gestaltung und Größe zuzubil-
ligen.

Außenwerbung in besonderen Gebieten

12

Verbote der Außenwerbung in der freien Landschaft müssen die folgenden
verfassungsmäßigen Ausnahmen berücksichtigen:

a) Werbung an der Stätte der Leistung,

b) Sammelhinweise vor Ortsdurchfahrten, die Inhaber und Art gewerblicher Betriebe kennzeichnen,

c) Hinweisschilder an Verkehrsstraßen und Wegabzweigungen, die auf
außerhalb der Ortsdurchfahrt liegende gewerbliche Betriebe oder versteckt
gelegene Stätten aufmerksam machen,

d) Werbeanlagen an und auf Flugplätzen, auf und im Zusammenhang mit
Ausstellungen und Messen, auf Sportanlagen und abgegrenzten Versammlungsstätten.

13

Innerhalb geschlosser Ortschaften ist den zuständigen Behörden die Auf-
gabe gestellt, Verunstaltungen zu verhindern, nicht aber dem Werbungs-
treibenden vorzuschreiben, wie er nach Form und Inhalt zu werben hat. Der
Ortsgesetzgeber sollte daher – entsprechend der Rechtsprechung des
Bundesverwaltungsgerichts – davon absehen, in Ortssatzungen die
Außenwerbung nach eigenen geschmacklichen Vorstellungen zu regeln.

Zusammenfassung

14

Die Außenwerbung tritt im öffentlichen Raum in Erscheinung. Ihrem Wesen nach will sie wie jede andere Werbung die Aufmerksamkeit auf sich ziehen. Sie darf dabei aber übergeordnete Interessen der Allgemeinheit nicht verletzen. Wirtschaft und Staat müssen verständnisvoll zusammenwirken, um eine sinnvolle Ordnung der Außenwerbung herbeizuführen und die Grenzen abzustecken, innerhalb derer die Wirtschaft in Selbstverantwortung für eine weder verunstaltende noch die Verkehrssicherheit gefährdende, geschmackvolle und gepflegte Außenwerbung zu sorgen hat.

Diese für die werbewirtschaftliche Einschätzung der Ordnung in der Außenwerbung gegebenen Aussagen stießen in einigen, die öffentliche Verwaltung angehenden grundsätzlichen Forderungen auf starke Kritik aus dem kommunalen Bereich. Besonders der Feststellung, daß das Interesse der Wirtschaft an einer wirksamen, aber auch ansprechend gestalteten Außenwerbung ebenso bedeutsam sei wie das Interesse der Allgemeinheit am Schutz des Orts- und Landschaftsbildes, wurde nachdrücklich widersprochen. Die Kommunen meinen, daß in Konfliktsituationen stets dem Interesse des Bürgers an der Gestalt seiner Umwelt der Vorzug zu geben ist. Dem Wohl der Allgemeinheit haben sich die Interessen der werbenden Wirtschaft unterzuordnen.

Auch die Forderung der Werbewirtschaft, die Städte und Gemeinden sollten davon absehen, Ortsrecht mittels Satzungen zur Durchsetzung bestimmter baugestalterischer Absichten zu setzen, begegnete starker Kritik. Zu bemerken ist jedoch in diesem Zusammenhang, daß die vom Zentralausschuß der Werbewirtschaft vorgelegten „Grundsätze zur Ordnung in der Außenwerbung" zeitlich vor der Verabschiedung mehrerer neu gefaßter Bauordnungen der Länder lagen. Sie haben wesentlich zur Klärung verschiedener Rechtspositionen − besonders hinsichtlich des kommunalen Satzungsrechts − beigetragen (siehe hierzu auch Ziff. 8 u. 9 und den in diesem Buch veröffentlichten Beitrag „Möglichkeiten ortsrechtlicher Regelungen der Außenwerbung" von Günter Gaentzsch).

Die Bestrebungen der Werbewirtschaft zur Vermeidung von Störungen und Verunstaltungen des öffentlichen Raumes erstrecken sich u. a. auf zwei weitere von ihr ausgehende Initiativen. Es sind das die anerkennenswerten Bemühungen zur Eindämmung des „Wildanschlags" und die eingeführte Selbstkontrolle zur Überwachung ihrer Außenwerbungsanlagen im Bereich des Plakatanschlags. − Die Werbewirtschaft unterhält die IVW (Informationsgemeinschaft zur Verbreitung von Werbeträgern). Diese betreibt nicht nur eine Kontrolle über die Auflagenentwicklung von Zeitungen, Zeitschriften und Druckschriften, sondern übt auch eine Ordnungsfunktion im Bereich des Anschlagswesens aus. Ständig werden die Anschlagstellen auf Sauberkeit und Reparaturbedürftigkeit geprüft. Nach dem über hundertjährigen Vorbild von Ernst Litfaß, der bereits zur Kontrolle seiner Säulen einen „Inspektor" einsetzte (siehe Ziff. 4), werden Mängel an den heutigen Anschlagstellen für Plakate kurzfristig beseitigt. Die festgestellten Ordnungswidrigkeiten von ca. fünftausend überprüften Anschlagstellen im Jahr 1987 betrugen 2 Prozent im Sinne der „Richtlinien für die IVW Bestandsaufnahme und Kontrolle der Anschlagstellen".

Dem straf- und zivilrechtlichen Schutz der Plakate widmet sich vorwiegend der Fachverband Außenwerbung. Seine Mitgliedsunternehmen unterhalten über 200 000 Stellen und Tafeln in der Bundesrepublik. Sie sind durch die mit den Gemeinden geschlossenen Werbenutzungsverträge (Ziff. 11) abgesichert. Hierbei werden die mittelbaren Angriffe auf das Werbemittel Plakat (Beschädigung, Überklebung, Veränderung des Plakatinhalts) von den unmittelbaren Angriffen unterschieden. Als unmittelbaren Angriff auf das Plakat bezeichnet der Fachverband Außenwerbung den Wildanschlag, von dem besonders seine Mitgliedsunternehmen betroffen werden. Diese für den Plakatanschlag konzessionierten Werbemittler sehen hierbei nicht nur eine unmittelbare Beeinträchtigung des von ihnen geordneten Unterhalts von Werbeanlagen, sondern auch die vom Wildanschlag ausgehende unästhetische Wirkung im örtlichen Erscheinungsbild, die auch als geschäftsschädigend für die Werbewirtschaft angesehen werden kann. Der Fachverband Außenwerbung hat eine hilfreiche Arbeitsmappe „Kampf dem Wildanschlag" herausgegeben, die eingehende Erläuterungen des Straf- und Zivilschutzes des Plakatanschlags als Bestandteil des Erscheinungsbildes des öffentlichen Raumes gibt. Die Arbeitsmappe enthält auch zahlreiche Anregungen und Hinweise für die Praxis der Bauverwaltungen und Ordnungsämter der Städte, Kreise und Gemeinden.

8 Zum Recht der Außenwerbung

Unmittelbar und mittelbar anzuwendende Vorschriften und rechtliche Regelungen zur Ordnung der Außenwerbung finden sich in Bundes- und Landesgesetzen sowie Verordnungen und Satzungen der Städte,

Kreise und Gemeinden. Aufzuführen sind als Bundesgesetze: das Baugesetzbuch, die Baunutzungsverordnung (unmittelbar), das Bundesfernstraßengesetz, die Straßenverkehrsordnung und das Bundesnaturschutzgesetz; als Landesgesetze: die Kreis- und Gemeindeordnungen, die Bauordnungen, die Denkmalschutzgesetze, die Landesstraßen- und -wegegesetze, die Natur- und Landschaftsschutzgesetze. Für den kommunalen Bereich sind in einigen Bundesländern Mustervorschriften und ministerielle Entschließungen zur Regelung der Außenwerbung ergangen. Sie wurden zusammen mit den zuständigen Länderbauministerien und den kommunalen Spitzenverbänden auf Landesebene erarbeitet. Eine Anzahl Städte, Kreise und Gemeinden hat Satzungen beschlossen. – Das Recht der Außenwerbung scheint also für den Laien auf den ersten Blick recht aufgesplittert zu sein. Trotzdem trifft dies nicht ganz zu. Es konzentriert sich, was die baulichen und nicht baulichen Anlagen der Außenwerbung angeht, auf das Städtebaurecht des Bundes und besonders auf das Bauordnungsrecht der Bundesländer.

Das Städtebaurecht des Bundes – besonders das Baugesetzbuch – ist bedeutsam für die Beurteilung der Frage, inwieweit in einem Bebauungsplan konkrete, in die Einzelheiten gehende Festlegungen über bauliche Anlagen der Außenwerbung getroffen werden können. Der Bebauungsplan hat drei Bestandteile: Planfestsetzung, Textfestsetzungen und Begründung. Bei der Festsetzung der Bebauungspläne sind die öffentlichen und privaten Belange gegeneinander abzuwägen. Die Wohnbedürfnisse der Bevölkerung, die Belange der Wirtschaft und die Gestaltung des Ortsbildes sind zu beachten. Das Baugesetzbuch schreibt ferner vor, daß erhaltenswerte Ortsteile, Bauten, Straßen und Plätze von geschichtlicher, künstlerischer oder städtebaulicher Bedeutung bei der Planung zu berücksichtigen sind. Es ergeben sich praktische Probleme, die in dem in diesem Buch veröffentlichten Beitrag „Städtebau und Außenwerbung" von Hartmut Dyong durchleuchtet werden.

Das neue Bauordnungsrecht – Landesbauordnungen – der sechziger Jahre enthält Regelungen, die eine weitere Eindämmung der Außenwerbung in bestimmten Stadt- und Gemeindegebieten bewirkten. Ferner wurde der Schutz der Allgemeinheit vor Auswüchsen der Außenwerbung verstärkt und besonders der positiven Baupflege als legitimer Aufgabe der Gemeinden mehr Spielraum gegeben (siehe Ziff. 9.). Die Bauordnungen eröffnen den kommunalen Körperschaften die Möglichkeit, die Außenwerbung in bestimmten Stadtgebieten und

Ortsteilen perfekter auszuformen und zu regeln. Diese örtlichen Gestaltungsvorschriften brauchen sich nach heutigem verfassungsrechtlichen Verständnis nicht nur auf die Abwehr von Verunstaltungen im engeren Sinne zu beschränken. Für den Ortsgesetzgeber erscheint es jedoch rechtlich geboten, daß positive baugestalterische Vorstellungen und Ziele bei sachgerechter Abwägung der Belange der Allgemeinheit und des einzelnen normativ festgesetzt werden. Die Ausformung dieser Ziele kann nicht dem Verwaltungsermessen im Einzelfall überlassen bleiben. Die Festlegung der Gestaltungsziele muß auf einer sachgerechten Abwägung der Belange des Einzelnen und der Allgemeinheit beruhen (vgl. Gaentzsch, „Die Bauverwaltung" 1973, Seite 410, unter Bezugnahme auf das Urteil des Bundesverwaltungsgerichts – BVerwG E 21 S. 251 ff.). Dabei müssen sich die Gestaltungsziele aus den konkreten örtlichen Verhältnissen ableiten, d. h. die gestalterischen Absichten müssen mit der gegebenen Situation verknüpft werden.

Zu den wesentlichen gestalterischen Anliegen gehört die Einfügung der Werbeanlagen in die jeweilige Umgebung. Dabei ist zu beachten, daß die Gestaltungsmöglichkeiten und der Gestaltungsspielraum für den Satzungsgeber in Neubaugebieten in der Regel größer ist als in bestehenden Gebieten. Im übrigen empfiehlt es sich, für Neubaugebiete die Gestaltungsvorschriften dadurch sicherzustellen, daß sie bereits in die einzelnen Bebauungspläne aufgenommen werden. In der Begründung zur Satzung müssen die ihr zugrundeliegenden Erwägungen möglichst ausführlich dargestellt werden, um darzutun, daß die notwendigen sachlichen Erwägungen bei der Abwägung der verschiedenen Belange vorgenommen worden sind.

Auf den möglichen Inhalt örtlicher Satzungen – Abwehr von Verunstaltungen, baugestalterischer Schutz von Baugebieten und vorzunehmende positive Baugestaltung – wird im einzelnen eingegangen in den ebenfalls in diesem Buch veröffentlichten Beiträgen „Möglichkeiten der ortsrechtlichen Regelung der Außenwerbung" von Günter Gaentzsch und „Werbung in historischen Altstädten" von Reinhard Roseneck. Beispiele von Ortsregelungen über die äußere Gestaltung von Werbeanlagen und Warenautomaten in verschiedenen Baugebieten sowie im Bereich eines Platzes oder einer Straße von geschichtlicher, künstlerischer und/oder städtebaulicher Bedeutung sind in der umfangreichen Beispielsammlung wiedergegeben.

Das kodifizierte Recht der Außenwerbung wird von zahlreichen Entscheidungen der Verwaltungsgerichte begleitet und ergänzt. Sie haben sich nach dem Erlaß der neuen Bauordnungen in den Bundesländern wesentlich verringert. Das deutet darauf hin, daß heute mehr Rechtssicherheit gegeben ist als in den 50er und 60er Jahren. Es liegen bereits Entscheidungen vor, die aufgrund der neuen Gesetzgebung ergangen sind. Sie beziehen sich auf die in der Praxis der Außenwerbung bestehenden Meinungsverschiedenheiten der Beteiligten – Kommunalbehörden und Werbe-Interessenten. Die vorliegenden verwaltungsgerichtlichen Entscheidungen verschaffen nicht nur einen Einblick in die strittig gewordenen Fälle, sondern enthalten auch wesentliche Gesichtspunkte zu einer möglichen Weiterentwicklung des Rechts der Außenwerbung. In diesem Zusammenhang ist zu bemerken, daß die Entscheidungen des Bundesverwaltungsgerichts und der Oberverwaltungsgerichte stets zur Rechtsfindung im Einzelfall beitragen.

Die außerhalb des Städtebaurechts und des Bauordnungsrechts bestehenden Vorschriften zur Außenwerbung dienen u. a. der Sicherheit des Straßenverkehrs, dem Schutz von Natur und Landschaft und dem Denkmalschutz, wiewohl letzterer primär in den Bauordnungen der Länder angesprochen wird.

Das Bundesfernstraßengesetz vom 1. Oktober 1974 brachte im Interesse des Schutzbereiches an den freien Strecken für die Anlagen der Außenwerbung Einschränkungen unter dem Gesichtspunkt, daß Reklame geeignet ist, die Aufmerksamkeit der Verkehrsteilnehmer vom Verkehrsgeschehen abzulenken und dadurch die Sicherheit und Leichtigkeit des Verkehrs zu gefährden. In den Straßengesetzen des Bundes und der Länder sind neben dem Gemeingebrauch die Sondernutzung und sonstige Nutzung von Bundes-, Landes- und Gemeindestraßen geregelt. Die Einräumung von Rechten zur Benutzung des Straßenraumes richtet sich nach dem Bürgerlichen Recht, wenn sie den Gemeingebrauch nicht beeinträchtigt (siehe hierzu Ziff. 11.). Die Straßenverkehrsordnung enthält Bestimmungen über Werbung, die besonders dem Schutz der amtlichen Verkehrszeichen und Einrichtungen dienen. Für den speziellen Bereich der Verkehrsmittelreklame ist das Personenbeförderungsgesetz anzuwenden.

Die Natur- und Landschaftspflegegesetze der Länder, die den Rahmen des Bundesnaturschutzgesetzes ausfüllen, ermächtigen die zuständigen Behörden, Verordnungen über Naturschutzgebiete zu erlassen, in denen auch auf Verbote über die Errichtung von Werbeanlagen (Schilder, Beschriftungen) und die erlaubten Ortshinweise und

Warntafeln eingegangen werden soll. Die in den Denkmalschutzgesetzen der Länder zu findenden Bestimmungen beziehen sich auf die Genehmigung der Denkmalschutzbehörde von bestimmten Maßnahmen, z. B. auch das Versehen eines Kulturdenkmals mit Aufschriften und Werbeeinrichtungen (Leuchtreklamen, Firmenschilder, Werbeschriften aller Art, Transparente usw.). Der Genehmigungsvorbehalt gilt auch für kurzzeitige Eingriffe. Zum Begriff Kulturdenkmal gehören verschiedene Kriterien, u. a. seine Schutzwürdigkeit aus künstlerischen, wissenschaftlichen, technischen, geschichtlichen oder städtebaulichen Gründen. Ein öffentliches Interesse muß jedoch gegeben sein.

Wenn hier vom Recht der Außenwerbung gesprochen wird, so sind also insonderheit und vorwiegend die Rechtsregeln des Bundes, der Länder und Kommunen gemeint, die dem Verwaltungsrecht, vorwiegend dem Bauordnungsrecht, zuzuordnen sind. Berührt werden selbstverständlich innerhalb einer möglichen generellen Betrachtung des Außenwerbungsrechts auch das Verfassungsrecht (u. a. Meinungsfreiheit und Eigentumsgarantie), das Bürgerliche Recht (u. a. Schuldrecht, Sachrecht, Erbrecht und Nachbarschaftsrecht), das Handels- und Gewerberecht, das Wettbewerbsrecht und das Strafrecht (u. a. Sachbeschädigungen). Die Ordnung in der Außenwerbung unterliegt daher neben dem Bauordnungsrecht manch anderen rechtlichen Perspektiven.

Hier soll jedoch noch auf einige Entwicklungsstufen des Außenwerbungsrechtes − Gefahrenabwehr, Verunstaltung, Gestaltung − eingegangen werden. Die Rechtsentwicklung nahm in den deutschen Ländern einen überschaubaren und ähnlichen Weg. Zunächst waren es polizeirechtliche Vorschriften, deren Grundlagen Anfang des 19. Jahrhunderts im „Allgemeinen Landrecht" zu finden sind. Sie dienten der Abhilfe aller Übelstände, die beim Anheften von Zetteln an Straßen und Wegen, Brunnengehäusen und Bäumen erwuchsen. Eine polizeiliche Erlaubnispflicht für das Anheften oder Anschlagen von Druckschriften wurde eingeführt. Das Verlangen nach verstärkter Abwehr von Verunstaltungen konkretisierte sich dann später in den Landesgesetzen des 20. Jahrhunderts.

Das preußische „Gesetz gegen Verunstaltung landschaftlich hervorragender Gegenden" vom 2. Juni 1902 ermächtigte die Landesbaupolizei-Behörden, verunstaltende Reklameschilder, Überschriften und Abbildungen in der Landschaft zu verbieten. Einige Jahre später folgte dann 1907 in Preußen das „Gesetz gegen die Verunstaltung von

Ortschaften und landschaftlich hervorragender Gegenden". Es bestimmte für Ortschaften, daß die Baupolizeigenehmigung für Bauten und Anlagen zu versagen ist, wenn dadurch Straßen oder Plätze in der Ortschaft oder das Ortsbild gröblich verunstaltet werden würden. Weitergehende Auflagen sollten durch Ortssatzung getroffen werden, die sich besonders auf die Anbringung von Reklameschildern, Schaukästen und Überschriften erstreckten.

Ausgeprägte gestalterische Vorstellungen kamen dann in dem „Preußischen Wohngesetz" von 1918 zum Tragen. Das Gesetz regelte den Verputz und die Ausführung von Gebäuden aller von Straßen und Plätzen oder anderen öffentlichen Verkehrsflächen aus sichtbaren Bauten. Es plädierte für eine einheitliche Gestaltung des Straßenbildes und für die Berücksichtigung der Anliegen des Denkmal- und des Heimatschutzes. Dem seinerzeitigen Gesetzgeber ging es bereits um die Beachtung heimatlicher Baukultur, die auch durch die vielfältigen Erscheinungen der Reklame nicht gestört werden sollte.

Dieser Gedanke manifestierte sich dann in breitester Weise in der als seinerzeitiges Reichsrecht erlassenen Verordnung über Baugestaltung vom 10. November 1936 (RGBl. I S. 938), der sog. „Baugestaltungs-Verordnung". Sie stellt für die Baugesinnung drei positive Forderungen auf: „Anständige Baugesinnung", „werkgerechte Durchbildung" und „einwandfreie Einfügung in die Umgebung". Ein seinerzeitiger ministerieller Erlaß zur „Baugestaltungs-Verordnung" erläuterte den Begriff der Baugesinnung dahin, daß sie nach den Regeln einer guten Baukunst klar gestaltet sein müsse. Sowohl die architektonische Planung wie auch die Durcharbeitung des ganzen Bauwerks nach Form, Gliederung, Farbe, Werkstoff und Oberflächengestaltung sollten der „anständigen Baugesinnung" entsprechen. Die „werkgerechte Durchbildung" sollte sich nach den allgemeinen handwerklichen Regeln richten; sie dürften nicht außer acht gelassen werden. Die „einwandfreie Einfügung" sei dann gegeben, wenn der Betrachter den Gegensatz zwischen baulicher Anlage und Umgebung nicht als belastend oder unlusterregend empfindet. Der Maßstab für die Beurteilung sollte nach der Rechtsprechung des Preußischen Oberverwaltungsgerichts „der ästhetische und künstlerisch geschulte Betrachter" sein. Die Rechtsprechung des Bundesverwaltungsgerichts stellte später auf das Empfinden jedes für ästhetische Eindrücke offenen Betrachters, als des sogenannten „gebildeten Durchschnittsmenschen" ab.

Die „Baugestaltungs-Verordnung" von 1936 ist nach Gründung der Bundesrepublik jedoch kein Bundesrecht geworden. Sie galt zunächst als Landesrecht weiter und wurde durch die in den 50er und 60er Jahren verabschiedeten Landesbauordnungen und Landesbaugesetze abgelöst. Zahlreiche ihrer Rechtselemente finden sich in diesen Gesetzen wieder. Zu erwähnen ist in diesem Zusammenhang, daß der Freistaat Bayern im Jahr 1954 ein eigenes bayerisches „Gesetz über verunstaltende Außenwerbung" erließ, das aber wieder durch die spätere „Bayerische Bauordnung" aufgehoben wurde. Die ersten Landesbauordnungen ergingen im Saarland (1955), in Hessen (1957) und in Berlin (1958). Es folgten Rheinland-Pfalz (1961), Nordrhein-Westfalen (1962), Bayern (1962), Baden-Württemberg (1964) und später Schleswig-Holstein (1967), Hamburg (1969), Bremen (1971) und Niedersachsen (1973). Mehrere dieser Landesbauordnungen wurden zum Teil inzwischen wiederholt novelliert.

Für die Kodifikation der Landesbauordnungen waren die Arbeiten einer auf Initiative des Bundesministers für Wohnungsbau Anfang 1955 gebildeten Musterbauordnungs-Kommission (der späteren „ARGE-Bau") der Länder von entscheidender Bedeutung. Sie mündeten ein in die Verabschiedung der 1. Musterbauordnung − MBO − vom 30. Oktober 1959, die dann erstmals in den 60er Jahren überarbeitet wurde und einer ständigen Weiterentwicklung unterliegt. Diese Musterbauordnung ist für die Normierung des heutigen Bauordnungsrechts und damit auch für die Regelung der Außenwerbung wegweisend und richtunggebend.

In dieser kurzen Betrachtung über das Außenwerbungsrecht verdienen wegen ihrer rechtspolitischen Bedeutung noch zwei von der Werbewirtschaft ausgegangene Initiativen festgehalten zu werden. In der Zeit der beginnenden Neukodifizierung der Landesbauordnungen unterbreitete der Zentralausschuß der Werbewirtschaft der Öffentlichkeit sowie den regierenden und gesetzgebenden Körperschaften in Bund und Ländern den Vorschlag, das Recht der Außenwerbung bundeseinheitlich zu regeln. Ein von Professor Dr. Gerd Roellecke erarbeitetes Rechtsgutachten „Gesetzgebung und Außenwerbung" (Verlag W. Kohlhammer, Stuttgart; 1971) gipfelte in der Forderung, mit Hilfe einer Änderung des Grundgesetzes eine Regelung anzustreben, die dem Bund die baurechtliche Zuständigkeit für die Außenwerbung gibt. Durch eine Ergänzung von Art. 74, Nr. 18 des Grundgesetzes sollte dem Bund auch die konkurrierende Gesetzgebungszuständigkeit für die Baugestaltung, soweit sie Anlagen der Außenwerbung betrifft, übertragen werden. Dieses Anliegen hatte bei der föderalistischen Struktur unserer Bundesrepublik offensichtlich keine aussichtsreiche Chance für seine verfassungsrechtliche Durchsetzbarkeit. Immerhin enthält der Inhalt dieses dezidierten Gutachtens manch aufschlußreiche Ausführungen zur Rechtsproblematik der Außenwerbung, die für Juristen und Fachexperten der Wirtschaft und Verwaltung nachlesenswert sind.

Ein weiteres vom Zentralausschuß der Werbewirtschaft im Jahr 1969 veröffentlichtes Rechtsgutachten von Universitätsprofessor Dr. Peter Lerche beschäftigte sich eingehend mit den Ermächtigungsvorschriften für Außenwerbungssatzungen. Es untersuchte im einzelnen die verfassungsrechtlichen Anforderungen an die Ermächtigungen des § 103 Abs. 1 Ziff. 1, 2 der Nordrhein-Westfälischen Bauordnung und die Verfassungsmäßigkeit der Ermächtigungen nach geltendem und nach künftigem Recht. Dem Initiator des Gutachtens ging es darum, den Erlaß gemeindlicher Außenwerbungssatzungen aus verfassungsrechtlicher Begründung heraus – auch in den anderen Bundesländern – weitgehend abzublocken. – Mit der Rechtsproblematik beschäftigten sich kontrovers der Deutsche Städtetag und die Gesellschaft für Ordnung in der Außenwerbung. Sie stellten u. a. fest: „Geborener" Normgeber für Baugestaltungsvorschriften unter Berücksichtigung örtlicher Gegebenheiten ist die Gemeinde als verfassungsmäßiger Hoheitsträger des örtlichen Wirkungskreises. Die Neufassung der Ermächtigungsvorschriften in Nordrhein-Westfalen – aber auch in den anderen Bundesländern – läßt insbesondere nicht den örtlichen Bezug fehlen, sondern bringt ihn im Gegenteil deutlicher als die bisherigen Fassungen zum Ausdruck (siehe hierzu die Zeitschriften „Der Betrieb", Nr. 11/69, mit dem beigefügten Gutachten von Professor Lerche, und „der städtetag", Nr. 8/69, Aufsatz von Günter Gaentzsch).

Die Anfang der 70er Jahre noch weitergeführten verfassungsrechtlichen Erörterungen wurden auf einer Tagung der Gesellschaft für Ordnung in der Außenwerbung im Jahre 1973 noch einmal eingehend aufgegriffen. Eindeutig wurde festgestellt, daß rechtliche Gründe die Gemeinden nicht zwingen können, sich beim Erlaß von Außenwerbungssatzungen zurückzuhalten (siehe auch Günter Gaentzsch in der Zeitschrift „Die Bauverwaltung", Nr. 8/73).

9 Bauordnungsrecht – Landesbauordnungen

Die heute anzuwendenden Vorschriften zur Regelung der Außenwerbung nach den Bauordnungen der Bundesländer wurden nach der Musterbauordnung – vorgelegt von der Arbeitsgemeinschaft für das Bauwesen der Bundesländer (siehe Ziff. 8 u. 13) – stark geprägt. Nach ihrem vorgegebenen Inhalt und auch den Erfahrungen und Erkenntnissen während der sich teilweise über mehrere Jahre erstreckenden Gesetzgebungsverfahren in einzelnen Landtagen wurde das neue landesrechtliche Bauordnungsrecht ausgestaltet.

Die Landesbauordnungen enthalten ihrem Inhalt nach überwiegend übereinstimmende Aussagen zur Ordnung der Außenwerbung. Eine vergleichende Darstellung führt gewiß zu Unterschiedlichkeiten der Textfassung einzelner Bestimmungen, aber auch zu wenigen methodischen und sachlichen Abweichungen. Generell ist jedoch davon auszugehen, daß der Gesetzgeber bei Werbeanlagen folgende im Interesse der Sicherheit und Ordnung, der Ästhetik und Baukultur sowie der Gesundheit der Menschen dienende Anliegen verwirklicht sehen wollte:

Klärung des Begriffs der Anlagen der Außenwerbung

Werbeanlagen sind alle örtlich gebundenen Einrichtungen, die der Ankündigung oder Anpreisung oder als Hinweis auf Gewerbe und Berufe dienen und vom öffentlichen Verkehrsraum der Gemeindefläche aus sichtbar sind. Hierzu zählen Schilder, Beschriftungen, Bemalungen, Lichtwerbungen, Schaukästen sowie Zettel- und Bogenanschläge oder für Lichtwerbung bestimmte Säulen, Tafeln und Flächen. Daneben gibt es Werbeanlagen, die keine baulichen Anlagen sind und Werbemittel (s. u.).

Anforderungen an die Gestaltung – Verunstaltungsabwehr

Für die materiellen Anforderungen an Außenwerbungsanlagen besteht eine Generalklausel: „Bauliche Anlagen dürfen nicht verunstaltend wirken. Sie dürfen das Gesamtbild ihrer Umgebung nicht stören." Zur Abwehr von Verunstaltungen wird gesagt, daß bauliche Anlagen werkgerecht durchzubilden sind. Form, Maßstab, Werkstoff und Farbe sind so zu gestalten, daß sie nicht verunstaltend wirken. Außenwerbungsanlagen sind mit ihrer Umgebung so in Einklang zu bringen, daß sie das Straßen-, Orts- und Landschaftsbild oder deren beabsichtigte Gestaltung nicht stören. Bau- und Naturdenkmale sowie erhaltenswerte Eigenarten der Umgebung dürfen nicht beeinträchtigt werden. Für Werbeanlagen, die keine baulichen Anlagen sind, gelten im allgemeinen sinngemäß die an bauliche Anlagen gestellten Forderungen.

Abwehr von Gefährdungen und Belästigungen
Werbeanlagen dürfen, wie alle anderen Bauanlagen, die öffentliche Sicherheit und Ordnung nicht gefährden. Besonders dürfen Leben und Gesundheit nicht beeinträchtigt werden. Unzumutbare Verkerhsbehinderungen dürfen nicht entstehen.

Abwehr von Reizungen
Von Werbeanlagen dürfen keine unzumutbaren Belästigungen ausgehen. Die Menschen sollen vor einem Übermaß an optischen Reizungen und psychischer Beeinflussung bewahrt werden. „Werbeanlagen dürfen nicht erheblich belästigen, insbesondere durch ihre Größe, Häufung, Lichtstärke oder Betriebsweise", betont u. a. die Niedersächsische Bauordnung.

Abwehr störender Häufung
Häufung von Werbeanlagen ist unzulässig, wenn sie störend wirkt. Ihre Massierung – sowohl nach ihrem Gesamteindruck, als auch nach ihrer Wirkung auf die Umgebung – wird als belastend oder unlusterregend empfunden. Es kommt auf die sorgfältig festzustellenden jeweiligen Umstände an. Wesentlich wird stets die Funktion sein, die der betreffende Stadt- bzw. Gemeindeteil, die Straße oder der Platz zu erfüllen haben.

Verbot für Werbeanlagen in der freien Landschaft
Die Außenwerbung außerhalb der im Zusammenhang bebauten Ortsteile ist unzulässig. Ausgenommen von diesem Grundsatz sind

— Werbeanlagen an der Stätte der Leistung;
— Schilder, die Inhaber und Art gewerblicher Betriebe kennzeichnen, wenn sie vor Ortsdurchfahrten auf einer Tafel zusammengefaßt sind (Hinweisschilder);
— einzelne Hinweisschilder an Verkehrsstraßen und Wegeabzweigungen, die im Interesse des Verkehrs auch auf außerhalb der Ortsdurchfahrt liegende gewerbliche Betriebe oder versteckt gelegene Stätten aufmerksam machen;
— Werbeanlagen an und auf Flugplätzen, Sportanlagen und auf abgegrenzten Versammlungsstätten, soweit sie nicht störend in die freie Landschaft wirken;
— Werbeanlagen auf Ausstellungs- und Messegelände.

Einige Bauordnungen verbieten Werbeanlagen nicht nur außerhalb der im Zusammenhang bebauten Ortsteile, sondern auch an den Ortsrändern, soweit sie in die freie Landschaft wirken.

Beschränkungen und Verbote in bestimmten Baugebieten
Einschränkungen für Werbeanlagen bestehen in kleinen Siedlungsgebieten, Wohngebieten und allgemeinen Wohngebieten. Hier sind nur Werbeanlagen an der Stätte der Leistung sowie Anlagen für amtliche Mitteilungen und zur Unterrichtung der Bevölkerung über kirchliche, kulturelle, politische, sportliche und ähnliche Veranstaltungen zulässig. In einigen Ländern darf die jeweils freie Fläche dieser Anlagen auch für andere Werbungen verwendet werden. In reinen Wohngebieten darf an der Stätte der Leistung nur mit Hinweisen auf Gewerbe und Beruf geworben werden.

Genehmigungspflichtige und genehmigungsfreie Anlagen der Außenwerbung
Grundsätzlich bedürfen alle baulichen Anlagen oder Teile baulicher Anlagen der Baugenehmigung. Genehmigungsfreie Werbeanlagen sind Werbeanlagen mit einer Ansichtsfläche bis zu 0,5 qm, Werbeanlagen für zeitlich begrenzte Veranstaltungen an der Stätte der Leistung – insbesondere für Aus- und Schlußverkäufe –, jedoch nur für die Dauer der Veranstaltung sowie vorübergehend angebrachte oder aufgestellte Werbeanlagen an der Stätte der Leistung, soweit die Anlagen nicht mit dem Boden oder anderen baulichen Anlagen verbunden sind. Genehmigungsfrei sind auch Werbeanlagen, die vorübergehend zu öffentlichen Wahlen oder Abstimmungen angebracht oder aufgestellt werden. Die genehmigungsfreien Werbeanlagen sind jedoch nicht von den sachlichen Vorschriften der Bauordnung freigestellt. Sie müssen diese vielmehr ebenso einhalten wie die genehmigungspflichtigen Anlagen. Die Bauaufsichtsbehörde kann die Beseitigung von Werbeanlagen anordnen, die dem öffentlichen Baurecht widersprechen.

Behandlung vorhandener Werbeanlagen
Anforderungen werden nicht nur an die Errichtung neuer Werbeanlagen, sondern auch an vorhandene Anlagen gestellt. Diese müssen so instandgehalten werden, daß sie den baugestalterischen Anforderungen genügen. Die Baubehörden können ihre Instandsetzung oder, falls notwendig, die Beseitigung anordnen. Hierunter fällt eine große Anzahl längst überholter Werbeanlagen, die teilweise für nicht mehr

vorhandene Firmen oder Produkte werben. Eigentümer von Grundstücken und Gebäuden können verantwortlich gemacht werden.

Werbemittel

Die Bauordnungen heben hervor, daß ihre Vorschriften nicht auf die eigentlichen Werbemittel, die an für diesen Zweck genehmigten Säulen, Tafeln und Flächen angebracht werden, anzuwenden sind. Dasselbe gilt auch für die Auslagen und Dekorationen in Schaufenstern und Schaukästen. Die Bauordnungen scheiden damit solche Werbemittel aus, für die genehmigungspflichtige Werbeanlagen oder sonstige bauliche Anlagen den äußeren Rahmen bilden (unselbständige Werbemittel). Das bedeutet, daß bei der bauaufsichtlichen Genehmigung von Werbetafeln und Schaufenstern die mögliche spätere Verwendung in die Beurteilung einbezogen werden muß. Zu den Anlagen und Dekorationen gehören übrigens nicht feste Beleuchtungsanlagen in Schaufenstern oder großflächige Plakate, die die Schaufensterscheibe zudecken.

Warenautomaten

Die bauordnungsrechtlichen Bestimmungen für Außenwerbung gelten weitgehend auf für Warenautomaten. Sie müssen allen Anforderungen an bauliche Anlagen entsprechen und sich hinsichtlich ihrer Gestaltung in ihre Umgebung einfügen. Auch für die Warenautomaten können durch örtliche Bauvorschriften zusätzliche Anforderungen und Auflagen gestellt werden. Für bestimmte Ortsteile können Warenautomaten ausgeschlossen werden.

Rechtsverordnungen, Verwaltungsvorschriften, örtliche Bauvorschriften

Die zuständigen Landesminister können Vorschriften zur näheren Bestimmung der allgemeinen Anforderungen an bauliche Anlagen erlassen. Die Städte und Gemeinden können durch Satzung in bestimmten Stadtteilen und Ortsgebieten die Außenwerbung regeln. Hierbei können besondere Anforderungen an die äußere Gestaltung von Werbeanlagen – auch hinsichtlich deren Art, Größe, Anbringungsort – gestellt werden. Ferner können besondere Anforderungen an Werbeanlagen zum Schutz bestimmter Bauten, Straßen, Plätze oder Ortsteile von geschichtlicher, künstlerischer oder städtebaulicher Bedeutung sowie von Bau- und Naturdenkmalen ortsrechtlich geregelt werden. Nach den örtlichen Gegebenheiten können bestimmte Arten von Werbeanlagen ausgeschlossen und auf bestimmte Farben beschränkt werde. Ferner können die Städte und Gemeinden durch Satzung bestimmen, daß für besonders schutzwürdige Gebiete, z. B. von historischer oder städtebaulicher Bedeutung, für genehmigungsfreie Werbeanlagen eine Baugenehmigung erforderlich ist. Satzungen bedürfen der Genehmigung der jeweiligen oberen Baubehörden (Kreis, Regierungspräsidium).

Die bei der Beurteilung von Anlagen der Außenwerbung zu beachtenden rechtlichen Erfordernisse sind nach der Systematik der einzelnen Landesbauordnungen in verschiedenen Gesetzesteilen zu finden (u. a. Anwendungsbereich, Begriff, allgemeine Anforderungen, Gestaltung baulicher Anlagen, Anlagen der Außenwerbung und Warenautomaten, Verkehrssicherheit, Bauaufsichtsbehörden, Genehmigungspflicht, Baugenehmigung und Baubeginn, Rechtsverordnungen und Verwaltungsvorschriften, örtliche Bauvorschriften). Die Gesetzestexte weichen teilweise von den in der Musterbauordnung vorgegebenen ab. Unter Ziffer 13 (Seite 39) werden die für die Außenwerbung bedeutsamen Paragraphen der Musterbauordnung wiedergegeben.

10 Genehmigungspraxis und Werbebeiräte

Das Verfahren zur Genehmigung von Werbeanlagen und die dabei ausgeübte administrative Praxis der Baubehörden – u. a. Bearbeitung von Anträgen, Bescheiden, Geltendmachung von Vorbehalten, Befristungen, Widerrufen – regeln sich nach dem jeweiligen Landesrecht.

Die gesetzlichen Regelungen werden interpretiert durch die ministeriellen Verfügungen und Weisungen. Die Bauaufsichtsbehörden geben hierüber näheren Aufschluß. Was die genehmigungspflichtigen und genehmigungsfreien Werbeanlagen im einzelnen angeht, so wird auf den vorhergehenden Abschnitt „Bauordnungsrecht – Landesbauordnungen", Ziff 9. hingewiesen. Aus der dort aufgezeigten Sachlage ergeben sich auch die sogenannten „Genehmigungsgrundsätze" hinsichtlich der einzelnen an Werbeanlagen zu stellenden Forderungen.

In diesem Zusammenhang ist noch auf die Beratung der Baugenehmigungsbehörden durch für Stadtgestaltung und Außenwerbung zuständige sachverständige Gremien – Werbebeiräte – hinzuweisen. Ihre Tätigkeit hat sich besonders in den größeren Städten bewährt. Die Werbebeiräte nehmen sich der wichtigen Fragen der äußeren Gestaltung von Ortsbildern im allgemeinen und der Errichtung, Aufstellung, Anbringung sowie Änderung von Werbeanlagen im besonderen an.

Sie beschäftigen sich auch mit dem gestalterischen Inhalt von Ortsvor-schriften. Der Werbebeirat setzt sich zusammen u. a. aus Vertretern der Denkmal-, Natur- und Landschaftspflege, der Architektenkammer und Architektenorganisationen, des Bundes Deutscher Gebrauchs-graphiker, der Werbefachverbände, der Industrie- und Handelskam-mern und der Handwerkskammern. Die Werbebeiräte, die sich beson-ders der in der Praxis auftretenden strittigen Fälle annehmen, geben Empfehlungen, entscheiden jedoch nicht.

11 Spezielles Außenwerbungsrecht – Sondernutzung

Die von den Anschlagunternehmen in Anspruch genommene wirt-schaftliche Nutzung der Straßen, Wege und Plätze durch Anlagen der Außenwerbung gehört nicht mehr zum sogenannten Gemeinge-brauch. Das Aufstellen von Anschlagsäulen, Schildern, Tafeln und ähnlichem auf gemeindlichem Grund und Boden stellt daher im Sinne des Straßenrechts – u. a. Bundesfernstraßengesetz, Landes-Straßen- und -Wegegesetze – eine Sondernutzung dar, die der Erlaubnis bedarf. Ein Rechtsanspruch besteht weder auf Erlaubnis noch auf Abschluß eines Vertrages. Die Sondernutzungserlaubnis ersetzt auch nicht die nach dem Bauordnungsrecht für die Anlagen der Außenwer-bung erforderlichen Genehmigungen oder Anzeigen. Wir haben es also hier mit einem speziellen Teil des Außenwerbungsrechts zu tun, der zahlreiche Problemfragen des öffentlichen und privaten Rechts aufwirft. Die dem Konzessionsrecht zuzuordnende Rechtsmaterie erstreckt sich u. a. auf den Abschluß von Sondernutzungsverträgen zwischen den Gemeinden und den Anschlagsunternehmen, auf ihre Bestandsgarantie und den Gebietsschutz sowie auf die Sondernut-zungsgebühren und zahlreiche Auflagen für Anschlagstellen und auch auf die Haftung. Ein weites Rechtsfeld ist hier für die Gemeinden und die selbständigen Anschlagunternehmen zu sehen. Über die Werbe-nutzungsverträge nehmen die Gemeinden besonders auf den geschäftlichen Betrieb dieser Unternehmen Einfluß und partizipieren an deren wirtschaftlichem Ertrag. So wird Außenwerbung zu einem Teil der Gemeindewirtschaft (Einnahmefunktion). Gleichzeitig erfüllen diese Verträge eine Ordnungsfunktion und letztlich eine Betriebsfunk-tion, wie bereits zu Litfaß'Zeiten (siehe Ziff. 4.). Die konzessionierten

Anschlagsunternehmen sind durch ihre Kontrahierungs- und Betriebsklauseln verpflichtet, Anschlagsaufträge in kürzester Frist und in der Reihenfolge des Eingangs auszuführen. All die in der Praxis der Wirtschaft und Verwaltung auftretenden vielfachen Rechtsprobleme sind eingehend dargestellt in der vom Deutschen Städtetag herausgegebenen Schrift „Die Werbenutzungsverträge der Gemeinden" von Prof. Dr. Richard Bartlsperger (Verlag W. Kohlhammer, Stuttgart). Darin wird auch eingegangen auf die gemeindlichen Satzungsbefugnisse für Sondernutzungsrechte sowie die Widmung öffentlicher Straßenflächen für Sonderzwecke der Außenwerbung und die Verpachtung gemeindlicher Werbeträger.

12 Perspektiven im Zeichen von Denkmalschutz und Stadgestaltung

Im Bereich des Städtebaus und der Stadtgestaltung ist seit Mitte der 70er Jahre eine neue Entwicklung erkennbar. Sie beruht darauf, daß die Fehlleistungen in der Stadtplanung und im Städtebau der letzten Jahre immer sichtbarer wurden. Die Kluft zwischen städtebaulicher Wirklichkeit und den notwendigen humanen Lebensbedingungen wurde immer deutlicher und wohl auch unerträglicher. Dem Leitbild des Städtebaues über eine autogerechte und sachgerechte Stadt setzt die Gesellschaft ihre Forderungen nach Eindämmung der Maßstablosigkeit und Berücksichtigung von mehr Menschlichkeit entgegen. Gesagt wird, daß die unmittelbar geistig-seelische Existenz der Menschen auf dem Spiele steht. Auf vergessene Werte wie Nachbarschaft, Geborgenheit und Heimatgefühl wird hingewiesen. Im Städtebau wird wieder von der Qualität des Milieus, der Umgebung und dem Gestaltwert der Häuser, Straßen und Plätze gesprochen. Außer den Nutzungs- und Funktionswerten werden optisch und bildhaft wahrzunehmende Gestaltwerte, Stimmungswerte, Gefühlswerte und Erlebniswerte vom Lebensraum Stadt erwartet. Erinnert wird an die Erhaltung der historischen und landschaftsbezogenen Bausubstanz. Das Europäische Jahr des Denkmalschutzes 1975 setzte einen besonderen Akzent für die innere Erhaltung und Erneuerung unserer Städte und Gemeinden.

Die ersten Ansätze zum Europäischen Denkmalschutzjahr 1975 reichen auf den X. Europäischen Gemeindekongreß in Nizza im Jahr 1972 zurück. Dort fand im Kongreßzentrum eine großflächige Ausstellung statt, die sich eingehend mit der „Umweltzerstörung" durch äußere Einflüsse beschäftigte. Der besondere Akzent der Ausstellung lag im stadtgestalterischen Bereich. Gezeigt wurden u. a. monotone Architektur von Geschäfts- und Verwaltungsgebäuden, maßstablose Sachbauten, häßliche Wohnblöcke, entstellte Denkmäler und zahlreiche scheußliche Reklame in schutzwürdigen Stadtteilen und in der Landschaft. Der seinerzeitige französische Ministerpräsident, Chaban-Delmas, hat auf diesem Kongreß auf die verschiedenen Bedrohungen der bebauten Umwelt eingehend hingewiesen und Abhilfe gefordert. Ein Jahr später hat dann der Europarat in einer in Zürich im Juli 1973 stattgefundenen Konferenz die Kampagne für das Europäische Jahr des Denkmalschutzes eröffnet und die entsprechenden Richtlinien für seine Durchführung herausgegeben. Ein Organisationskomitee unter dem Vorsitz des Präsidenten von EUROPA NOSTRA, Lord Duncan Sandys, wurde beauftragt, die notwendige Koordination mit den europäischen Regierungen, der Europäischen Gemeinschaft, der Europäischen Gemeindekonferenz und anderen internationalen Organisationen vorzunehmen. Herausgegeben wurde u. a. ein Merkblatt, in dem einzelne Schutz- und Abwehrmaßnahmen im Bereich der Städte, Kreise und Gemeinden aufgeführt wurden. Darin wurde u. a. zum Bereich der Außenwerbung gesagt:

„Das äußere Bild und der Charakter vieler der malerischsten Städte und Dörfer Europas haben sich durch die verschiedensten Formen der Schrift- und Bildreklame stark verändert. Ebenso werden schöne alte Gebäude durch schreiende Leuchtreklame und Beschilderung entstellt. Eines der wichtigsten Ziele der Kampagne ist deshalb die Entfernung dieser Reklame und störender Schilder in Stadtvierteln, die sich durch ihre besondere architektonische Schönheit auszeichnen."

Das Denkmalschutzjahr 1975 hat in der Bundesrepublik wesentlich zur Bewußtseinsbildung der Bevölkerung und der Behörden in Staat und Kommunen beigetragen. Die von dem gegründeten Deutschen Nationalkomitee für Denkmalschutz seither ausgegangenen Aktivitäten und Initiativen erstrecken sich auf die bauliche Gestaltung, architektonische Gliederung und erhaltende Erneuerung unserer Städte und Dörfer. „Eine Zukunft der Vergangenheit" lautete das Leitmotiv, mit dem ein neuer Zeitabschnitt für Städtebau und Dorfentwicklung eingeleitet wurde. Die Individualität und Unverwechselbarkeit des Ortsbildes sollte erhalten und gepflegt werden.

Die großen Massenmedien – Fernsehen, Rundfunk und Zeitungen – begannen, sich in den letzten Jahren zunehmend mit der bebauten Umwelt zu beschäftigen. Zahlreiche Bücher und Schriften erschienen zum Thema „Stadtgestaltung und Stadtarchitektur". Tagungen, Seminare und Veranstaltungen mehrerer Fachdisziplinen befaßten sich jetzt verstärkt mit dem menschengerechten Städtebau und besonders den Gestaltwerten der Städte und Dörfer. Ein erster Bundeswettbewerb über „Stadtgestalt und Denkmalschutz im Städtebau" wurde in den Jahren 1978/79 auf Bundesebene durchgeführt. Er ergänzt die bekannten städtebaulichen und landschaftsbezogenen Bundeswettbewerbe „Bürger, es geht um Deine Gemeinde", „Unser Dorf soll schöner werden" und „Industrie in der Landschaft". In all diesen Wettbewerben geht es um die gute Ordnung in der Baukultur, Straßen, Plätze, Häuser, Fassaden, Gebäude-Ensembles, schlechtum das Stadt- und Ortsbild. Auch die Anlagen der Außenwerbung wurden in die Beurteilungskriterien aufgenommen.

Bürgergruppen haben sich gebildet, die sich für die Erhaltung des schutzwürdigen Einzelgebäudes, des Bau-Ensembles, des historischen Ortsteils und der Einmaligkeit der Landschaft einsetzen. Böses wurde verhindert, viel Gutes bewirkt, manches vielleicht auch etwas überzogen. Zu sehen ist jedoch, daß sich die Menschen mit den Grenzen der Baufreiheit und der Notwendigkeit einer humanen Baugestaltung beschäftigen. Sie denken darüber nach, wie sie ihre Räume neu ordnen und gestalten können. In den Städten wurde der Gigantomanie Einhalt geboten. Maßstablose Hochbauten der letzten Jahrzehnte werden jetzt als unverantwortliche Ausuferung empfunden. Bürgerinitiativen kämpfen gegen die Verplanung und Verklotzung der letzten Flächen. Sie wenden sich gegen den Abriß noch verbliebener historischer Bausubstanz.

Auf dem Lande wird bei der Dorfsanierung davor gewarnt, noch vorhandene historisch gewachsene und landschaftsgebundene Baukultur durch industriell vorgefertigte Massenteile zu ersetzen. An die überlieferte Bausubstanz und die natürlichen Bauelemente des Dorfes wird angeknüpft, u. a. die Gestaltung der Straßen, ihren Belag und ihre Begrenzung, die Hauseingänge und Einfriedungen, die Fassaden und Fenster, die Dachformen und -neigungen. Es geht nicht nur um die Verschönerung durch Blumen, sondern um die Baugesinnung, um das Landschaftsbewußtsein, die Maßstäblichkeit und die Harmonie, die für das allgemeine Wohlbefinden der Menschen so bedeutsam sind. Der Mensch sucht wieder Wohlbefinden, Sinngebung und Geborgenheit, einen harmonischen Lebensbereich, dem auch die bebaute Umwelt seiner historischen Stadt und seines Dorfes entsprechen soll.

Zu den zahlreichen Anregungen, die das Deutsche Nationalkomitee für den Denkmalschutz in der Bundesrepublik gab, gehört auch ein Vorschlag für die Weiterentwicklung des Bauordnungsrechts in den Bundesländern. Das Nationalkomitee erhob darin folgende Grundsatzforderungen:

— Die Landesbauordnungen sollten bei den Anforderungen an die Baugestaltung zumindest in geschichtlich, künstlerisch oder städtebaulich bedeutsamen Ortsteilen auf das Urteil des sachkundigen und erfahrenen Betrachters, und nicht auf das des „durchschnittlich gebildeten Laienbetrachters" abstellen.

— Die Landesbauordnungen sollten die allgemeine Instandhaltungspflicht des Eigentümers für bestehende bauliche Anlagen deutlicher hervorheben und darüber hinaus zu besonderen Anforderungen an die Instandhaltung solcher Gebäude ermächtigen, die wegen ihrer geschichtlichen, künstlerischen oder städtebaulichen Bedeutung erhaltenswert sind.

— Die Landesbauordnungen sollten dazu ermächtigen, zum Schutz von Baudenkmälern und von durch denkmalwerte Bebauung geprägten Ortsteilen im Einzelfall oder durch Satzung für die schutzwürdigen Bereiche die einzuhaltende Geschoßhöhe unterhalb der sonst zulässigen Höchstgrenze festzusetzen.

— Die Landesbauordnungen sollten bei den Vorschriften über die Anwendung der heutigen bauordnungsrechtlichen Anforderungen auf bestehende bauliche Anlagen, insbesondere in bezug auf die bautechnischen Anforderungen an Baustoffe, Bauteile, Bauarten und Raumabmessungen, deutlich zum Ausdruck bringen, daß bei der Ermessensentscheidung der Bauaufsichtsbehörde über die volle oder teilweise Erfüllung dieser Anforderungen auch die Belange des Denkmalschutzes und der Gestaltung des Ortsbildes als öffentliche Belange mit zu berücksichtigen sind, ferner daß bei der Anpassung bestehender baulicher Anlagen an die heutigen Anforderungen früher erteilte Genehmigungen, insbesondere soweit sie zu einer Störung der baulichen Gestaltung oder des Ortsbildes geführt haben, widerrufen werden können.

Die Empfehlungen des Deutschen Nationalkomitees für Denkmalschutz richteten sich an die Gesetzgeber in Bund und Ländern. Gleichzeitig verstehen sie sich als Aufforderung an die Städte und Gemeinden, die Gestaltung des Ortsbildes durch den Erlaß von Satzungen in den Griff zu bekommen. Die Innenstädte sind der Lebensraum vieler Menschen. Aufgabe der verantwortlichen Kommunalpolitiker ist es, für menschliche Qualität und Atmosphäre zu sorgen. Die Anlagen der Außenwerbung können nach den Landesbauordnungen durch örtliche Satzungen, siehe hierzu S. 39 ff., einer Regelung zugeführt werden.

13 Musterbauordnung (MBO) – Auszug [1])

Die für Stadtgestaltung und Anlagen der Außenwerbung bedeutsamen Inhalte der Musterbauordnung vom 11. Dezember 1981 lauten:

§ 1 Anwendungsbereich

(1) Dieses Gesetz gilt für alle baulichen Anlagen. Es gilt auch für Grundstücke sowie für andere Anlagen und Einrichtungen, an die in diesem Gesetz oder in Vorschriften aufgrund dieses Gesetzes Anforderungen gestellt werden.

(2) . . .

§ 2 Begriffe

(1) Bauliche Anlagen sind mit dem Erdboden verbundene, aus Baustoffen und Bauteilen hergestellte Anlagen. Eine Verbindung mit dem Boden besteht auch dann, wenn die Anlage durch eigene Schwere auf dem Boden ruht oder auf ortsfesten Bahnen begrenzt beweglich ist oder wenn die Anlage nach ihrem Verwendungszweck dazu bestimmt ist, überwiegend ortsfest benutzt zu werden . . .

(2) bis (6) . . .

§ 3 Allgemeine Anforderungen

(1) Bauliche Anlagen sowie andere Anlagen und Einrichtungen im Sinne von § 1 Absatz 1 Satz 2 sind so anzuordnen, zu errichten, zu ändern und zu unterhalten, daß die öffentliche Sicherheit oder Ordnung, insbesondere Leben oder Gesundheit, nicht gefährdet werden; sie müssen ihrem Zweck entsprechend ohne Mißstände zu benutzen sein. Die allgemein anerkannten Regeln der Technik sind zu beachten.

(2) und (3)

§ 12. Gestaltung

(1) Bauliche Anlagen müssen nach Form, Maßstab, Verhältnis der Baumassen und Bauteile zueinander, Werkstoff und Farbe so gestaltet sein, daß sie nicht verunstaltet wirken.

(2) Bauliche Anlagen sind mit ihrer Umgebung derartig in Einklang zu bringen, daß sie das Straßenbild, Ortsbild oder Landschaftsbild nicht verunstalten oder deren beabsichtigte Gestaltung nicht stören. Auf die erhaltenswerten Eigenarten der Umgebung ist Rücksicht zu nehmen.

---

[1]) Auszug aus dem von der Bundesarchitektenkammer als Manuskript vervielfältigten Text

§ 13 Anlagen der Außenwerbung und Warenautomaten

(1) Anlagen der Außenwerbung (Werbeanlagen) sind alle ortsfesten Einrichtungen, die der Ankündigung oder Anpreisung oder als Hinweis auf Gewerbe oder Beruf dienen und vom öffentlichen Verkehrsraum aus sichtbar sind. Hierzu zählen insbesondere Bilder, Beschriftungen, Bemalungen, Lichtwerbungen, Schaukästen sowie für Zettelanschläge und Bogenanschläge oder Lichtwerbung bestimmte Säulen, Tafeln und Flächen.

(2) Für Werbeanlagen, die bauliche Anlagen sind, gelten die in diesem Gesetz an bauliche Anlagen gestellten Anforderungen. Werbeanlagen, die keine baulichen Anlagen sind, dürfen weder bauliche Anlagen noch das Straßenbild, Ortsbild oder Landschaftsbild verunstalten oder die Sicherheit und Leichtigkeit des Verkehrs gefährden. Die störende Häufung von Werbeanlagen ist unzulässig.

(3) Außerhalb der im Zusammenhang bebauten Ortsteile sind Werbeanlagen unzulässig. Ausgenommen sind, soweit in anderen Vorschriften nichts anderes bestimmt ist

1. Werbeanlagen an der Stätte der Leistung,

2. Schilder, die Inhaber und Art gewerblicher Betriebe kennzeichnen (Hinweisschilder), wenn sie vor Ortsdurchfahrten auf einer Tafel zusammengefaßt sind,

3. einzelne Hinweiszeichen an Verkehrsstraßen und Wegabzweigungen, die im Interesse des Verkehrs auf außerhalb der Ortsdurchfahrten liegende Betriebe oder versteckt liegende Stätten aufmerksam machen,

4. Werbeanlagen an und auf Flugplätzen, Sportanlagen und Versammlungsstätten, soweit sie nicht in die freie Landschaft wirken,

5. Werbeanlagen auf Ausstellungsgeländen und Messegeländen.

(4) In Kleinsiedlungsgebieten, Dorfgebieten, reinen Wohngebieten und allgemeinen Wohngebieten sind nur Werbeanlagen zulässig an der Stätte der Leistung sowie Anlagen für amtliche Mitteilungen und zur Unterrichtung der Bevölkerung über kirchliche, kulturelle, politische, sportliche u.ä. Veranstaltungen; die jeweils freie Fläche dieser Anlagen darf auch für andere Werbung verwendet werden. In reinen Wohngebieten darf an der Stätte der Leistung nur mit Hinweisschildern geworben werden.

(5) Die Absätze 1 bis 3 gelten für Warenautomaten entsprechend.

(6) Die Vorschriften dieses Gesetzes sind nicht anzuwenden auf

1. Anschläge und Lichtwerbung an dafür genehmigten Säulen, Tafeln und Flächen,
2. Werbemittel an Zeitungsverkaufsstellen und Zeitschriftenverkaufsstellen,
3. Auslagen und Dekorationen in Fenstern und Schaukästen,
4. Wahlwerbung für die Dauer eines Wahlkampfes.

§ 19 Verkehrssicherheit

(1) . . .

(2) Die Sicherheit und Leichtigkeit des öffentlichen Verkehrs darf durch bauliche Anlagen oder ihre Nutzung nicht gefährdet werden.

§ 61 Genehmigungsbedürftige Vorhaben

(1) Die Errichtung, die Änderung, die Nutzungsänderung und der Abbruch baulicher Anlagen sowie anderer Anlagen und Einrichtungen, an die in diesem Gesetz oder in Vorschriften auf Grund dieses Gesetztes Anforderungen gestellt sind, bedürfen der Baugenehmigung, soweit in den §§ 62, 73 und 74 nichts anderes bestimmt ist.

§ 62 Genehmigungsfreie Vorhaben

(1) Die Errichtung oder Herstellung folgender Anlagen und Einrichtungen bedarf keiner Baugenehmigung:

1. bis 34 . . .

35. Werbeanlagen bis zu einer Größe von 0,5 m²,

36. Werbeanlagen für zeitlich begrenzte Veranstaltungen an der Stätte der Leistung, insbesondere für Ausverkäufe und Schlußverkäufe, jedoch nur für die Dauer der Veranstaltung,

37. Werbeanlagen, die an der Stätte der Leistung vorübergehend angebracht oder aufgestellt sind, soweit sie nicht mit dem Boden oder einer baulichen Anlage verbunden sind und nicht über die Baulinie oder Baugrenze hinausragen,

38. Warenautomaten, wenn sie in räumlicher Verbindung mit einer offenen Verkaufsstelle stehen und der Anbringungsort oder Aufstellungsort innerhalb der Grundrißfläche des Gebäudes liegt,

39. . . .

(2) Keiner Baugenehmigung bedarf die bauliche Änderung von Anlagen und Einrichtungen nach Absatz 1, soweit sie nicht mit konstruktiven Änderungen verbunden sind, die bauliche Änderung von tragenden oder aussteifenden Bauteilen in Wohngebäuden und in Wohnungen sowie die Änderung der äußeren Gestaltung genehmigungsbedürftiger baulicher Anlagen, soweit sie nicht in Gebieten liegen, für die eine örtliche Bauvorschrift nach § 82 Abs. 1 Nr. 1 und 2 besteht.

(3) bis (5) . . .

§ 63 Bauantrag und Bauvorlagen

(1) und (2) . . .

(3) In besonderen Fällen kann zur Beurteilung der Einwirkung der baulichen Anlagen auf die Umgebung verlangt werden, daß die bauliche Anlage in geeigneter Weise auf dem Grundstück dargestellt wird.

(4) und (5) . . .

§ 67 Ausnahmen und Befreiungen

(1) Die Bauaufsichtsbehörde kann Ausnahmen von Vorschriften dieses Gesetzes und von Vorschriften auf Grund dieses Gesetzes, die als Sollvorschriften aufgestellt sind oder in denen Ausnahmen vorgesehen sind, gestatten, wenn die Ausnahmen mit den öffentlichen Belangen vereinbar sind und die festgelegten Voraussetzungen vorliegen.

(2) Weiter können Ausnahmen von den Vorschriften der §§ 25 bis 49 gestattet werden

1. zur Erhaltung und weiteren Nutzung von Baudenkmälern, wenn nicht erhebliche Gefahren für Leben und Gesundheit zu befürchten sind,

2. bei Modernisierungsvorhaben für Wohnungen und Wohngebäude und bei Vorhaben zur Schaffung von zusätzlichem Wohnraum durch Ausbau, wenn dies im öffentlichen Interesse liegt und die öffentliche Sicherheit und Ordnung nicht gefährdet werden, insbesondere wenn Bedenken wegen des Brandschutzes nicht bestehen.

(3) Die Bauaufsichtsbehörde kann von zwingenden Vorschriften dieses Gesetzes oder von zwingenden Vorschriften auf Grund dieses Gesetzes auf schriftlichen und zu begründenden Antrag befreien, wenn

1. Gründe des Wohls der Allgemeinheit die Abweichung erfordern oder

2. die Durchführung der Vorschrift im Einzelfall zu einer offenbar nicht beabsichtigten Härte führen würde und die Abweichung mit den öffentlichen Belangen vereinbar ist; eine nicht beabsichtigte Härte liegt auch dann vor, wenn auf andere Weise dem Zweck einer technischen Anforderung in diesem Gesetz oder in Vorschriften auf Grund dieses Gesetzes nachweislich entsprochen wird.

(4) . . .

(5) Ausnahmen und Befreiungen können mit Auflagen und mit Bedingungen verbunden und befristet erteilt werden.

(6) Ist eine Ausnahme oder Befreiung unter Bedingungen oder befristet erteilt worden, so sind die Genehmigungen entsprechend einzuschränken.

§ 69   Baugenehmigung und Baubeginn

(1) Die Baugenehmigung ist zu erteilen, wenn dem Vorhaben keine öffentlich-rechtlichen Vorschriften entgegenstehen. . . .

(2) . . .

(3) Die Baugenehmigung kann unter Auflagen, Bedingungen und dem Vorbehalt der nachträglichen Aufnahme, Änderung oder Ergänzung einer Auflage sowie befristet erteilt werden.

(4) bis (8) . . .

(9) Auch nach Erteilung der Baugenehmigung können Anforderungen gestellt werden, um bei der Genehmigung nicht voraussehbar gewesene Gefahren oder unzumutbare Belästigungen von der Allgemeinheit oder den Benutzern der baulichen Anlage abzuwenden.

§ 81   Rechtsvorschriften

(1) Zur Verwirklichung der in § 3 bezeichneten allgemeinen Anforderungen wird die oberste Bauaufsichtsbehörde ermächtigt, durch Rechtsverordnung Vorschriften zu erlassen über

1. die nähere Bestimmung allgemeiner Anforderungen in den §§ 4 bis 50,

2. bis 8. . . .

(2) bis (6) . . .

§ 82   Örtliche Bauvorschriften

(1) Die Gemeinden können örtliche Bauvorschriften erlassen über:

1. die äußere Gestaltung baulicher Anlagen sowie von Werbeanlagen und Warenautomaten zur Durchführung baugestalterischer Absichten in bestimmten, genau abgegrenzten bebauten oder unbebauten Teilen des Gemeindegebietes; dabei können sich die Vorschriften über Werbeanlagen auch auf deren Art, Größe und Anbringungsort erstrecken;

2. besondere Anforderungen an bauliche Anlagen, Werbeanlagen und Warenautomaten zum Schutz bestimmter Bauten, Straßen, Plätze oder Ortsteile von geschichtlicher, künstlerischer oder städtebaulicher Bedeutung sowie von Baudenkmälern und Naturdenkmälern; dabei können nach den örtlichen Gegebenheiten insbesondere bestimmte Arten von Werbeanlagen und Warenautomaten ausgeschlossen und auf Teile baulicher Anlagen und auf bestimmte Farben beschränkt werden;

3. bis 5. . . .

(2) Durch örtliche Bauvorschriften kann ferner bestimmt werden, daß

1. für besondere schutzwürdige Gebiete für genehmigungsfreie Werbeanlagen eine Genehmigung eingeführt wird,

2. . . .

(3) . . .

(4) Örtliche Bauvorschriften können auch durch Bebauungsplan nach den Vorschriften des Bundesbaugesetzes erlassen werden. Werden die örtlichen Bauvorschriften durch Bebauungsplan erlassen, so sind § 2 Abs. 5 und 6, § 2a Abs. 6, § 10, § 11, § 12 und § 13 unter Ausschluß des § 6 Abs. 2 und 3 des Bundesbaugesetzes anzuwenden.

(5) Anforderungen nach den Absätzen 1 und 2 können innerhalb der örtlichen Bauvorschrift auch in Form zeichnerischer Darstellungen gestellt werden. Ihre Bekanntgabe kann dadurch ersetzt werden, daß dieser Teil der örtlichen Bauvorschrift bei der Gemeinde zur Einsicht ausgelegt wird; hierauf ist in den örtlichen Bauvorschriften hinzuweisen."

Hartmut Dyong

Städtebaurecht und Außenwerbung

1 Dem Thema könnte entgegengehalten werden, daß das Außenwerbungsrecht herkömmlicher Weise dem Baupolizeirecht zuzuordnen
sei und daher nur durch Landesrecht geregelt werden könne.[1]) Das
Städtebaurecht des Bundes, also das Baugesetzbuch und die Baunutzungsverordnung, könnte danach auf Anlagen der Außenwerbung
grundsätzlich keine Anwendung finden.[2])

Das Bundesverwaltungsgericht[3]) hat zu dieser Problematik Stellung
genommen und dargelegt, daß die unterschiedliche Zielsetzung des
Bauplanungsrechts einerseits und diejenige des Bauordnungsrechts
andererseits hinsichtlich ein und desselben Gegenstandes oder Sach-
verhaltes eine sowohl planungsrechtliche und daher bundesrechtliche
als auch eine bauordnungsrechtliche und mithin landesrechtliche
Regelung ermöglichen oder erforderlich machen können. Werbeeinrichtungen sind als solche weder dem einen noch dem anderen
Regelungsbereich vorbehalten, „sondern in dem Maße, in dem sie
überhaupt unter baurechtlichen Gesichtspunkten zu beurteilen sind, je
nach der gesetzgeberischen Zielsetzung sowohl einer bauplanungs-
rechtlichen als auch einer bauordnungsrechtlichen Regelung zugänglich". (Ebenso Weyreuther, BauR 1972, 1)

2 Für die Beantwortung der Frage, ob in einem Bebauungsplan
konkrete, in die Einzelheiten gehende Festsetzungen über Werbeanlagen getroffen werden können, ist von entscheidender Bedeutung, ob
solche Anlagen bauliche Anlagen im Sinne des Planungsrechts sind
(§ 29 BauGB). Dem steht nicht das Urteil des BVerwG vom 4. 11. 1966
(EPlaR II 1 BVerwG 11.66) entgegen, „wonach durch einen Bebauungsplan auch eine sonstige — d. h. andere als bauliche — Nutzung
ausgeschlossen werden kann. Diese „Stoppfunktion" der Bebauungspläne gibt nämlich keine Handhabe — soweit § 9 Abs. 1 BauGB nicht
etwas anderes bestimmt, was hinsichtlich der Werbeanlagen ersicht-

---

[1]) vgl. Rechtsgutachten des Bundesverfassungsgerichts über die Zuständigkeit des Bundes zum
Erlaß eines Baugesetzes, BVerfG E 3.407.

[2]) sowohl Schmidt-Trophoff, DVBl 1968, 490; zum Meinungsstand vgl. auch Gelzer, Bauplanungs-
recht, 2. Aufl. Rdnr. 20 jeweils zum ehemaligen Bundesbaugesetz. Das 1987 in Kraft getretene
Baugesetzbuch entspricht jedoch in den hier interessierenden Bestimmungen dem ehemaligen
Bundesbaugesetz.

[3]) Urt. v. 28. 4. 1972, MDR 1972, 975 DÖV 1972, 828 DVBl 1973, 40

lich nicht der Fall ist – bezüglich dieser „sonstigen Nutzung" konkrete Festsetzungen zu treffen. Hinsichtlich der von § 9 Abs. 1 BauGB nicht erfaßten „sonstigen Nutzung" hat der Bebauungsplan allenfalls die negative Wirkung, daß solche Nutzungen, ohne daß dies durch „Schrift oder Text" festgesetzt wäre, unzulässig sind (vgl. hierzu OVG Berlin Urt. v. 13. 11. 1970, EPlaR II 2 a OVG Berlin 11.70; Weyreuther, BauR 1972, 1). Man wird aber nun nicht allgemein sagen können, daß grundsätzlich Werbeanlagen – unabhängig, ob sie bauliche Anlagen sind oder nicht – in bestimmten, in der BauNVO bezeichneten Gebieten immer unzulässig sind. Dies schließt nicht aus, daß generalisierende Regelungen des Landesrechtes, die die Zulässigkeit bestimmter Werbeanlagen von der Not des Baugebiets abhängig machen, möglich sind (BVerwG, Urt. v. 28. 4. 1972, EPlaR II 1 BVerwG 4.72/1). Dies bedarf dann aber einer ausdrücklichen gesetzgeberischen Entscheidung, die in dieser generalisierenden Art weder aus dem BauGB noch aus der BauNVO – wie noch darzulegen sein wird – entnommen werden kann.

Untersucht man nun die Frage, ob Werbeanlagen bauliche Anlagen sind, so können die Begriffsdefinitionen der Landesbauordnungen hier nicht allein ausschlaggebend sein. Denn das Bauordnungsrecht bezweckt im Gegensatz zum Planungsrecht vornehmlich die Abwehr von Gefahren und die Aufrechterhaltung der öffentlichen Sicherheit und Ordnung.[4]) Für die Anwendung der §§ 29 ff BauGB auf Werbeanlagen ist es daher nicht entscheidend, ob diese Anlagen in der Landesbauordnung als bauliche Anlagen angesehen werden.[5]) Krupp[6]) wendet demgegenüber ein, daß, „wenn einmal in verschiedenen Gesetzen ein Rechtsbegriff gleichen Wortlauts verschiedene Bedeutung haben sollte, dies nur dann möglich ist, wenn das betreffende Gesetz den Begriff dann ausdrücklich anders definiert (oder wenn sich eine andere Definition aus dem Sinn des betreffenden Gesetzes ergibt)". Einen solchen Rechtssatz gibt es jedoch nicht. Zu Recht weist Sendler[7]) darauf hin, daß schon deswegen die Auslegung des Begriffs der baulichen Anlage im Sinne des § 29 BauGB nicht von den Begriffsdefinitionen der Landesbauordnungen abhängen kann,

---

[4]) BVerwG Beschl. vom 2. 3. 1968 – IV B 88.67.

[5]) vgl. hierzu im einzelnen Sendler, Zulässigkeit von Bauvorhaben, BBauBl. 1968, 12; Ernst-Zinkahn-Bielenberg, Bundesbaugesetz § 29 Rdnr. 2 ff; sowie v. d. Heide, Anwendung des Bau- und Planungsrechts des Bundes auf Anlagen der Außenwerbung, Der Städtetag 1968, 515.

[6]) Lichtwerbung 1970, 70.

[7]) vgl. Fußnote [5]).

weil es einen einheitlichen Begriff der baulichen Anlage in den Landesbauordnungen nicht gibt. Eine Verzahnung mit dem Bauordnungsrecht besteht allerdings insoweit, als die §§ 29 ff BauGB nur dann zum
Zuge gelangen, wenn die planungsrechtlich relevante Anlage einer
bauaufsichtlichen Genehmigung oder Zustimmung bedarf bzw. wenn
sie anzeigepflichtig ist.[8])

Unstreitig sind nun freistehende Werbeanlagen bauliche Anlagen im
Sinne des § 29 BauGB[9]). Problematischer ist die Beurteilung einer
großen Werbeanlage, die auf dem Dach eines Gebäudes angebracht
werden soll. Auch hier hat das BVerwG bei einer 2,60 m hohen und
3,57 m breiten Werbeanlage auf dem Flachdach eines eingeschossi-
gen Ladenbaues entschieden, daß eine bauliche Anlage vorliegt.[10])

Zwischen den freistehenden Werbeanlagen vor einem Gebäude und
den Werbeanlagen auf dem Dach eines Hauses müssen rechtlich die
an der Wand eines Gebäudes angebrachten Werbeträger eingeordnet
werden. Vor allem gilt dies für Plakatanschlagtafeln, die für wech-
selnde Reklame bestimmt sind. Man sollte meinen, diese seien nicht
anders zu beurteilen, als auf einem Hause angebrachte Werbeträger.
Das BVerwG ist jedoch bereits in einem Beschluß vom 29. 12. 1964[11])
davon ausgegangen, daß ein 0,73 qm großes Werbeschild an der
Außenwand eines Gebäudes keine bauliche Anlage darstellt. Ähnliche
Entscheidungen liegen für Werbetafeln in der Größe von 10,3 qm
vor.[12]) In einer späteren Entscheidung heißt es aber, daß bei Heranzie-
hung der mit § 29 BBauG verfolgten städtebaulichen Zwecke in besonderen Fällen eine andere Beurteilung immerhin denkbar wäre.[13])

Einige Oberverwaltungsgerichte sind dieser Rechtsprechung des
BVerwG gefolgt.[14]) Der Hessische VGH[15]), das OVG Münster[16]), das

---

8) zum letzteren vgl. BVerwG Urt. vom 12. 1. 1964, BVerwG E 20, 12 NJW 65, 548 BBauBl. 1965,
   70 DVBl 1965, 200 mit Anm. von Schack.

9) BVerwG Beschl. vom 2. 3. 1968 – IV B 88.67; Hess. VGH, Urt. vom 26. 11. 1974, DÖV 1975,
   757.

10) BVerwG Beschl. vom 2. 3. 1968 – IV B 88.67.

11) DVBl. 1965, 203 NJW 1965, 879.

12) vgl. Urt. vom 25. 6. 1965, BVerwG E 21, 251; Urt. vom 5. 10. 1966 – IV C 164.65; Beschl. vom
    20. 1. 1967 – IV B 232.65.

13) Urt. vom 16. 2. 1968, DVBl. 1968, 507.

14) OVG Berlin Urt. vom 2. 2. 1968 – II B 29.67; Urt. vom 20. 1. 1967, NJW 67, 997; OVG Saarland II
    R 76/64; VGH München Urt. vom 11. 9. 1968 – 276 II 67.

15) Urt. vom 28. 6. 1966 – OS IV 50/65.

16) Urt. vom 15. 5. 1965 – IV A 1439/64.

OVG Lüneburg[17]) und der VGH Baden-Württemberg[18]) allerdings sehen in einer an einem Bauwerk angebrachten Werbetafel keine bauliche Anlage im Sinne des ehem. § 29 BBauG. Das OVG Münster differenziert jedoch bei Werbeautomaten. Hier soll die Beurteilung, ob eine bauliche Anlage vorliegt oder nicht, von der Größe der Automaten abhängen.

Wenn überhaupt, dann erscheint es wohl gerade im Falle der am Hause angebrachten Werbetafeln erforderlich zu sein, die Erwägungen über den Begriff der baulichen Anlagen als eines Begriffs des Bundesrechts zum Tragen kommen zu lassen. Die an einem Gebäude angebrachten Schilder und Tafeln sind bauliche Anlagen in dem Sinne, daß sie aus Baustoffen oder Bauteilen künstlich hergestellt sind. Sie sind auch mit dem Erdboden fest verbunden. Dabei kann es keinen Unterschied machen, ob diese Verbindung durch eine eigens dafür hergestellte Konstruktion geschaffen oder ob die Verbindung durch ein Gebäude vermittelt wird[19]). Es ist städtebaulich und auch planungsrechtlich vollkommen unerheblich, ob eine Plakatanschlagtafel auf eigenen Pfählen vor einem Hause aufgestellt oder ob sie in gleicher Höhe unmittelbar an dem Gebäude befestigt wird. Die Anbringungsart der Werbeanlage kann nicht dafür entscheidend sein, ob sie dem mit dem materiellen Planungsrecht verfolgten Ziel unterliegt oder nicht. Mit logischen Erwägungen läßt sich m. E. auch nicht begründen, warum die auf dem Dach eines Hauses verankerte Anlage anders zu beurteilen ist und anderen baurechtlichen Vorschriften unterliegen soll als die an einer Hauswand angebrachten Plakatanschlagtafeln.

Bei der gebotenen planungsrechtlichen Beurteilung von Werbeanlagen ergibt sich daher, daß es sich bei ihnen um bauliche Anlagen handelt, soweit sie aus Blech, Holz oder anderen Stoffen hergestellt und an Hauswänden, Mauern, Brücken, Schornsteinen u. ä. oder an eigens dafür geschaffenen Konstruktionen angebracht sind. Auszuscheiden aus der planungsrechtlichen Beurteilung haben wohl Beschriftungen und Bemalungen von Hauswänden. Bei diesen Werbeanlagen fehlen alle Merkmale, die nach der Verkehrsauffassung bei baulichen Anlagen gegeben sein müssen. Auch eine Nutzungsänderung einer baulichen Anlage wird in der Beschriftung der Außenwände wohl kaum zu sehen sein. Diese Außenwerbung ist daher planungs-

---

[17]) Urt. vom 19. 12. 1969 – VII OVG A 33/70.

[18]) ständige Rechtsprechung.

[19]) ebenso Mang-Simon BayBo, Art. 2 Rdnr. 9.

48

rechtlich nicht zu erfassen; sie ist auch keine „sonstige Nutzung" im Sinne der Rechtsprechung des BVerwG (Urt. v. 4. 11. 1966 a. a. O.). Aus dem ehem. BBauG ist nun nicht zu entnehmen, daß irgendwelche bauliche Anlagen aus seinem Geltungsbereich herausgenommen werden sollten. Im Gegenteil: Der Bundesgesetzgeber wollte mit dem Bundesbaugesetz die Ermächtigung des Grundgesetzes zur Regelung des Bodenrechts voll ausschöpfen, wie der Antrag auf Erstattung eines Rechtsgutachtens an das BVerfG beweist.[20]) Etwas anderes ergibt sich auch nicht aus der BauNVO. In dieser Verordnung werden Werbeanlagen nicht ausdrücklich erwähnt. Sie können auch nicht generell als Nebenanlagen im Sinne des § 14 BauNVO angesehen werden.[21]) Denn durch diese Vorschrift werden nur solche Nebenanlagen und Einrichtungen erfaßt, „die dem Nutzungszweck der in dem Baugebiet gelegenen Grundstücke oder des Baugebiets selbst dienen". Dies kann man von einer Plakatanschlagtafel mit wechselnder Reklame über Waschpulver, Getränke, Zigaretten u. ä. wohl kaum sagen. § 14 BauNVO erfaßt daher nur die Werbung an der Stätte der Leistung, nicht aber die in jedem Gebiet oder auf jeden Grundstück funktionsfremde sogenannte Erinnerungs- oder Suggestivwerbung.[22]) Diese dem Gesetzgeber bekannte Rechtslage ist auch durch die Novelle zur BauNVO nicht gemildert worden.

Nach dem System der BauNVO sind nun allerdings in einem Baugebiet alle baulichen Anlagen unzulässig, die für das betroffene Gebiet nicht ausdrücklich für zulässig erklärt wurden. Man könnte nun folgern: Da die BauNVO die funktionsfremde Werbung, auch soweit es sich dabei um bauliche Anlagen handelt, nicht erwähnt, ist diese in jedem Baugebiet unzulässig. Eine solche Auslegung wäre aber sicher verfassungswidrig. Denn eine Norm, die in ihrem gesamten Geltungsbereich – also auch z. B. in Gewerbe- und Industriegebieten – die Außenwerbung außerhalb der Stätte der Leistung generell verbieten würde, könnte gegenüber der Eigentumsgarantie der Verfassung keinen Bestand haben.[23]) Verfassungskonform kann die BauNVO deshalb nur dahingehend ausgelegt werden, daß sie über Werbeanlagen

---

[20]) BVerfG E 3, 407.

[21]) so Ernst-Zinkahn-Bielenberg, Bundesbaugesetz, § 29 Rdnr. 11; anscheinend auch Sendler, BBauBl. 1968, 12.

[22]) a. A. Ernst-Zinkahn-Bielenberg, BauNVO, § 14 Rdnr. 13.

[23]) vgl. BVerwG Urt. vom 25. 6. 1965, DVBl. 1968, 507 BVerwG E 21, 251; Beschl. vom 29. 12. 1964, DVBl. 1965, 203.

außerhalb der Stätte der Leistung überhaupt nichts aussagen will. Sie versperrt daher auch nicht den Weg, solche Anlagen planungsrechtlich zu beurteilen. Nur eine solche Auslegung wird der Verfassungsrechtslage, insbesondere Art. 14 GG, gerecht.

Es ist daher zu untersuchen, ob der Katalog des § 9 BauGB es zuläßt, unmittelbar Festsetzungen über Werbeanlagen zu treffen. Dies ist zu bejahen. Nach § 9 Abs. 1 Nr. 1 kann im Bebauungsplan die Art und das Maß der baulichen Nutzung festgesetzt werden. § 9 Abs. 1 Nr. 1 BauGB wird zwar grundsätzlich durch die Vorschriften der BauNVO konkretisiert. Da die BauNVO jedoch hinsichtlich funktionsfremder Werbeanlagen keine Regelungen enthält, kommt insoweit § 9 Abs. 1 BauGB unmittelbar zur Anwendung. Dem steht nicht das Urteil des BVerwG vom 24. 4. 1970 entgegen.[24]) Nach dieser Entscheidung bedeutet „Art . . . der baulichen Nutzung" im Sinne von § 9 Abs. 1 Nr. 1 BauGB nur die − in § 1 Abs. 2 BauNVO dann näher aufgegliederte − allgemein gebietliche Nutzungsweise (Kleinsiedlungsgebiet, Wohngebiet, Gewerbegebiet usw.). Dem ist zuzustimmen, soweit die BauNVO über die Zulässigkeit einzelner baulicher Anlagen in den verschiedenen Baugebieten Regelungen enthält. Denn die in der BauNVO getroffene Entscheidung, daß in einem Baugebiet mehrere verschiedene bauliche Anlagen zulässig sind, kann nicht dadurch umgangen werden, daß eine ganz bestimmte Art der baulichen Nutzung eines Grundstückes über § 9 Abs. 1 Nr. 1 festgesetzt wird, die in dem übrigen Katalog des § 9 nicht enthalten ist und deren Festsetzungsmöglichkeit sich auch z. B. nicht aus § 9 Abs. 1 Nr. 9 (besonderer Nutzungszweck) ergibt. Die rechtliche Ausgangssituation ist jedoch bei baulichen Werbeanlagen anders. Denn die BauNVO enthält keine ausdrücklichen Bestimmungen über funktionsfremde Werbeanlagen. Vom System dieser Verordnung her wären solche Anlagen, wie oben bereits ausgeführt wurde, vielmehr in jedem Baugebiet unzulässig. Die hier gebotene verfassungskonforme Betrachtungsweise kann daher nur dazu führen, daß Festsetzungen über funktionsfremde bauliche Werbeanlagen unmittelbar nach § 9 Abs. 1 Nr. 1 BauGB getroffen werden können.

Festsetzungen über Art der Nutzung können regeln, ob und welche baulichen Werbeanlagen auf dem betreffenden Baugrundstück bzw. in dem betreffenden Baugebiet errichtet werden können. Maß der baulichen Nutzung nach § 9 Abs. 1 Nr. 1 BauGB bedeutet: Bestimmungen

---

[24]) vgl. Dyong, Bundesbaugesetz §§ 1−18, zu § 9 Nr. 6, BBauBl. 1970, 462.

über die planungsrechtlich relevante Größe der Ausnutzung des Bodens, also darüber, in welchem Umfange der Grund und Boden mit baulichen Anlagen überdeckt werden darf. Weiterhin kann aber durch solche Festsetzungen auch die Größe des Baukörpers bestimmt werden. Die BauNVO nennt die Baumasse. Das Entsprechende bei Werbeprojekten ist die Größe der Anlage, bzw. die Größe der für Werbezwecke bereitgestellten Fläche.

Soweit Werbeanlagen an der Stätte der Leistung als Nebenanlagen im Sinne des § 14 BauNVO zu bezeichnen sind, kann ihre Zulässigkeit schon nach § 14 Abs. 1 Satz 3 BauNVO im Bebauungsplan eingeschränkt und ausgeschlossen werden. Es können daher bestimmte Arten von Werbeträgern (z. B. Werbetafeln) für unzulässig erklärt sowie Werbeanlagen in bestimmten Baugebieten oder Teilen davon generell ausgeschlossen werden. Möglich ist weiterhin, daß Werbeanlagen, die bauliche Anlagen sind, nach § 14 BauNVO auch hinsichtlich ihres Umfanges beschränkt werden können.[25] Damit unterscheidet sich der Inhalt möglicher Festsetzungen über Werbeanlagen nach der BauNVO nicht von den Festsetzungen, die unmittelbar aufgrund des § 9 BauGB erfolgen. Es ist daher planungsrechtlich im Ergebnis uninteressant, ob es sich um eine Werbeanlage an der Stätte der Leistung oder um eine funktionsfremde sog. Erinnerungs- oder Suggestivwerbung handelt, die weder mit dem Baugebiet noch den einzelnen Baugrundstücken in einem engeren Zusammenhang steht. Um Mißverständnisse zu vermeiden, sei allerdings eines hervorgehoben: Das BauGB gibt keine unmittelbare Möglichkeit, Festsetzungen über die äußere Gestaltung der baulichen Anlage als solche zu treffen. Es ist weder nach § 9 Abs. 1 BauGB noch nach § 14 BauNVO möglich, zu bestimmen, daß z. B. eine Plakatanschlagtafel grün verkleidet sein muß. Nichts anderes besagt das von Krupp[26] — anscheinend mißverstandene Urteil des BVerwG vom 25. 6. 1965.[27] Planungsrechtliche Festsetzungen müssen immer einen bodenrechtlichen Bezug haben; sie betreffen im wesentlichen immer die Lage, Stellung und Größe der baulichen Anlage, insbesondere die Standortfrage.[28] Festsetzungen über die äußere Gestaltung der baulichen Anlage können nur über § 9 Abs. 4 BauGB erfolgen, soweit durch Landesrecht eine solche Festsetzung ermöglicht wird.

---

[25] vgl. Förster, BauNVO, § 14 Anm. 2 c.

[26] a.a.O. Fußnote 6.

[27] NJW 1966, 69.

[28] vgl. Ernst-Zinkahn-Bielenberg, BBauG, § 35 Rdnr. 96.

3 Die Festsetzungen in einem Bebauungsplan dürfen nicht willkürlich erfolgen. Sie sind nur zulässig „soweit es erforderlich ist" (§ 9 Abs. 1 BauGB), dabei sind die „öffentlichen und privaten Belange gegeneinander und untereinander gerecht abzuwägen". Bei der Aufstellung der Bauleitpläne sind die Wohnbedürfnisse der Bevölkerung, die Belange der Wirtschaft und die Gestaltung des Ortsbildes zu beachten (§ 1 Abs. 5 und 6 BauGB).

Für das planerische Ermessen der Gemeinde hinsichtlich der Festsetzungen im Bebauungsplan über Werbeanlagen kommen den ein Baugebiet charakterisierenden Regelungen der BauNVO besondere Bedeutung zu. So dienen reine Wohngebiete „ausschließlich dem Wohnen" (§ 3 Abs. 1 BauNVO). Werbeanlagen können hier in einem größeren Umfange durch einen Bebauungsplan für unzulässig erklärt werden, als in den „vorwiegend der Unterbringung von Handelsbetrieben, sowie der zentralen Einrichtung der Wirtschaft und der Verwaltung" dienenden Kerngebieten (§ 7 Abs. 1 BauNVO). In diesem Rahmen ist es den Gemeinden aber nicht verwehrt, Regelungen über Werbeanlagen zu treffen, die sich auf das ganze Baugebiet beziehen. Dies ist im Planungsrecht eine Selbstverständlichkeit, wie sich aus § 16 Abs. 4 BauNVO ergibt.

Die gesamte Rechtssituation soll an einigen Beispielen erläutert werden:[29])

- Für Dorfgebiete, Kleinsiedlungsgebiete, reine und allgemeine Wohngebiete kann bestimmt werden, daß nur für Zettel- und Bogenanschläge bestimmte Werbeanlagen zulässig sind (BVerwG, Urt. v. 28. 4. 1972 a.a.O.).

- Es ist möglich, in Wohngebieten (allgemeinen und reinen Wohngebieten, §§ 3 und 4 BauNVO) durch planerische Festsetzungen, Plakatanschlagtafeln, von einer bestimmten Größe an zu untersagen, da solche Tafeln die Eigenart des betreffenden Wohngebiets stören können. Möglich wäre auch eine Festsetzung, nach der als Werbeträger in dem betreffenden Gebiet oder in Teilen des Gebietes nur Litfaßsäulen errichtet werden dürfen. Zulässig dürfte auch eine Festsetzung sein, die die flächenmäßige Einschränkung der Reklame an Außen- und Giebelwänden vorschreibt.

- Eine Festsetzung, die die Anbringung von Schriftzeichen – soweit sie bauliche Anlagen sind – an einem Gebäude untersagt, betrifft

---

[29]) vgl. v. d. Heide a.a.O., Fußnote 5.

die planungsrechtliche Nutzung des Bodens und ist daher zulässig. Allerdings werden z. B. waagerechte Schriftzeichen als solche durch planerische Festsetzungen nicht zu unterbinden sein.

- Im Bebauungsplan kann festgesetzt werden, daß Werbeträger einen bestimmten Mindestabstand von der Gebäudewand nicht überschreiten dürfen.

- Kritischer ist die Frage, ob es möglich ist, für bestimmte Teile eines Baugebietes durch einen Bebauungsplan Werbeanlagen z. B. oberhalb des zweiten Obergeschosses oder Werbeanlagen in Würfel- oder Blockform auszuschließen. Die Regelungen über den Ort der Anbringung einer Werbeanlage sowie über ihre zulässige Höhe sind wohl − entsprechend der Festsetzung über die Anzahl der Vollgeschosse − bodenrechtlicher Natur und planungsrechtlich zu erfassen. Die Form der Werbeanlagen − kubische oder Blockform − betrifft allerdings allein die Werbeanlage an sich. Sie hat keinen bodenrechtlichen Bezug. Der Bebauungsplan kann daher insoweit keine Regelung treffen. Das gleiche gilt hinsichtlich der Anforderungen betreffend die Farbe einer Werbeanlage.

- Warenautomaten schließlich, die nach den Landesbauordnungen der Länder rechtlich entsprechend den Werbeanlagen behandelt werden, sind planungsrechtlich Nebenanlagen im Sinne des § 14 BauNVO und daher grundsätzlich in allen Baugebieten zulässig. Denn sie dienen der Versorgung eines Gebietes mit den „Mitteln des täglichen Bedarfs" wie Zigaretten, Gebäck u. ä. Sie haben damit die gleiche Funktion wie die sogar in einem reinen Wohngebiet ausnahmsweise zulässigen Läden (§ 3 BauNVO). Ihre Errichtung kann jedoch hinsichtlich Größe und Anbringungsort eingeschränkt oder ausgeschlossen werden (§ 14 Abs. 1 S. 3 BauNVO).

Die Möglichkeiten, planerische Festsetzungen über Werbeanlagen im Bebauungsplan zu treffen, lassen, wie die Beispiele zeigen, einen weiten Bereich der Außenwerbung offen, der mit dem Planungsrecht im eigentlichen Sinne nicht zu erfassen ist. Hier gewinnt nun die Regelung des § 9 Abs. 4 BauGB eine wesentliche Bedeutung. Danach können für Werbeanlagen, die bauliche Anlagen sind, in dem Bebauungsplan auch Anforderungen an die äußere Gestaltung als solche getroffen werden, also z. B. Bestimmungen über die Farbgestaltung.

In einem Bebauungsplan können somit über Werbeanlagen, die bauliche Anlagen sind, sowohl planungsrechtliche als auch gestaltungsrechtliche Regelungen getroffen werden. Welchem Rechtskreis im konkreten Fall eine Bestimmung angehört, ist dabei uninteressant. Denn es ist möglich, daß derselbe Sachverhalt vom Bundesgesetzgeber aus planungsrechtlicher Sicht und vom Landesgesetzgeber aus bauordnungsrechtlicher Sicht geregelt werden kann.[30]) Soweit es sich im Bebauungsplan im Hinblick auf Werbeanlagen um Festsetzungen bodenrechtlichen Inhalts handelt, ist der Satzungsgeber nun nicht gebunden, lediglich den Begriff der Verunstaltung zu konkretisieren. Der Planer bzw. die planende Gemeinde ist vielmehr von solchen einschränkenden Regelungen bei den Festsetzungen über Werbeanlagen frei. Er muß sich lediglich an den Leitzielen des § 1 BauGB orientieren. Dies ist m. E. ein Anreiz, Festsetzungen über Werbeanlagen in Bebauungsplänen zu treffen, ein Anreiz, den die Ermächtigung in den Landesbauordnungen zum Erlaß gestalterischer Vorschriften nicht geben. Die Möglichkeit, im Bebauungsplan sowohl nach § 9 Abs. 1 BauGB, § 14 BauNVO als auch nach § 9 Abs. 4 BauGB Anforderungen an Werbeanlagen zu treffen, bietet den weiteren Vorteil, daß in einer Satzung alle wesentlichen Anforderungen, die an die baulichen Außenwerbungsanlagen zu stellen sind, enthalten sind, ein Ergebnis, das wohl schon im Interesse der Rechtsvereinfachung anzustreben ist.

---

[30]) BVerwG Urt. vom 28. 4. 1967, NJW 1967, 1770; a. A. anscheinend Krupp a.a.O. Fußnote 6.

[31]) vgl. OVG Münster, Urt. vom 15. 7. 1964, OVG E 20, 146 zu dem inzwischen geänderten § 103 der Landesbauordnung NRW; Lerche, Ermächtigungsvorschriften für Außenwerbungs-Satzungen, Der Betrieb, Beilage Nr. 6/69.

Günter Gaentzsch

Möglichkeiten ortsrechtlicher Regelung der Außenwerbung

Das Recht der Außenwerbung hat, soweit es um die öffentlich-rechtliche Zulässigkeit von Werbeanlagen geht, traditionsgemäß seinen Platz schwerpunktmäßig im Bereich des Baugestaltungsrechts und damit im Bauordnungsrecht der Länder. Natürlich gibt es auch in anderen Rechtsbereichen Zulässigkeitsbeschränkungen, so z.B. im Städtebaurecht[1]), im Straßenrecht[2]), im Verkehrsrecht[3]), im Naturschutz- und Landschaftsschutzrecht[4]). Besonders eng ist gerade die Beziehung zwischen Baugestaltung und Städtebau und somit auch die Verflechtung zwischen städtebaurechtlichen Vorschriften (§ 34 BauGB) und Festsetzungen (Bebauungsplan) einerseits und baugestaltungsrechtlichen Anforderungen andererseits.

Das Bauordnungsrecht ist in den Landesbauordnungen im wesentlichen gleichartig geregelt, da die Landesbauordnungen auf einem gemeinsamen Muster der Länder, der sog. Musterbauordnung (MuBauO) basieren[5]). Im Nachfolgenden wird deshalb im wesentlichen auf die Musterbauordnung in der Fassung vom 11.12.1981 Bezug genommen.

1 Zweischichtigkeit des Baugestaltungsrechts

Die Landesbauordnungen regeln materiell[6]) die Baugestaltung und die Außenwerbung in zweifacher Weise:

---

[1]) Vgl. hierzu den Beitrag von Dyong.

[2]) Vgl. § 9 Abs. 6 Bundesfernstraßengesetz.

[3]) Vgl. § 33 Straßenverkehrsordnung.

[4]) Vgl. § 8 Bundesnaturschutzgesetz, wonach Eingriffe in Natur und Landschaft auch Veränderungen der Gestalt von Grundflächen sind, die das Landschaftsbild erheblich oder nachhaltig beeinträchtigen.

[5]) Vgl. Haase, Günther: Die Landesbauordnungen. Vergleichende Textausgabe auf der Grundlage der Musterbauordnung. 2. Aufl. Wiesbaden 1971. Vgl. auch Gaentzsch, Günter: Öffentliches Baurecht. Grundrecht für Verwaltung und Wirtschaft. Köln 1978, Abschn. C.

[6]) Die formelle Seite, nämlich die Frage, ob es vor Aufstellung oder Änderung von Werbeanlagen eines Genehmigungs- oder Anzeigeverfahrens bei der Bauaufsichtsbehörde bedarf, ist in § 62 MuBauO angesprochen.

55

a) Sie sprechen selbst einige generelle, d. h. allgemein geltende Zulässigkeitsbeschränkungen für Werbeanlagen[7]) aus (§§ 3, 12, 13 MuBauO) und

b) sie enthalten eine Ermächtigung an die Gemeinden, durch Satzung bestimmte örtlich motivierte Zulässigkeitsschranken für Werbeanlagen zu setzen (§ 82 MuBauO).

Diese Unterscheidung zwischen genereller landeseinheitlicher Regelung einerseits und am Ort zu treffender Einzelregelung andererseits ist eine Grundentscheidung des Baugestaltungsrechts überhaupt. Baugestaltung ist eine Sache des Optisch-Ästhetischen; Baugestaltungsrecht eine Sache optisch-ästhetischer Wertung. Bei dieser Wertung kommt es auf den konkreten Eindruck an, den die zu bewertende Anlage – für sich genommen oder in der sie umgebenden Örtlichkeit – macht. Die baugestalterische Bewertung läßt sich also kaum abstrakt und generell treffen. Der Landesgesetzgeber kann Baugestaltung nicht befriedigend dadurch regeln, daß er – etwa wie bei den bauordnungsrechtlichen Anforderungen an die gesunde Wohnung – gesetzlich bestimmte Mindeststandards (in Maß- und Verhältniszahlen ausgedrückt) festlegt, denen alle baulichen Anlagen und Werbeanlagen genügen müssen. Aus diesem Grunde hat sich die Musterbauordnung und haben sich die Landesbauordnungen zur unmittelbaren Regelung der Baugestaltung zu Recht im wesentlichen auf eine Generalklausel beschränkt und die Normierung bestimmter Gestaltungsabsichten und -ziele den Gemeinden überlassen, indem sie sie zu entsprechenden ortsrechtlichen Regelungen durch Satzung ermächtigt haben.

2 Allgemeine Zulässigkeitsbeschränkungen für Werbeanlagen

Auf die allgemeinen bauordnungsrechtlichen Zulässigkeitsbeschränkungen für Werbeanlagen soll hier nicht näher[8]), sondern nur soweit eingegangen werden, als dies zwecks Abgrenzung und Herausarbeitung des möglichen Regelungsrahmens und -gehalts von Baugestaltungssatzungen der Gemeinde notwendig ist.

---

[7]) Anlagen der Außenwerbung (Werbeanlagen) sind nach der MuBauO (§ 15, entsprechend die einzelnen Landesbauordnungen) „alle örtlich gebundenen Einrichtungen, die der Ankündigung oder Anpreisung oder als Hinweis auf Gewerbe und Beruf dienen und vom öffentlichen Verkehrsraum aus sichtbar sind. Hierzu zählen vor allem Schilder, Beschriftungen, Bemalungen, Lichtwerbungen, Schaukästen sowie für Zettel- und Bogenanschläge oder Lichtwerbung bestimmte Säulen, Tafeln oder Flächen."

[8]) Vgl. hierzu den Beitrag von Semmler.

Da ist zunächst die klassische Generalklausel des Baugestaltungsrechts, die auch für Anlagen der Außenwerbung und für Warenautomaten gilt, daß nämlich bauliche Anlagen nicht verunstaltet wirken und das Gesamtbild ihrer Umgebung nicht stören dürfen. Es wird also die Abwehr von Verunstaltungen durch die zu errichtende Anlage selbst (anlagebezogenes Verunstaltungsverbot) und der Schutz der Umgebung (umgebungsbezogenes Verunstaltungsverbot) bezweckt.

Das anlagebezogene Verunstaltungsverbot wird in § 12 Abs. 1 MuBauO detailliert ausformuliert:

„Bauliche Anlagen müssen nach Form, Maßstab, Verhältnis der Baumassen und Bauteile zueinander, Werkstoff und Farbe so gestaltet sein, daß sie nicht verunstaltet wirken."

Das umgebungsbezogene Verunstaltungsverbot wird in § 12 Abs. 2 MuBauO konkreter ausgestaltet:

„Bauliche Anlagen sind mit ihrer Umgebung derartig in Einklang zu bringen, daß sie das Straßenbild, Ortsbild oder Landschaftsbild nicht verunstalten oder deren beabsichtigte Gestaltung nicht stören. Auf die erhaltenswerten Eigenarten der Umgebung ist Rücksicht zu nehmen."

Für die optische Wirkung von baulichen Anlagen und von Werbeanlagen ist die jeweilige Umgebung von ausschlaggebender Bedeutung. Es hängt also auch von der Umgebung ab, ob eine Anlage verunstaltet wirkt.[9] Umgekehrt wirkt die Anlage selbst prägend auf die Umgebung ein. Eine scharfe Trennung zwischen verunstalteten und verunstaltenden Anlagen ist in der Praxis deshalb kaum möglich. Eine verunstaltete Anlage wird meist auch das Straßen-, Orts- oder Landschaftsbild stören. In der Baugenehmigungspraxis sind weniger die absolut „verunstalteten" Anlagen von Bedeutung, also die Anlagen, die ob ihrer bloßen äußeren Gestalt, in welcher Umgebung auch immer, stören, als vielmehr die Anlagen, die entweder wegen des besonderen Charakters ihrer Umgebung verunstaltet wirken oder die auf ihre Umgebung verunstaltend einwirken. Das wechselseitige Beziehungsgeflecht Anlage/Umgebung ist der eigentliche Gegenstand von Baugestaltungssatzungen der Gemeinde. Dabei sei schon hier darauf hingewiesen, daß bauliche Anlagen in Einklang zu bringen sind nicht nur mit der

---

[9] Vgl. z.B. OVG Münster 12. 11. 1974, BRS (Baurechtssammlung, hrsg. von Thiel und Gelzer) Bd 28, Nr. 20

Umgebung, wie sie sich als konkret vorhanden darstellt, sondern auch wie ihre Gestaltung beabsichtigt ist. Hier wird besonders der Bezug zur Baugestaltungssatzung erkennbar. Die Satzung ist das Instrument zur rechtlich-relevanten Konkretisierung von gemeindlichen Gestaltungsabsichten.

Über die baugestalterischen Generalklauseln des § 12 MuBauO hinaus enthält das Bauordnungsrecht (s. § 13 MuBauO) aber auch einige auf bestimmte Orts- und Baubereiche bezogene Zulässigkeitsbeschränkungen für Anlagen der Außenwerbung.[10]) Sie bezwecken ganz allgemein den Schutz des Außenbereichs vor Außenwerbung und den Schutz der Wohngebiete[11]) vor einer den Charakter des Wohngebiets sprengenden[12]) kommerziellen Außenwerbung. Das Baugestaltungsrecht knüpft hier an städtebauliche Kategorien (§ 35 BauGB, §§ 2–4 BauNVO) an und ergänzt die städtebaulichen Regelungen über zulässige bzw. unzulässige bauliche Nutzungen und Arten von Nutzungen in gestalterischer Hinsicht. Besondere städtebauliche Ziele, die durch Bebauungspläne und deren Festsetzungen verfolgt werden, können Grundlage und Hintergrund auch für besondere baugestalterische Absichten sein, die dann, den Bebauungsplan ergänzend, durch den gemeindlichen Satzungsgeber auf der Grundlage der Ermächtigung in der Landesbauordnung konkretisiert werden können.

3 Grenzen des Verunstaltungsverbots

Die herrschende Meinung geht dahin, daß aufgrund der Generalklausel nur solche Anlagen im Einzelfall verboten werden können, die der für ästhetische Eindrücke offene, gebildete Durchschnittsbetrachter als Unlust erregend empfindet[13]). Die Beschränkung der baugestalterischen Generalklausel auf diese Verunstaltungsabwehr stößt seit Jahrzehnten auf die bitterste Kritik der Fachwelt, das jedoch bei genauerer Betrachtung zu Unrecht.

Der Gesetzgeber greift dort zur Generalklausel, wo die zu normierenden Sachverhalte so vielfältig und unterschiedlich sind, daß sie es ihm unmöglich machen, einheitliche, allen Sachverhalten gerecht werdende Regelungen zu treffen. Er trifft mit der Generalklausel nur eine

---

[10]) Näheres hierzu im Beitrag von Semmler.

[11]) Vgl. hierzu besonders OVG Münster 25. 8. 1972, BRS Bd 25, Bd 128; 10. 4. 1973, BRS Bd 27, Nr. 118; BVerwG 19. 11. 1973, BRS Bd 27, Nr. 119.

[12]) Vgl. hierzu besonders OVG Berlin 13. 2. 1970, BRS 23, Nr. 119.

[13]) BVerwG 28. 6. 1955, BVerwGE 2, 172; 19. 12. 1963, BVerwGE 17, 322.

Grundentscheidung, die auf den Einzelfall zu übertragen Aufgabe der Verwaltung ist. Würde der Gesetzgeber sich im Baugestaltungsrecht bei der Generalklausel nicht auf die Verunstaltungsabwehr beschränken, sondern positive Gestaltung im Sinne schönheitlicher Baupflege ermöglichen, wären die rechtsstaatlich gebotenen Grenzen der Bestimmbarkeit der Generalklausel im Einzelfall überschritten, wäre das Erfordernis der Normenklarheit verletzt. Deshalb hat z.B. der BayVGH[14]) zu Recht entschieden, daß das bauordnungsrechtliche schlichte Verunstaltungsverbot keine ausreichende Rechtsgrundlage darstellt, in einem größeren Gebiet im Interesse der Baugestaltungspflege bestimmte technisch-moderne, von den herkömmlichen Baustilen abweichende Bauformen schlechthin nicht zuzulassen.

Auf die Verunstaltungsabwehr beschränkt, ist die Generalklausel im Einzelfall bestimmbar. Was nach allgemeiner Anschauung als störend empfunden wird, ist bestimmbar, auch wenn es im Einzelfall Zweifelsfragen und Grenzsituationen geben mag. Positive Baugestaltung kann eine Generalklausel, die Grundlage für die Entscheidung über Anlagen durch die Verwaltung sein soll, nicht zulassen. „Eine positive Gestaltungspflege im Sinne eines Strebens nach Schönheit der Gestaltung ist dem Verunstaltungsschutz fremd".[15]) Positive Baugestaltung setzt voraus, daß bestimmte Gestaltungsziele bestehen, denen einzelne Anlagen in ihrer Gestaltung untergeordnet werden. Solche positiven Gestaltungsziele als Beschränkung der Eigentumsfreiheit (Art. 14 Abs. 1 GG) können aber nur durch Gesetz festgelegt werden. Es kann nicht der Verwaltung, also der Bauaufsichtsbehörde, überlassen bleiben, diese Gestaltungsziele nach eigenem Gutdünken und Ermessen von Fall zu Fall zu setzen. Die Rechtsprechung des Bundesverwaltungsgerichts[16]) zum Verunstaltungsbegriff im Baugestaltungsrecht stützt sich deshalb auch ausdrücklich auf das „rechtsstaatliche Erfordernis der Normenklarheit", das gebietet, „daß sich aus dem Inhalt einer Rechtsvorschrift mit ausreichender Bestimmtheit ermitteln lassen muß, was von der pflichtigen Person verlangt wird."

Eine Generalklausel im Baugestaltungsrecht, die die Grundlage für die Entscheidung über einzelne Anlagen durch die Verwaltung darstellt, ist also notwendigerweise auf die Verunstaltungsabwehr beschränkt.

---

[14]) Urt. vom 30. 11. 1976, BRS Bd 30, Nr. 100.

[15]) OVG Berlin 19. 2. 1971, BRS Bd 24, Nr. 119.

[16]) Vgl. oben Erl. 13, insbesondere das Urt. vom 19. 12. 1963.

Das ergibt sich aus dem Wesen der Generalklausel oder des unbestimmten Rechtsbegriffs, der in der Anwendung auf den Einzelfall bestimmbar sein muß.

4 Grenzen des allgemeinen baugestalterischen Schutzes von Baugebieten

Der Bundesgesetzgeber hat den Gemeinden die Ordnung der städtebaulichen Entwicklung u. a. auch mit dem Ziel der Sicherung einer „menschenwürdigen Umwelt" aufgegeben (§ 1 Abs. 5 BauGB). Zu einer „menschenwürdigen Umwelt" wird man sicherlich auch den Faktor Baugestaltung einschließlich der das ästhetische Empfinden berührenden Einflüsse der Außenwerbung rechnen müssen. Instrument zur rechtsverbindlichen Durchsetzung städtebaulicher Ziele ist der Bebauungsplan (§ 9 BauGB). Auf der Grundlage allein des BauGB kann allerdings die Gemeinde Festsetzungen über Baugestaltung nicht in den Bebauungsplan aufnehmen, weil sich – trotz der starken wechselseitigen Bezüge zwischen Städtebau und Baugestaltung[17]) – die Ermächtigung zu baugestalterischen Festsetzungen der Gesetzgebungskompetenz des Bundes entzieht. Das wäre, wenn nicht das Bauordnungsrecht ergänzende baugestalterische Regelungen der Gemeinde zuließe und wenn nicht § 9 Abs. 4 BauGB mittelbar, nämlich gemäß landesrechtlicher Ermächtigung, den Bebauungsplan auch für solche baugestalterischen Festsetzungen öffnen würde, unbefriedigend. Denn der Verunstaltungsbegriff ist zu weit und die Vorschriften der Landesbauordnungen zum Schutz der Wohngebiete (§ 13 Abs. 4 MuBauO) sind zu allgemein und erfassen zudem nicht die ganze Breite städtebaulicher Lösungsmöglichkeiten, bei denen ein Bedarf an ergänzender baugestalterischer Regelung bestehen kann. Mit § 13 Abs. 4 MuBauO werden nur solche Werbeanlagen in den generell typisierten Wohngebieten ausgeschlossen, die generell der Nutzungsart dieser Gebiete nicht entsprechen. Die Gebiete sind nämlich dadurch gekennzeichnet, daß gewerbliche Nutzungen generell ausgeschlossen sind. Ein Baugebiet und dessen Orts-, Straßen- und Landschaftsbild wird aber nicht nur durch die Festsetzung der Art der Nutzung im Bebauungsplan, sondern durch eine Vielzahl anderer Festsetzungen geprägt, etwa durch solche über das Maß der Nutzung, die Bauweise, die Stellung der baulichen Anlagen, die überbaubaren und nicht überbaubaren Grundstücksflächen, die Straßenführung, das

---

[17]) Vgl. auch Gelzer, Konrad: Bauplanungsrecht. 2. Aufl. Köln 1972.

Anpflanzen und die Erhaltung von Bäumen usw. All das prägt die Umgebung, wird zu örtlichen Gegebenheiten, die auch für die Baugestaltung erheblich werden, für die jedoch die baugebietsbezogenen Regelungen des § 13 MuBauO nichts hergeben und denen vielfach auch der Maßstab der Verunstaltungsabwehr nicht gerecht wird. Diese städtebaulich bedingten örtlichen Gegebenheiten machen vielmehr oft spezifische baugestalterische Anforderungen notwendig, die nur am Ort entschieden werden können.

5 Positive Baugestaltung durch Ortssatzung

Mit der Beschränkung der baugestalterischen Generalklausel auf die Verunstaltungsabwehr ist keineswegs gesagt, daß das Baugestaltungsrecht insgesamt auf Verunstaltungsabwehr beschränkt sei. Da die Beschränkung sich aus dem Erfordernis der Normenklarheit einer Generalklausel ergibt, ist der Gesetzgeber frei, auch bestimmte positive Gestaltungsziele zu verfolgen oder zu untergesetzlicher (ortsrechtlicher) Normierung positiver Gestaltungsziele zu ermächtigen und damit Inhalt und Grenzen des Eigentums zu bestimmen. Dabei darf allerdings nicht der Wesensgehalt des Eigentums angetastet werden. Es gibt also keineswegs einen – etwa verfassungsrechtlich gebotenen – Grundsatz, daß hoheitliche Baugestaltung auf Verunstaltungsabwehr beschränkt sei. Ein solcher Grundsatz läßt sich insbesondere nicht aus der Eigentumsgarantie des Art. 14 GG begründen: „Das baupflegerische Ziel, eine Beeinträchtigung des vorhandenen und durch Planung gestalteten Charakters eines Baugebiets zu verhindern, (ist) ein begründetes öffentliches Anliegen", das normativer Ausgestaltung fähig ist und so Inhalt und Schranken des Eigentums bestimmt. Verfassungsrechtlich geboten ist also lediglich, daß positive baugestalterische Ziele nicht im Verwaltungsermessen stehen, sondern normativ – durch Landesgesetz oder Ortssatzung – festgelegt werden, und daß bei dieser Festlegung eine „auf sachgerechten Erwägungen beruhende angemessene Abwägung der Belange des Einzelnen und der Allgemeinheit" stattfindet.[18]).

In der Tat verfolgt auch der Gesetzgeber selbst bestimmte Gestaltungsziele, die über bloße Verunstaltungsabwehr hinausgehen, so z.B. in den Vorschriften, die auf dem bereits erwähnten § 13 MuBauO (Ausschluß bestimmter Werbeanlagen in den Wohngebieten) basieren. Es kann nämlich nicht gesagt werden, daß andere als die vom

---

[18]) BVerwGE 21, 351 = BRS Bd 16, Nr. 15.

Gesetz zugelassenen Werbeanlagen in Wohngebieten schlechthin verunstaltend wirken.[19])

Damit ist auch der mögliche Rahmen für örtliche Baugestaltungsvorschriften, zu denen die Landesbauordnungen die Gemeinden ermächtigen, angesprochen. Sind örtliche Gestaltungsvorschriften, also insbesondere Außenwerbungssatzungen, auf Verunstaltungsabwehr beschränkt oder kann die Gemeinde weitergehen und auch positive Gestaltungsziele verfolgen? Dies ist eine Frage des Landesrechts und der Auslegung der entsprechenden Ermächtigungsnormen in den Landesbauordnungen.

Dagegen, daß das Landesrecht die Gemeinden zur Normierung positiver Gestaltungsanforderungen ermächtigen kann, bestehen auch unter Gesichtspunkten der Rechtssetzungskompetenz keine Bedenken. Das BVerwG hat im Urteil vom 28. 4. 72[20]) ausdrücklich bestätigt, daß der Landesgesetzgeber den Erlaß baugestalterischer Vorschriften den Gemeinden als Rechtssetzungsbefugnis im eigenen Autonomiebereich[21]) überlassen kann. Wenn das BVerwG in diesem Urteil, wie auch schon in früheren, sagt, daß die Gemeinde dabei – im Rahmen der landesrechtlichen Ermächtigung – generalisierende Regelungen treffen kann, die die Zulässigkeit von Werbeanlagen überhaupt oder die Zulässigkeit bestimmter Werbeanlagen von der Art des Baugebiets abhängig machen, dann erkennt es damit implizit an, daß die Gemeinde in Ortssatzungen über reine Verunstaltungsabwehr hinaus auch positive Gestaltungsziele verfolgen kann. Auch das OVG Berlin[22]) führt in einem Urteil vom 19. 1. 71 zum Verunstaltungsbegriff aus: „Das Schwergewicht dieser baurechtlichen Gestaltungsanforderungen liegt demnach in der Abwehr negativer Auswirkungen. Positive Gestaltungspflege im Sinne eines Strebens nach Schönheit der Gestaltung ist dem Verunstaltungsschutz jedoch fremd. Man mag dies billigen oder bedauern, dem Gesetzgeber stand und steht es frei, sich für die Forderung nach einwandfreier Gestaltung zu entscheiden oder sich mit der Verunstaltungsabwehr zu begnügen."

---

[19]) Die Vorschrift des mit der MuBauO übereinstimmenden § 13 Abs. 4 BauONW ist vom BVerwG im Beschluß vom 19. 11. 1973, BRS Bd 27, Nr. 119, ausdrücklich als mit Art. 14 GG (Eigentumsgarantie) und mit Art. 20 (Grundsatz der Normenklarheit) vereinbar erklärt worden. Vgl. auch oben Erl. 11.

[20]) DVBl. 1973, S. 40.

[21]) Vgl. dazu auch Gaentzsch in: der städtetag 1969, 374.

[22]) BRS Bd 24, Nr. 119.

Tatsächlich haben sich die einzelnen Landesbauordnungen in Übereinstimmung mit der Musterbauordnung auch dafür entschieden, unter bestimmten Voraussetzungen die Möglichkeit zu positiver Baugestaltung zu eröffnen.

Nach § 82 Abs. 1 MuBauO können die Gemeinden durch Satzung, die der Genehmigung der oberen oder unteren Baubehörde bedarf, örtliche Bauvorschriften erlassen über:

1. die äußere Gestaltung baulicher Anlagen sowie von Werbeanlagen und Warenautomaten zur Durchführung baugestalterischer[23]) Absichten in bestimmten, genau abgegrenzten bebauten oder unbebauten Teilen des Gemeindegebietes; dabei können sich die Vorschriften über Werbeanlagen auch auf deren Art, Größe und Anbringungsort erstrecken;

2. besondere Anforderungen an bauliche Anlagen, Werbeanlagen und Warenautomaten zum Schutz bestimmter Bauten, Straßen, Plätze oder Ortsteile von geschichtlicher, künstlerischer oder städtebaulicher Bedeutung sowie von Bau- und Naturdenkmalen; dabei können nach den örtlichen Gegebenheiten insbesondere bestimmte Arten von Werbeanlagen und Warenautomaten ausgeschlossen und auf Teile baulicher Anlagen und auf bestimmte Farben beschränkt werden."

Die Ermächtigung unterscheidet, wie das übrigens schon in der auf den Umgebungsschutz bezogenen Generalklausel des § 12 Abs. 2 MuBauO angelegt ist, zwischen zwei Typen von Baugestaltungs- und Außenwerbungssatzungen.

Nr. 1 der Norm ermächtigt zu Satzungen, bei denen es nur darum geht, „bestimmte baugestalterische Absichten" durchzuführen. Diese Absichten können sich darauf beziehen, eine vorhandene Bebauung in ihrer jeweiligen Eigenart und optischen Wirkung durch Festlegung von Gestaltungselementen zu erhalten oder zurückzuentwickeln, also zu sichern, daß bei baulichen Änderungen oder der Neuerrichtung baulicher Anlagen oder der Aufstellung und Änderung von Werbeanlagen und Warenautomaten eine gewisse einheitliche, die örtliche Eigenart betonende, sie jedenfalls nicht störende Linie eingehalten

---

[23]) Einzelne Landesbauordnungen (Bay, SH) verwenden hier, wie auch in den Vorschriften über den Umgebungsschutz (MuBauO § 12 Abs. 2), den Begriff „städtebauliche Absichten". Materiell dürfte hier kein Unterschied bestehen, da es sich hier um einen Übergangsbereich, eine Überlappungszone zwischen Städtebau und Baugestaltung handelt.

wird. In Gebieten, die städtebaurechtlich nach § 34 BauGB zu beurteilen sind, können derartige Satzungen in Betracht kommen, ebenso in Sanierungsgebieten nach dem Baugesetzbuch, hier allerdings i. d. R. als in den Bebauungsplan mit aufzunehmende Vorschriften (§ 9 Abs. 4 BauGB, s. u. 6).

Die baugestalterischen Absichten können sich aber auch darauf beziehen, einer erst entstehenden Bebauung baugestalterisch eine bestimmte positive Prägung zu geben. Gerade in diesen Fällen kommt es auf die schon erwähnte enge Verzahnung zwischen Städtebau und Baugestaltung, zwischen planungsrechtlichen Festsetzungen im Bebauungsplan und baugestalterischen Anforderungen an.

Der Begriff „baugestalterische (städtebauliche) Absichten" läßt sich nur dahin auslegen, daß die Landesbauordnungen den Gemeinden Raum für positive, über bloße Verunstaltungsabwehr hinausgehende Baugestaltung geben wollen. Eine beabsichtigte Gestaltung setzt ein bestimmtes Gestaltungsbild voraus, die gestalterische Absicht richtet sich auf ein solches bestimmtes Gestaltungsbild.

Bei dem Begriff der „beabsichtigten Gestaltung" in § 12 Abs. 2 MuBauO bzw. in den entsprechenden Vorschriften der anderen Landesbauordnungen geht die herrschende Meinung dahin, daß die Absicht nur durch eine Ortssatzung bzw. Rechtsverordnung konkretisiert werden könne, da die Norm sonst nicht hinreichend bestimmt sei (Normenklarheit).[24] Sie kann also insbesondere nicht mit den Merkmalen des Verunstaltungsbegriffs bestimmt werden oder darauf beschränkt sein; der Verunstaltungsbegriff setzt ein vorgegebenes, nicht erst in Absichten sich niederschlagendes Gestaltungsbild, das Bild der für den Durchschnittsbetrachter gerade noch erträglichen Umgebung, voraus. Rößler und Gädtke vertreten in ihren Kommentaren[25] deshalb auch folgerichtig den Standpunkt, daß die Gemeinden beim Erlaß von Gestaltungssatzungen nicht auf die Abwehr von Verunstaltungen beschränkt sind.

---

[24] Rößler, Hans-Günter: Kommentar zur Landesbauordnung von NW. Köln u. a. 1971. § 14 Anm. 2. Gädtke, Horst: Kommentar zur Bauordnung für das Land NW – Landesbauordnung –. 5. Aufl. Düsseldorf 1977. § 14 Anm. zu Abs. 2 Förster/Schmidt/Grundei/Willert: Bauordnung für Berlin. Kommentar. 2. Aufl. Gütersloh 1972. § 14 Anm. 2 a. E. – Schlez, Georg: (Landesbauordnung für BW. Kommentar. 2. Aufl. München 1973. § 16 Anm. 21, nennt örtliche Bauvorschriften und Bauleitpläne nur als Beispiele für die Bestimmung der baugestalterischen Absichten; ähnlich Koch/Molodowsky: Bay. Bauordnung. Kommentar. Loseblatt Anm. 3.3 zu Art. 11.

[25] Jeweils a.a.O. § 103 Anm. zu Abs. 1 Nr. 1 und 2.

Nr. 2 des § 82 Abs. 1 MuBauO ermächtigt zu Anforderungen zum baugestalterischen (optischen) Schutz einer bestimmten erhaltenswerten baulichen Situation. Auch diese Anforderungen dürfen über die bloße Abwehr von Verunstaltungen hinausgehen. Hier brauchte der Gesetzgeber als Zweck der Anforderungen nicht – wie in Nr. 1 – die „Durchführung baugestalterischer Absichten" zu nennen, weil der Zweck durch die erhaltenswerte Situation und deren Schutz vorgegeben ist. Die baugestalterische Absicht ist – anders als in Nr. 1 – nicht eine Angelegenheit, die in dem nur durch die notwendige Ortsbezogenheit (s. u.) und den Grundsatz der Verhältnismäßigkeit gebundenen ortsgesetzgeberischen Ermessen der Gemeinde steht, sondern sie ist durch die vorhandene erhaltenswerte Situation determiniert. Der Rahmen für Gestaltungsanforderungen ist wegen dieser Situation für die Gemeinde nicht verfügbar. Er liegt aber auf jeden Fall oberhalb der Grenze der Verunstaltungsabwehr; denn der Schutz der historisch, städtebaulich oder künstlerisch wertvollen baulichen Situation erfordert gerade mehr als Abwehr nur des Schlimmsten, d. h. mehr als nur Verunstaltungsabwehr.

6 Örtliche Situation als Gestaltungsmaßstab

Es wurde bereits festgestellt, daß der wesentliche Grund für den Gesetzgeber, die Gemeinden zu ortsrechtlichen Gestaltungsvorschriften zu ermächtigen, der ist, daß die gestalterische Bewertung von Anlagen ganz entscheidend von der örtlichen Situation abhängt und daß weiter bestimmte Gestaltungsziele in Anknüpfung an die örtliche Situation oder deren beabsichtigte Gestaltung nur normativ, also durch Ortsatzung, festgelegt werden können. Der Landesgesetzgeber kann naturgemäß bei den von ihm erlassenen Gestaltungsregeln die örtliche Situation noch berücksichtigen; er kann nur eine „Grob-Regelung" treffen, die für alle Werbeanlagen im ganzen Lande gleichermaßen gelten soll. Die normative Erfassung der örtlichen Situation mußte er der Gemeinde als dem Ortsatzungsgeber überlassen. Der Landesgesetzgeber überläßt es deshalb der Gemeinde, daß sie für bestimmte Gebiete ein positives – aus der örtlichen Situation gerechtfertigtes – gestalterisches Konzept schafft und zur Durchführung dieses Konzepts Anforderungen an Art, Größe und Anbringungsort von Werbeanlagen setzt.

Daraus ergibt sich, daß der Landesgesetzgeber die Gemeinde nicht ermächtigt, Regelungen zu treffen, die nicht aus der besonderen örtlichen Situation motiviert sind, also von ihm selbst in der Landesbauordnung oder in einer Durchführungsverordnung auch hätte getroffen werden können. Der Ortsgesetzgeber kann also z. B. nicht schlechthin in allen Wohngebieten der Gemeinde die von der Landesbauordnung dort generell zugelassenen Anlagen für amtliche Mitteilungen und dgl. auf Litfaßsäulen beschränken und damit z. B. generell Anschlagtafeln verbieten, es sei denn, es herrscht für den ganzen Ort eine entsprechende besondere Atmosphäre vor wie sie z. B. das OVG Berlin[26]) für ein bestimmtes Viertel wie folgt kennzeichnet: „Die Litfaßsäulen sind seit ihrer ersten Aufstellung im Jahre 1855 durch den Drucker E. Th. Litfaß und den Zirkusdirektor Renz in Berlin zu einem dem Bürger vertrauten typischen Bauelement geworden, das das Straßenbild belebt und mit Alt-Berliner Atmosphäre anreichert."

Um deutlicher hervorzuheben, daß örtliche Gestaltungsvorschriften aus der konkreten örtlichen Situation oder aus einer auf die Herstellung einer konkreten örtlichen Situation gerichteten Gestaltungsabsicht gerechtfertigt sind, schreibt § 82 Abs. 1 Nr. 1 MuBauO – und in Anlehnung daran tun es auch die meisten Landesbauordnungen – ausdrücklich vor, daß die baugestalterischen Absichten sich auf bestimmte, genau abgegrenzte bebaute und unbebaute Teile des Gemeindegebiets beziehen müssen.

Die besonderen ortsrechtlichen Gestaltungsanforderungen können sich auf die in der baugestalterischen Generalklausel (§ 12 MuBauO) angesprochenen Gestaltungselemente, nämlich
– Form und Maßstab baulicher Anlagen,
– Verhältnis der Baumassen und Bauteile zueinander,
– Werkstoff und Farbe,
und, was § 82 Abs. 1 MuBauO für Werbeanlagen besonders ausführt, auf
– Art, Größe und Anbringungsort
erstrecken und diese näher umschreiben.

Die Anforderungen können – negativ – bestimmte Gestaltungen ausschließen wie auch – positiv – bestimmte Gestaltungen vorschreiben. Sie müssen eindeutig bestimmt sein, indem sie nämlich nach Maß, Zahl, Maßrelation, Farbe, Material und/oder Ausführungsart konkrete Gestaltungsmerkmale festlegen. Sie dürfen nicht ihrerseits wieder als Generalklauseln mit positivem Gestaltungsanspruch (z. B. architektonisch einwandfrei gestaltet, der historisch geprägten Umgebung angepaßt, einheitlich ausgeführt, oder dgl.) gefaßt sein.

---

[26]) Urt. vom 2. 10. 1970, BRS Bd 23, Nr. 125.

7 Fragen des Satzungserlasses

Anforderungen an die Gestaltung von Werbeanlagen werden meist in allgemeinen Gestaltungssatzungen mitgeregelt werden.[27]) Es ist aber auch zulässig, Satzungen mit Anforderungen nur für Außenwerbeanlagen zu erlassen. Die Gemeinde muß in einer Baugestaltungssatzung keine umfassende oder gar abschließende Regelung der Baugestaltung für das jeweilige Gebiet treffen; sie kann vielmehr auch Einzelfragen der Baugestaltung, wie etwa die Außenwerbung, satzungsmäßig regeln.[28])

Es steht der Gemeinde auch frei, Anforderungen an Anlagen der Außenwerbung in einer Satzung für das gesamte Gemeindegebiet zusammenzufassen oder jeweils Einzelsatzungen für einzelne Gebiete zu erlassen. Wie die Gemeinde verfährt, ist eine Frage der Zweckmäßigkeit und der Verfahrenstechnik. § 82 MuBauO verlangt lediglich, daß sich die baugestalterischen Absichten auf bestimmte, genau abgegrenzte Gebiete beziehen. Es muß also aus der Satzung eindeutig hervorgehen, für welche Gebiete diese und für welche Gebiete jene Gestaltungsanforderungen aufgestellt werden.

Wird für ein Gebiet ein Bebauungsplan aufgestellt, wie das z. B. in Sanierungsgebieten nach dem Baugesetzbuch immer erforderlich ist, empfiehlt es sich, die Gestaltungsanforderungen in den Bebauungsplan aufzunehmen.[29]) § 9 Abs. 4 BauGB und daraufhin ergangene landesrechtliche Vorschriften ermöglichen dies. Für den Erlaß der baugestalterischen Vorschriften im Rahmen des Bebauungsplans gelten dann auch voll die verfahrensrechtlichen Vorschriften des BauGB über die Aufstellung von Bebauungsplänen. So müssen z. B. die baugestalterischen Festsetzungen als Bestandteil des Bebauungsplans gem. § 3 Abs. 2 BauGB mit ausgelegt werden. Sie sind, jedenfalls in ihren tragenden Aussagen, in der Begründung des Bebauungsplans (§ 9 Abs. 8 BauGB) zu würdigen.

---

[27]) Satzungsbeispiele s. bei Burger/Gutschow/Krause: Bebauungspläne und Ortssatzungen. Instrumente zur gestalterhaltenden Erneuerung historischer Stadtgebiete. Berlin/Köln (Difu) 1978. S. 165–204, 299–325. Vgl. auch Stadtbild und Stadtlandschaft. Planung Kempten/Allgäu. Schriftenreihe des Bundesministers für Raumordnung, Bauwesen und Städtebau Bd 02.009. Bonn-Bad Godesberg 1977. S. 158 ff.

[28]) BayVGH 9. 3. 1976, BRS Bd 30, Nr. 109.

[29]) Vgl. hierzu Burger/Gutschow/Krause a.a.O. (Erl. 27) S. 96–103.

8 Mögliche Inhalte von Satzungen nach § 82 Abs. 1 Nr. 1 MuBauO

Es fragt sich, in welchen Gebieten außer denen mit erhaltenswerten Anlagen von geschichtlicher, künstlerischer oder städtebaulicher Qualität (§ 82 Abs. 1 Nr. 2 MuBauO, s. u. 9), eine Notwendigkeit zu ortsrechtlichen Gestaltungsvorschriften gegeben sein kann und welche Anforderungen an Werbeanlagen in diesen Gebieten denkbar und rechtlich gedeckt sind. Dabei kann im Rahmen eines systematischen Ansatzes und auch in Anknüpfung an § 13 MuBauO von der planungsrechtlichen Gebietseinteilung der Baunutzungsverordnung (BauNVO) ausgegangen werden. Allerdings bedeutet dieser Ausgangspunkt nicht, daß die Gemeinde durch Satzung für die jeweiligen Gebiete generell gleiche Anforderungen an Werbeanlagen stellen könnte. Die planungsrechtliche Gebietsqualität, sei sie nun durch Bebauungsplan festgesetzt oder gem. § 34 Abs. 2 BauGB nach den Kategorien der BauNVO bestimmbar, reicht allein als Kriterium für besondere örtliche Gestaltungsvorschriften nicht aus. Es muß eine auf die spezielle örtliche Situation bezogene Gestaltungsvorschrift hinzukommen. Deshalb können die nachfolgenden Erörterungen über mögliche Gestaltungsanforderungen nur als Anregungen und als das Aufzeigen von Möglichkeiten und Grenzen verstanden werden.

a) Kleinsiedlungsgebiete, Dorfgebiete, Wohngebiete

Die Gemeinde kann besondere Gestaltungsvorschriften trotz der Einzelregelung in § 13 Abs. 4 MuBauO auch noch für Wohngebiete und für Kleinsiedlungsgebiete erlassen, allerdings nicht generell für alle diese Gebiete insgesamt, sondern nur für einzelne, räumlich bezeichnete Gebiete, für die besondere gestalterische Absichten verfolgt werden. Als Regelungen kommen z. B. in Betracht

– für Werbeanlagen an der Stätte der Leistung:
  Größenbeschränkungen, Maße der Auskragungen, Beschränkungen auf die Geschoßebene der Leistungsstätten (z. B. nur Erdgeschoß), Verbot der Werbung mit wechselndem Licht, Beschränkung der Lichtwerbung auf bestimmte Farben, keine Werbeanlagen an Einfriedungen und in Vorgärten, Beschränkung in reinen Wohngebieten nur auf Hinweisschilder,

– für Anlagen für amtliche Mitteilungen und zur Unterrichtung der Bevölkerung: Größenbeschränkungen von Anschlagtafeln, Form der Anlagen (z. B. als Litfaßsäulen), Anbringungsorte (z. B. nicht in Vorgärten). Fraglich ist, ob unter Anbringungsort auch Standortbestimmungen fallen (z. B. für den Bereich der Straßen A, B, C, D nur an der Ecke C/D-Straße).

b) Mischgebiete

Für Mischgebiete enthält § 13 MuBauO keine besondere Regelung. Die Gemeinde kann auch für solche Gebiete bestimmte Gestaltungsabsichten verfolgen, wenn auch nicht generell für alle, sondern nur für abgegrenzte Baubereiche besonderer – vorhandener oder beabsichtigter – Prägung, z. B. für Straßen oder Plätze mit typischem, schützenswertem Charakter. Die Gemeinde muß in diesen gemischt strukturierten Gebieten, in denen Wohnen und Gewerbetätigkeit gleichwertig nebeneinander stehen, großzügigere Maßstäbe anlegen als in Wohngebieten. Eine generelle Beschränkung von Werbeanlagen für Zettel- und Bogenanschlag auf Litfaßsäulen wäre z. B. grundsätzlich nicht zulässig.[30]) Dagegen kann es zulässig sein, im Bereich ganz bestimmter Straßen und Plätze besonderer Eigenart Großflächentafeln (z. B. größer als 2,60 x 3,60 m), Werbung mt wechselndem Licht und Lichtwerbung bestimmter Farben auszuschließen. Ferner ist es möglich, Werbeanlagen auf die Geschoßebene der Geschäfts- und Betriebsstätten zu beschränken.

c) Kerngebiete

Für Kerngebiete gibt § 82 Abs. 1 Nr. 1 MuBauO wenig Gestaltungsmöglichkeiten her. Hier überwiegt die geschäftliche und gewerbliche Nutzung, zu der Werbung wesensgemäß gehört. Allerdings können sich aus § 82 Abs. 1 Nr. 2 MuBauO, wie noch auszuführen ist (s. u.), Gestaltungsanforderungen ergeben, insbesondere wenn das Kerngebiet durch geschichtliche oder künstlerische Bauwerke geprägt wird. Dann können auch Gestaltungsanforderungen und Werbebeschränkungen für solche Gebäude, die selbst nicht schützenswert sind, aber in der Nachbarschaft schützenswerter Objekte liegen, gestellt werden, z. B. auch, um den Durchblick auf ein mittelalterliches Bauwerk von

---

[30]) BVerwG DVBl. 1973, S. 40.

einer bestimmten Straße aus nicht zu behindern. § 82 Abs. 1 Nr. 2 MuBauO eröffnet ferner die Möglichkeit, Kerngebieten von besonderer städtebaulicher Bedeutung auch in gestalterischer Hinsicht, z. B. durch Anforderungen an Größenmaßstäbe, Lichtwirkung usw. besondere Akzente zu geben.

d) Sondergebiete

Für Sondergebiete lassen sich keine konkreten Hinweise für mögliche Gestaltungsanforderungen geben. Hier hängen etwaige Gestaltungsabsichten ganz entscheidend von der besonderen Nutzungsart des Gebietes ab. Das Spektrum möglicher gestalterischer Festsetzungen ist hier also besonders breit.

e) Außenbereich

Für den Außenbereich werden sich kaum Ansatzpunkte für örtliche Außenwerbungsvorschriften ergeben. Hier bietet § 13 Abs. 3 MuBauO einen weitgehenden Schutz.[31]) Da Gebäude, an denen Werbeanlagen an der Stätte der Leistung zulässig sind, im Außenbereich nur vereinzelt auftreten, ist kaum Raum für besondere Gestaltungsabsichten. Hier wird man im Einzelfall mit der Generalklausel der Verunstaltungsabwehr auskommen. Darüber hinaus bietet sich gerade im Außenbereich die Möglichkeit an, die Außenwerbung (z. B. an der Stätte der Leistung) in Landschaftsschutzgebieten im Rahmen der zu erlassenen Landschaftsschutzverordnungen einzuschränken.

9 Mögliche Inhalte von Satzungen nach § 82 Abs. 1 Nr. 2[32])

Die Palette möglicher Gestaltungsvorschriften nach § 82 Abs. 1 Nr. 2 MuBauO zum Schutz bestimmter Bauten, Straßen, Plätze oder Ortsteile von geschichtlicher, künstlerischer oder städtebaulicher Bedeutung sowie von Bau- und Naturdenkmalen ist besonders breit.[33]) Sie können hier nicht mit dem Anspruch auf Vollständigkeit aufgezählt, sondern allenfalls nur beispielhaft angedeutet werden. Hier ist es hilfreicher, Ortssatzungen einzelner Städte als Beispiele heranzuziehen (s. Beispiele).

---

[31]) Vgl. den Beitrag von Semmler.

[32]) Vgl. den Beitrag von Roseneck.

[33]) Vgl. auch Burger/Gutschow/Krause a.a.O. (Erl. 27) S. 245–256, 264–266; ferner Stadtbild und Stadtlandschaft a.a.O. Erl. 27).

Die Satzungen beschränken sich im allgemeinen nicht auf Anforderungen an Werbeanlagen, sondern stellen eine ganze Reihe von baugestalterischen Anforderungen zum Schutz jeweils der historisch gewachsenen mittelalterlichen Stadtbilder auf.

a) Arten von Werbeanlagen

Der Art nach werden Werbeanlagen z.B. in den Satzungen der genannten Städte für den in der Satzung festgelegten Schutzbereich beschränkt auf „Werbeanlagen an der Stätte der Leistung".

Beispiel für den Ausschluß bestimmter Arten von Werbeanlagen ist z.B. auch der Ausschluß von beweglicher (laufender) Lichtwerbung und von Lichtwerbung mit Blink- und Wechsellicht.

b) Anbringungsorte

Beispiele für unzulässige Anbringungsorte von Werbeanlagen sind z.B.:
- Ruhebänke und Papierkörbe,
- Einfriedungen, Türen und Tore, mit Ausnahme von Hinweisschildern (an Geschäftseingängen) auf Beruf und Gewerbe (sofern sie nach Umfang und Darstellung nicht verunstaltend wirken),
- Vorgärten,
- Bäume, Böschungen, Masten, Außentreppen, Balkone, Erker, Brüstungen, Fensterläden,
- Brandmauern, Giebel, Dächer,
- Brücken aller Art, Flächen von Straßen,
- Türme, Schornsteine, Bauzäune (mit Ausnahme von Hinweisen auf den Bauherren und die an der Bauausführung Beteiligten).

c) Farben

Beispiel für die Beschränkung der Werbung auf bestimmte Farben ist z.B. die Vorschrift (Soest): „Leuchtschrift ist nur als weißliches und hellgelbliches Licht zugelassen. Im Kerngebiet sind schwach getönte Leuchtfarben zulässig."

d) Zahl der Anlagen, technische Ausführung, Maße

Weitere Beschränkungen beziehen sich auf die zulässige Zahl der Werbeanlagen, auf die Anbringung nur an Teilen der baulichen Anlagen, auf die technische Ausführung, auf Maßrelationen usw.; sie seien nachfolgend durch Wiedergabe entsprechender Bestimmungen in einigen Satzungen aufgeführt:

„Je Geschäft ist zusätzlich zur Firmenbezeichnung nur ein Leuchttransparent an Wandflächen oder als Ausleger bis zu einer Größe von 0,8 m² zulässig." (Soest)

„Technische Hilfsmittel von Werbeeinrichtungen (z. B. Kabelzuführungen) sollen unsichtbar verlegt werden." (Soest)

„Im Bereich ... können Werbeschriften unmittelbar auf der Fassade oder auf kastenförmigen Trägern angebracht werden, wenn letztere in dunklen, kupfer- oder bronzefarbenen Tönen gehalten sind." (Kempten/Allgäu)

„Werbeanlagen dürfen nur unterhalb der Unterkante von Fenstern des 1. Obergeschosses, höchstens jedoch bis zu einer Höhe von 5,0 m über Gelände angebracht werden. Abweichend hiervon dürfen Werbeanlagen bis zur Unterkante von Fenstern des 2. Obergeschosses angebracht werden, wenn das Gewerbe oder der Beruf, für das oder für den geworben wird, nicht im Erdgeschoß ausgeübt wird; unzulässig sind jedoch Werbeanlagen in, an oder hinter Fenstern oberhalb der Erdgeschoßzone." (Regensburg)

„Im Bereich ... dürfen Schaukästen und Warenautomaten nur angebracht werden, wenn die statische Funktion von Mauern und Pfeilern optisch erkennbar bleibt." (Kempten/Allgäu)

„Auf einem Tankstellengrundstück ist für jede Treibstofffirma nur je eine Markenwerbung zulässig; diese Werbungen dürfen zusammen nicht zu einer Häufung oder einer Störung des Straßen- oder Ortsbildes führen. In den Markenfarben der Treibstofffirmen dürfen lediglich die Zapfsäulen, nicht aber die sonstigen baulichen Anlagen oder Teile derselben erscheinen. An Tankstellen dürfen Werbeattrappen und bewegliche Werbeschilder nicht verwendet werden." (Soest)

„Werbeanlagen, die senkrecht zur Außenwand baulicher Anlagen angebracht werden, insbesondere Nasenschilder, dürfen je Seite eine Ansichtsfläche von 0,50 qm und eine Gesamtausladung von 0,90 m nicht überschreiten; für Werbeanlagen mit besonderer künstlerischer Gestaltung können Ausnahmen zugelassen werden. Schaukästen und Automaten dürfen nicht mehr als 0,06 m über die Außenwände baulicher Anlagen hervortreten. Werbeanlagen mit stehendem Format können nur ausnahmsweise zugelassen werden. Für die farbliche Gestaltung von Werbeanlagen gilt, daß die Farbtöne dem historischen

Charakter eines Gebäudes und der Umgebung entsprechen müssen. Unzulässig sind grelle Farben sowie Farbmaterialien, die eine glänzende Oberfläche ergeben (z. B. Ölfarbe). Architektonische Fassadengliederungen müssen in harmonisch aufeinander abgestimmten Farbtönen in Erscheinung treten. Teilanstriche, die nicht auf die Farbgebung der übrigen Fassadenteile harmonisch abgestimmt sind, sind unzulässig." (Regensburg)

„Werbestandarten jeder Art, die im Blickfeld von Denkmälern stehen, sind unzulässig." (Soest)

„Schaufensterrahmen dürfen nicht in Gold- oder Silbereloxal oder mit glänzender Oberfläche ausgeführt werden." (Kempten/Allgäu)

Detaillierte Gestaltungsanforderungen, auch in bezug auf Werbeanlagen, können in Gestaltungsplänen als Bestandteil der Satzung zeichnerisch festgelegt werden.

10 Zusammenfassung

10.1 Die Landesbauordnungen ermächtigen – nach dem Vorbild der Musterbauordnung – die Gemeinden, in Ortssatzungen über die bloße Verunstaltungsabwehr hinaus positive Baugestaltungsanforderungen an bauliche Anlagen und Werbeanlagen zu stellen. Die Baugestaltungsvorschriften können allerdings nicht für das ganze Gemeindegebiet oder für die einzelnen Gebietskategorien der Baunutzungsverordnung insgesamt bestimmte Werbeanlagen generell ausschließen. Sie müssen sich gezielt auf bestimmte Baubereiche besonderer örtlicher Prägung oder beabsichtigter besonderer Gestaltung beziehen und können für diese Bereiche in Verfolgung jeweils eines bestimmten Gestaltungskonzeptes besondere gestalterische Anforderungen an bauliche Anlagen und Werbeanlagen stellen. Dabei hat die Gemeinde in Neubaugebieten, die noch ganzheitlich der Gestaltung fähig sind, einen größeren Gestaltungsspielraum auch hinsichtlich der Werbeanlagen als in bereits bebauten Gebieten, in denen durch die vorhandene Bebauung und die sonstigen Anlagen eine bestimmte örtliche Prägung und damit ein Rahmen für Gestaltungsanforderungen gesetzt ist. In neu zu bebauenden Gebieten empfiehlt es sich, die örtlichen Gestaltungsvorschriften auf der Grundlage der bauordnungsrechtlichen Ermächtigung und des § 9 Abs. 4 BauGB bereits in den Bebauungsplan aufzunehmen.

10.2 In Verfolgung der örtlich motivierten Gestaltungsabsichten für bestimmte Baubereiche kann die Gemeinde auch generelle Anforderungen an Werbeanlagen, z. B. hinsichtlich der Größe, der Maßrelationen, der Farbgestaltung und der Anbringungsorte, stellen. Wesentlicher Gestaltungsmaßstab ist dabei die Einfügung der Anlagen in die Umgebung, also der Gestaltungsmaßstab des § 12 Abs. 2 MuBauO.

Reinhard Roseneck

Werbung in historischen Altstädten

Die Probleme der Außenwerbung müssen im Zusammenhang mit den allgemeinen Fragen der Stadtgestaltung betrachtet werden. Die gestaltete Umwelt muß als ein System voneinander abhängiger Elemente verstanden werden, in das die Außenwerbung integriert ist. Zur Verdeutlichung der Abhängigkeiten könnte man eine Stadt als ein Element des Systems Landschaft, ein Haus als ein Element des Systems Stadt, ein Bauteil (z. B. eine Tür) als ein Element des Systems Haus und ein Baudetail (z. B. eine Türklinke) als ein Element des Systems Bauteil bezeichnen (s. Abb. 1–4). Die Anlagen der Außenwerbung sind innerhalb dieses Systems als Bauteile einzustufen. Die Abhängigkeit eines jeden Elementes von jedem anderen Element des Gesamtsystems wird dabei deutlich. Weist nur ein einziges Element gestalterische Mängel auf, so hat dieses negative Auswirkungen auf das gesamte System.

Vor der Beschäftigung mit den Fragen der Außenwerbung in historischen Altstädten müssen also die gestalterischen Probleme in ihrer Gesamtheit behandelt werden.

Rechtlich wird die Baugestaltung, die im Kompetenzbereich der Bundesländer angesiedelt ist, in den Landesbauordnungen geregelt. Da jedoch die landesrechtlichen Regelungen bereits an anderer Stelle ausführlich behandelt wurden, soll hier die Wiederholung der gestaltungsrelevanten Grundprinzipien des Bauordnungsrechts genügen:

– keine Verunstaltung des Baukörpers,
– keine verunstaltende Wirkung des Baukörpers auf die Umgebung,
– besondere Rücksichtnahme auf die in der Nähe liegende Baudenkmäler.

Die Generalklausel der Verunstaltung kommt damit zur Anwendung. Seit dem Grundsatzurteil des Bundesverwaltungsgerichtes aus dem Jahr 1955[1]) ist bei der Auslegung der baurechtlichen Gestaltungsvorschriften das Urteil des für ästhetische Eindrücke offenen, gebildeten Durchschnittsmenschen entscheidend. Dieses ist eine vielfach kritisierte, fiktive Person. Der gebildete Durchschnittsmensch, in der Praxis handelt es sich dabei um den Verwaltungsrichter, ist nämlich, wie die Erfahrung gezeigt hat, häufig nicht in der Lage, besonders in

---

[1]) BVerwG 28. 6. 1955 Nr. IC 146.53 – E2, 172

Abb. 1:
Die Stadt als Element des Systems Landschaft.

Abb. 2:
Das Haus als Element des Systems Stadt.

76

Abb. 3:
Das Bauteil als Element des Systems Haus.

Abb. 4:
Das Baudetail als Element des Systems Bauteil.

gestalterisch empfindlichen Bereichen, qualifiziert zu urteilen. Sein Geschmack entspricht auch nur dem allgemeinen Zeitgeschmack, der stets bestimmten Trends unterworfen ist. Glasbausteine und Riffelglastüren entsprachen jahrelang dem allgemeinen Zeitgeschmack. Hat sich eine Gemeinde zu einer aktiven die historische Bausubstanz schützenden Stadtbildpflege entschlossen, so besitzt sie mit dem Verunstaltungsprinzip kein Steuerungsinstrument. Sie muß unbedingt von der gesetzlichen Möglichkeit des Erlasses einer Baugestaltungssatzung Gebrauch machen. In einer derartigen Ortssatzung kann neben den Vorschriften zur Gestaltung und Anordnung von baulichen Anlagen, Werbeanlagen und Warenautomaten die Genehmigungspflicht auch auf Werbeanlagen ausgedehnt werden, die in der Bauordnung genehmigungsfrei sind.

1 Satzungen zur Stadtgestaltung

Zum Aufbau von Gestaltungssatzungen einige Grundsatzüberlegungen[2]. Gestaltungssatzungen müssen einerseits die Erhaltung eines schützenswerten Stadtbildes sichern, andererseits aber auch die Möglichkeit eröffnen, Bausubstanz, die nicht mehr zu erhalten ist, durch Gebäude zu ersetzen, die heutigen Anforderungen gerecht werden und die darüber hinaus die bestehende Stadtstruktur nicht nur nicht beeinträchtigen, sondern, auch das ist möglich, eine positive Bereicherung für ein Ensemble sind. Dabei ist es keineswegs nötig, ausschließlich historische Gestaltungsprinzipien anzuwenden und Altes lediglich zu kopieren. Diese Vorgehensweise würden dem Wesen historischer Städte, die ja dynamische Gebilde waren und auch immer noch sind, widersprechen. Die alten Städte wurden von ihren Bewohnern kontinuierlich umgebaut oder erweitert, um stets den vielfältigen Bedürfnissen im wirtschaftlichen oder politischen Bereich gerecht werden zu können. Historische Städte waren stets Mittel zum Zweck, die den jeweiligen Lebensbedingungen zu genügen hatten; kurz: sie waren immer modern.

Das Schaffen der alten Baumeister beschränkte sich nicht darauf, etwas Altes einfach nachzubauen. Sie knüpften zwar an die Erfahrungen ihrer Vorgänger an, verwendeten dabei jedoch die Formensprache und die Konstruktionsmethoden ihrer Zeit. Daß die formale Einheit von alter und neuer Architektur dennoch gewahrt blieb, ist auf die Beibehaltung der baulichen Dimension zurückzuführen, die insbeson-

---

[2] Vgl. Roseneck/Mindak: Altstadtsatzungen – Grundsatzüberlegungen zum Aufbau, in: Der Landkreis, Nr. 5, 1978, S. 181 f.

Abb. 5:
Fachwerkgebäude aus dem 15. Jahrhundert.

Abb. 6:
Fachwerkgebäude aus dem 19. Jahrhundert.

dere auf der Verwendung jeweils ortsüblicher Materialien sowie der
üblichen Handwerksmethoden beruhte (s. Abb. 5 und 6).

Mit diesen Ausführungen soll verdeutlicht werden, daß der Schutz
historischer Stadtbilder nicht nur die Bewahrung der alten Bausubstanz beinhaltet und bei der Errichtung neuer Gebäude auf den alten
Stilelementen beharrt werden darf, sondern daß der Schutzgedanke
neben dem Bewahren des Alten auch die Öffnung gegenüber Neuem
beinhalten muß, also gegenüber der Verwendung und Weiterentwicklung zeitgemäßer Architekturformen. Zeitgemäße Gebäude dürfen
jedoch nicht stilistisch-formalen Eigengesetzlichkeiten unterliegen,
d. h., einer Gestaltungsweise, die jegliche Bezüge zur historischen
Umwelt vermissen läßt. Viele moderne mit Sorgfalt gestaltete Bauwerke wirken eingebunden in historische Bausubstanz dennoch wie
Fremdkörper, da sie den vorgegebenen gestalterischen Rahmen
sprengen (s. Abb. 7).

Um bauliche Fremdkörper in historischen Stadtkernen auszuschließen
und um die bestehende Architektur vor negativen Veränderungen

Abb. 7:
Mißlungener Versuch der Eingliederung von modernen Architekturformen in historische Stadtstrukturen.

bewahren zu können, müssen gestalterische Rahmenbedingungen geschaffen werden, die ihren Maßstab in der vorhandenen Struktur haben.

Wo liegen nun die entscheidenden Grundelemente historischer Stadtgestalt? Um diese zu erkennen, muß der komplexe Organismus Altstadt in die ihn bildenden Elemente zergliedert und die Bedeutung eines jeden Elementes auf das Gesamtbild erfaßt werden. die Analyse der Stadtstruktur kann sich dabei auf folgende Aspekte beziehen:

a) Beziehung zwischen Landschaft und Altstadt – z.B. topographische Situation, äußeres Erscheinungsbild der Altstadt, Stadtsilhouette und Sichtbeziehungen (s. Abb. 8).

b) Innerer Aufbau der Stadtstruktur – z.B. Straßen- und Platzsystem, räumlicher Aufbau, Abfolge von Teilräumen, Verhältnis von Straßen- bzw. Platzbreite zur Höhe der Raumwand, Gliederung der Raumwand, Höhenentwicklung der Gebäude, Bauflucht, Stellung der Gebäude, Parzellenstruktur, Dachlandschaft und Freiräume (s. Abb. 9).

c) Bestimmende Elemente der Gebäudestruktur – z.B. Verhältnis von Gebäudeöffnungen zur Wandfläche, Gliederung der Wandfläche,

Abb. 8:
Beziehung zwischen Altstadt und Landschaft.

Abb. 9:
Innerer Aufbau der Stadtstruktur.

Gestaltung der Gebäudeöffnungen, Gestaltung des Daches sowie Material und Farbe von Fassade und Dach (s. Abb. 10).

Infolge einer derartigen Analyse können nun Aussagen darüber getroffen werden, was von der alten Bebauungsstruktur gestaltprägend ist und wo unter bestimmten Voraussetzungen Veränderungen vorgenommen werden können. Außerdem lassen sich Kritierien festsetzen, die bei der Errichtung neuer Gebäude zu beachten sind. Die Ergebnisse einer Gestaltanalyse bilden folglich auch den Rahmen einer Baugestaltungssatzung.

Es gilt jedoch unbedingt zu beachten, daß baugestalterisch interessante Gebäude und Baudenkmäler rechtlich und qualitativ grundsätzlich unterschiedlich zu bewerten sind. Geht es dem Stadtbildpfleger um die optisch wahrnehmbare Gestalt der Stadt, also um ein Bild von dieser, so geht es dem Denkmalpfleger um die historische Originalsubstanz der schutzwürdigen Objekte, also um das Dokument für geschichtliche Begebenheiten, historische Konstruktionsformen und Materialbeschaffenheiten, künstlerische Qualitäten, städtebauliche Gesamtzusammenhänge, soziale Bedingungen und vieles andere mehr. Baudenkmäler können somit als Objekte besonderer Bedeutung nicht Gegenstand eines gesetzlichen Instrumentariums sein, das

Abb. 10:
Bestimmende Elemente der Gebäudestruktur.

die Erhaltung lediglich des äußeren Bildes, vereinfacht gesagt, der Fassaden, regelt, sondern bedürfen der Obhut eines über dem kommunalen Gestaltungsrecht angesiedelten Instrumentariums. Dieses ist mit den Denkmalschutzgesetzen der einzelnen Bundesländer gegeben. Die Regelungen auf der Grundlage eines derartigen Denkmalschutzgesetzes haben also grundsätzlich Vorrang gegenüber den Bestimmungen einer örtlichen Baugestaltungssatzung, also eines Ortsgesetzes.

Worauf sich die Vorschriften einer Gestaltungssatzung im einzelnen beziehen können, d. h., welche ortsspezifischen Gestaltungsmerkmale künftig beizubehalten bzw. fortzuentwickeln sind, wird im folgenden skizzenhaft dargestellt:

1. Vorschriften zum Baukörper:
   Stellung und Firstrichtung der Baukörper, Einhalten der Bauflucht, Gebäudehöhe, Traufhöhe, Gebäude- bzw. Fassadenbreite, Einhaltung der Parzellenstruktur und schließlich Geschoßzahl oder Geschoßhöhe.

2. Vorschriften zur Gebäudefassade:
   Verhältnis von Wandfläche zu Wandöffnungen, Material, Farbe, Oberflächenbearbeitung und schließlich vor- bzw. rückspringende Bauteile, wie Sockel, Treppen, Balkone, Brüstungen, Erker, Gesimse usw..

3. Vorschriften zur Gestaltung der Gebäudeöffnungen:
   a) Zu den Fenstern bezüglich Format, Maßen, Anordnung, Proportionen, Konstruktion, Sprossenteilung, Verglasung, Material, Farbe und schließlich zu den Gewänden.
      (Ganz besonders strenge Maßstäbe sind beim Einbau von Schaufenstern anzulegen. Der Einbau moderner Schaufensteranlagen hat zur Zerstörung des Erscheinungsbildes unzähliger Gebäude geführt. Immer wieder werden alte Gebäude im Erdgeschoß aufgerissen und Schaufensterbänder eingebaut, so daß die darüberliegenden Geschosse optisch schweben.)
   b) Zu den Schaufenstern bezüglich Format, Proportionen, Maßverhältnissen, Rahmen, Verglasung, Kragdächern, Material, Farbe, Passagen, Arkaden, Erhaltung tragender Bauelemente, Einbau nur im Erdgeschoß, Verbot von Eckschaufenstern oder Eckeingängen.
   c) Zu den Türen und Toren bezüglich Ausführung, Material und Farbe.

4. Vorschriften zum Bauzubehör im Bereich der Fassade:
   Fensterläden, Markisen, Rolläden, Jalousien bezüglich Größe, Anbringungsort, Material und Farbe, Durchgangshöhe und Abstand von der Bürgersteigaußenkante.

5. Vorschriften zum Dach:
   Dachform Dachneigung, Dachdeckungsmaterial, Farbe, Dachgauben bezüglich Abstand vom Rand des Hauptdaches, Neigung der Dachfläche, Eindeckung, Gestaltung der Seitenflächen, ferner Dacheinschnitte und Dachflächenfenster.

6. Vorschriften zur Gestaltung der städtischen Freiräume:
   Einfriedungen, Zäune, Mauern und Vorgärten.

7. Vorschriften zu den Anlagen der Außenwerbung:
   Da später noch ausführlich auf die Anlagen der Außenanlagen eingegangen wird, bleiben sie an dieser Stelle unberücksichtigt. Vorschriften zur Außenwerbung sollten jedoch integraler Bestandteil einer jeden Stadtgestaltungssatzung sein.[3])

Viele der aufgezählten, möglichen Satzungsbestimmungen, die nicht als Musterkatalog aufzufassen sind, sondern lediglich als Anregung bei der Aufstellung einer Satzung hilfreich sein können, finden sich mehr oder weniger in Gestaltungssatzungen, die bereits in der Praxis angewendet werden. Eine Systematik, die auf einer Stadtbildanalyse beruht, ist dabei jedoch vielfach nicht zu erkennen. Da aber eine unsystematische Verfahrensweise außerhalb der Verwaltung nicht mehr nachvollziebar ist, werden von den Betroffenen einzelne Satzungsbestimmungen häufig für kleinkariert gehalten und stoßen deshalb auf Ablehnung. Aus diesem Grunde sollte bei der Konzipierung einer Stadtgestaltungssatzung stets größter Wert auf die Herleitung der Bestimmungen gelegt werden.

Wird also vor der Aufstellung einer Gestaltungssatzung die erforderliche Stadtbildanalyse erarbeitet, dann sollte die Darstellung der Ergebnisse sowohl in der breiten Öffentlichkeit als auch in der Fachöffentlichkeit erfolgen und die intensive Diskussion gesucht werden. Darin liegt nämlich die Chance, daß die entscheidenden Elemente des Stadtbildes von der Allgemeinheit anerkannt und gestalterische Fehler, aus Einsicht heraus, gar nicht erst begangen werden. Die Erfah-

---

[3]) Vgl. Mindak/Roseneck: Analyse von Ortssatzungen zum Schutz historischer Stadtbilder, in: Der Landkreis, Nr. 8–9, 1978, S. 420 ff.

Abb. 11
Rücksichtslose Anbringung von aufdringlichen Werbeanlagen an einem historisch wertvollen Gebäude.

rung zeigt nämlich, daß viele gestalterische Fehler nicht mit Vorsatz, sondern aus Unkenntnis heraus begangen werden.

Da für alle Teile einer Altstadt gleiche Gestaltungsfestsetzungen oft nicht praktikabel sind, Stadtkerne sind in der Regel nicht durchweg gleichstrukturiert (Ausnahme z. B. planmäßig angelegte Städte aus dem Barock), ermöglicht die eingehende Analyse aller entscheidenden Gestaltmerkmale differenziert auf einzelne Stadtteile, Quartiere, Straßen, Plätze, Hausgruppen oder auch einzelne Gebäude einzugehen. Betrachtet man die in der Praxis verwendeten Ortssatzungen, dann fällt auf, daß häufig auf die Möglichkeit unterschiedlicher Gestaltfestsetzungen verzichtet wird. Die Altstädte werden mit einem undifferenzierten Regelwerk versehen, das den tatsächlichen Gegebenheiten nicht gerecht werden kann. Die Autoren solcher Ortssatzungen vernachlässigen somit die Tatsache, daß die historische Baustruktur eines Ortes in der Regel durch unterschiedliche Gestaltelemente geprägt wird.

Die Unterschiedlichkeiten der Baustruktur liegen in der Funktion und der stilistischen Ausprägung der Gebäude begründet. Die stolzen Bürgerhäuser des Stadtmittelpunktes, am Marktplatz oder an den Hauptstraßen gelegen, hatten z. B. anderen Bedürfnissen zu genügen, als die Handwerkerhäuser in den engen Gassen. Die unterschiedlichen finanziellen Möglichkeiten der Erbauer erlaubten auf der einen Seite eine aufwendige Bauweise in bezug auf Grundfläche, Gebäudehöhe, Raumhöhe und Fassadengestaltung, während auf der anderen Seite nur schlichte Häuser errichtet werden konnten, die neben dem Zweck, dem sie dienten, z. B. als Werkstatt und Behausung, keine repräsentativen Aufgaben zu erfüllen hatten. Obwohl gleiche Materialien und Konstruktionstechniken benutzt wurden, entstanden so innerhalb einer Altstadt Gebäudegruppen unterschiedlicher Prägung.

Gebäudegruppen sind jedoch nicht nur funktional, sondern auch stilgeschichtlich voneinander abzugrenzen. Die geplante Vorstadt des Barock, die Stadterweiterung des späten 19. Jahrhunderts oder die Gebäudegruppe des Jugendstils unterlagen anderen Gestaltungsprinzipien als der mittelalterliche Stadtkern. Es ist also notwendig, die Satzungstexte auf die unterschiedlichen gestalterischen Anforderungen hin zu differenzieren, sei es durch übergeordnete Bestimmungen für den gesamten Stadtkern, ergänzt durch spezielle Anforderungen für bestimmte Teilbereiche oder sei es durch unterschiedliche Festsetzungen für verschiedene, jeweils einheitlich strukturierte Altstadtbereiche ohne übergeordnete Rahmenbestimmungen; doch dieses sind satzungs- und verfahrenstechnische Fragen, die in jedem einzelnen Fall gesondert beantwortet werden müssen.

2 Satzungen zur Außenwerbung

Die Anlagen der Außenwerbung nehmen im gestalterischen Gefüge des Stadtbildes eine bedeutende Stellung ein (s. Abb. 11). Die vielen negativen Beispiele auch innerhalb schützenswerter Bereiche zeigen die Notwendigkeit, steuernd auf die Einfügung und Gestaltung von Werbeanlagen einzuwirken. In Geschäftskreisen werden Auflagen zur Gestaltung von Werbeanlagen häufig als Eingriffe in die kaufmännische Selbständigkeit betrachtet. Von Wettbewerbsnachteilen ist dann die Rede. Gerade das aber ist kein Argument, da Vorschriften zur Außenwerbung nicht nur für Behörden und Gerichte Entscheidungsgrundlagen sind, sondern sich auch die Geschäftsleute darauf verlassen können, daß sich kein Nachbar durch kräftigere Werbung „vordrängen" kann. Eine Außenwerbungssatzung ist überhaupt das einzige Mittel, um in einer historischen Altstadt Chancengleichheit im wirtschaftlichen Wettbewerb zu gewährleisten. Denn während bei Geschäftsleuten, deren Läden sich in Baudenkmälern befinden, die strengen Vorschriften der Denkmalschutzgesetze greifen, würde die Konkurrenz mit Läden in den sonstigen, nicht denkmalgeschützten Gebäuden, die zusätzlich nicht in der unmittelbaren Umgebung von Baudenkmälern liegen, keinerlei gestalterischen Beschränkungen unterliegen. Auch das Argument Werbeanlagen müßten auffallen, um in der Öffentlichkeit Aufmerksamkeit zu erregen, kann nicht ohne weiteres akzeptiert werden. Erregung von Aufmerksamkeit ist zwar Aufgabe einer Werbeanlage, alleiniges Kriterium für ihre Beurteilung ist sie jedoch nicht. In einem Urteil des Bayerischen Verwaltungsgerichtshofes aus dem Jahre 1973 heißt es demnach auch, daß Anbringung und Gestaltung einer Werbeanlage sich nicht mit dem Argument rechtfertigen lasse, sie müßte, um wirksam zu sein, auffallend gestaltet werden. Werbeanlagen, die den Prinzipien einer modernen Werbeindustrie entsprechen, genügen nicht automatisch den gestalterischen Anforderungen, die es bei deren Einfügung in eine schön gegliederte Fassade oder in eine historische Altstadt zu beachten gilt. Es sei an dieser Stelle ausdrücklich betont, daß Außenwerbung als Ausdrucksmittel unserer Zeit auch in den historischen Altstädten ihren Platz einnehmen muß. Dieses muß jedoch mehr als anderswo auf angemessene – dieses ist wörtlich zu verstehen – Art und Weise geschehen.

Werbeanlagen sind im eingangs erwähnten Gesamtsystem der gestalteten Umwelt als Element des Systems Haus einzuordnen. Beschäftigung mit Außenwerbung impliziert folglich die Beschäftigung mit dem einzelnen Gebäude, genauer mit der einzelnen Gebäudefassade.

Vor der Formulierung von Regeln, die bei der Anbringung einer Werbeanlage zu beachten sind, müssen also die Fassaden auf ihre entscheidenden Gestaltmerkmale hin untersucht werden. In der Regel treten in einem schutzwürdigen Bereich unterschiedliche Fassadentypen auf, die in Gruppen homogener Gestaltung zusammengefaßt werden können. Jede dieser Gruppen muß im weiteren gesondert behandelt werden. Der Geltungsbereich von Vorschriften zur Außenwerbung bestimmt sich somit nicht nur räumlich, sondern auch sachlich. Nicht die Gebäude eines bestimmten Gebietes werden einheitlichen Regelungen unterworfen, sondern die Gebäude, die zu einem Typ homogener Gestaltung gehören. Auf diese Weise wird verhindert, daß infolge undifferenzierter Gestaltungsanforderungen Gebäude, die unterschiedlichen Gestaltungsprinzipien unterliegen, einheitlich behandelt werden.

In Einzelfällen kann in einem räumlich zusammenhängenden Bereich ein gestalterisch homogener Fassadentyp auftreten. Dieses dürfte dann der Fall sein, wenn es sich um eine geplante Stadtanlage handelt, also um ein Gebiet, das innerhalb kurzer Zeit nach einem einheitlichen Konzept bebaut wurde. Ein Blick in die heutigen Werbesatzungen zeigt, daß die Vorschriften meist undifferenziert für den gesamten Geltungsbereich, also für ein größeres zusammenhängendes Gebiet erlassen werden. Einheitliche Vorschriften für größere Bereiche führen aber zwangsläufig zu Diskrepanzen zwischen der vorgeschriebenen Gestaltung und dem beabsichtigten Gestaltungsziel, weil sich uneinheitliche Bauformen und vereinheitlichende Vorschriften gegenüberstehen.

Die Verfahrensweise bei der Aufstellung einer Satzung über Werbeanlagen deckt sich in weiten Zügen mit der, die bei der Aufstellung einer Baugestaltungssatzung zur Anwendung kommt, denn die Anlagen der Außenwerbung müssen sich ja in historische Architektur einfügen. Oberster Leitsatz der ortsrechtlichen Regelungen der Außenwerbung muß stets sein, daß die Werbeanlagen sich der Architektur anpassen müssen und nicht umgekehrt. Dieses ist allein schon deshalb eine

Selbstverständlichkeit, weil die historischen Gebäude oft schon einen jahrhundertelangen „Platzvorteil" besitzen und die Werbeanlagen gemeinsam mit den im Laufe der Zeit häufig geänderten gewerblichen Nutzungen ebenfalls geändert wurden und auch künftig mit Sicherheit noch häufig geändert werden. Das entscheidende Problem ist jedoch, daß sich die gestalterische Qualität von Werbeanlagen, die an historisch bedeutenden Gebäuden oder in historisch bedeutenden Bereichen angebracht wurden, in den vergangenen Jahrzehnten zunehmend verschlechtert und heute teilweise ein erschreckendes Niveau erreicht hat. Nach dem Motto „groß, hell und billig" reichen die Werbeanlagenhersteller in der Regel Bauanträge über beleuchtete Plexiglaskästen als Wand- oder als Ausstecktransparente ein, meistens beides zusammen, und dort, wo keine Baudenkmale betroffen sind und keine Ortssatzungen bestehen, bleibt den Genehmigungsbehörden oft nur ein Achselzucken (s. Abb. 12).

Bei Baudenkmalen oder in deren Umgebung können die Beeinträchtigungen durch Werbeanlagen in der Regel verhindert werden. Im Geltungsbereich einer örtlichen Außenwerbungssatzung können die Beeinträchtigungen aber nur so weit vermindert werden, wie es die Bestimmungen hergeben. Bei den oft generalisierenden oder nicht ausreichend konsequenten Festsetzungen von Außenwerbungssatzungen sind bei bestimmten Gebäudetypen oft sogar noch Werbeanlagen möglich, die zu den gestalterischen Ärgernissen zählen. Daß Werbeanlagen nicht grundsätzlich primitiv oder häßlich sein müssen, zeigen die gemessen an der Gesamtzahl wenigen Werbeanlagen, die mit Geschick, Zurückhaltung oder individueller gestalterischer Ausprägung in historische Fassaden integriert wurden und dort sogar zu Bereicherungen werden konnten (s. Abb. 13). Solche Werbeanlagen basieren erfahrungsgemäß jedoch mehr auf der Initiative des gestaltungsbewußten Geschäftsmannes, des historisch und gestalterisch empfindsamen Architekten oder des sanften Druckes der Genehmigungsbehörden, als auf der Beratung durch den Hersteller von Werbeanlagen, der in der Regel nur das leicht herstellbare und sicher kalkulierbare „Gängige" anbietet. Die in vielen Fällen ungenügende Beratung eines Geschäftsmannes durch einen Werbeanlagenhersteller beruht, das muß objektiverweise angemerkt werden, oft nicht an dessen fehlendem Willen, eine Werbeanlage in einwandfreier Weise zu gestalten und in eine Hausfassade einzufügen. Es wäre letztlich von einem guten Handwerker oder Grafiker auch zu viel verlangt, ein architektonisch gestalterisches Empfinden zu entwickeln, das sich ein

Abb. 12:
Heute übliche Werbung: groß, hell und
billig.

Abb. 13:
Einfühlsame moder-
ne Werbeanlage.
(Lemgo)

Architekt in einem langen Studium und einer daran anschließenden, täglichen Praxis mühsam erwerben mußte. Niemand käme auf den Gedanken, einen Zahntechniker, der ein brillanter Fachmann in der Herstellung von Zahnprothesen sein kann, gleichzeitig die Aufgaben des Zahnarztes miterledigen lassen. Übertragen auf das Gebiet der Außenwerbung bedeutet dies, daß nur der für architektonisch-gestalterische Fragen zuständige, entsprechend geschulte Fachmann, nämlich der Architekt, die Voraussetzungen bietet, die gestalterischen Gesetzmäßigkeiten einer Hausfassade, insbesondere einer historischen Hausfassade zu erkennen, um eine diesen Gesetzmäßigkeiten entsprechende Werbeanlage zu gestalten und einwandfrei in die Fassade zu integrieren. Wie die Praxis immer wieder zeigt, wurden die meisten gestalterisch gelungenen Werbeanlagen, die in historischen Altstädten anzutreffen sind, von guten Architekten entworfen. Es müßte durch entsprechende Regelungen innerhalb der Bauvorlagenverordnung sichergestellt werden, daß auch die Bauvorlageberechtigung für Anträge über genehmigungspflichtige Werbeanlagen ausschließlich auf Architekten beschränkt wird. Ggf. wäre zu überlegen, ob nicht zumindest innerhalb eines historisch bedeutenden Bereiches derartig verfahren werden könnte.

Da einerseits eine Änderung der Verhältnisse nicht absehbar ist und andererseits auch bei einer Übernahme der gestalterischen Verantwortung durch die Architektenschaft nur ein durchschnittlich höheres Niveau bei der Gestaltung und Anordnung von Werbeanlagen, nicht aber zwangsläufig in jedem Einzelfall ein gutes Ergebnis erwartet werden könnte, bleibt bzw. bliebe die Notwendigkeit bestehen, Regelungen durch Ortsrecht vorzugeben, die gröbste gestalterische Verstöße verhindern helfen können.

Im folgenden wird deshalb auf einige Aspekte eingegangen, die bei der Aufstellung einer Außenwerbungssatzung beachtet werden sollten. Wesentliche Bestimmungen, die Eingang in eine Satzung finden können, werden skizziert, müssen jedoch in jedem Fall auf die örtliche Situation hin überprüft und können ggf. der Intention nach angewendet werden. Die Fülle an möglichen Regelungsinhalten und entsprechenden rechtlichen Formulierungen wird aus der umfangreichen Zusammenstellung rechtskräftiger Ortsgestaltungssatzungen, welche Vorschriften zur Regelung der Außenwerbung beinhalten, am Ende des Buches ersichtlich.

In der Entwurfsphase für eine Werbesatzung muß zunächst eine klare gestalterische und juristische Konzeption entwickelt werden, die auf die besonderen ortsspezifischen Bedürfnisse hin ausgerichtet ist. Es gilt also, den Fehler zu vermeiden, der bei der Erstellung der meisten z. Z. geltenden Werbesatzungen begangen wurde, nämlich diese ohne klares Konzept aufzustellen. Viele bestehende Satzungen erscheinen als mehr oder weniger zufällige Ansammlungen von Verboten oder Empfehlungen, wobei sich die Vermutung aufdrängt, daß weniger von den örtlichen Gegebenheiten ausgegangen wurde, als von einigen, bei der Erarbeitung der Satzungen zufällig vorliegenden Ortsgesetzen anderer Gemeinden.

Ortssatzungen müssen, wie in den Landesbauordnungen gefordert, ortsgebunden entwickelt werden. Die spezifische Situation eines bestimmten Altstadtbereiches muß Grundlage für die Aufstellung einer Satzung sein. Das bedeutet, daß entsprechend der Aufstellung einer allgemeinen Stadtgestaltungssatzung zunächst die verschiedenen im Ort vorhandenen Fassadentypen analysiert werden müssen, bevor mit der Formulierung von Regeln begonnen werden kann, die bei der Gestaltung oder Anbringung von Werbeanlagen zu berücksichtigen sind. Die zu schützenden historischen Fassaden sollten dabei in Gruppen unterteilt werden, die jeweils homogene Gestaltungsmerkmale aufweisen. Die speziellen Regelungen, die für diese Fassadengruppen gesondert zu treffen sind, können durch Vorschriften ergänzt werden, die für alle Gebäude gelten.

Örtlicher Geltungsbereich

Durch den Gesetzgeber wurden die Gemeinden ermächtigt, Gestaltungsvorschriften zu erlassen für einen größeren, abgegrenzten Bereich (für diesen können allgemeine Anforderungen gelten), für einen Teil des bereits abgegrenzten Altstadtbereiches (für diesen können aufgrund seiner besonderen Bedeutung weitergehende Anforderungen gelten) und schließlich für einzelne, genau bezeichnete Gebäude (für diese können die Anforderungen ganz spezieller Art sein). Von dieser Möglichkeit der unterschiedlichen Festsetzungsarten wird noch viel zu wenig Gebrauch gemacht. In den meisten Orten gibt es unterschiedlich strukturierte Bereiche und Gebäudetypen, die zwangsläufig auch unterschiedliche Anforderungen an die dort zulässigen Werbeanlagen stellen. In städtebaulich weniger bedeutenden Bereichen kann ein größerer Spielraum zur Gestaltung der Werbeanlagen gelassen werden als in historisch wertvollen Bereichen.

In den meisten Altstädten gibt es Straßen, Plätze oder auch einzelne Gebäude, die gänzlich von Werbung freigehalten werden sollten. Ein

Abb. 14:
Von Werbung freigehaltene Neckarfront in Tübingen.

Abb. 15:
Werbung an der
Stätte der Leistung.

vollständiges Werbeverbot kann jedoch nur erlassen werden, wenn die Bausubstanz oder eine städtebauliche Situation in hohem Maße schutzwürdig ist. Sollen einzelne Gebäude von Werbeanlagen freigehalten werden, sind sie in der Satzung konkret zu benennen. In einigen gültigen Werbesatzungen wird dieses bereits praktiziert. So wird in Tübingen z. B. an der gesamten Neckarfront jegliche Art der Werbung untersagt. Selbst schonend eingefügte Werbeanlagen würden dort den einmaligen Prospekt stark beeinträchtigen (s. Abb. 14).

Werbung an der Stätte der Leistung

In einer historischen Altstadt muß die Anbringung von Werbeanlagen grundsätzlich auf das Gebäude beschränkt sein, in dem ein Gewerbe betrieben wird (s. Abb. 15). Dieses ist nötig, um das Stadtbild nicht als Werbeträger für dort nicht ansässige Betriebe oder für reine Markenwerbung mißbrauchen zu lassen. Eine derartige Bestimmung gehört folglich in jede Werbesatzung.

Zahl der Werbeanlagen pro Betrieb

Um eine zu große Zahl von Werbeanlagen an einem Gebäude zu vermeiden, wird in vielen Ortssatzungen für jedes im Gebäude ansässige Ladengeschäft lediglich eine Werbeanlage zugelassen (s. Abb. 16). Ausgangspunkt für diese Bestimmung ist die Überlegung, daß sich damit die Zahl der Werbeanlagen auf eine pro Gebäude beschränken läßt, da die historischen Gebäude wegen ihrer z. T. geringen Grundfläche oft nur ein Geschäft aufnehmen können. Befindet sich ein zweites Geschäft in einem Altstadtgebäude, läßt die in der Regel größere Frontbreite meist auch die Anbringung einer weiteren Werbeanlage zu. In vielen Fällen dürfte diese Vorgehensweise zu brauchbaren Lösungen führen. Einige Städte gestatten ausnahmsweise eine zusätzliche Werbeanlage pro Laden, wenn es sich bei dieser um einen künstlerisch wertvollen, handwerklich gearbeiteten, individuellen Ausleger handelt.

Denkbar sind jedoch auch Fälle, in denen die Anbringung einer zweiten Werbeanlage an einem Gebäude mit lediglich einem Ladengeschäft aus gestalterischen Gründen wünschenswert sein könnte. Dieses ist bei Fassaden sinnvoll, die symmetrisch gegliedert sind und durch die asymmetrische Anbringung einer Werbeanlage optisch aus dem Gleichgewicht geraten würden. Darüber hinaus müssen zwei am selben Haus befindliche Werbeanlagen gestalterisch aufeinander abgestimmt werden (s. Abb. 17).

94

Abb. 16:
Verwirrende Häufungen von Werbeanlagen führen zu erheblichen Beeinträchtigungen für ein Gebäude.

Abb. 17:
Werbeanlagen von zwei im selben Gebäude befindlichen Geschäften müssen aufeinander abgestimmt werden, ebenso die Gestaltung der Läden.

Anordnung von Werbeanlagen

In vielen Satzungen wird die Anordnung von Werbeanlagen bezüglich der Anbringungshöhe auf den Brüstungsbereich des ersten Obergeschosses eines Gebäudes beschränkt. Diese Festsetzung ist häufig problematisch und kann allenfalls für Gebäude mit weitestgehend ungegliederten Brüstungsbereichen gelten. In der Praxis wird diese generalisierende Vorschrift in der Regel jedoch für alle auftretenden Fassadentypen gemeinsam angewendet. Bei Fachwerkgebäuden oder Massivgebäuden mit reich gegliederten Fassaden verbietet sich jedoch eine derartige Vorschrift grundsätzlich, da auch bei größtem Geschick im erlaubten Bereich keine Werbeanlage anzubringen ist, ohne die Fassaden durch Überdeckungen oder Überschneidungen von gestaltprägenden Elementen zu beeinträchtigen (s. Abb. 18).

Am sinnvollsten erscheint es, die Anbringung von Werbeanlagen auf das Erdgeschoß zu beschränken, also auf den Bereich, der unmittelbar dem Gewerbetreibenden zuzuordnen ist und in dem sich auch die Schaufensteranlage befindet. Oft wird eine Kombination aus Schaufenster und Werbeanlage die einzige Möglichkeit sein, Werbung harmonisch in eine Fassade einzufügen (s. Abb. 19).

Bestimmungen, die ein Überdecken oder Überschneiden von tragenden Bauteilen (z. B. Pfeilern, Wandscheiben, Fachwerkständern u. ä.), von architektonischen Gliederungselementen (z. B. Lisenen, Gesimsen, Stukkaturen, Fachwerkstrukturen, Schnitzereien u. ä.), von Erkern, Balkonen und anderem verbieten, sollten ausdrücklich aufgenommen werden (s. Abb. 20). Zusätzlich muß ein ausreichender Schutzabstand zu Architekturgliederungen, wie z. B. Gewänden oder Gebäudegliederungen der oben beschriebenen Art, aber auch und gerade zu Gebäudekanten, eingehalten werden.

In diesem Zusammenhang ist darauf zu achten, daß durch entsprechende Regelungen verhindert wird, daß Werbeanlagen von zwei nebeneinander liegenden Gebäuden zu einer einzigen Werbeanlage zusammengezogen werden. Dieses ist besonders wichtig, um die prägnante kleinparzellige Struktur der historischen Altstädte optisch ablesbar zu erhalten (s. Abb. 21). In einigen Altstädten werden derartige Bestimmungen mit Erfolg angewendet.

Abmessungen

Juristisch einwandfreie Bestimmungen, welche die Größe von Werbeanlagen auf einer Hausfassade regeln, sind nur schwer formulierbar,

96

Abb. 19:
Bei Fachwerkgebäu-
den ist Werbung im
Brüstungsbereich
des Obergeschos-
ses nicht ohne
Störung der Fach-
werkstruktur mög-
lich. Die Erd-
geschoßöffnungen
bieten sich zur Auf-
nahme von Werbung
an.

Abb. 20:

Wichtige Architektur-
glieder dürfen durch
Reklameeinrichtun-
gen nicht verdeckt
oder überschnitten
werden.

Abb. 21:

Benachbarte Ge-
bäude dürfen durch
Werbeanlagen nicht
zusammengezogen
werden. Im Bild wur-
den drei Fachwerk-
häuser durch einen
Ladeneinbau und
die zugehörige Wer-
beanlage zusam-
mengefaßt.

wie die bisherige Praxis der Ortsgesetzgebung gezeigt hat. Eine eindeutige Lösung dieses Problems, die allen Gebäudetypen gerecht wird, konnte bisher nicht und kann wahrscheinlich auch nicht gefunden werden. Die oft benutzte allgemeine Festsetzung, Werbeanlagen müßten sich einem Gebäude oder dessen Umgebung unterordnen und im Ausmaß der Fassade angepaßt werden, ist unzureichend, weil damit keine eindeutige Regelung getroffen wurde und der Interpretation wieder Tür und Tor geöffnet wird. Juristisch sind derartige Festsetzungen deshalb wertlos.

In einigen Satzungen wird versucht, Verhältniswerte als höchstzulässige Breite für flach auf der Fassade angebrachte Werbeanlagen anzugeben. Die horizontale Ausdehnung eines Schriftzuges oder eines Schildes kann so beispielsweise auf ein Drittel oder die Hälfte einer Gebäudefassade beschränkt werden. Wenn die höchstzulässige Breite darüber hinaus durch einen absoluten Wert von z. B. 4 m zusätzlich begrenzt wird, kann diese Art der Festsetzung ein durchaus praktikabler Weg sein.

Neben der Breite muß auch die Höhe einer Werbeanlage einer eindeutigen Beschränkung unterworfen werden. Da eine Reklameeinrichtung in der Regel in engem Bezug zum Erdgeschoß steht, kann die maximale Höhe einer Werbeanlage als Teil der Erdgeschoßhöhe angegeben werden. Als praktikabel hat sich erwiesen, die Höhe von Reklameeinrichtungen nicht starr in Zentimetern vorzugehen, sondern sie in Relation zur Höhe des Erdgeschosses zu setzen. Ein Wert von etwa 10 bis 15 % der Erdgeschoßhöhe führt in den meisten Fällen zu guten Ergebnissen.

Es sollte jedoch zusätzlich ein absoluter Höchstwert von etwa 30 cm festgesetzt werden. Bei der Festsetzung dieses Höchstwertes ist die Tatsache von Bedeutung, daß Schriftzeichen mit einer Größe von 20 cm noch aus einer Entfernung von etwa 30–40 m gut zu lesen sind. Üblicherweise sind die Straßen in einer historischen Altstadt wesentlich enger und selbst viele Plätze besitzen nicht mehr als 40 m im Durchmesser, so daß aus Gründen der Lesbarkeit in der Regel eine größere Schrift als ca. 30 cm nicht erforderlich ist.

Es gilt jedoch bei der oben beschriebenen Reglementierung der Größe einer flach aufgebrachten Werbeanlage stets zu bedenken, daß derartige Bestimmungen nur bei bestimmten Gebäudetypen anwendbar sind.

Schließlich muß auch das Maß bedacht werden, daß eine flach angebrachte Werbeanlage über eine Fassade max. hinausragen darf. Sind Lichtwerbeanlagen zulässig, so wird man eine Tiefe der Werbeanlage von 10–15 cm hinnehmen müssen. Es ist bei Baudenkmälern jedoch grundsätzlich darauf zu achten, daß bei der Anbringung von Werbeanlagen nicht in die Bausubstanz eingegriffen wird, d. h. daß eine putzbündige Anbringung von Leuchtwerbeanlagen bei diesen Gebäuden nicht möglich ist, ohne unwiderbringliche Schäden an der schutzwürdigen Bausubstanz zu verursachen. Allein aus diesem Grund ist bei Baudenkmälern die Anbringung von Leuchtwerbeanlagen gestalterisch kaum befriedigend zu lösen (s. Abb. 22).

An künstlerisch gestaltete und handwerklich gearbeitete Werbeausleger, die senkrecht von einer Fassade abstehen (s. Abb. 23) – die üblichen Plastikkästen sind hiermit ausdrücklich nicht gemeint, diese sollten grundsätzlich ausgeschlossen sein – müssen bezüglich der Abmessungen sowie der Anbringungshöhe besondere Anforderungen gestellt werden. Zahlreiche Ortssatzungen enthalten demgemäß auch Vorschriften über die Ausladung eines Auslegers (max. ca. 1,00 m–1,20 m), die Entfernung vom Fahrbahnrand (mind. ca. 0,50 m–0,70 m) sowie die Höhe der Unterkante des Auslegers über dem Gehsteig (mind. 2,30 m–2,50 m) oder über Straßen ohne Gehsteig (mind. ca. 4,00 m). Die Ansichtsfläche des Auslegers sollte auf nicht mehr als ca. 0,50 m^2–0,70 m^2 begrenzt werden.

Industrielle Fremdwerbung

In sehr vielen Altstädten wird mit grundsätzlichen Verboten dem Problem der industriellen Fremdwerbung begegnet. Diese Werbeanlagenart paßt sich grundsätzlich nicht den örtlichen Gegebenheiten an, sondern steht in krassem Widerspruch zur Individualität eines historischen Ortsbildes, da man Werbeanlagen eines gleichen Typs in jeder beliebigen Stadt begegnen kann (s. Abb. 11, 18 und 24 bis 27). Viele Gewerbetreibende nehmen das Angebot eines Produzenten gerne an, die Werbeanlagen kostenlos zur Verfügung gestellt zu bekommen, jedoch nur unter der Bedingung, daß für ein bestimmtes Produkt zusätzlich oder ausschließlich geworben wird (s. Abb. 28). In Extremfällen wird so an einzelnen Geschäften nur noch Werbung für einen bestimmten Markenartikel betrieben. Meistens werden die Werbeanlagen jedoch so ausgeführt, daß neben der Werbung für ein bestimmtes Produkt oder eine bestimmte Marke auch der Name des Geschäftsinhabers oder die Geschäftsbezeichnung erscheint. Da Fir-

Abb. 22: Unorganischer, störender Überstand eines Leuchtwerbekastens über die Fassadenflucht.

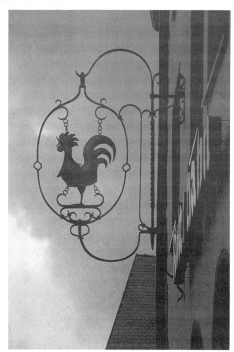

Abb. 23:
Die Größe und Ausladung von individuell gestalteten und gefertigten Werbeanlagen sollte einheitlich geregelt werden. (Hersbruck)

Abb. 24 bis 27:

Werbung von überregionalen Handelsketten nehmen häufig keine Rücksicht auf individuelle, historische Gebäude, wie in Homberg/Ohm (o. l), Duderstadt (o. r.), Tauberbischofsheim (u. l.) oder Höxter (u. r.).

men, die auf diese Weise Produkt- oder Markenwerbung betreiben, meist innerhalb größerer Regionen tätig sind, nicht selten landesweit, manchmal sogar weltweit, ist verständlich, daß die wenigen zur Auswahl stehenden Werbeanlagentypen keinerlei Rücksicht auf örtliche Gegebenheiten nehmen können. Hinzu kommt, daß die auf diese Weise werbenden Firmen durch weitestgehende Typisierung und Standardisierung die bei der Herstellung der Werbeanlagen anfallenden Kosten minimieren wollen.

Ein Bereich, der besondere Beachtung verdient, ist die Werbung an Gaststätten, da sich viele derartige Betriebe in bedeutenden historischen Gebäuden befinden (s. Abb. 29). Entsprechend der bereits behandelten Fremdwerbung bieten die Brauereien den Gastwirten Werbeanlagen an, auf denen grundsätzlich für eine bestimmte Biersorte, teilweise auch für mehrere Biersorten, geworben wird. Diese Werbeanlagen, die der Gastwirt häufig aus einem Musterbuch auswählen kann, teilweise mit nostalgischem Flair, oft in gerolltem Kupferblech und Individualität vortäuschend, sind jedoch nichts weiter als Massenware, die im Verbreitungsbereich der Biersorte immer wieder verwendet werden (s. Abb. 30 und 31).

Industrielle Fremdwerbung kann folglich der Individualität historischer Altstädte oder historischer Gebäude in keiner Weise gerecht werden und sollte in einer Ortssatzung grundsätzlich untersagt werden. Darüber hinaus sollte die Forderung gestellt werden, nur Worte zu verwenden, die einen speziellen Bezug zum Laden oder zum Gewerbe besitzen, also beispielsweise den Namen des Geschäftsinhabers oder die Bezeichnung des Betriebes.

Werbung im Schaufensterbereich

Besonders störend in historischen Bereichen wirken Schaufenster, die mit grellfarbigen Zetteln beklebt oder mit aufdringlichen Bemalungen oder Beschriftungen versehen sind (s. Abb. 32 und 33). Obwohl sogar in einige Landesbauordnungen derartige von vorne oder von hinten auf Schaufensterscheiben aufgebrachte Werbungen ausdrücklich als Werbeanlagen im Sinne des Gesetzes klar definiert werden, herrscht bei einigen Geschäftsleuten und sogar in verschiedenen Amtsstuben die Meinung, daß Derartiges keinerlei Reglementierung oder Genehmigung unterliegt. Ganz besonders wichtig ist es von daher, eine Bestimmung, die ausdrücklich diese Art der Werbung untersagt, in eine Ortssatzung aufzunehmen. Der ausdrückliche Genehmigungs-

Abb. 28: Derartige Fremdwerbung gehört nicht an historische Architektur.

Abb. 29:
Brauereiwerbung an einem bedeutenden
Renaissancegebäude.

vorbehalt auch für Werbung auf oder vor einem Schaufenster gehört unbedingt in eine Außenwerbungssatzung.

Da eine Werbeanlage als intregraler Bestandteil eines Schaufensters eine sehr gute, oft sogar die einzige Möglichkeit zur störungsfreien Einfügung in eine historische Fassade sein kann, sollte auf diese Art der Werbung, unter Verweis auf die sonstigen Regelungen der Satzung, ausdrücklich hingewiesen werden. Es sollte dabei jedoch deutlich gemacht werden, daß eine Werbeanlage auf oder vor einem Schaufenster nicht zusätzlich für eine auf der Fassade angebrachte Werbeanlage möglich ist, sondern nur anstelle einer solchen.

Als besonders störendes Randproblem seien noch die häufig im Schaufenster mit Abstand zur Scheibe aufgestellten Lampen erwähnt, die in grellen Farben rhythmisch aufleuchten. Diese sind unbedingt zu verbieten. Es sollte vielmehr eine ruhige Ausleuchtung der Schaufenster mit weißem oder gelblichem Licht gefordert werden.

Abb. 30:
Pseudohistorische Gaststättenwerbung auf einen Plastikkasten aufgemalt.

Abb. 31:
Mit gerolltem Kupferblech „historisch" kostümierter Plastikkasten.

Abb. 32:

Schaufensterscheiben mit Zetteln häßlich beklebt. Ebenfalls störend die das Fachwerk überschneidenden Leucht- und Leuchtkastenbuchstaben. Die vier Kaugummiautomaten runden das Bild ab.

Abb. 33:

Nicht nur das Gebäude selbst, sondern auch die Umgebung wird durch die aufdringlich bunte Schaufensterbeklebung verunstaltet.

Warenautomaten und Schaukästen

Nicht zu vergessen, da auch sie zu erheblichen Beeinträchtigungen an einem historischen Gebäude führen können, sind die Warenautomaten und Schaukästen. Diese sollten, wie in vielen Orten praktiziert, generell verboten werden, wenn sie von der Straße aus sichtbar sind (s. Abb. 34). Nicht zu empfehlen ist die teilweise angewendete Bestimmung, derartige Anlagen putzbündig in eine Fassade einzufügen, da die Fassade dadurch in den meisten Fällen trotzdem erheblich beeinträchtigt wird und bei Baudenkmälern, wie bereits beschrieben, in die schutzwürdige Bausubstanz eingegriffen werden müßte. Zurückliegende Hauseingänge, Arkaden oder Passagen bieten sich hingegen als Anbringungsorte für Warenautomaten an (s. Abb. 35).

Unverträgliche Werbeformen

Grundsätzlich sollten in jedem Fall einige Werbeformen untersagt werden, die in historischen Fassaden oder in Altstadtbereichen generell unverträglich sind. Dieses sind in erster Linie Großflächenwerbeanlagen, also sog. Anschlagtafeln und Anschlagsäulen (s. Abb. 36).

Ebenfalls unverträglich sind Werbeanlagen in vertikaler Abwicklung, die z.T. über mehrere Geschosse reichen können, also sog. Kletterschriften (s. Abb. 12).

Auch Fahnen und textile Transparente führen zu erheblichen Störungen in einer historischen Altstadt (s. Abb. 37).

Ebenso wie durch unmaßstäbliche oder schlecht gestaltete Werbeanlagen können historische Gebäude oder ihre Umgebung auch durch unansehnliche, beschädigte oder verschmutzte Werbeträger beeinträchtigt werden (s. Abb. 38). Es gilt deshalb auch dieses Problem mit einer entsprechenden Bestimmung in einer Werbesatzung zu berücksichtigen.

Lichtwerbung

Lichtwerbung ist heute üblich. Kaum ein Geschäftsmann möchte darauf verzichten. Für historische Altstädte ist diese Art der Werbung jedoch wesensfremd. Sie steht durch ihren hohen Aufmerksamkeitswert im Gegensatz zur filigranen Formensprache einer Altstadt oder eines historischen Gebäudes. Die heute üblichen, selbstleuchtenden Plastikkästen stehen in mehrfacher Hinsicht in deutlichem Kontrast zu einer historischen Fassade. Tagsüber kommen sie mit ihrem plumpen, ungestalteten Äußeren als plastische Fremdkörper unangenehm zur

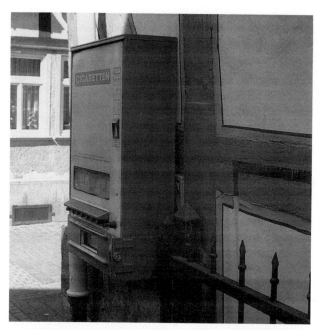

Abb. 34:
Warenautomaten
können grundsätz-
lich nicht störungs-
frei in historische
Fassaden integriert
werden.

Abb. 35:
In Hauseingängen
oder unter Arkaden
angebrachte Auto-
maten treten i. d. R.
nicht störend an
einem historischen
Gebäude in Erschei-
nung.

Abb. 36:
Plakattafeln in historischen Altstädten führen einerseits an den Gebäuden selbst, sowie in deren Umgebung zu erheblichen Störungen.

Abb. 37:
Werbefahnen sollten in schutzwürdigen Bereichen grundsätzlich verboten werden.

Abb. 38:
Beschädigte Werbeanlagen sind unverzüglich vom Gebäude zu entfernen.

Geltung (s. Abb. 39). Ein bündiges Integrieren in eine Fassade ist aus den beschriebenen Gründen in der Regel nicht möglich (Eingriffe in die Denkmalsubstanz). Ein Überdecken von gestalterisch oder konstruktiv bedeutenden Architekturgliedern wird häufig in Kauf genommen. Nachts leuchten in der Regel die ganzen Kästen möglichst hell in z.T. grellen Farben, um die Werbeanlagen in der Nachbarschaft zu übertreffen (s. Abb. 40). In den historischen Altstädten, in denen diese Art der Werbung nicht schon vor langer Zeit als Problem erkannt und verhindert wurde, können heute die Auswüchse nur schwer korrigiert werden.

Vollständig ausschließen wird man Lichtwerbung in historischen Altstädten nicht mehr können. An besonders bedeutenden Gebäuden oder in historisch wichtigen Bereichen jedoch sollte jeder Lichteinsatz grundsätzlich untersagt werden. In bestimmten, genau festzulegenden Altstadtbereichen kann in einer Außenwerbungssatzung geregelt werden, daß Lichtwerbung nur in begründeten Ausnahmefällen bei sogenannten nachtarbeitenden Betrieben wie Gaststätten, Hotels, Apotheken u. dgl. gestattet wird (s. Abb. 41). Weiter kann in einer Werbesatzung geregelt werden, daß die in Ausnahmefällen zulässigen Lichtwerbeanlagen handwerklich und künstlerisch zu gestalten sind, um dem historischen Charakter einer Altstadt gerecht werden zu können. Daß derartige Vorschriften in einer Ortssatzung durchaus verfassungskonform sind, wurde im Jahr 1980 vom Bundesverwaltungsgericht in einem grundlegenden Urteil bestätigt[4]). In dem besagten Urteil ging es um die Rechtmäßigkeit des im o.g. Sinne die Lichtwerbung betreffenden Paragraphen der Außenwerbungs-Verordnung der Stadt Landsberg am Lech (s. S. 367).

Soll in bestimmten Altstadtbereichen der Einsatz von Lichtwerbeanlagen ermöglicht werden, so sollten jedoch nur bestimmte Formen des Lichteinsatzes akzeptiert werden. Grundsätzlich sollten nur abgedeckte Lichtquellen zugelassen werden, so daß eine indirekte Leuchtwirkung entsteht (s. Abb. 42). Werbeanlagen, bei denen der Hintergrund erleuchtet wird, so daß die Werbeaussage als Kontur vor der Fassade steht, können in einzelnen Fällen auch eine Bereicherung für eine Fassade sein. Auch eine dezent angestrahlte Werbeanlage kann eine angenehme Wirkung haben (s. Abb. 43). Um jedoch zu verhindern, daß durch den Einsatz von Licht ein Gebäude oder ein ganzer Straßen- oder Platzraum beeinträchtigt wird, sollte ausdrücklich folgendes in eine Werbesatzung aufgenommen werden:

---

[4]) BVerwG 22. 12. 1980 – Az.: 4 C 44.76

Abb. 39:
Die plumpen Leucht-
kästen und -schriften
sind tagsüber
Fremdkörper an der
historischen Fas-
sade.

Abb. 40:
Nachts leuchten die
ganzen Plastikkör-
per in hellen und
grellen Farben.

111

– nur indirekte Wirkung der Beleuchtung,
– nur geringe Lichtstärke,
– nur weißes Licht,
– Licht nur als gestalterisches Mittel,
– nur unsichtbare Verlegung der Kabelzuführungen,
– keine Lichtwechselschaltungen,
– keine direkte Erleuchtung des Straßenraumes, auch nicht durch
  transparente Scheiben oder Materialien und schließlich
– keine kastenförmigen Werbeanlagen.

Durch die Aufnahme der beiden letzten Punkte werden ausdrücklich Neonschriften oder beleuchtete Plastikkästen ausgeschlossen. Dieser Ausschluß von Leuchtwerbeanlagen in Kastenform ist bei historischen Gebäuden unabdingbar, da derartige Kästen eine Abgeschottetheit bzw. eine gestalterische Eigengesetzlichkeit besitzen, die eine gestalterische Symbiose mit einer historischen Hausfassade ausschließen. Ihre bereits erwähnte gestalterische Beliebigkeit stellt sie zudem grundsätzlich in Kontrast zu historischer, also individueller Architektur.

Im Gegensatz zu den gestalterisch plumpen und aufgrund ihrer Konstruktion stark vor die Fassade vorspringenden Leuchtkästen können sich in manche Fassaden parallel aufgebrachte, unbeleuchtete Schil-

Abb. 42:
Für nachtarbeitende Betriebe eignen sich besonders auf die Fassade gesetzte Einzelbuchstaben, die mit farblosen Leuchtröhren hinterlegt sind, sodaß sie sich positiv von der Fassade absetzen.

Abb. 43:
In Einzelfällen kann auch das Anstrahlen selbst nicht leuchtender, gut gestalteter Werbeanlagen gestattet werden. Der Leuchtkörper selbst, seine Befestigungseinrichtungen sowie die elektrischen Zuleitungen dürfen die Fassade tagsüber nicht beeinträchtigen.

113

der selbst gleicher Ansichtsgröße wie Leuchtkästen gut einfügen, wenn sie individuell malerisch und plastisch durchgestaltet sind. Der entscheidende Unterschied zwischen den unbeleuchteten Werbeschildern und den in der Regel zwischen 10–25 cm tiefen Leuchtkästen besteht neben der möglichen Individualität der unbeleuchteten Schilder darin, daß diese nur wenig über die Fassade hinausragen. Können bei flachen Schildern auch die Seiten gestaltet werden, so ist dieses bei beleuchteten Plastikkästen unmöglich. Doch selbst bei dem Versuch einer Gestaltung der Seitenflächen von Leuchtkästen führt ihr klobiges Überkragen dennoch in jedem Fall zu einer Disharmonie mit einer historischen Fassade, da der Betrachter stets von unten oder von der Seite gegen die stark auftragenden Kastenseiten blicken muß (s. Abb. 44). All die genannten Gründe machen eine harmonische Verbindung von Leuchtkasten und historischer Fassade unmöglich.

Grundsätzlich möglich und gestalterisch empfehlenswert ist dagegen das Einfügen von Einzelbuchstaben in eine historische Fassade, da

Abb. 44:
Die häßlichen Seitenflächen des Leuchtkastens wie sie der Betrachter normalerweise sieht.

Abb. 45:
Einzelbuchstaben verdecken von einer Fassade nur soviel Fläche, wie tatsächlich nötig ist. Die Fassade bleibt als Einheit erlebbar.

zwischen diesen die Fassade erkennbar und so ihre gestalterische Einheit deutlich ablesbar bleibt (s. Abb. 45). Werden Einzelbuchstaben durch Leuchtröhren hinterlegt und treten diese bei Dunkelheit reliefartig vor der Fassade in Erscheinung, so kann dieses eine durchaus angenehme Form der Werbung sein.

Markisen

Ein weiteres, nicht unwichtiges Problem im Rahmen der Außenwerbung bilden die Markisen. In einigen Branchen ist es nötig, die in den Schaufenstern präsentierten Waren gegen eine direkte Bestrahlung durch Sonnenlicht zu schützen. Diese Notwendigkeit kollidiert in vielen Fällen mit der architektonischen Gestaltung eines Gebäudes. Hier gilt es also, einen Kompromiß zu finden. Da in unseren Breiten die Sonne nur sporadisch scheint, muß grundsätzlich gewährleistet sein, daß eine Sonnenschutzeinrichtung in der sonnenfreien Zeit eingeholt werden kann. Als weitere Grundvoraussetzung ergibt sich daraus, daß die Sonnenschutzeinrichtung in geschlossenem Zustand zu keiner Beeinträchtigung der Gebäudefassade führen darf.

Üblich sind heute die sogenannten Korbmarkisen und die bereits als traditioneller Sonnenschutz geltenden textilen Rollmarkisen. Korbmarkisen sind an historischen Gebäuden problematisch, da sie in der Regel ausgesprochen plump wirken (s. Abb. 46). Diese Plumpheit wird noch dadurch gesteigert, daß sie an den Seiten geschlossen sind. Durch das in der Regel zur Anwendung kommende glänzende Kunststoffmaterial, treten sie häufig gegen die in natürlichen Baustoffen errichteten Baudenkmäler in störenden Kontrast. Falls derartige Markisen überhaupt eingeholt werden können, wirken Gestänge- und Kunststoffpakete ebenfalls besonders störend auf einer Fassade (s. Abb. 47). In der Regel werden derartige Markisen jedoch nicht eingeholt, da sie, oft in grellen Grundfarben und mit Aufschriften versehen, als zusätzliche Werbeanlagen benutzt werden.

Hieraus leiten sich bereits Forderungen ab, die Eingang in eine Außenwerbungssatzung finden sollten: Nur seitlich offene Markisen in nicht glänzenden textilen Materialien, gestalterische Einfügung in geöffnetem Zustand und grundsätzliches Verbot von Werbeaufschriften (s. Abb. 48 und 49).

Textile Rollmarkisen werden diesen Anforderungen grundsätzlich gerecht. Allerdings ist zu vermeiden, daß zu breite Rollmarkisen, z. B. von Hauskante zu Hauskante, die Erdgeschosse gestalterisch von den Obergeschossen abschneiden (s. Abb. 50). Rollmarkisen fügen

Abb. 46:
Plumpe Korbmarkisen aus glänzendem Kunststoff, die zusätzlich mit Werbeaufschriften versehen sind, stören nicht nur die Gebäude selbst, sondern auch ihre Nachbarschaft.

Abb. 47:
Auch in eingeholtem Zustand verunstalten die Gestänge- und Kunststoffpakete der Korbmarkisen historische Gebäude.

116

Abb. 48:
Seitlich offene Rollmarkisen aus textilen Materialien ohne Werbeaufschriften fügen sich sowohl in geöffnetem . . .

Abb. 49:
. . . als auch in geschlossenem Zustand gut in eine historische Fassade ein.

Abb. 50:
Über die gesamte
Hausbreite reichen-
de Rollmarkisen
trennen optisch die
Obergeschosse vom
Erdgeschoß ab.

Abb. 51:
Rollmarkisen jeweils über den zu schützenden Gebäudeöffnungen fügen sich gut in historische Fassaden ein.

118

sich gut in eine historische Fassade ein, wenn sie einzeln jeweils über der zu schützenden Gebäudeöffnung in der entsprechenden Breite angebracht werden (s. Abb. 51). Ein historisches Gebäude muß optisch klar erkennbar auf „eigenen Beinen" stehen. Senkrechte Stützen oder Wandscheiben dürfen durch eine Markise nicht unterbrochen werden.

Die Erörterung dieses Punktes war wichtig, um der traurigen Praxis zu begegnen, in der zahlreiche Gebäude, ja sogar ganze Altstadtbereiche, durch aufdringliche, als Werbeanlagen benutzte Markisen verunstaltet werden.

Ausnahmeregelungen

Trotz des hohen Konkretisierungsgrades einer ortsgebunden entwickelten Außenwerbungssatzung sind aufgrund der besonderen Eigenart historischer Gebäude durchaus Fälle denkbar, in denen die strikte Einhaltung aller Satzungsbestimmungen zu gestalterisch unbefriedigenden Ergebnissen führen könnte. So wäre z. B. denkbar, daß die Anbringung eines hochformatigen, individuell hergestellten flachen Schildes zwischen den Erdgeschoßfenstern eines Gebäudes die beste Möglichkeit der Einordnung einer Werbeanlage in eine Fassade darstellt, obwohl bereits die Höhe der Werbeanlage nicht den Satzungsbestimmungen entspricht. Wesentliche Voraussetzung für die Zulassung einer Ausnahme ist deren Vereinbarkeit mit den öffentlichen Belangen, in diesem Fall der Erhaltung und guten Gestaltung eines historischen Gebäudes oder Ortsbildes, sowie ihre ausdrückliche Zulassung innerhalb der jeweiligen Satzungsvorschrift. Von der Möglichkeit der Ausnahmeregelung sollte jedoch nur sehr zurückhaltend Gebrauch gemacht werden, um einer inhaltlichen Aushöhlung der Satzung begegnen zu können. Von den oben beschriebenen Regelungstatbeständen bieten sich für Ausnahmeregelungen nur die Vorschriften über die Anordnung sowie die Abmessungen von Werbeanlagen an. Entweder unmittelbar hinter der jeweiligen Vorschrift oder in einem gesonderten Paragraphen unter Hinweis auf die jeweiligen Vorschriften könnte festgesetzt werden, daß in den Fällen, in denen die architektonische Gestaltung eines Gebäudes eine Abweichung von der jeweiligen Vorschrift erfordert, um eine dem Gebäude angemessene gestalterische Lösung verwirklichen, also das Ziel der Satzung erreichen zu können, eine Ausnahme zugelassen werden kann. Private oder sonstige wirtschaftliche Interessen stellen grundsätzlich keine Ausnahmetatbestände dar. Es ist wichtig, eine Ausnahmeregelung in Form einer Kannvorschrift zu formulieren, um der Genehmigungsbehörde nach Vorliegen eines Ausnahmetatbestandes zusätzlich einen Ermessensspielraum zu belassen. Es sei nachdrücklich festgestellt, daß auch bei Vorliegen von Ausnahmevoraussetzungen kein Anspruch auf Zulassung einer Ausnahme besteht, wenn die Genehmigungsbehörde in jedem Einzelfall genau abgewogen und ihr Ermessen pflichtgemäß ausgeübt hat.

Begründung

Grundsätzlich sollte jeder Satzung eine Erläuterung bzw. eine Begründung beigegeben werden, in der die Bürger über die Absichten der Gemeinde unterrichtet werden. In der Begründung können zudem Fachausdrücke erklärt und einzelne Vorschriften, evtl. anhand konkreter Beispiele, u. U. auch mit Abbildungen, verständlich gemacht werden. Insbesondere mögliche Ausnahmetatbestände können beispielhaft erklärt und so deren Sinn deutlich gemacht werden. Überhaupt trägt eine Begründung zur Verständlichkeit und zum Veständnis einer Außenwerbungssatzung bei. Die Erfahrung zeigt immer wieder, daß ein Bauherr, dem die Zielrichtung einer Ortssatzung deutlich ist, eher dazu gewonnen werden kann, diese mitzutragen, als ein Bauherr, dem vieles in der Satzung unverständlich bleibt, weil er den Sinn einzelner Bestimmungen nicht verstehen kann.

3 Herleitung von Anordnungsprinzipien

Wurde bereits auf praktikable Regelungen für die Anordnung von Werbeanlagen auf einer historischen Fassade eingegangen, so sollen im folgenden anhand einiger Beispiele die Grundsätze für die Einfügung von Werbeanlagen in eine Hausfassade erläutert werden. Das angewandte Verfahren einer Gestaltanalyse soll dabei die entscheidenden Anordnungsprinzipien für eine Werbeanlage auf einer Gebäudefassade auf eindeutige und optisch wirksame Art und Weise nachvollziehbar machen.

Im Gegensatz zu durchschnittlichen modernen Bauten wird deutlich, daß historische Gebäude oft hohe ästhetische Werte besitzen (s. Abb. 52). Es zeigt sich darüber hinaus, daß historische Gebäude in vielen Fällen selbst dann Gestaltqualitäten aufweisen, wenn diese nicht eingeplant waren. So etwa bei einem schlichten Fachwerkgebäude, das nach konstruktiven und funktionalen Gesichtspunkten erbaut wurde und nicht nach ästhetischen (s. Abb. 53).

Abb. 52:
Zeitgenössische Schubladenarchitektur in einer Stadtrandsiedlung

Abb. 53:
Schlichte, nach konstruktiven und funktionalen Gesichtspunkten errichtete Altstadtgebäude, dennoch von hohem gestalterischem Reiz.

Eine historische Fassade wird durch eine Vielzahl von Elementen geprägt, die in einem bestimmten Verhältnis zueinander stehen. Ebene und plastische Bauteile sind entweder nach gestalterischen oder nach funktionalen Gesichtspunkten aufeinander bezogen. Jedes Anbringen einer Werbeanlage ist ein Eingriff in dieses System. Sollen die gestalterischen Qualitäten einer historischen Fassade bewahrt werden, dann muß dieser Eingriff den gestaltprägenden Anordnungsregeln der Fassade unterworfen werden. Es gilt also die entscheidenden Gestaltmerkmale einer historischen Fassade zu erkennen. Ziel einer Gestaltanalyse muß sein, diejenigen Flächen zu ermitteln, die für die Aufnahme einer Werbeanlage geeignet sind. Die Fassade wird dazu in gestalterisch zusammenhängende Teilflächen untergliedert. Danach wird die Zone der Fassade ermittelt, die optisch dem Werbenden, d. h. dem Geschäft, zugeordnet wird; in der Regel handelt es sich dabei um das Erdgeschoß. In einer Detailuntersuchung werden schließlich die gestaltprägenden Elemente dieses Fassadenteils ermittelt, um deren Überdeckung durch Reklame zu verhindern. Ein wichtiges Prinzip muß sein, tragende Bauteile auch optisch als solche erscheinen zu lassen. Ergebnis des dargestellten Verfahrens kann eine oder können mehrere Flächen auf einer Fassade sein, die grundsätzlich geeignet sind, Werbeanlagen aufzunehmen. Ergebnis kann jedoch auch sein, daß sich keine Fläche für die Aufnahme einer flach aufgebrachten Reklame eignet, was bei den meisten Gebäuden in sichtbarem Fachwerk sowie bei reichgegliederten und verzierten Massivgebäuden der Fall sein dürfte. Bei derartigen Bauten bieten sich sodann die Gebäudeöffnungen zur Aufnahme von Außenwerbung an.

Ist die Anbringung einer Werbeanlage auf einer historischen Fassade grundsätzlich möglich, so ist das durchgeführte Ausscheidungsverfahren jedoch noch nicht endgültig geeignet, positiv festzulegen, wo die Reklame am besten anzubringen ist. Die verbliebenen Flächen sind nämlich noch daraufhin zu untersuchen, in welchem Maß bzw. in welchem Maßverhältnis sie mit Werbeanlagen bedeckt werden dürfen, ohne den Gesamteindruck der Fassade zu beeinträchtigen.

An zwei Fassaden wird eine derartige Analyse beispielhaft durchgeführt. Es handelt sich bei diesen nicht um architektonisch-gestalterisch herausragende, sondern um gute, durchschnittliche Fassaden. Gerade diese gestalterisch durchschnittlichen Gebäude prägen in erster Linie die historischen Altstädte und nicht die gestalterisch herausragenden Objekte.

Beispiel 1

Ansicht (s. Abb. 54)

Es handelt sich um ein schlichtes Bürgerhaus aus dem 18. Jahrhundert. Der zweigeschossige Giebelbau besitzt ein massives und verputztes Untergeschoß, auf dem sowohl ein Obergeschoß als auch das Giebeldreieck in sichtbarer Fachwerkkonstruktion ruhen.

Fassadengliederung (s. Abb. 55)

Die Fassade gliedert sich in drei deutlich voneinander zu unterscheidende Flächen, die jeweils gestalterisch in sich abgeschlossen sind. Das Giebeldreieck ist in Fachwerk ausgeführt und weist keine übergreifenden Gestaltmerkmale auf. Der Betrachter hat den Eindruck, daß die dahinterliegenden Räume als Speicher genutzt werden. Der kräftige Schwellbalken grenzt das Giebeldreieck deutlich vom Fassadenfeld des 1. Obergeschosses ab, obwohl dieses ebenfalls feingliedriges Fachwerk zeigt. Schwelle und Rähm betonen die formale Geschlossenheit des 1. Obergeschosses. Bei diesem Geschoß hat der Betrachter den Eindruck einer hinter der Fassade befindlichen Wohnnutzung. Das massive Erdgeschoß hebt sich deutlich von den übrigen Geschossen ab. Als Zwischenergebnis ist festzuhalten, daß der Brüstungsbereich des 1. Obergeschosses für eine Werbeanlage nicht in Frage kommt, da in diesem Falle die Fachwerkstruktur überdeckt werden müßte. Es steht folglich nur die Erdgeschoßzone zur Anbringung von Werbeanlagen zur Verfügung. Diesem Geschoß wird vom Betrachter außerdem die Ladenfunktion zugeordnet. Die betonte Abgrenzung dieses Geschosses nach oben erlaubt keine übergreifenden Werbeanlagen. Fachwerkgebäude mit massiven Untergeschossen, die im Fachwerkbereich keinerlei Werbeanlagen aufnehmen können, also zu diesem Zweck nur die massiven Untergeschosse verbleiben, sind generell wie Massivbauten zu behandeln.

Detailplazierung (s. Abb. 56)

Das Erdgeschoß weist zwei bestimmende Gestaltelemente auf, und zwar den Block der Schaufenster mit gleichen, stehenden Formaten sowie die Tür mit einem Bogenabschluß. Werbeanlagen sollten diese beiden in sich geschlossenen Gestaltelemente nicht miteinander verbinden, z.B. durch ein langes Schild, sondern jeweils auf die Einzelelemente bezogen sein.

Freizuhaltende Flächen (s. Abb. 57)

Stützen und Wandscheiben, also die Gebäudelast tragende Bauteile, müssen als solche erkennbar bleiben, d.h. massiv und kräftig erscheinen. Damit sie ihre tragende Funktion auch optisch übermitteln kön-

Abb. 54

Abb. 55

Abb. 56

Abb. 57

Abb. 58

128

nen, dürfen sie nicht mit Reklame überdeckt werden. Daß diese Einsicht nicht neu ist, zeigt ein Zitat aus dem Charlottenburger Ortsstatut von 1910[5]): „Als Verunstaltung ist anzusehen, wenn die äußere Erscheinung der Stützen oder ihre Stellung zu der äußeren Erscheinung der gestützten Teile in auffälligem Mißverhältnis steht." Sockel und Kanten, die optisch das Gebäude begrenzen, sollten ebenfalls erkennbar bleiben. Weitere architektonische Gliederungselemente, wie Fachwerkgefüge, Gesimse, Erker, Brüstungen, historische Zeichen usw. sind außerdem von Werbeanlagen freizuhalten. Schließlich ist zu beachten, daß Bauteile, wie Fenster und Türen in ihrem Erscheinungsbild beinträchtigt werden, wenn Werbeanlagen keine ausreichenden Abstände zu diesen einhalten.

Gesamteindruck (s. Abb. 58)

Ergebnis dieses Negativverfahrens sind zwei mögliche Werbeflächen, die sich auch bei vollständiger Ausfüllung durch Reklame noch in die Fassade einfügen. Da jede der beiden Werbeflächen auf eines der ermittelten Gestaltelemente des Erdgeschosses, also die Fensterreihe bzw. die Eingangstür bezogen ist, sollten die Anlagen der Außenwerbung über diesen zentral angeordnet werden. Im vorliegenden Fall genügt die Ausnutzung einer der beiden Werbeflächen.

Beispiel 2

Ansicht (s. Abb. 59)

Es handelt sich bei dem untersuchten Gebäude um ein giebelständiges Bürgerhaus, das im Barock errichtet wurde. Der Giebel des zweigeschossigen Gebäudes wurde massiv aufgeführt und mit einem Putz versehen. Der gestalterische Aufbau der Fassade ist streng symmetrisch.

Fassadengliederung (s. Abb. 60)

Die Fassade kann in zwei gestalterisch geschlossene Flächen unterteilt werden, und zwar in die Fläche des Giebeldreiecks sowie in das Feld der beiden unteren Geschosse. Das Giebeldreieck besitzt die Form eines gleichschenkligen Dreiecks, dessen Spitze abgerundet und durch eine Vase bekrönt wird. Den unteren seitlichen Abschluß bilden die beiden Eckvoluten. Das Feld der beiden unteren Geschosse, das seitlich durch je einen Pilaster begrenzt wird, hat die

---

[5]) Vgl. Bauwelt, Nr. 66, 1910, S. 19

Abb. 59

Abb. 60

131

Abb. 61

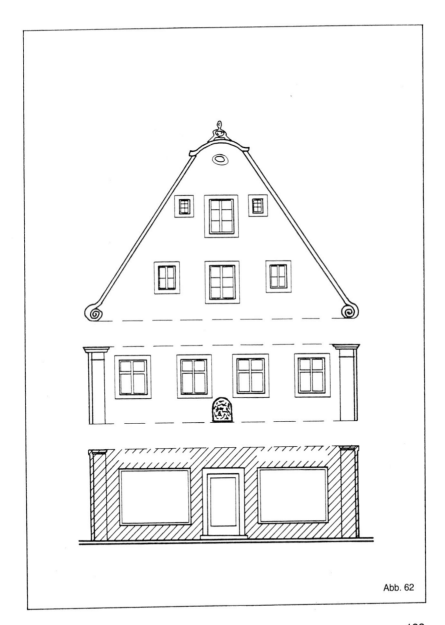

Abb. 62

Abb. 63

Form eines liegenden Rechtecks. Während im Giebeldreieck durch die Anordnung der Fenster die Mittelachse, also die Senkrechte betont wird, weist der untere Fassadenabschnitt infolge der dortigen Fensteranordnung waagerechte Gliederungselemente auf. Der Betrachter hat den Eindruck, daß die Räume hinter dem Giebeldreieck entweder als Wohn- oder als Speicherräume genutzt werden. Dem ersten Obergeschoß ordnet er eine Wohnfunktion zu, während ihm das Erdgeschoß aufgrund seiner Gestaltung eindeutig als der geschäftlich genutzte Bereich des Gebäudes erscheint. Die Anlagen der Außenwerbung sind also auf die Erdgeschoßzone als dem gewerblich genutzten Teil des Gebäudes zu beschränken.

Detailplazierung (s. Abb. 61)

Um den möglichen Anbringungsort einer Werbeanlage am Gebäude herauszufinden, muß die Fassadenanalyse weiter verfeinert werden. Da im Gegensatz zum vorhergehenden Beispiel der obere Abschluß des Erdgeschosses nicht ohne weiteres erkennbar ist, müssen zu dessen Ermittlung weitere Gliederungsmerkmale herangezogen werden. Dort, wo der Fußboden des Obergeschosses vermutet wird, weisen die gebäudebegrenzenden Pilaster kleine Gesimse auf. Werden diese durch eine Linie miteinander verbunden, so stellt diese Linie den gestalterischen Abschluß des Erdgeschosses nach oben dar. Das Wappen liegt unmittelbar über dieser Abgrenzung. Die Anlagen der Außenwerbung sind also unterhalb der verwendeten Hilfslinie am Gebäude anzuordnen.

Freizuhaltende Flächen (s. Abb. 62)

Wie bereits am ersten Beispiel beschrieben, werden auch an diesem Gebäude bestimmte Flächen von Werbeanlagen freigehalten (tragende Bauteile, Ecken, Kanten, Sockel usw.). Zu den Gebäudeöffnungen ist ein ausreichender Schutzabstand einzuhalten. Über der Eingangstür soll keine Werbung angebracht werden, damit das Hauswappen in seinem Erscheinungsbild nicht beeinträchtigt wird. Zur Ermittlung der Höhe der Werbeanlage kann der bereits erläuterte Verhältniswert von z. B. 10 % der Höhe des Erdgeschosses herangezogen werden.

Gesamteindruck (s. Abb. 63)

Durch dieses Ausscheidungsverfahren wurden zwei Werbeflächen ermittelt, die sich auch nach vollständiger Ausnutzung noch gut in die Fassade einfügen. Um dem streng symmetrischen Aufbau der Fassade gestalterisch gerecht zu werden, müssen in diesem Fall beide Flächen durch Anlagen der Außenwerbung besetzt werden. Die beiden Werbeanlagen müssen außerdem gestalterisch aufeinander abgestimmt sein. Die Anbringung lediglich einer Werbeanlage oder eine extrem unterschiedliche Gestaltung der Werbeanlagen würde die Fassade gestalterisch aus dem Gleichgewicht bringen.

Zu Beispiel 1 und 2

Werbeausleger (s. Abb. 64)

Die Anordnung von Werbeauslegern richtet sich nach anderen Kriterien als die Plazierung von parallel auf der Fassade angeordneten Werbeanlagen. Sind für letztere tragende Bauteile als Anbringungsort auszuschließen, so können sich diese als Befestigungsorte für Ausleger durchaus anbieten. Auskragende Werbeanlagen, wie z. B. historische, schmiedeeiserne Ausleger, vermitteln den Eindruck, einiges Gewicht zu besitzen. Ein schweres Gewicht aber sollte nach statischen Regeln an einem massiven oder tragenden Bauteil (z. B. Stütze, Wandscheibe oder Fachwerkständer) befestigt werden. Diese Erwartung ist einem Betrachter selten bewußt, er wird i. d. Regel jedoch ihre Mißachtung bemerken. Auch die Anbringungshöhe unterscheidet sich von derjenigen flach aufgebrachter Werbeanlagen grundsätzlich. Da Werbeausleger schon immer auf Fernwirkung hin ausgerichtet waren, ist ein höherer Anbringungsort durchaus gerechtfertigt. Der Brüstungsbereich des ersten Obergeschosses oder in einigen Fällen auch der Bereich des gesamten ersten Obergeschosses kann als Anbringungsort zweckmäßig sein. Doch auch um eine entsprechende Durchgangs- oder Durchfahrtshöhe zu gewährleisten, kommt eine etwas höhere Anbringung in Frage.

4 Zur Entwicklung der Außenwerbung

Während die Frage nach der Plazierung einer Werbeanlage unter Berücksichtigung bestimmter Grundprinzipien der Fassadengestaltung durchaus beantwortet werden kann, wirft die Frage nach der Gestaltung erheblich mehr Probleme auf, da Gestaltung weder konkret meßbar noch wissenschaftlich eindeutig definierbar ist. Gestaltung, die immer das Produkt einer bestimmten Zeit ist, hat letztlich mit Geschmack zu tun. Da sich über Geschmack aber bekanntlich nicht streiten läßt, gilt es, allgemeine Prinzipien zu finden, innerhalb derer sich Gestaltung frei entfalten kann. Wichtig ist die Erkenntnis, daß es zeitlose Gestaltung nicht gibt, gleichwohl aber gute, schlechte oder

Abb. 64:
Die Anbringung von Werbeauslegern richtet sich nach anderen Kriterien als die von parallel zur Fassade angebrachten Werbeanlagen.

auch gar keine Gestaltung. Da für Werbeanlagen in einer Altstadt der Rahmen historischer Art ist, kann ihre Gestaltung ohne die Kenntnis der Grundzüge ihrer Entwicklungsgeschichte nicht möglich sein. Diese Kenntnis erlaubt sodann die Formulierung von positiven, zeitgemäßen Gestaltungsgrundsätzen. Nur im Sinne der Kontinuität historischer Entwicklungen läßt sich die für historische Altstädte angemessene Werbeform finden.

Es gilt grundsätzlich zu unterscheiden zwischen parallel zur Hausfassade und senkrecht dazu angebrachten Werbeanlagen. Die Tradition beider Werbeformen ist lang und entwickelte sich neben der in der Antike und im Mittelalter verbreitetsten Art der Werbung, nämlich der Öffnung der Läden und Werkstätten zur Straße hin. Die Waren oder Produkte wurden vor den Läden ausgestellt oder an den Fassaden aufgehängt, was zu einer Verschmelzung von „Schaufenster" und Werbeanlagen führte (s. Abb. 65). Diese Art der Werbung war in Deutschland in kleineren Städten noch bis in die Mitte des 19. Jahrhunderts üblich.

Die älteste reine Form der Außenwerbung, von den Ausrufern einmal abgesehen, dürften die in Freskotechnik an die Hauswände gemalten Symbole oder Embleme gewesen sein, die sich aus den vor Aufkommen der Hausnummern gebräuchlichen Hauszeichen entwickelten. Auch flach auf der Fassade befestigte und bemalte Schilder, Reliefs oder vollplastische Figuren waren bereits in Antike und Mittelalter üblich (s. Abb. 66). Da diese Werbearten nur auf Nahwirkung ausgelegt waren, kamen im 14. und 15 Jahrhundert die auf Fernwirkung hin ausgelegten, beidseitig bemalten Holzschilder auf, die entweder an Holzbalken, die von den Hauswänden rechtwinklig abstanden, oder teilweise auch an vor den Häusern stehenden Pfählen befestigt waren (s. Abb. 67). Wesentlich für die Ausgestaltung dieser Schilder war die Tatsache, daß die überwiegende Mehrheit der Bevölkerung weder lesen noch schreiben konnte. Die Werbeaussage mußte deshalb in bildlicher Form übermittelt werden, also durch bestimmte Symbole, durch aufgemalte Waren oder durch die entsprechenden Werkzeuge eines Handwerkers. Diese Werbeanlagen waren zugleich die Visitenkarte des jeweiligen Gewerbetreibenden. Welch große Bedeutung früher der Gestaltung auch von Werbeanlagen beigemessen wurde, kommt darin zum Ausdruck, daß bedeutende Künstler wie Holbein d. J. (s. Abb. 68), Correggio oder Watteau mit der Bemalung von Werbeschildern beauftragt wurden.

Abb. 65:
Werbung durch an der Fassade aufgehängte Waren wird noch heute, wie im Mittelalter, in der Altstadt Jerusalems praktiziert.

Abb. 66:
Steinrelief der Bäckergilde in Goslar aus dem Jahr 1501 in der Fassade des Gildehauses.

wer jemand hie der gern welt lernen durch schriben vnd läsen vß dem aller
kürzisten grundt den jeman erdencken kan do durch ein jedr der vor nit ein
buchstaben kan der mag kürtzlich vnd bald begriffen ein grundt Do durch er
mag von jm selber lernen sin schuld vff schriben vnd läsen vnd wer es
nit gelernnen kan so vngeschickt werre Den will ich vm nüt vnd ver
geben gelert haben vnd gantz nüt von jm zü lon nemen er syg ~
wer er well burger Ouch handtwerckß gesellen frowen vnd ju~
nckfrouwen wer sin bedarff Der kum har jn der wirt drüwlich
gelert vm ein zimlichen lon ~ Aber die jungen knaben vnd mei
lin noch den fronuasten wie gewonheyt ist · Anno · m ccccc xvi

Abb. 68: Hans Holbein d. J., Schild eines Schulmeisters, 1516, Basel, Öffentliche Kunstsamm-
lung. Ein Schulmeister bringt zwei Unkundigen Lesen und Schreiben bei.

Abb. 69:
Barocker Ausleger in Dinkelsbühl.

Abb. 70:
Werbeaufschrift an
einem historischen
Gebäude in Oxford.

Ab dem 16. Jahrhundert trat das Metall zur Herstellung der Werbeausleger immer stärker in den Vordergrund, beschränkte sich jedoch zunächst auf die Haltekonstruktionen. Mit der Hochrenaissance setzte sich immer stärker das Schmiedehandwerk bei der Herstellung von Werbeanlagen durch, was teilweise auch zu einer Auflösung der Schilder in plastische Formen führte (s. Abb. 69).

Durch diese Art der Gestaltung war es möglich, die Werbewirksamkeit zu steigern, da sich das Werbezeichen als von weitem sichtbare Silhouette abzeichnete. Große gestalterische Energie wurde auch den Tragarmen gewidmet, die teilweise zu eigenen Kunstwerken geformt wurden.

Neben der seit dem Mittelalter dominierenden Werbung durch Ausleger mit prägnanten, bildlichen Aussagen trat ab dem Ende des 18. Jahrhunderts verstärkt die Schriftwerbung, da die Zahl der Schreib- und Lesekundigen stark angestiegen war. Sowohl aus mal- als auch aus werbetechnischen Gründen bildeten sich auf den Werbeträgern Wandfläche auf der einen und Holz- bzw. Metallschild auf der anderen Seite unterschiedliche Werbeformen heraus. Auf die als Malgründe schwieriger zu bearbeitenden Fassaden wurden, wenn diese es aufgrund ihrer Gestaltung zuließen, eher Schriften oder einfache Zeichen aufgebracht (s. Abb. 70). Die Bannerschilder hingegen konnten bereits im Mittelalter in der gebräuchlichen Tafelmalerei mit allen bildnerischen Aussagen versehen und darüber hinaus später durch die Schmiedekunst zu plastisch wirkenden Werbesymbolen weiterentwickelt werden. Diese grobe Trennung der Werbearten war auch werbetechnischer Art, und zwar in der begrenzten Größe und Auskragung der Ausleger begründet, auf denen eine schriftliche Aussage nur sehr klein und damit werbeunwirksam hätte sein können.

Es kann also aus der Entwicklungsgeschichte der Außenwerbung zunächst die auch heute noch in historischen Altstädten im Grundsatz gültige Erkenntnis gewonnen werden, daß den flach an einer Hausfassade aufgebrachten Werbeanlagen am ehesten das Medium Schrift zugeordnet werden kann, während den senkrecht zu einer Hausfassade angebrachten Werbeanlagen am ehesten eine symbolische Aussage zukommt.

5 Gestaltungsprinzipien für Werbeanlagen

Um dem angestrebten Ziel einer Formulierung von positiven Gestaltungsprinzipien einen Schritt näherzukommen, gilt es, in Kenntnis der wesentlichen historischen Entwicklungslinien der Außenwerbung Prinzipien zu entwickeln, die bei der Konzipierung einer Werbeanlage als Rahmen beachtet werden sollten.

Die in der Praxis vorherrschende Meinung geht dahin, Reklame in historischen Stadtbereichen bevorzugt innerhalb tradierter Formen zu dulden. Die Vorstellung einer stilgeschichtlich-formalen Einheit von Gebäude und Werbeanlage findet in vielen Ortssatzungen ihren Ausdruck. Einige Städte gestehen handgeschmiedeten Werbeauslegern eine Sonderstellung in ihren Werbesatzungen zu. Darüber hinaus werden in einigen Satzungen historisierende Gestaltungen gefordert oder empfohlen. Ein ausschließlich historisierendes Gestaltungsprinzip ist jedoch aus verschiedenen Gründen heraus problematisch. Es läuft nämlich darauf hinaus, alte Werbeanlagen, die Ausdruck einer vergangenen Zeit sind, lediglich zu kopieren und eigene schöpferische Leistungen zu unterdrücken. Lediglich die Produktion von Wiederholungen wird gefördert und gefordert. Die geschaffenen Imitationen weisen in der Regel aber keine besondere gestalterische Qualität auf. Während die Form einer neu geschaffenen, historisierenden Werbeanlage eine nicht vorhandene Geschichtlichkeit vortäuscht, kann durch die „Jetztbezogenheit" der darauf enthaltenen Werbeaussage ein starker Widerspruch entstehen (s. Abb. 71). Das Wissen des Betrachters, daß z.B. die Firma Neckermann üblicherweise Neonbuchstaben statt schmiedeeiserner Ausleger verwendet, wird zu der Erkenntnis führen, daß die historische Form des Werbemittels vorgetäuscht ist. Nicht ein Gestaltungswunsch war ausschlaggebend, sondern ein ökonomischer Anpassungszwang.

Schmiedeeiserne Ausleger wirken auf einen Betrachter stets alt; er kann sie nicht genau datieren (s. Abb. 72). Kaum jemand wird bemerken, wenn zwischen Fassade und Ausleger eine stilgeschichtliche Diskrepanz besteht. Diese Diskrepanz ist jedoch im Sinne der Kontinuität berechtigt. Fast kein historisches Gebäude stellt sich uns heute so dar, wie es errichtet wurde. Es hat vielmehr im Laufe der Jahrhunderte aufgrund kontinuierlicher Veränderungen und Ergänzungen die Gestalt angenommen, die wir heute sehen. Stilelemente des 16. Jahrhunderts treten z.B. gemeinsam mit Stilelementen späterer Jahrhunderte auf, ohne daß ein Bruch in der Gesamtkonzeption entsteht. Ein Ausleger aus dem 18. Jahrhundert, der an einem Gebäude des 16. Jahrhunderts angebracht war, entsprach dem Gestaltungswillen und der Formensprache seiner Zeit.

Daß heutzutage die weitverbreitete Ansicht besteht, historisierende Gestaltungsprinzipien würden einer alten Fassade am ehesten gerecht, entspringt zum großen Teil einem Mißtrauen gegenüber der Qualität zeitgemäßer Gestaltung. Die vielen bekannten, traurigen Beispiele „zeitgemäßer Gestaltlosigkeit" können diesem Mißtrauen leider eine gewisse Berechtigung verleihen (s. Abb. 73), dürfen jedoch nicht von der grundsätzlichen Problematik ablenken. Die Frage nach der Gestaltung einer Werbeanlage läßt sich nicht in Form eines eindeutigen Vorschlages beantworten. Sie kann jedoch insoweit beantwortet werden, als daß eine Werbeanlage zeitgemäßen, modernen Gestaltungsprinzipien unterliegen sollte. Das bedeutet aber nicht, überlieferte, historische Gestaltungsprinzipien als Vorbilder zu ignorieren. Der Kontinuität historischer Entwicklungen ist stets Rechnung zu tragen. Um nun eine Antwort auf die Frage nach einer zeitgemäßen Gestaltung von Werbeanlagen zu erhalten, gilt es unter Berücksichtigung ihrer Entwicklungsgeschichte, diejenigen Gestaltungselemente historischer Werbeanlagen zu erkennen und zu benennen, welche die formale Einheit von Gebäude und Werbeanlage bedingen.

Historischen Stadtstrukturen, historischen Gebäuden wie auch historischen Gebrauchsgegenständen ist eines gemeinsam: Ihre Individualität. Ihre Einmaligkeit beruht auf dem Produktionsprinzip der damaligen Zeit, der handwerklichen Fertigungsmethode. Bei Berücksichtigung dieser Tatsache scheiden für historische Stadtgebiete von vornherein Werbeanlagen aus, die in Massenfertigung hergestellt werden. Es wäre jedoch nicht sinnvoll, bei der Herstellung zeitgemäßer Reklameeinrichtungen strikt die handwerkliche Fertigungsmethode zu fordern. Moderne Gestaltungsformen schließen die Verwendung moderner technischer Hilfsmittel nicht aus. Was jedoch gefordert werden kann und sollte, ist die individuelle Herstellung von Werbeanlagen in Einzelfertigung, unter gleichzeitigem Verbot von Serienfertigung. Hierdurch kann von vornherein die Anbringung industrieller Fremdwerbung in historischen Städten ausgeschlossen werden. Auch die Verwendung der bereits mehrfach erwähnten, immer wieder und überall anzutreffenden stereotypen Plastikkästen mit Werbeaufschriften ist so zu verhindern (s. Abb. 74). Ein weiteres, wesentliches Gestaltungsmerkmal für historische Werbeanlagen beruht auf der Kleinteiligkeit ihrer Gliederungen sowie ihrer plastischen Durchgestaltung. Klobige, ungestaltete Formen waren historischen Werbeanlagen fremd (s. Abb. 75). Auch der Einsatz reizsteigernder Mittel, wie z. B. der Farbe, fand nur mit Zurückhaltung statt. Der Werbewirksamkeit einer architektonisch gut

Abb. 71:
Historisierende Werbeanlage. Der aus einem ökonomischen Anpassungszwang heraus entstandene Werbeausleger ist gestalterisch wertlos. Die Diskrepanz zwischen vorgetäuschter Historie und Werbeaussage wirkt lächerlich.

Abb. 72:
Herrlicher Werbeausleger aus dem 18. Jahrhundert. Der Vergleich zum historisierenden Ausleger macht den Unterschied zwischen Original und Imitation deutlich. Auf der einen Seite: fehlendes Gespür für gestalterische Proportionen, Reduzierung auf wenige Formelemente, unzulängliche Bearbeitung des Materials. Auf der anderen Seite: gestalterische Ausgewogenheit, Formenvielfalt, virtuose Bearbeitung des Materials.

Abb. 73:

Typisches Beispiel einer modernen Werbeanlage. Gestalterische Qualitäten spielen bei der Herstellung derartiger Reklameeinrichtungen keine Rolle.

gestalteten, prägnanten Fassade kam in früheren Jahrhunderten noch eine erheblich höhere Bedeutung zu als heute. So ließ sich z.B. Friedrich Vieweg am Braunschweiger Burgplatz ein neues Wohn- und Verlagshaus errichten (1799–1804), das als bis dahin größtes Bürgerhaus der Stadt mit höchst repräsentativen, klassizistischen Fassaden versehen wurde. Dieses Haus kannte jeder Braunschweiger Bürger (s. Abb. 76). Einigen in den letzten Jahrzehnten entstandenen Gebäuden würde man dagegen zur Steigerung ihres Charakters eine Werbeanlage wünschen.

Die Herstellung moderner Werbeanlagen auf bestimmte Materialien zu beschränken oder bestimmte Materialien ganz zu verbieten, wie es hin und wieder in einzelnen Satzungen geschieht, ist unzweckmäßig. Früher wurden sämtliche zur Verfügung stehenden Materialien zur Herstellung von Werbeanlagen verwendet, und so muß es auch heute sein. Was jedoch zur Zeit nicht mehr beachtet wird, ob aus wirtschaftlichen Gründen, aus gestalterischer Unfähigkeit oder aufgrund handwerklichen Unvermögens sei dahingestellt, ist die Tatsache, daß früher die wenigen verfügbaren Materialien intensiv bearbeitet und gestaltet wurden. Im Gegensatz dazu werden heute die verwendeten

Abb. 74:

Die heutzutage leider übliche und deshalb immer wieder und überall anzutreffende, serienmäßig hergestellte Plexiglaskiste mit Markenwerbung. Gestalterische Rücksichtnahme gegenüber dem sie tragenden Bauwerk ist nicht eingeplant. Typische Merkmale: Serienfertigung, klobige Form, aufdringlicher Einsatz reizsteigernder Mittel, keine Gestaltung und Bearbeitung der verwendeten Materialien.

Abb. 75:

Typische Gestaltungsmerkmale für historische Werbeanlagen: Einzelfertigung, Kleinteiligkeit der Gliederung, zurückhaltender Einsatz reizsteigernder Mittel, Gestaltung und Bearbeitung der verwendeten Materialien.

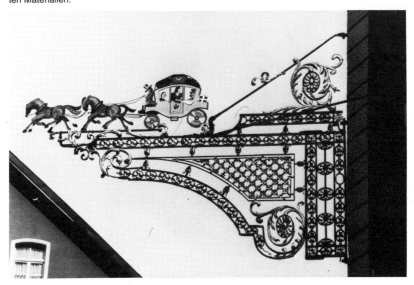

147

Abb. 76:
Wohn- und Geschäftshaus des Verlegers Friedrich Vieweg. Errichtet 1799–1804. (Braunschweig)

Abb. 77:
Gestaltloser Plastik-
kasten an einer diffe-
renziert gestalteten
Fassade.

Materialien unbearbeitet und ungestaltet lediglich zusammenmontiert (s. Abb. 77).

Die aus den vorangegangenen Überlegungen abgeleiteten Gestaltungs- und Herstellungsprinzipien, die es bei der Schaffung moderner Werbeanlagen im Hinblick auf ein bestimmtes historisches Gebäude oder dessen Umgebung zu berücksichtigen gilt, sind im einzelnen:

– Gebäudebezogene, individuelle Anfertigung und Gestaltung von Werbeanlagen,
– Ausschluß von serienmäßig hergestellten Werbeanlagen,
– kein Ausschluß bestimmter Materialien,
– Bearbeitung und Gestaltung der verwendeten Materialien,
– Ausschluß von kastenförmigen Leuchtwerbeanlagen sowie
– Ausschluß reizsteigernder Mittel.

Bei Einhaltung dieser Rahmenbedingungen ist die Schaffung von gestalterisch guten Werbeanlagen möglich, die, obwohl sie eindeutig modernem Gestaltungswillen entsprechen, dennoch in gestalterischer Harmonie zu einer historischen Gebäudefassade stehen können (s. Beispiele ab Abb. 83 ff).

Die genannten Herstellungs- und Gestaltungsprinzipien moderner Werbeanlagen für historische Altstädte können als Generalklausel in eine Außenwerbungssatzung aufgenommen werden. Die Anwendung einer Generalklausel bietet sich zur Angabe einer Leitlinie für die Gestaltung von Werbeanlagen an. Durch die allgemein gehaltenen Formulierungen kann eine Vielzahl von Zielen umfaßt und gleichzeitig der Gefahr ungewollter Einengungen begegnet werden. Dort, wo eine Präzisierung von Teilen der Generalklausel möglich ist, soll dieses im einzelnen innerhalb der Satzung geschehen. So kann z.B. die gebäudebezogene, individuelle Anfertigung und Gestaltung von Werbeanlagen gefordert, dagegen aber eine Serienfertigung sowie eine Herstellung von Werbeanlagen, die direkt oder durch transparente Materialien leuchten, insbesondere in Kastenform, verboten werden. Ein in dieser Form abgefaßter Satzungstext wird in besonderem Maße modernen Gestaltungsformen gerecht, da er einen Spielraum zuläßt, der unterschiedliche Gestaltungsideen ermöglicht, und zwar auch solche, die noch entwickelt werden müssen; dem Ideenreichtum dürfen keine Grenzen gesetzt werden.

Es wäre jedoch illusorisch, glauben zu wollen, daß durch die juristisch einwandfreien Bestimmungen einer Außenwerbungssatzung einfügsame und gestalterisch gelungene Werbeanlagen zwangsweise verordnet und auch erreicht werden können. Derartige Außenwerbungssatzungen sind in erster Linie Instrumente, um gestalterische Auswüchse verhindern zu helfen.

Da ein im obigen Sinne abgefaßter Gesetzestext Lösungen unterschiedlicher Qualität zuläßt, sollte eine zusätzliche Instanz geschaffen werden, die im Genehmigungsverfahren für eine Werbeanlage mitwirken und ggf. positiv auf einen Antragsteller einwirken kann. Für diese Aufgabe bietet sich eine Sachverständigenkommission an, deren Einrichtung in einigen Landesbauordnungen ausdrücklich ermöglicht wird. Obwohl eine derartige Sachverständigenkommission keine entscheidenden, sondern nur beratende Funktionen wahrnehmen kann, zeigt die Erfahrung aus Städten, in denen derartige Kommissionen seit langem wirken, daß durchaus positivere Ergebnisse erzielt werden, als in Städten, in denen keine entsprechenden Kommissionen bestehen. Allein das Vorhandensein einer derartigen Kommission kann ohne deren unmittelbares Eingreifen in manchem Fall zu einer qualitativ höherwertigeren Werbeanlage führen, da sich der Antragsteller ein möglicherweise für ihn peinliches Gespräch ersparen möchte. In vielen Fällen hat aber auch die Beratung dieser aus dem unmittelbaren Verwaltungsvollzug herausgelösten, unabhängigen Institution zur verbesserten Qualität einer Werbeanlage geführt, da sich der Antragsteller gegenüber dieser Institution möglicherweise „freier" fühlt als gegenüber der Verwaltung. Letztendlich wird durch den Einsatz einer unabhängigen Sachverständigenkommission auch der Anspruch einer Gemeinde auf gute Gestaltung gegenüber der Öffentlichkeit eindeutig dokumentiert.

Das Bestreben nach einem gestalterisch guten Stadtbild mit ästhetisch ansprechenden Werbeanlagen kann von einer Gemeinde neben dem Einsatz einer Sachverständigenkommission auch dadurch unterstützt werden, daß regelmäßig Wettbewerbe veranstaltet werden, in denen neben vorbildlich sanierten Gebäuden auch gestalterisch gelungene Werbeanlagen prämiert werden. In einigen deutschen Städten werden Stadtbildwettbewerbe bereits seit einigen Jahren mit Erfolg durchgeführt. Dabei hat sich gezeigt, daß die mit den Wettbewerben verbundene öffentliche Diskussion, bei der die örtliche Presse eine bedeutende Stellung einnimmt, in der Allgemeinheit zu einem größeren Verständnis und zu einer größeren Sensibilität gegenüber den Fragen der Stadtgestaltung geführt hat. Die meisten Gemeinden, die derartige Wettbewerbe durchführen, beschränken diese bislang jedoch nur auf die Sanierung oder den Neubau von Gebäuden in ihren

historischen Altstädten. Äußerst wenige beziehen auch die Werbean-
lagen in die Wettbewerbe mit ein. Während die Stadt Goslar z.B. seit
1985 die Werbeanlagen in ihrem Altstadtwettbewerb mit lobenden
Erwähnungen bedenkt, jedoch keine Prämien oder Auszeichnungen
wie bei den übrigen Wettbewerbsobjekten gewährt (ab 1987 werden
Werbeanlagen gleichrangig behandelt und prämiiert), bezieht die
Stadt Regensburg die Werbeanlagen mit wachsendem Erfolg seit
Mitte der 70er Jahre vollwertig in ihren Stadtbildwettbewerb ein.
Bewertet werden bei diesem Wettbewerb von einer Jury, der u. a. der
Oberbürgermeister, der Planungs- und der Kulturdezernent, ein Vertreter der Staatlichen Denkmalpflege sowie Vertreter von Hochschule
und Verbänden angehören, die künstlerische Gestaltung der Werbeanlage, die handwerkliche Ausführung, die Einfügung der Werbeanlage in die Gebäudefassade, die Einfügung der Werbeanlage in die
nähere Umgebung und den Straßenzug und der finanzielle Aufwand
für die Werbeanlage. Sämtliche Teilnehmer, deren Werbeanlagen
prämiiert werden, erhalten eine Urkunde. Zusätzlich erhalten die Sie-
ger Geldpreise zwischen 750,– DM und 200,– DM. Schließlich werden
die Wettbewerbsobjekte im Rahmen einer Ausstellung der Öffentlichkeit präsentiert. Wie die Erfahrung auch aus Stadtbildwettbewerben
anderer Städte immer wieder gezeigt hat, ist die öffentliche Anerkennung der Bauherren oder Architekten, die ihnen in Feierstunden durch
das Stadtoberhaupt und die anschließende Erwähnung in der örtlichen
Presse zuteil wird, besonders wichtig und spornt manchen Hauseigentümer oder Geschäftsmann zu besonderen Bemühungen an. In
Regensburg hat sich gezeigt, daß die gestalterische Qualität der
Werbeanlagen seit Durchführung des Wettbewerbs zunehmend besser geworden ist.

In Umkehrung des oben erwähnten positiven Vorgehens, wäre in
Anbetracht der trotzdem noch zahlreichen unterschiedlich qualitätvol-
len Werbeanlagen zu überlegen, ob auch die „Prämiierung" der im
Wettbewerbszeitraum im Altstadtgebiet angebrachten häßlichsten
oder störendsten Werbeeinrichtung durch ein von der Stadt unabhän-
giges Gremium nicht so manche Scheußlichkeit verhindern helfen
könnte, da sich mancher Geschäftsmann oder Werbeanlagenhersteller diese Peinlichkeit gern ersparen möchte. Obwohl sich der Verfasser der Problematik dieses Vorgehens durchaus bewußt ist, sei es
dennoch einmal angedacht.

6 Ladengestaltung und Außenwerbung

Ein wichtiger Aspekt, der in der Praxis meistens vernachlässigt wird, soll zumindest kurz erwähnt werden, nämlich das Verfahren bei der Neueinrichtung eines Ladens. Wird ein Geschäft in einem bereits vorhandenen Laden eingerichtet und dabei bauliche Maßnahmen durchgeführt, welche die zerstörte oder verlorene architektonische Einheit eines Gebäudes wieder herstellen oder wird erstmalig ein Laden in einem vorhandenen Gebäude bzw. in einem Neubau eingerichtet, so ist die Regel, daß derartige Umbau- oder Neubaumaßnahmen ohne die Einbeziehung der Außenwerbung geplant und entsprechende Anträge auf Baugenehmigung gestellt werden. Die Chance, eine gestalterische Einheit zwischen Laden und Werbeanlage herzustellen, wird damit meist vergeben. Es besteht vielmehr die Gefahr, daß ein gutes, ausgewogenes architektonisches Konzept durch eine oder mehrere Werbeanlagen wieder aus dem gestalterischen Gleichgewicht gebracht, verunklart oder gar zerstört wird (s. Abb. 78). Da bei dieser Vorgehensweise zudem der Entwerfer des Um- oder Neubaus in der Regel nicht identisch mit dem Entwerfer der Werbeanlage ist, kann die architektonische Grundidee des Entwurfes nur selten nach-

Abb. 78:
Der einfühlsam gestaltete Laden wird durch den ungestalteten und ohne Rücksicht auf das Fachwerkraster angebrachten Plastikkasten erheblich beeinträchtigt.

Abb. 79:
Durch rücksichtslose Ladeneinbauten völlig entstelltes Fachwerkgebäude. Zustand 1983.

Abb. 80:
Reparatur des selben Gebäudes durch einfühlsamen neuen Ladeneinbau unter Ergänzung der Fachwerkstruktur. Zustand 1985.

Abb. 81:
Durch scheußliche
Aluminiumverklei-
dung verunstaltetes
Gebäude. Zustand
1980.

Abb. 82:
Nach Abnahme der
Verkleidung Zurück-
gewinnung der histo-
rischen Gestaltquali-
tät. Zustand 1986.

vollzogen und konsequent weitergeführt werden. Die Probleme der Übernahme architektonischer Verantwortung durch Gewerbetreibende, die kein Architekturstudium an einer Hochschule absolviert haben, wurde bereits an anderer Stelle erörtert.

Die architektonische Konzeption für eine Um- oder Neubaumaßnahme muß unbedingt sämtliche Fragen der Außenwerbung mit einbeziehen und klären, um die bestmögliche gestalterische Lösung zu erreichen. Steht während der Entwurfsphase die konkrete gewerbliche Nutzung noch nicht fest, so sind Flächen am Gebäude vorzusehen, die zur Aufnahme von Werbung geeignet sind.

Langsam, aber stetig, setzt sich in Geschäftskreisen die Erkenntnis durch, daß ein gestalterisch ansprechendes Gebäude auch im wirtschaftlichen Sinne attraktiv ist, so wie umgekehrt ein häßliches Gebäude nur wenig Anziehungskraft auf potentielle Kunden ausübt. Folge ist, daß immer mehr Gebäude, die in der Nachkriegszeit durch Ladeneinbauten entstellt wurden, gestalterisch nachhaltig verbessert werden (s. Abb. 79 und 80). Bei Gebäuden, die im Erdgeschoß durchgehende Schaufensterfronten besitzen, also optisch schweben, kommt es darauf an, die verlorene architektonische Einheit von Obergeschossen und Erdgeschoß wieder herzustellen, die Gebäude also konstruktiv glaubhaft wieder mit dem Erdboden zu verbinden. Während bei Massivgebäuden die Fassadengliederungen der Obergeschosse meist in Form von Wandscheiben in die Erdgeschosse heruntergeführt werden können, bietet sich bei Fachwerkgebäuden die Aufnahme und Weiterführung der Fachwerkstruktur im Erdgeschoß an. Denkbar sind jedoch auch moderne Lösungen, welche die architektonischen Prinzipien einer Fassade aufgreifen und diese in heutige Architektursprache übersetzen. Bei herausragenden Gebäuden kann sich auch einmal die Rekonstruktion eines zerstörten Erdgeschosses anbieten. Daß schließlich auch die Beseitigung entstellender Verkleidungen aus Aluminium, Kunststoff u.a. zu erheblichen gestalterischen Verbesserungen führt, zumal häufig darunter noch originale Bauglieder erhalten sind, sei nur der Vollständigkeit halber erwähnt (s. Abb. 81 und 82).

7 Werbung in historischen Altstädten – Beispiele

Nach der theoretischen Herausarbeitung von Gestaltungs- und Anordnungsprinzipien für Werbeanlagen in historischen Altstädten werden im folgenden Beispiele für einfügsame und gut gestaltete Werbeanlagen vorgestellt, die diesen Prinzipien entsprechen und die zugleich die Vielzahl der bestehenden Werbemöglichkeiten verdeutlichen. Wenn, wie bereits dargestellt, serienmäßig hergestellte Werbeanlagen sowie kastenförmige Leuchtwerbeanlagen einer historischen Altstadt nicht gerecht werden können, also das Übliche und Gängige nicht zugelassen wird, sind beste Voraussetzungen dafür geschaffen, daß Außenwerbung wieder als „Maßarbeit" für jedes einzelne Gebäude entworfen und angefertigt wird.

Zur Erfüllung ihrer Aufgabe, nämlich dem öffentlich wirksamen Hinweis auf ein Gewerbe oder einen Gewerbetreibenden, ist vorrangig der Einsatz von Schrift erforderlich. Unter der Prämisse, daß die Schriftzeichen gut lesbar sein und mit dem Gebäude, an dem sie sich befinden, eine gestalterische Symbiose eingehen müssen, bietet sich vorrangig die Verwendung von Einzelbuchstaben an. Diese können, je nach Beschaffenheit der Fassade, aufgemalt, plastisch ein- bzw. aus dieser herausgearbeitet oder aber aufgesetzt werden. An manchen Fassaden können auch flache Schilder, auf denen die Schriftzeichen auf die gleiche Art und Weise wie unmittelbar auf einer Fassade aufgebracht werden können, eine gute Möglichkeit der Außenwerbung darstellen. Die gleiche Ausführungsart kann auch bei symbolhaften Werbezeichen zur Anwendung kommen.

Bei allen Gebäudetypen, insbesondere auch bei Gebäuden, die aufgrund ihrer feingliedrigen Struktur oder ihrer besonders aufwendigen Gestaltung keine parallel auf der Fassade angeordnete Außenwerbung vertragen, besteht die Möglichkeit, Werbeanlagen in die Gebäudeöffnungen zu integrieren. Ein gut gestalteter Ausleger eignet sich ebenfalls fast immer, auch an üppig gestalteten Fassaden oder an Fachwerkgebäuden als Werbeträger.

Aufgemalte Schrift (Abb. 83 bis 89)

Werden Schriftzeichen auf eine Fassade aufgemalt, so ist dieses eine Art der Werbung, die einem historischen Gebäude gut entspricht, vorausgesetzt, daß die Fassade gestalterisch und technisch zur Aufnahme gemalter Schriftzeichen geeignet ist. Während unruhige Fassaden aus Naturstein, Schiefer und anderen Verkleidungsmaterialien generell ausscheiden, bieten ruhige Putzflächen einen idealen Malgrund. Es ist jedoch darauf zu achten, daß Farbmaterial zum Einsatz kommt, das nicht zu Bauschäden an einer Putzfassade führt. So dürfen Dispersions- und Ölfarbanstriche nicht auf kalkhaltige Putze aufgebracht werden, da Schäden am Untergrund die Folge wären.

Wie für den Gesamtanstrich einer historischen Putzfassade muß auch für die Werbeschrift wasserdampfdurchlässige, also atmungsaktive Farbe verwendet werden. Je nach Putzaufbau kann Kalkfarbe oder Mineralfarbe zur Anwendung kommen.

Die angestrebte Werbewirksamkeit der Beschriftung erfordert, daß diese gut lesbar und mit einfachen Mitteln klar gestaltet ist. Sie erfordert jedoch nicht, in besonders auffälligem, unangenehmen, farblichem Kontrast zur Fassade zu stehen. Die Fassadengrundfarbe und die Werbeaufschrift müssen immer farblich aufeinander abgestimmt sein und miteinander harmonieren.

Plastisch ein- oder ausgearbeitete Schrift (Abb. 90 und 91)

Ein sehr interessanter Effekt ist durch das Eindrücken von Schriftzeichen in den Putz zu erreichen. Die eingedrückte Fläche kann farbig gefaßt werden. Es ist jedoch auch möglich, den Farbton der Fassade zu verwenden, was zu interessanten Wirkungen, insbesondere durch das Licht- und Schattenspiel führt.

Eine gleich gute Wirkung kann durch das Auftragen von Putz erzielt werden, so daß im Gegensatz zum o. g. Beispiel die Schriftzeichen

Abb. 84:

Links brauner Schriftzug auf weißer Fassade, eingerahmt durch zwei Wappen. Rechts Schriftband hell abgesetzt und in Farbe der Fassade beschriftet. (Wangen i. Allgäu)

Abb. 85:

Zurückhaltende Beschriftungen einige Farbstufen dunkler jeweils im Ton der Fassaden. (Dinkelsbühl)

Abb. 86:
Einfache Schrift auf sandfarbener Fassade braun abgesetzt. (Rothenburg o.d. Tauber)

Abb. 87:
Zurückhaltende Beschriftung in braun auf okerfarbener Fassade. (Rothenburg o.d. Tauber)

159

Abb. 88:

Beschriftung im Ton etwas dunkler von rostroter Fassade abgesetzt. (Rothenburg o.d. Tauber)

Abb. 89:

Weiße Schrift auf zurückhaltend grünem Untergrund. (Marburg)

160

Abb. 90:
Buchstaben in Putz eingedrückt. (Dinkelsbühl)

Abb. 91:
Buchstaben reliefartig in Putz aus der Fassade
herausgearbeitet. (Creglingen)

reliefartig aus der Fassade herausgearbeitet sind. Diese Art der Werbung ist, wie die aufgemalte Schrift, gestalterisch sehr angenehm, da im Material der Fassade geblieben wird, die auf diese Weise nach wie vor als architektonische Einheit ungestört erlebbar bleibt.

Aufgesetzte Einzelbuchstaben (Abb. 92 bis 98)

Bei vielen historischen Gebäuden sind plastisch vor die Fassade gesetzte Einzelbuchstaben ein geeignetes Werbemittel, das zudem eine Vielzahl guter gestalterischer Möglichkeiten bietet. Insbesondere bei allen Bauten, auf deren Fassadenflächen aufgrund ihrer Beschaffenheit keine Werbung aufgemalt werden kann, also bei Natur- oder Backsteinbauten und bei Gebäuden mit z. B. Schiefer-, Holz- oder Ziegelverkleidungen muß die Werbung als zusätzliches Element auf die Fassaden plastisch aufgesetzt werden. Einzelbuchstaben sind dabei in vielen Fällen die beste oder gar die einzige Werbemöglichkeit. Besonders angenehm ist, daß die Fassade eines Gebäudes zwischen den einzelnen Buchstaben sichtbar bleibt und so nach wie vor als gestalterische Einheit erscheint.

Zur Herstellung von Einzelbuchstaben können die unterschiedlichsten Materialien zur Anwendung kommen. Die gestalterische Absicht muß hierbei stets den Ausschlag geben. Am angenehmsten wirken geschmiedete Buchstaben, die graphitfarbig vor hellem Untergrund stehen. Im Gegensatz dazu ist auch eine gute Wirkung bei hell gestrichenen Buchstaben vor dunklem Untergrund gegeben. Besonders edel wirken goldene Buchstaben, die sowohl vor dunklen als auch vor hellen Fassaden stehen können. Die Buchstabenkörper selbst können entsprechend der gestalterischen Absicht in den unterschiedlichsten Formen gearbeitet werden. Sie können z.B. flach oder körperhaft, sowohl eckig als auch rund hergestellt werden. Kommen eiserne Buchstaben zum Einsatz, so sind diese unbedingt mit etwas Abstand vor die Fassade zu setzen, um eine Verschmutzung der Wand durch eine nicht auszuschließende Oxydation zu verhindern.

Abb. 92:
Schwarze Metall-buchstaben auf heller Fassade.
(Fritzlar)

Abb. 94:
Goldlettern jeweils
über den Schau-
fenstern. (Fritzlar)

Abb. 95:

Links Goldbuchstaben auf Natursteinfassade. Rechts schwarze Metallbuchstaben auf Natursteinfassade. (Münster)

Abb. 96:

Goldlettern vor Schieferfassade. (Goslar)

Abb. 97:
Goldlettern auf Backsteinfassade. (Lüneburg)

Abb. 98:
Metallbuchstaben im
Ton der Backstein-
fassade. (Lüneburg)

165

Werbeschilder (Abb. 99 bis 105)

Werden keine wichtigen Architekturglieder verdeckt, können auch individuell gefertigte und gestaltete Holz- oder Metallschilder als Werbeträger in Frage kommen. Sie sind grundsätzlich an allen Fassaden einsatzfähig, die auch für aufgesetzte Einzelbuchstaben geeignet sind. Bei Gebäuden mit flächendeckenden, aber in sich stark strukturierten Wandverkleidungen bietet sich die Verwendung eines Schildes zur Schaffung eines ruhigen Untergrundes für die Werbeaufschrift an. Wichtig ist in jedem Fall die individuelle auf ein bestimmtes Gebäude zugeschnittene Gestaltung des Werbeschildes. Holzschilder können z.B. durch profilierte Rahmen eingefaßt und die Werbeaussagen aufgemalt werden. Es ist jedoch auch möglich, die Schriftzeichen plastisch aus dem Holz herauszuarbeiten oder Buchstaben einzeln aufzusetzen. Metallschilder können ebenfalls bemalt werden. Bei ihnen bieten sich jedoch zusätzliche Gestaltungsmöglichkeiten durch Biegen, reliefartiges Bearbeiten oder Ausschneiden an.

Abb. 99:
Zwei Holzschilder mit aufgesetzten (links) bzw. aufgemalten (rechts) Goldlettern. Zusätzlich ein Ausleger. (Rothenburg o.d. Tauber)

Abb. 100:
Profiliertes Schild in
origineller Form.
(Lüneburg)

Abb. 101:
Holzschild vor Gesims angebracht. Eine
der wenigen Ausnahmen, in denen ein
Überdecken von wesentlichen Architek-
turgliedern ausnahmsweise vertretbar ist.
(Rothenburg o. d. Tauber)

Abb. 102:

Dunkelblaues Holzschild mit eingearbeiteten Goldbuchstaben auf rostroter Fassade in Harzer Holzbeschlag mit Quaderfugenschnitt. (Clausthal-Zellerfeld)

Abb. 103:

Holzschild auf Schieferfassade. (Wolfenbüttel)

Abb. 104:

Holzschild auf Backsteinfassade.
(London, Covent Garden)

Abb. 105:

Metallschild auf Fassade in vertikaler Harzer Holzbekleidung.
(Clausthal-Zellerfeld)

Üblicherweise werden rechteckige, transparentförmige Schilder zur Anwendung kommen. Dieses schließt jedoch nicht aus, daß in bestimmten Fällen runde, ovale oder auch sonstige Formen gewählt werden können. Schilder müssen im Gegensatz zu Einzelbuchstaben grundsätzlich unmittelbar auf der Wandfläche aufliegen und dürfen nicht mit Abstand davorgesetzt werden, damit sie so wenig körperhaft wie möglich erscheinen.

Symbolhafte Werbezeichen (Abb. 106 bis 108)

In der gleichen Weise wie bereits beschrieben, also durch Aufmalen, aus der Fassade Herausarbeiten oder durch Aufsetzen können Werbeanlagen, die parallel zur Fassade angebracht sind, mit symbolhaften Aussagen gestaltet werden. Aufgemalte Symbole sollten in der Regel einfach, klar erkennbar und farblich zurückhaltend gestaltet und ausgeführt werden. Regelrechte Fassadenmalereien dürfen allerdings nur in Gegenden geschaffen werden, in denen diese Malart Tradition

Abb. 106:
Kombination aus schwarzen Metallbuchstaben und einem stilisierten Werbezeichen ebenfalls aus Metall. (Rotenburg a. d. Fulda)

Abb. 108:
Goldene Uhr vor
Schieferfassade.
(Goslar)

hat, wie z. B. im süddeutschen Raum. Bei Emblemen, die plastisch aus der Fassade herausgearbeitet oder auf diese aufgesetzt werden, ist ebenfalls eine klare und einfache Formensprache zu wählen.

Werbung an Fachwerkgebäuden (Abb. 109 bis 117)

Soll eine Werbeanlage an einem Gebäude in sichtbarer Fachwerkkonstruktion angebracht werden, so darf grundsätzlich die feingliedrige Fachwerkstruktur nicht verdeckt werden. Unter Beachtung dieser Prämisse gibt es grundsätzlich vier Möglichkeiten, Werbung an einem Fachwerkhaus zu betreiben, nämlich entweder nur auf den Hölzern oder nur innerhalb eines Ausfachungsfeldes sowie in den Gebäudeöffnungen oder mit Werbeauslegern.

Die beste, bereits seit altersher angewendete Werbeart ist das Aufmalen von Einzelbuchstaben auf Schwelle oder Rähm, welche allerdings keine Profilierungen oder Bemalungen besitzen dürfen. Sie müssen jedoch eine gewisse Stärke haben, damit die gut lesbaren Buchstaben noch etwas Abstand zum oberen bzw. unteren Balkenrand einhalten können. Das Einschnitzen von Buchstaben in das Holz ist nicht möglich, da dieses ein nicht rückgängig zu machender Eingriff

Abb. 109:
Weiße Buchstaben auf Schwelle aufgemalt. (Rouen)

Abb. 111:
Metallbuchstaben auf Obergeschoß-
schwelle aufgesetzt. (Einbeck)

Abb. 112:
Goldlettern auf Schwelle und Türsturz aufgesetzt. (Stratford upon Avon)

Abb. 113:
Holzschilder leicht geneigt unter die Schwelle des ersten Obergeschosses gesetzt. (Dinkelsbühl)

Abb. 114:

Holzschild farblich von Obergeschoß-
schwelle abgesetzt und mit dunkelbrau-
nen Buchstaben beschriftet. (Dinkelsbühl)

Abb. 115:

Durchsichtiges
Plexiglasschild mit
weißer Aufschrift
und zweifarbigem
Zeichen. (Rennes)

Abb. 116:
Schrift auf helles
Ausfachungsfeld
aufgemalt. (Goslar)

Abb. 117:
Ovales Schild auf helles Ausfachungsfeld gesetzt. (Celle)

in die historische Bausubstanz wäre. Bewährt haben sich auch Einzelbuchstaben, die auf Rähm bzw. Schwelle aufgesetzt werden können. Besonders kräftige Balken können durchaus auch einmal ein flaches, rechteckiges Schild aufnehmen. Ein Übergriff der Werbung auf die Ausfachungen darf nicht erfolgen, da so das klare Konstruktionsraster der Fassade gestört wird. Wird ein Ausfachungsfeld als Werbefläche benutzt, so darf umgekehrt die Werbung nicht über den Rand des Feldes hinausgehen. Da die Ausfachungsfelder infolge des Achsmaßes der Fachwerkkonstruktion selten breiter als 1 m sind, kann eine Beschriftung in einem derartigen Feld nur relativ klein sein. Während auf die Ausfachungen gemalte Beschriftungen am gebräuchlichsten sind, können in einzelnen Fällen auch kleinere Tafeln in unterschiedlichen Formen als Werbeanlagen in Frage kommen. Hat ein Fachwerkgebäude ein massives Erdgeschoß, so ist dieses wie ein Massivbau zu behandeln.

Da Werbung in Gebäudeöffnungen und mit rechtwinklig zur Fassade angebrachten Auslegern nicht nur für Fachwerkgebäude sondern für alle Gebäudearten geeignet ist, werden diese Werbeformen in den folgenden Kapiteln gesondert behandelt.

Werbeausleger (Abb. 118 bis 143)

Alle Gebäudetypen, auch besonders aufwendig gestaltete Massivbauten oder Fachwerkgebäude bieten in der Regel die Möglichkeit, eine senkrecht von der Fassade abstehende Werbeanlage aufzunehmen, ohne daß das gestalterische System ihrer Fassaden zerstört wird. Der Eindruck ist jedoch nur günstig, wenn der Werbeausleger gestalterisch qualitätvoll ist und i. S. eines ansprechenden Schmuckstückes wirkt. Kastenförmige Werbeanlagen, sog. Ausstecktransparente, können somit allein schon aus diesem Grund für historische Architektur nicht in Frage kommen.

Die Anwendung der bereits ausführlich hergeleiteten Gestaltungsprinzipien für Werbeanlagen ist infolge ihrer Fernwirkung bei Werbeauslegern besonders wichtig. Ein Werbeausleger darf grundsätzlich jeweils nur für ein bestimmtes historisches Gebäude, sozusagen als „Maßarbeit" entworfen und angefertigt werden. Eine Wiederholung derartiger Ausleger in Form von Serienproduktionen darf nicht erfolgen, da so der Individualität historischer Bauten widersprochen würde. Historische Gebäude entstanden üblicherweise ebenfalls nicht als Serienprodukte.

Abb. 118:
Metallplastik.
(Lemgo)

Abb. 119:
Metallobjekt. (Holz-
minden)

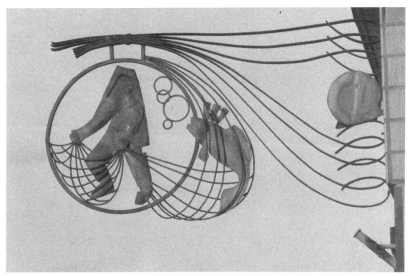

Abb. 120:
Metallobjekt. (Allenstein)

Abb. 121:
Metallplastik. (Allenstein)

179

Abb. 122:
Metallplastik.
(Danzig)

Abb. 123:
Metallplastik.
(Danzig)

180

Abb. 124:
Schild aus getriebenem Metall. (Posen)

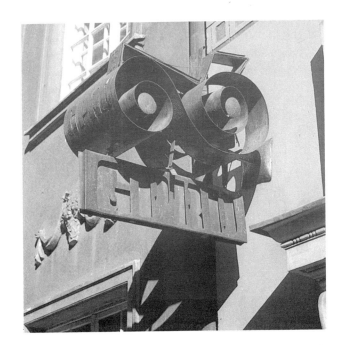

Abb. 125:
Metallplastik.
(Danzig)

Abb. 126:
Metallobjekt. (Thorn)

Abb. 127:
Metallobjekt.
(Warschau)

182

Abb. 128: Metallplastik. (Brügge)   Abb. 129: Metallschild. (Dinan)

Abb. 130: Metallschild. (Rennes)   Abb. 131: Metallschild. (Vannes)

THE COBWEB
LICENSED RESTAURANT

Abb. 134:
Halterung und Schild aus Metall. Schrift und Signet in blau. (Helmstedt)

Abb. 135:
Halterung und Schild
aus Metall. (Lemgo)

Abb. 136:

Kragarm aus Metall. Schild farbiges Plexiglas. Dunkelgrünes Muster auf violettem Untergrund. Schrift weiß. (Rennes)

Abb. 137:

Textiles Transparent zwischen zwei Kragarme gespannt. Weiße Schrift auf gelbem Untergrund. (St. Malo)

187

Abb. 140:
Metallobjekt farbig behandelt. (Goslar)

Abb. 141:
Metallobjekt. Stilisierte Zeitung, beweglich. (Lemgo)

188

Abb. 142:
Metallobjekt. Schrift und Emblem goldfarben. (Frankfurt a. Main)

Abb. 143:
Halterung, Schrift
und Signet aus glän-
zendem und spie-
gelndem Metall.
(Rennes)

Neue Werbeausleger müssen immer in all ihren Teilen durchgestaltet sein, oder anders formuliert: Alle verwendeten Materialien müssen gestaltend bearbeitet werden. Ein Werbeausleger ist im übrigen das Werbemittel, bei dem ein Geschäftsmann in besonderer Weise seine gestalterischen Vorstellungen in den Entwurf einbringen und verwirklichen kann. Seinem Ideenreichtum sind bei dieser Werbeform keine Grenzen gesetzt.

Ein Ausleger kann z. B. im Sinne eines Banners gestaltet werden, dessen Ansichtsfläche, die aus den unterschiedlichsten Materialien beschaffen sein kann, bemalt oder beschriftet wird oder auf die in plastischer Weise Schriften oder sonstige Darstellungen aufgesetzt werden können. Während hölzerne Schilder z. B. reliefartig bearbeitet werden können, ist bei Metallschildern das Ausschneiden bestimmter Formen möglich. Da die Gruppe von Werbeauslegern, die in vollplastischer Ausgestaltung Werbeaussagen in symbolischer Form vermittelt, eine unübersehbare Fülle an Gestaltungsmöglichkeiten bietet, soll gar nicht erst der Versuch einer umfassenden Darstellung unternommen werden. Es soll lediglich auf die bereits häufiger mit Erfolg praktizierte Möglichkeit hingewiesen werden, Firmensymbole, die auch aus den Anfangsbuchstaben eines Unternehmens bestehen können, in gestalterisch interessanter Weise in Ausleger zu integrieren. Firmen, die innerhalb größerer Regionen tätig sind, dürfen jedoch nicht einen „Standardausleger" immer wieder verwenden, sondern müssen die Ausleger auf jedes historische Gebäude speziell abstimmen.

Werbung in Gebäudeöffnungen (144 bis 156)

Die Integration einer Werbeanlage in eine im Erdgeschoß einer historischen Fassade bestehenden Gebäudeöffnung, also ein Fenster, eine Tür, ein Tor oder eine Arkade, ist bei sorgsamer Gestaltung die für ein historisches Gebäude geeignetste Werbeart, da in das gestalterische Gefüge einer historischen Fassadenfläche nicht eingegriffen wird. Diese Form der Außenwerbung bietet sich somit besonders bei reich gegliederten und geschmückten Gebäuden sowie bei Gebäuden in sichtbarer Fachwerkkonstruktion an.

Die Regel wird sein, Werbeanlagen in die Schaufenster einzufügen. Die einfachste und gebräuchlichste Form der „Schaufensterwerbung" sind unmittelbar auf die Scheiben gemalte oder mit Folien aufgeklebte Beschriftungen oder Symbole, die bei geschickter Gestaltung eine gute Werbewirksamkeit entfalten können. Es sei an dieser Stelle

Abb. 144: Aufschrift und Bild in weiß. (Marburg)

jedoch nochmals mit Nachdruck festgestellt, daß wahlloses Beschriften oder Bekleben von Schaufenstern untersagt werden muß und daß Werbeanlagen in Schaufenstern vollwertige Werbeanlagen sind, die nicht nach Belieben zusätzlich zu bereits am Gebäude vorhandenen Werbeanlagen angebracht werden dürfen. Neben den „normalen" gibt es im Schaufensterbereich noch eine ganze Reihe weiterer, gestalterisch guter Werbemöglichkeiten. So können z. B. Buchstaben außen plastisch auf die Scheibe gesetzt, ein Werbeschild vor oder hinter die Scheibe gehängt, ein transparentes Schild mit plastisch aufgesetzten Buchstaben zwischen die Laibung gespannt oder ein Schriftzug bzw. ein Werbesymbol mit einer filigranen, optisch zurücktretenden Haltekonstruktion vor die Scheibe oder in einen offenen Torbogen gehängt werden.

Abb. 145:
Weiße Fensterbe-
schriftung. (Lemgo)

Abb. 146:
Weiße Fensterbe-
schriftung. (Lemgo)

Abb. 147: Fensterbeschriftung in weiß. (Rennes)

Abb. 148: Goldene Aufschrift im Türoberlicht. (Delft)

Abb. 149:
Auf die Scheibe plastisch aufgesetzte Metallbuchstaben. (Rennes)

Abb. 150:
Details aus Abb.
149. (Rennes)

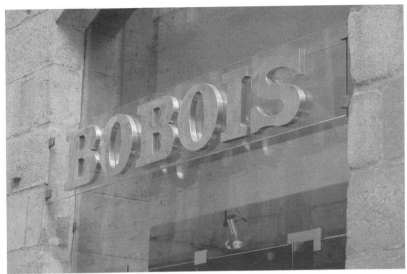

Abb. 151:
In die Öffnung gespanntes Plexiglastransparent mit aufgesetzten silbernen Metallbuchstaben.
(Rennes)

Abb. 152:
In den Durchgang gehängte Holzschilder.
(Dol)

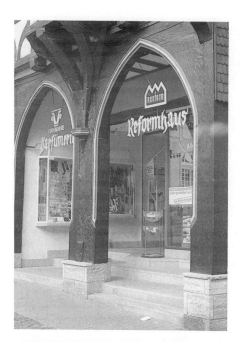

Abb. 153:

Goldene Einzelbuchstaben sowie transparente Signets optisch frei in die Öffnungen gehängt. (Fritzlar)

Abb. 154:

Weiße Einzelbuchstaben optisch frei in den Gebäudeöffnungen. (Vannes)

Abb. 155:

Weiße Schrift auf
durchgehenden Ver-
glasungen der
Bogenöffnungen.
(Rennes)

Abb. 156:

Plastische   Firmensignets   in   hohen
Bogenöffnungen. (Rennes)

Literaturverzeichnis

Bheme, Theda: Reklame und Heimatbild, Neudamm 1931

Creux, René: Schilder vor dem Himmel, Lausanne 1962

Geschmiedete und geschlosserte Gasthaus- und Ladenschilder, Merkblätter über sachgemäße Stahlverwendung, Nr. 221

Hellweg, Werner: Die Außenreklame in Stadt und Land, Hamburg 1919

Hölscher, Eberhard: Firmenschilder aus zwei Jahrtausenden, München 1965

Jesberg, Paulgerd: Außenwerbung – Schrift am Bau, in: Deutsche Bauzeitung, Nr. 7, 1967, S. 1143 ff

Leonhard, Walter: Schöne alte Wirtshausschilder, München 1977

Lindner, Werner: Außenreklame, Berlin 1936

Mindak, Jochen/Roseneck, Reinhard: Analyse von Ortssatzungen zum Schutz historischer Stadtbilder, in: Der Landkreis, Nr. 8–9, 1978, S. 420 ff

Münker, Wilhelm: Reklame-Kultur? Hilchenbach 1950

Nettelhorst, Leopold: Außenwerbung, München 1952

Paneth, Erwin: Entwicklung der Reklame vom Altertum bis zur Gegenwart, München/Berlin 1926

Rauschnabel, Kurt: Stadtgestalt durch Staatsgewalt? Arbeitshefte zur Denkmalpflege in Hamburg Nr. 6, Hamburg 1984

Roseneck, Reinhard/Mindak, Jochen: Altstadtsatzungen – Grundsatzüberlegungen zum Aufbau, in: Der Landkreis, Nr. 5, 1978, S. 181 f

Schmidt, Leopold: Zunftzeichen, München 1979

Abbildungsnachweise

Abb. 67 aus Petrie, Brian: Bruegel, Gütersloh 1985

Abb. 68 aus Hölscher, Eberhard: Firmenschilder aus zwei Jahrtausenden, München 1965

Abb. 1–66 und 69–156 Archiv des Verfassers

Örtliche Regelung der Außenwerbung in den Bundesländern

Wie bereits in den vorhergehenden Kapiteln dargelegt, dienen die in der kommunalen Praxis vielfach diskutierten auf den Bauordnungen der Bundesländer basierenden Ortssatzungen und Verordnungen der Abwehr von Verunstaltung durch Werbeanlagen, wie auch der normativen Festsetzung bestimmter positiver baugestalterischer Ziele im Erscheinungsbild unserer Städte. Örtliche Vorschriften zur Regelung der Außenwerbung finden sich in zwei Satzungstypen:

a) **Gestaltungssatzungen**; das sind u.a.:

- Satzungen zum Schutz des Stadtbildes,

- Verordnungen über besondere Anforderungen an bauliche Anlagen und Werbeanlagen,

- Verordnungen über die Baugestaltung im Altstadtbereich,

- Satzungen zum Schutz historischer Bauten und ihrer Umgebung,

- Satzungen zur Gestaltung und Erhaltung des Orts-, Straßen- und Landschaftsbildes.

In der Sorge um das Stadtbild werden auch im Rahmen der Stadtsanierung von Städten und Gemeinden zunehmend Überlegungen zum Erlaß von Gestaltungssatzungen in ihren verschiedenen Spielarten angestellt.

b) **Außenwerbungssatzungen**; das sind:

Ortssatzungen oder Verordnungen über die besonderen Anforderungen an Werbeanlagen. Sie beziehen sich ausschließlich auf die Errichtung von Anlagen der Außenwerbung in bestimmten Baugebieten oder Schutzbereichen der Städte und Gemeinden. Es gibt die unterschiedlichsten Gründe für den Erlaß einer Außenwerbungssatzung. Manche Städte verfügen bereits über eine Gestaltungssatzung, in der die verschiedensten Kriterien über Bauweise, Baukörper, Dachlandschaft, Fassaden, Baumaterialien, Farben, Beleuchtung usw. geregelt werden, in denen aber die Außenwerbung noch nicht hinreichend berücksichtigt wurde. Diese Kommunen neigen zusätzlich zur Verabschiedung einer Außenwerbungssatzung. Andere Städte und Gemeinden wollen von der unter a) genannten städtebaulichen Gestaltungssatzung absehen und nur die besonders dringenden Probleme der Außenwerbung in einer Satzung regeln.

In diesem Zusammenhang sei noch einmal darauf hingewiesen, daß bestimmte baugestalterische Ziele nicht nur durch umfassende Gestaltungssatzungen oder eigene Außenwerbungssatzungen, sondern auch durch örtliche Bauvorschriften als Bestandteil von Bebauungsplänen erreicht werden können (§ 9 Abs. 4 Baugesetzbuch). Festsetzungen zu den Anlagen der Außenwerbung können somit immanenter Bestandteil städtebaulicher Planungsvorstellungen sein, die durch Bebauungspläne konkretisiert und umgesetzt werden.[1])

Satzungen – gleich welcher Art – sollten eine Begründung erhalten. Diese kann einer Satzung vorangestellt werden oder in einer Anlage erfolgen. In der Begründung sollten die sachlichen Vorstellungen und Erwägungen dargestellt, der Sinn der zu treffenden Maßnahmen verdeutlicht und einzelne Bestimmungen erläutert werden.

Die Gestaltungssatzungen – besonders aber auch die eigentlichen Außenwerbungssatzungen – sollen im einzelnen zur Klärung folgender Punkte beitragen:

– Gestaltungsziele, die sich aus den konkreten örtlichen Verhältnissen ableiten;

– Zulässigkeit oder Unzulässigkeit von Werbeanlagen in den einzelnen Gebieten oder Zonen;

– gestalterische Anforderungen an Werbeanlagen;

– zulässige oder unzulässige Standorte von Werbeanlagen, z.B. in der Nähe von Kunst-, Natur- und Kulturdenkmälern, Grün- und Freiflächen, Brücken, Mauern, Zäunen usw.;

– Zu- und Unzulässigkeit von Werbung mit Zetteln und Plakaten;

– Beschränkungen bei bestimmten Werbeeinrichtungen, wie z.B. Auslegern, Namensschildern oder Firmenaufschriften.

Daß die Diskussion über Wert oder Unwert von Gestaltungssatzungen in Gemeinden und Verbänden ständig zugenommen hat, wird auch daran deutlich, daß das Deutsche Nationalkomitee für Denkmalschutz anläßlich seiner 12. Sitzung am 17. November 1980 in Lübeck zu

---

[1]) siehe dazu den Beitrag von Dyong, „Städtebaurecht und Außenwerbung"

diesem Problemkreis grundsätzlich Stellung genommen hat. Die im folgenden wiedergegebene Entschließung will das Deutsche Nationalkomitee für Denkmalschutz nicht als Einschränkung der Kreativität in der Architektenschaft und nicht als Pression der Denkmalpflege verstanden wissen, sondern vielmehr als Lösungshilfe beim oftmals auftretenden Konflikt zwischen Architekten und Denkmalpflegern.

Empfehlung des Deutschen Nationalkomitees für Denkmalschutz zu Gestaltungssatzungen

Die anhaltende Diskussion über die Zweckmäßigkeit und die Wirksamkeit von Gestaltungssatzungen auf der Grundlage der Landesbauordnungen veranlaßt das Deutsche Nationalkomitee für Denkmalschutz zu folgender Stellungsnahme:

1. In dem Rahmen, den die Bauordnungen und die Denkmalschutzgesetze dem Ermessen überlassen, liegt die Verantwortung für die Bewahrung und maßstäbliche Weiterentwicklung historisch gewachsener Ortsbilder auch bei den Gemeinden.

   Hierzu wie auch für den Schutz historischer Bereiche bietet sich der Erlaß von Gestaltungssatzungen als geeignetes Instrument an. Erfahrungen der letzten Zeit haben gezeigt, daß sich damit gröbste Verstöße gegen historisch gewachsene Bereiche verhindern lassen.

   Seit Beginn unseres Jahrhunderts haben sich Satzungen dort als wirksam erwiesen, wo ihre Ziele in Gremien (z.B. Baupflegekommission Hamburg) fortlaufend diskutiert und weiterentwickelt wurden, und so die Festsetzungen auf wesentliche räumliche Geltungsbereiche (z.B. Münster, Prinzipalmarkt) beschränkt wurden.

2. Gestaltungssatzungen müssen sinnvollerweise Bestandteil eines Gesamtkonzepts zur Gestaltung und Nutzung eines historischen Bereichs sein. Sie ersetzen weder planerische Überlegungen noch Bebauungspläne.

   Die Kenntnis der charakteristischen Elemente des Ortsbildes ist wichtige Voraussetzung für Auswahl und Formulierung der Satzungsinhalte. Die Ergebnisse der Erhebungen müssen anschaulich vermittelt werden, damit die charakteristischen Merkmale des Erscheinungsbildes vom Bürger und Bauherrn erfaßt und vom Architekten verarbeitet werden können. Es sind präzise abgegrenzte Baubereiche (Ortskerne, homogene Bereiche) zu definieren mit charakteristischen, erhaltenswerten Gestaltungselementen. Während Verbote in der Regel die geringere Einschränkung der Baufreiheit bedeuten, schränken Gebote stark ein. Am besten sichert die Festschreibung primärer Quellen der Gestaltungswirksamkeit (Baukörper, Dachform, Masse) den Bestand.

Allzu detaillierte Auflagen, insbesondere für Fassaden (Befensterungs-muster usw.), laufen Gefahr, nicht nur zu einer unangemessenen Ein-schränkung gestalterischer Freiheit zu führen, sondern auch die Nut-zung unnötig einzuengen.

3. Satzungen müssen im weitesten Sinne als Vorbehalt der Gemeinden für die künftige Gestaltung aufgefaßt werden. Im Vorfeld formeller Bauan-träge sollten die Gestaltungsprobleme durch qualifizierte Beratung sei-tens der Planungs- bzw. Bauämter im Sinne einer vernünftigen Baupfle-ge gelöst werden. Das bedeutet nicht Verordnung von Gestaltung, sondern breiten Informations- und Erfahrungsaustausch. Vorausset-zung ist allerdings eine entsprechende Besetzung der Ämter mit Fach-personal. Schließlich sollte nicht übersehen werden, daß bei der Wieder-herstellung historischer Bausubstanz aufgrund von Gestaltungsanforde-rungen durch Satzungen bisweilen höhere Aufwendungen notwendig werden (Sprossenfenster, Naturschiefereindeckung).

Die Mittel zur Förderung der Denkmalpflege sollten auch aus diesem Grunde kräftig erhöht werden.

Wie sehr örtliche Regelungen der Erhaltung und dem Schutz histori-scher Stadtgebiete und Ortsteile dienen können, belegt eine vom Deutschen Institut für Urbanistik in Berlin Anfang 1978 vorgelegte Untersuchung.[2]) Diese Untersuchung stellt den komplexen Fragenbe-reich der Erstellung von Gestaltungssatzungen im allgemeinen und Regelungen für die Ordnung der Außenwerbung im besonderen ein-gehend dar. Sie gibt u.a. einen Überblick über die historische Entwick-lung der Baupflege und beschäftigt sich mit der Problematik des Satzungsrechts. Der breiten Darstellung von Satzungstypen und Sat-zungsinhalten sind die vielfältigen Schutzvorschriften zur Durchset-zung bestimmter baugestalterischer Absichten – auch für den Bereich der Außenwerbung – zu entnehmen. Untersucht wurden 170 Satzun-gen und 52 Bebauungspläne – verabschiedet oder im Entwurf vorlie-gend.

Betont wird in einem besonderen Thesenkatalog, daß Satzungen über besondere Anforderungen an Werbeanlagen und Warenautomaten in der Regel nur dann einen wünschenswerten Effekt besitzen, wenn in die Satzungsbestimmungen auch Regelungen (Beseitigung ohne Auf-lage oder nur im Falle einer Änderung bzw. Erneuerung) im Hinblick

---

[2]) „Bebauungspläne und Ortssatzungen – Instrumente zur gestalterischen Erneuerung historischer Stadtgebiete", Bearbeitung: Dipl.-Ing. Hans Bert Burger, Dr.-Ing. Niels Gutschow und Dr.-Ing. Karl Jürgen Krause. Berlin 1978; Verlag und Vertrieb: Deutsches Institut für Urbanistik, 1000 Berlin 12, Straße des 17. Juni 112.

auf bestehende Werbeanlagen aufgenommen werden. Das Gutachten verdeutlicht ferner, daß Satzungen im Abstand mehrerer Jahre überarbeitet und dann fortgeschrieben werden sollten. „Der Gedanke der Veränderung muß stärker in den Vordergrund rücken als bisher. Auch gestalterische Ziele wandeln sich. Nur auf wenige Jahre können Rechtsnormen für diese Ziele festgesetzt werden", wird im Vorwort ausgeführt. Die Praxis ging bisher andere Wege. In der Regel wurden Satzungen für zehn bis zwanzig Jahre verabschiedet. Zu empfehlen ist bei neu zu verabschiedenden Satzungen an die Möglichkeit der Überprüfung und Revision zu denken und entsprechende Absicherungen vorzusehen.

Welche großen Unterschiede sich in Aufbau und Inhalt der örtlichen Regelungen ergeben, verdeutlicht nicht nur die vom Deutschen Institut für Urbanistik vorgelegte Untersuchung, sondern auch eine bereits vorher erarbeitete Inhaltsanalyse von Ortssatzungen zum Schutz historischer Stadtbilder[3]), die an der Technischen Universität Berlin am Fachgebiet Denkmalpflege im Jahr 1975 erarbeitet wurde. Sie wurde von den Autoren überarbeitet und – kürzer gefaßt – in der Zeitschrift „der landkreis"[4]) veröffentlicht. Auch diese wissenschaftliche Arbeit geht auf die historische Entwicklung der Gestaltungsproblematik im Bauordnungsrecht ein und beschäftigt sich eingehend mit zahlreichen örtlichen Baugestaltungsvorschriften. Herausgestellt wird, daß sich die Gestaltungsregelungen für Anlagen der Außenwerbung besonders auf folgende Punkte beziehen:

– Begrenzung der Zahl der zulässigen Werbeanlagen am Baukörper;

– Maße und Farben;

– Plazierung und Proportionierung;

– Verbot bestimmter Schrifttypen;

– positive Gestaltungsanforderungen;

– Werbung ausschließlich an der Stätte der Leistung;

– Verbot von Lichtwerbung oder Lichtwechselwerbung;

---

[3]) „Örtliche Baugestaltung: Vorschriften zum Schutz historischer Stadtbilder – eine vergleichende Inhaltsanalyse"; Bearbeitung: Dipl.-Ing. Jochen Mindak und Dipl.-Ing. Reinhard Roseneck, Berlin 1976.
[4]) „Analyse von Ortssatzungen zum Schutz historischer Stadtbilder"; Bearbeitung: Jochen Mindak und Reinhard Roseneck, in „der landkreis" Heft 8–9 1978 – „Planen – Bauen – Gestalten", Kohlhammer Verlag, Stuttgart-Köln.

- Industrielle Fremdwerbung;

- Rücksichtnahme auf die historische Umgebung;

- Maße und Einfügung von Auslegern;

- Einfügung von Schaukästen und Warenautomaten.

Die Ergebnisse von Untersuchungen zahlreicher Stadtgestaltungssatzungen sind ferner in einem von der „Forschungsgemeinschaft Bauen und Wohnen", Stuttgart, in Auftrag gegebenen Forschungsbericht über „Stadtgestaltung in der kommunalen Planungspraxis" enthalten. Seine Ergebnisse fanden Eingang in die Veröffentlichung „Stadtbild in der Planungspraxis"[5]). Eingehend erörtert werden die für die Stadtgestaltung bedeutsamen Steuerungsinstrumente Flächennutzungsplan, städtebaulicher Rahmenplan, Bebauungsplan und Gestaltungssatzung. Zur Bedeutung und Aufgabe der Gestaltungssatzung wird in der Veröffentlichung ausgeführt:

„Heute können Gestaltungssatzungen sowohl als ‚aktive' Satzungen der Durchsetzung bestimmter Gestaltungsabsichten dienen, wie als ‚passive' Satzungen den Schutz vorhandener Gestaltwerte sicherstellen. Als Instrument der Stadterneuerung werden sie in den nächsten Jahrzehnten oft beide Aufgaben gleichzeitig erfüllen müssen. Hier wird es entscheidend sein, daß die städtebaulich-architektonische Konzeption, die jeder Gestaltungssatzung zugrunde liegt, in jedem Einzelfall nur soviel Freiheit wie möglich für die architektonische Ausbildung des Einzelobjektes läßt. Die zentrale Aufgabe bei der Erarbeitung einer Gestaltungssatzung ist, für jede spezifische Situation das jeweils richtige Verhältnis zwischen architektonischer Freiheit und stadtgestalterischer Bindung zu finden."

Was im einzelnen der ortsrechtlichen Regelung zugänglich gemacht werden kann, wird durch die nachstehende Wiedergabe von Satzungsbeispielen verdeutlicht. Die Gestaltungssatzungen wurden bewußt in vollem Wortlaut, teilweise mit Begründung wiedergegeben. So werden Motive und Konzepte des Ortsgesetzgebers für die im einzelnen verfügten Maßnahmen der Stadtgestaltung sowie die Berücksichtigung von Geboten für die Ordnung der Außenwerbung am ehesten sichtbar. Ferner soll deutlich gemacht werden, daß der Erlaß

---

[5]) „Stadtbild in der Planungspraxis" – Stadtgestaltung vom Flächennutzungsplan bis zur Ortsbausatzung als Element der kommunalen Arbeit. Von Dr.-Ing. Michael Trieb und Prof. Dipl.-Ing. Antero Markelin, unter Mitarbeit von Gerd Baldauf, Wolfgang Grössle und Lothar Grund; 1976, Deutsche Verlags-Anstalt, Stuttgart.

von Gestaltungssatzungen einer umfassenden und exakten Vorarbeit bedarf. Notwendig sind besonders gründliche Bestandsaufnahme und Bestandswertung[6]). Die im folgenden wiedergegebenen Satzungen aus den Bundesländern Baden-Württemberg, Bayern, Hessen, Niedersachsen, Nordrhein-Westfalen, Rheinland-Pfalz und Schleswig-Holstein sollen die Überlegungen um die örtliche Regelung der Außenwerbung in der kommunalen Praxis erleichtern:

Verzeichnis der Satzungen

Baden-Württemberg:	Satzung über Werbeanlagen, Automaten, Vordächer und Sonnenschutzdächer zum Schutz der historischen Altstadt der Stadt **Heidelberg** (Werbeanlagensatzung Altstadt)
	Satzung zur Gestaltung des historischen Stadt- und Straßenbildes im **Tübinger** Stadtkern (Stadtbildsatzung)
	Stadt **Bietigheim** – Örtliche Bauvorschrift über besondere Anforderungen an bauliche Anlagen, Werbeanlagen und Automaten zum Schutz der historischen Altstadt (Altstadtsatzung)
Bayern:	Verordnung über besondere Anforderungen an bauliche Anlagen und Werbeanlagen in der Stadt **Kempten (Allgäu)**
	Verordnung der Stadt **Landsberg a. Lech** über Außenwerbung und öffentliche Anschläge in der Stadt Landsberg a. Lech (AWV)

---

[6]) siehe dazu den Beitrag von Roseneck, „Werbung in historischen Altstädten".

Verordnung über örtliche Bauvorschriften zum Schutze der Altstadt von **Regensburg** (Altstadtschutzverordnung)

Hessen: Baugestaltungssatzung für **Frankfurt am Main** – Alt-Sachsenhausen

Ortssatzung über die äußere Gestaltung baulicher Anlagen, Werbeanlagen und Warenautomaten (Gestaltungssatzung) **(Wiesbaden)**

Niedersachsen: Örtliche Bauvorschrift über Gestaltung in der Stadt **Göttingen** zur Erhaltung und Gestaltung des Stadtbildes der Innenstadt und zur Regelung der Außenwerbung

Örtliche Bauvorschrift der Stadt **Goslar** über die Gestaltung baulicher Anlagen in der Altstadt (Altstadtsatzung)

Nordrhein-Westfalen: Satzung über örtliche Bauvorschriften der Stadt **Hilchenbach** für den Bereich „Stadtmitte"

Satzung über besondere Anforderungen an bauliche Anlagen, Werbeanlagen und Warenautomaten für den Altstadtbereich der Stadt **Höxter** und des Schlosses Corvey

Satzung der Stadt **Soest** vom 18. 4. 1973 über besondere Anforderungen an bauliche Anlagen, Werbeanlagen und Automaten in den historischen Ortsteilen der Stadt

Satzung der Stadt **Werne** über besondere Anforderungen an Werbeanlagen vom 19. Juni 1978

Satzung der Stadt **Münster** zum Schutz des Orts- und Straßenbildes, zur Erhaltung baulicher Anlagen und zur Erweiterung der Anzeigepflicht für Werbeanlagen in der Altstadt

Rheinland-Pfalz:	Satzung über die Zulässigkeit, die Anbringung und die Gestaltung von Außenwerbung sowie Automaten in der Stadt **Trier**
Schleswig-Holstein:	Satzung der Stadt **Flensburg** über besondere Anforderungen an bauliche und Werbeanlagen im Bereich der Altstadt (Altstadtsatzung)

Baden-Württemberg:

Satzung über Werbeanlagen, Automaten, Vordächer und Sonnenschutzdächer zum Schutz der historischen Altstadt der Stadt Heidelberg (Werbeanlagensatzung Altstadt)

Vom 02. 04. 1979

Aufgrund von § 111 Abs. 1 Nr. 1 und 2 sowie Abs. 2 Nr. 1 und § 112 Abs. 2 Nr. 2 der Landesbauordnung für Baden-Württemberg (LBO) in der Fassung vom 20. Juni 1972 (GBl. S. 352) sowie § 4 der Gemeindeordnung von Baden-Württemberg in der Fassung vom 22. Dezember 1975 (GBl. 1976 S. 1), zuletzt geändert durch Gesetz vom 13. Juni 1978 (GBl. S. 302) hat der Gemeinderat der Stadt Heidelberg am 08. 03. 1979 als örtliche Bauvorschrift folgende

Satzung

beschlossen.

I. Allgemeines

§ 1 Gegenstand

(1) Diese Satzung regelt die Zulässigkeit von Werbeanlagen und Automaten sowie von Vordächern und Sonnenschutzdächern zum Schutz der historischen Altstadt.

(2) Unberührt bleiben die Vorschriften des Denkmalschutzrechts, die Regelungen, nach denen Sondernutzungen an öffentlichen Straßen, Wegen und Plätzen einer Erlaubnis bedürfen, sowie Bestimmungen, die die Anbringung von Werbeanlagen aus Gründen der Verkehrssicherheit auf öffentlichen Straßen, Wegen und Plätzen regeln.

§ 2 Geltungsbereich

(1) Die Bestimmungen dieser Satzung gelten in den nachfolgend umschriebenen 3 Bereichen der historischen Altstadt:

Bereich 1

Der Bereich 1 erstreckt sich vom Westen her vom Beginn der Hauptstraße und der Plöck an der Sofienstraße bis zur Brunnengasse/Akademiestraße im Osten. Er reicht unter Einbeziehung der Fahrtgasse bis zum Neckarstaden im Norden und erstreckt sich nach Süden bis einschließlich zur Plöck mit der Nadlerstraße und dem Friedrich-Ebert-Platz.

Bereich 2

Der Bereich 2 beginnt im Westen an der Brunnengasse/Akademiestraße und endet im Osten an der Marstallstraße/Grabengasse. Nördliche Begrenzung ist der Neckarstaden. Im Süden reicht er bis einschließlich zur Plöck. Die Märzgasse und die Schießtorstraße sind einbezogen.

Bereich 3

Der Bereich 3 beginnt im Westen an der Großen Mantelgasse/Grabengasse und endet im Osten am Karlstor. Im Norden reicht er bis zum Neckarstaden/Am Hackteufel, im Süden bis zur Karlstraße/Neue Schloßstraße/Oberer Fauler Pelz.

(2) Die genaue Abgrenzung sowie die Zuordnung der an den genannten Straßen und Plätzen gelegenen Bebauung zu den einzelnen Bereichen ergibt sich aus dem dieser Satzung beigefügten Lageplan. Der Lageplan ist Bestandteil der Satzung. Er ist während der allgemeinen Dienststunden zu jedermanns Einsicht beim Bauaufsichtsamt der Stadt Heidelberg niedergelegt.

§ 3 Allgemeine Anforderungen

Werbeanlagen, Automaten, Vordächer und Sonnenschutzdächer sind so anzuordnen, zu errichten, zu unterhalten und zu gestalten, daß sie nach Form, Maßstab, Werkstoff, Farbe und Gliederung das Erscheinungsbild der baulichen Anlagen, mit denen sie verbunden sind sowie das Erscheinungsbild der sie umgebenden baulichen Anlagen und das Straßenbild nicht beeinträchtigen sowie deren historischen, künstlerischen und städtebaulichen Charakter nicht stören.

II. Werbeanlagen

§ 4 Gemeinsame Vorschriften

(1) Werbeanlagen sind nur an der Stätte der Leistung zulässig. Sie können Werbung für Hersteller oder Zulieferer mit anderer Betriebsstätte enthalten (gemischte Werbeanlagen), wenn sie einheitlich gestaltet sind und die Werbung für den genannten Hersteller oder Zulieferer nicht störend hervortritt.

(2) An einer Gebäudefassade ist je Gewerbebetrieb oder sonstiger Arbeitsstätte nur eine Werbeanlage zulässig; Werbeanlagen an Schaufenstern sind ausgenommen. Die Werbeanlage kann aus mehreren Teilen bestehen, wenn sie insgesamt einheitlich gestaltet ist.

(3) Außer im Erdgeschoß sind Werbeanlagen nur bis zur Unterkante von Fenstern des ersten Obergeschosses zulässig, jedoch nur bis zu einer Höhe von 5 m über der Straßenoberkante.

(4) Für Art und Anbringung von Werbeanlagen gilt darüber hinaus:

1. Werbeanlagen dürfen nicht auf Fassaden benachbarter Gebäude übergreifen.

2. Die Brüstungszone im ersten Obergeschoß darf nicht durch Werbeanlagen abgedeckt werden.

3. Schaufenster, sonstige Fenster und Glastüren dürfen weder zugeklebt noch zugestrichen oder zugedeckt werden. Sie dürfen nicht großflächig beklebt, angestrichen oder verdeckt werden; dies gilt nicht für kurzfristige Sonderveranstaltungen.

4. Werbeanlagen mit senkrecht untereinandergesetzten Schriftzeichen oder Symbolen sind unzulässig. Ausgenommen hiervon sind Anlagen in der Plöck und den zur Plöck führenden Seitenstraßen der Hauptstraße in den Bereichen 1 und 2, wenn das Grundbedürfnis nach angemessener Werbung durch Werbeanlagen anderer Art nicht befriedigt werden kann. Sie dürfen sich abweichend von Abs. 3 jedoch nur bis zur Mitte des 2. Obergeschosses erstrecken. § 6 gilt entsprechend.

5. Werbefahnen und Spruchbänder sind unzulässig.

(5) Die Beleuchtung von Werbeanlagen muß blendfrei sein. Lauf-, Wechsel- und Blinklichtschaltung sind nicht zulässig, ebensowenig grelle und fluoreszierende Farben.

(6) An den zur Neckarfront gehörenden Gebäudeseiten ist nur eine weiße oder indirekt anstrahlende Beleuchtung von Werbeanlagen zulässig.

§ 5 Beschriftung, Zeichen, Symbole

(1) Beschriftungen, Zeichen und Symbole sollen in der Länge höchstens drei Viertel der Gebäudefassade einnehmen.

(2) Beschriftungen auf Sonnenschutzdächern außer dem Namenszug sind nur zulässig, wenn sie in der Längsrichtung angebracht sind und eine Schrifthöhe von 20 cm nicht überschreiten.

§ 6 Tafel- und kastenförmige Werbeanlagen

Tafel- und kastenförmige Werbeanlagen dürfen nur in den Bereichen 1 und 2 angebracht werden. Sie sind bis zu einer Höhe von 60 cm im Bereich 1 und 50 cm im Bereich 2 zulässig. In der Länge sollten sie im Bereich 1 höchstens zwei Drittel der Gebäudefassade, im Bereich 2 nicht mehr als die Hälfte der Fassade einnehmen. Die Tiefe von kastenförmigen Werbeanlagen darf darüber hinaus im Bereich 1 nur 30 cm, im Bereich 2 höchstens 20 cm betragen.

§ 7 Ausleger, Nasenschilder, Schaukästen und Anschlagtafeln

(1) Ausleger und Nasenschilder sind in allen Bereichen bis zu einer Ausladung von 120 cm gestattet. Sie dürfen in den Bereichen 1 und 2 keine größere Fläche als 1,2 m², im Bereich 3 keine größere Fläche als 1,0 m² aufweisen. Bei kastenförmiger Gestaltung gilt § 6 Satz 4 entsprechend. Im Bereich 3 sollen jedoch nur tafelförmige Ausleger oder Nasenschilder angebracht werden.

(2) Schaukästen und Anschlagtafeln sind in allen Bereichen nur ausnahmsweise zulässig. Sie sollen die Maße von 60 x 40 cm nicht überschreiten.

III. Automaten

§ 8 Automaten

Automaten sind nur in Haus- und Ladeneingängen, Hofeinfahrten oder Passagen zulässig.

IV. Vordächer und Sonnenschutzdächer

§ 9 Vordächer

Vordächer sind nur im Bereich 1 zulässig. Sie dürfen eine Auskragung bis zu 80 cm haben. Eine Länge von einem Viertel der Gebäudefassade soll nicht überschritten werden.

§ 10 Sonnenschutzdächer

(1) Bewegliche Sonnenschutzdächer, die am Gebäude befestigt werden, sind in allen Bereichen zulässig. Andere Sonnenschutzdächer sind nicht gestattet.

(2) Sonnenschutzdächer dürfen bis zu 1,40 m auskragen. Nach Länge und Form müssen sie der Gliederung des Gebäudes, insbesondere des Erdgeschosses angepaßt sein.

V. Verfahrensbestimmungen

§ 11 Ausnahmen, Befreiungen und Freistellungen

(1) Von den Vorschriften dieser Satzung können gemäß § 94 der Landesbauordnung Ausnahmen und Befreiungen gewährt werden, wenn die bauordnungsrechtlichen Voraussetzungen hierfür vorliegen. Mit den öffentlichen Belangen ist eine Ausnahme oder Befreiung in der Regel vereinbar, wenn die in § 3 formulierten allgemeinen Anforderungen erfüllt bleiben.

(2) Ausnahmen von Satzungsbestimmungen, die als Regel- oder Sollvorschriften aufgestellt oder in denen ausdrücklich Ausnahmen vorgesehen sind, können im Einzelfall auch von den Maßvorschriften dieser Satzung zugelassen werden, wenn eine Werbeanlage keine größere Fläche aufweist oder einnimmt, als nach der Satzung möglich wäre.

(3) Eine Befreiung wegen offenbar nicht beabsichtigter Härte kann erteilt werden, wenn bei Einhaltung einer zwingenden Satzungsvorschrift das Grundbedürfnis nach angemessener Werbung nicht befriedigt werden kann.

(4) Die Vorschriften dieser Satzung gelten nicht für Säulen, Tafeln und Flächen, die von der Stadt Heidelberg für amtliche Bekanntmachungen oder zur Information über kulturelle und sonstige Veranstaltungen bereitgestellt werden. Sie gelten ferner nicht für die von der Stadt angebrachten Hinweise auf Sehenswürdigkeiten, Erinnerungstafeln sowie für Hinweise auf sonstige touristische Ziele durch die Stadt. Ausnahmen für weitere notwendige Hinweisschilder oder Einrichtungen können nach Abs. 1 zugelassen werden.

(5) Die Beschränkungen in den Vorschriften des § 4 Abs. 2, 3 und 4 Nr. 5 sowie des § 5 dieser Satzung gelten nicht für Werbeanlagen, die für zeitlich begrenzte Veranstaltungen, insbesondere für Aus- und Schlußverkäufe an der Stätte der Leistung angebracht werden.

§ 12 Baugenehmigung

(1) Die Errichtung von Werbeanlagen und Automaten bedarf einer Baugenehmigung.

(2) Dies gilt nicht für Werbeanlagen, die an der Stätte der Leistung nur vorübergehend angebracht oder aufgestellt werden, sowie für Namensschilder bis zu 0,2 m² Größe.

VI. Schlußvorschriften

§ 13 Ordnungswidrigkeiten

Zuwiderhandlungen gegen die Vorschriften dieser Satzung oder gegen vollziehbare Anordnungen aufgrund dieser Satzung können gemäß § 112 Abs. 2 Nr. 2 und Abs. 3 der Landesbauordnung als Ordnungswidrigkeit mit einer Geldbuße bis zu 50 000,— DM geahndet werden.

§ 14 Inkrafttreten

Die Satzung tritt nach § 111 Abs. 5 der Landesbauordnung in Verbindung mit § 12 des Bundesbaugesetzes mit dem Tag der öffentlichen Bekanntmachung ihrer rechtsaufsichtlichen Genehmigung in Kraft.

Heidelberg, den 02. 04. 1979

Zundel, Oberbürgermeister

SATZUNG zur Gestaltung des historischen Stadt- und Straßenbildes im Tübinger Stadtkern (Stadtbildsatzung)

Vom 26. März 1979

Aufgrund von § 111 Abs. 1 Ziff. 1—6 und Abs. 2 Ziff. 1 und 3, § 112 Landesbauordnung — LBO — vom 06. 04. 1964 (Ges.Bl. S. 129) in der Fassung vom 20. 06. 1972 (Ges.Bl. S. 352), § 39 h Bundesbaugesetz — BBauG — in der Neufassung vom 18. 08. 1976 (BGBl. I S. 221) sowie von §§ 4 und 11 der Gemeindeordnung vom 25. 07. 1955 (Ges.Bl. S. 129) in der Fassung der Bekanntmachung vom 22. 12. 1975 (Ges.Bl. 1976, S. 1) hat der Gemeinderat der Universitätsstadt Tübingen am 26. März 1979 folgende örtlichen Bauvorschriften als Satzung beschlossen:

Der Tübinger Stadtkern ist von Zerstörungen des letzten Krieges nahezu verschont geblieben; auch sind in den letzten 25 Jahren nicht allzu viele schwerwiegende Eingriffe in den baulichen Bestand der Altstadt vorgenommen worden. Daher besteht in Tübingen die Chance, das historische Stadt- und Straßenbild eines zusammenhängenden größeren und unverwechselbaren Altstadtgefüges für die Zukunft beizubehalten.

Zur Erhaltung des charakteristischen Stadtbildets einer historischen Altstadt genügt es nicht, durch eine Satzung die Formen des Baubestandes nur im groben zu schützen. Vielmehr muß das Altstadtbild in Gestalt aller wesentlichen Einzelheiten beibehalten werden, aus denen es sich zusammensetzt: Dazu gehören einerseits die Merkmale, die den städtebaulichen Zusammenhang entstehen lassen, andererseits die historischen Gestaltungselemente an den Gebäuden und schließlich die individuellen Besonderheiten jedes einzelnen Gebäudes und die Altersspuren, die unlösbar an den alten Bauten haften. Deshalb auch müssen die Eigentümer bestrebt sein, Abbruchmaßnahmen auf unausweichliche Fälle zu beschränken.

Eine breite Anwendung der Satzung ist allerdings nur zu verwirklichen, wo eine sinnvolle Nutzung der Gebäude stattfindet, die die Eigentümer auch wirtschaftlich in die Lage versetzt, die für die Stadtbildpflege erforderlichen Maßnahmen zu treffen. Allerdings werden den einzelnen im Interesse der Erhaltung unseres architektonischen und städtebaulichen Erbes durch diese Satzung Opfer auferlegt. Stadt und Denkmalpflege sind jedoch bemüht, die finanziellen Mehrbelastungen durch angemessene Zuschüsse zu erleichtern.

I. Teil: Geltungsbereich der Satzung

§ 1 Geltungsbereich

(1) Der Geltungsbereich dieser Satzung wird durch folgende Straßen, Parzellen und Wasserläufe (je einschließlich) begrenzt:

im Norden: Ammer

im Osten: Parzelle Wilhelmstraße 24, 22, 20, 18, 16, 14, 12, 8
             Am Lustnauer Tor 2 und 3
             Österbergstraße, Österbergstraße 16
             Parzellen 508/5, 511/1, 511/3
             Gartenstraße 12
             Neckar
             Parzelle 11

212

im Süden:	Wöhrdstraße
	Karlstraße 3, 2/1
	Uhlandstraße 7, 11, 13, 15
	Uhlandstraße
im Westen:	Alleenbrücke
	Ortsweg 73 (Haeringsstaffel)
	Schwärzlocher Straße 9 und 11
	Schwärzlocher Straße
	Gerstenmühlstraße
	Rappstraße

Diese Begrenzung ist als blaue Umrandungslinie im Lageplan vom 25. 11. 1976 dargestellt, welcher als Anlage 1 Bestandteil dieser Satzung ist.

(2) Innerhalb des Geltungsbereichs gelten

a) allgemeine Vorschriften für den gesamten Geltungsbereich der Satzung (II. Teil),

b) zusätzliche Vorschriften für bestimmte, besonders schützenswerte historische Straßen und Plätze und für die Neckarfront (III. Teil).

(3) Zu den besonders schützenswerten, historischen Straßen und Plätzen gehören folgende Straßen und Plätze mit den zugehörigen Gebäudefronten und Dachpartien:

Am Lustnauer Tor
Am Markt
Am Stadtgraben bei Geb. 19—27 und bei Gebäude Wilhelmstraße 3
Ammergasse
Am kleinen Ämmerle mit OW. 128
Bachgasse mit OW. 30/2 und OW. 31
Bei der Fruchtschranne
Beim Nonnenhaus Gebäude 1—7
Burgsteige mit OW. 75, 85 und 86 u. Flurstück 90
Bursagasse mit OW. 94
Clinikumsgasse mit Nordseite der Parzelle Clinikumsgasse 12 u. OW. 92/4 u. 92/5
Collegiumsgasse
Froschgasse mit Parzelle 27/2
Cambrinusgasse
Haaggasse mit OW. 56, 165 und 166
Hafengasse
Hasengäßle
Hintere Grabenstraße, nur Südseite bis bei Gebäude Lange Gasse 60, 62 u. 64
Hirschgasse
Hohentwielgasse mit OW. 42/2
Holzmarkt
Im Zwinger (OW. 66), nur Ostseite
Jakobsgasse mit OW. 50
Judengasse
Kapitänswegle mit Flurstück 102 und 101/1
Karrengäßle
Kelternstraße, nur Südseite bei der Kelter
Kirchgasse
Klosterberg
Kornhausstraße mit OW. 24/3
Kronenstraße

Krumme Brücke
Lange Gasse mit OW. 15/2, 15/3, 15/4, 15/5, 15/6
Lazarettgasse
Madergasse mit OW. 162
Marktgasse
Metzgergasse bei Gebäude 1—3 und bei Gebäude 33—39
Mordiogasse
Mühlstraße
Münzgasse mit OW. 79/1 und 79/2
Neckarbad
Neckargasse mit OW. 163
Neckarhalde mit OW. 164
Neue Straße
Neugäßle mit OW. 167 und 168
Neustadtgasse mit OW. 28/2, 28/3, 28/4, 28/5
Nonnengasse bei Gebäude 1—5 und bei Gebäude 2—10
Pfleghofstraße
Rathausgasse
Salzstadelgasse mit OW. 51
Schmidtorstraße mit Parzelle Schmidtorstr. 2
Schulberg
Seelhausgasse
Stiefelhof
Süssenloch
Uhlandstraße zwischen bei Gebäude 10 bis 24
Urbangasse
Wienergäßle
Wilhelmstraße bei Gebäude 3 und bei Gebäude 8—24
Vor dem Haagtor
Zwingerstraße
OW. 68/1 und OW. 68/2 (Hinter der Kunstmühle)

Diese Straßen und Plätze sind in Anlage 2 blau dargestellt.

(4) Die Neckarfront wird durch die am Südhang nördlich des Neckars zwischen Mühlstraße und OW. 73 (Haeringsstaffel) gelegenen Gebäude gebildet; sie ist in der Anlage 3 durch eine blaue Schraffur dargestellt.

Zur Neckarfront gehören nicht

a) die nördlichen Fassaden der in diesem Gebiet gelegenen Gebäude,

b) die von öffentlich zugänglichen Flächen am Neckar, von der Eberhardsbrücke und von der Alleenbrücke nicht einsehbaren Teile der Gebäude in diesem Gebiet,

c) die zur Neckargasse und zur Mühlstraße gelegenen Fassaden der Gebäude Neckargasse 27 und Mühlstraße 1 und 3.

II. Teil: Vorschriften für den gesamten Gestaltungsbereich der Satzung

§ 2 Allgemeine Anforderungen an bauliche Anlagen

(1) Alle baulichen Anlagen im Geltungsbereich dieser Satzung sind äußerlich so zu gestalten, daß ein bruchloser städtebaulicher und baulicher Zusammenhang mit dem historischen Gebäudebestand entsteht.

(2) Dies gilt insbesondere hinsichtlich

a) der Stellung der Gebäude zueinander und zu den Straßen und Plätzen,

b) der Größe der Gebäude und des Wechsels in der Größe benachbarter Gebäude,

c) der Fassadengestaltung und der dabei angewandten maßstäblichen Gliederung,

d) der Geschlossenheit und Einheitlichkeit der Dachlandschaft.

§ 3 Fassadengestaltung

(1) Bei der Fassadengestaltung müssen sich benachbarte Baukörper durch unterschiedliche Traufhöhen und Gesimshöhen und Brüstungs- und Sturzhöhen voneinander abheben, ohne daß die Einheitlichkeit der Gestaltungselemente verlorengeht. Weichen bestehende Gebäude hinsichtlich Traufhöhen, Gesimshöhen, Brüstungshöhen oder Sturzhöhen von den benachbarten Gebäuden nicht ab, so können im Fall des Wiederaufbaus Ausnahmen von Satz 1 zugelassen werden.

(2) Alle Gebäudefassaden sollen als geschlossene Wände mit stehend-rechteckigen Einzelöffnungen im Maßstab des historischen Baubestandes ausgebildet werden. Ausnahmen von der stehend-rechteckigen Form der Öffnung können zugelassen werden, wenn die beabsichtigte Form von historischen Vorbildern im Geltungsbereich übernommen oder abgeleitet ist. Fenster, Schaufenster, Türen und Tore sind so anzubringen, daß ihre Oberfläche mindestens 8 cm hinter der Fassade liegt.

(3) In der Erdgeschoß-Zone sind auch andere als nach Absatz 2 Satz 1 vorgeschriebene Einzelöffnungen zulässig, sofern sie sich zwischen Pfeilern befinden. Die Summe der Pfeilerbreiten soll mindestens 1/5 der Fassadenbreite betragen.

(4) Die Ausbildung eines Kniestocks ist an Gebäuden, die an den Fassaden der Obergeschosse eine Geschoßgliederung aufweisen, nicht zulässig. Historisch vorhandene Mezzanin-Geschosse können wiederhergestellt werden.

(5) Fassadenverkleidungen aus glatten, polierten, glänzenden und anderen dem Charakter der Altstadt fremden Materialien — insbesondere Asbestzement, Kunststoff, Metall, Glas, Keramik und Mosaik — sind untersagt.

(6) Vordächer sind nicht zulässig.

§ 4 Dachlandschaft

(1) Bei baulichen Maßnahmen darf die Dachlandschaft in ihrer Einheitlichkeit, Lebendigkeit und Geschlossenheit in bezug auf Dachformen, maßstäbliche Gliederung, Material und Farbigkeit nicht beeinträchtigt werden.

(2) Dächer sind mit einer Neigung von mindestens 45° (Steildächer) auszubilden; Ausnahmen können zugelassen werden

a) bei Dachaufbauten;

b) wenn der historische Bestand eines Gebäudes eine abweichende Dachneigung aufweist;

c) wenn die Einhaltung des Abs. 3 dies erfordert;

d) bei Dächern, die von öffentlich zugänglichen Straßen, Wegen und Plätzen und von den öffentlichen Grünanlagen nicht sichtbar sind.

(3) Sofern in der Umgebung bezüglich der Dachneigung, der Stellung der Dächer zur Straße, der Dachform und der Dachaufbauten eine Einheitlichkeit besteht, sind diese Formen zu übernehmen.

(4) Für Dachaufbauten, Dacheinschnitte, liegende Dachfenster und Glasdachflächen, die von den öffentlich zugänglichen Straßen, Wegen und öffentlichen Grünanlagen sichtbar sind, gilt folgendes:

a) Traufe, First und Ortgang an Steildächern dürfen durch Dachaufbauten, Dacheinschnitte, liegende Dachfenster und Glasdachflächen nicht aufgelöst werden; der Abstand dieser Bauteile von First und Trauf und Ortgang muß — in der Dachfläche gemessen — mindestens 1,5 m betragen.

b) Dachaufbauten dürfen folgende Gesamtlängen nicht überschreiten: bei Satteldächern 1/2 der zugehörigen Gebäudelänge, bei Walmdächern an der Längsseite 1/3 und an der Schmalseite 1/5 der zugehörigen Gebäudelänge. Die Breite von Dachaufbauten mit einer Höhe von mehr als 1 m darf 1,5 m nicht überschreiten.

Dächer auf Dachaufbauten müssen in das Hauptdach eingebunden werden. Sie dürfen kein zum Hauptdach gegenläufiges Gefälle haben.

c) Dacheinschnitte, liegende Dachfenster und Glasdachflächen sind nur auf einer Dachfläche zulässig, die von den öffentlich zugänglichen Straßen, Wegen und Plätzen und von den öffentlichen Grünanlagen abgewandt ist, und dort nur im mittleren Drittel der Dachfläche (parallel zum First gemessen). Sie dürfen insgesamt nicht mehr als 1/15 der Dachfläche einnehmen.

d) Bei Dacheinschnitten darf die zwischen oberer und unterer Begrenzung der Aussparung senkrecht gemessene Höhe höchstens 1,3 m, die Breite höchstens 3 m betragen.

e) Liegende Dachfenster und Glasdachflächen dürfen in der Fläche nicht größer als 1,1 qm sein. Sie sind auf Dachaufbauten nicht zulässig.

(5) Dachaufbauten, die zu den Dachpartien der historischen Straßen und Plätze und zur Neckarfront gehören, sind nach den §§ 12, 15, 16 und 17 zu gestalten. Für andere Dachaufbauten gilt § 3 Abs. 5.

Historisch als Sichtfachwerk an Giebeln errichtetes Fachwerk, das in der Dachlandschaft sichtbar ist, darf nicht verputzt oder verkleidet werden und ist bei Instandsetzungs- und Instandhaltungsmaßnahmen wieder freizulegen, sofern es nach seinem Erhaltungszustand hierzu geeignet ist.

(6) Die von den öffentlich zugänglichen Straßen, Wegen und Plätzen und von den öffentlichen Grünanlagen sichtbaren Wandflächen von Dacheinschnitten sind mit nichtglänzender und dunkler Oberfläche auszubilden.

Rahmen von liegenden Dachfenstern und Glasdachflächen sind in dunklen Tönen auszuführen.

(7) Lotteranlagen mit den zugehörigen Fassaden-Öffnungen und Klappläden sind bei Umbauten sowie Instandsetzung und Instandhaltung wiederherzustellen.

(8) Auf Steildächern ist im Interesse eines farbigen, jedoch einheitlichen Gesamtbildes naturrotes und in der Oberfläche aufgerauhtes Ziegelmaterial zu verwenden. Dies gilt auch für Dachaufbauten.

Zulässig sind nur Biberschwanz-Ziegel, ausnahmsweise Ziegel mit Mönch/Nonnen-Charakteristik.

(9) An Steildächern ist der Ortgang mit Zahnleiste, die Traufe als Kastengesims mit vorgehängter Rinne auszubilden; der Ortgang muß 15 cm—25 cm, die Traufe mindestens 30 cm vorspringen.

Ausnahmen sind zulässig, wenn an dem Gebäude historisch andere Gestaltungsformen bestehen.

Die Ortgangausbildung mit Windbrett und Blechabdeckung ist nur bei schräg geschnittenen Dächern und bei Dachdeckung in Mönch/Nonnen-Charakteristik zulässig.

(10) Blechverwahrungen, Dachrinnen und Entlüftungsrohre sind in Kupfer herzustellen oder braun zu streichen. Fallrohre sind entweder in Kupfer herzustellen oder in unauffälliger Farbe zu streichen.

(11) Entlüftungskamine müssen von der Traufe einen Abstand von mindestens 1,50 m und vom Ortgang einen Abstand von mindestens 2,50 m einhalten. Sie sind nur auf einer von den öffentlich zugänglichen Straßen, Wegen und Plätzen und von den öffentlichen Grünanlagen abgewandten Dachfläche und dort nur im mittleren Drittel (parallel zum First gemessen) zulässig.

(13) Auf jedem Gebäude ist nur eine Antenne und zwar nur dann zulässig, wenn nicht an eine Gemeinschaftsantenne angeschlossen werden kann.

Antennen sind nur auf einer von den öffentlichen Straßen, Wegen und Plätzen und von den öffentlichen Grünanlagen abgewandten Dachfläche und dort nur im mittleren Drittel (parallel zum First gemessen) zulässig.

Antennenanschlüsse dürfen nicht sichtbar auf der Fassade verlegt werden.

§ 5 Werbeanlagen, Automaten

(1) Werbeanlagen sind in ihrer Gestaltung dem historischen Stadtbild anzupassen.

(2) Die Vorschriften dieser Satzung gelten auch für serienmäßig hergestellte Firmenwerbung einschließlich registrierter Waren- und Firmenzeichen.

(3) An den zur Neckarfront gehörenden Gebäudeseiten sind Werbeanlagen und Automaten nicht zulässig.

(4) An den einzelnen Gebäudeseiten ist je Geschäft, Behörde, Dienstleistungsbetrieb usw. nur eine Werbeanlage zulässig; historische schmiedeeiserne Ausleger, im Erdgeschoß angebrachte Hinweisschilder bis zu 0,05 qm Größe und Schaukästen werden hierbei nicht mitgerechnet.

Eine Werbeanlage kann aus mehreren Teilen bestehen, wenn sie einheitlich gestaltet ist. Dabei ist allerdings die Kombination eines Auslegers mit einer anderen Werbeanlage oder die Gestaltung einer Werbeanlage aus mehreren Auslegern nicht zulässig.

(5) Werbeanlagen an benachbarten Gebäuden sind aufeinander abzustimmen. Eine Werbeanlage darf sich nicht auf mehr als ein Gebäude erstrecken.

(6) Werbeanlagen sind nur zulässig

a) im Erdgeschoß

b) in der Brüstungszone des ersten Obergeschosses, wenn im Erdgeschoß eine sonst nach dieser Satzung zulässige Werbung nicht möglich ist.

Darüber hinaus ist es — vorbehaltlich der Genehmigung anderer Stellen — zulässig, in den Obergeschossen Weihnachtsdekorationen anzubringen; das gleiche gilt auch für vorübergehend und beweglich angebrachte, nicht störende Werbeanlagen.

(7) Werbeanlagen müssen von Geschoßgesimsen einen Abstand von mindestens 10 cm, von Gebäudekanten einen Abstand von mindestens 20 cm — jeweils in der Fassadenebene gemessen — einhalten.

Die Brüstungszone im ersten Obergeschoß darf — abgesehen von der Anbringung von Werbeanlagen im Sinne von Absatz 6 b — nicht in Zusammenhang mit der

Werbung verändert, z.B. abweichend von der übrigen Gestaltung der Obergeschosse angestrichen oder verkleidet werden.

Bauteile und Gestaltungselemente, die dem Gebäude ihr charakteristisches Gepräge geben, sowie Bauteile von städtebaulicher, geschichtlicher oder künstlerischer Bedeutung dürfen im Zusammenhang mit der Werbung nicht verändert, insbesondere nicht verkleidet oder sonst in ihrer Wirkung beeinträchtigt werden.

(8) Bei Werbeanlagen sind folgende Maße einzuhalten:

a) Höhe von Schriften, Zeichen und Symbolen höchstens 40 cm; einzelne Buchstaben oder Zeichen können hierbei bis 50 cm hoch sein.

b) Schriften als Wandmalerei dürfen bis zur vollen Gebäudebreite weniger beidseitig je 20 cm einnehmen.

c) Schriften aus einzeln angebrachten Buchstaben dürfen höchstens die Hälfte der Gebäudebreite einnehmen.
Dies gilt auch bei Anbringung mehrerer Werbeanlagen an einer Gebäudeseite.

d) Tafeln oder Kästen als Trägeranlagen in oder vor der Fassadenebene dürfen höchstens 55 cm hoch und 15 cm dick sein und ein Viertel der Gebäudebreite einnehmen. Dies gilt auch bei Anbringung mehrerer Werbeanlagen an einer Gebäudeseite.

e) Ausleger als Kästen dürfen höchstens 55 cm hoch, 55 cm lang und 55 cm tief sein. Sie dürfen bei einem Wand-Abstand von mindestens 10 cm nicht mehr als 65 cm ausladen.

Ausleger, bei denen an einem metallenen Gestänge flache Schilder beweglich angebracht sind, dürfen bei einer Fläche des Schildes bis 0,45 qm bis 90 cm ausladen.

f) Hinweisschilder über 0,2 qm sind unzulässig. Bei Erinnerungstafeln können Ausnahmen zugelassen werden.

(9) Für die Art der Beleuchtung von Werbeanlagen gilt folgendes:

a) Schriften als Wandmalerei und auf Tafeln aufgemalte Schriften dürfen nur mit Punktleuchten angeleuchtet werden. Dabei muß eine Blendung von Passanten und Anwohnern vollkommen vermieden werden.

b) Parallel in oder vor der Wand angebrachte Trägeranlagen und einzeln angebrachte Buchstaben dürfen nur von innen beleuchtet werden. Hierbei dürfen nur Schrift, Zeichen und Symbole, nicht aber der Schriftgrund und die Seiten (Zargen) der Anlage beleuchtet sein. Bei einzeln angebrachten Buchstaben ist auch eine nach hinten ausstrahlende Beleuchtung (Schattenschrift) zulässig.

c) Ausleger dürfen nur mit Punktleuchten oder einer Soffitte angeleuchtet werden. Dabei muß eine Blendung von Passanten und Anwohnern vollkommen vermieden werden.

d) Eine Beleuchtung mit Wechselschaltung oder mit nicht abgedeckten Lichtquellen ist unzulässig.

(10) Für die Farbe der Beleuchtung von Werbeanlagen gilt folgendes:

a) Bei Schattenschrift und Punkt- und Soffittenbeleuchtung darf nur gedämpftweiße Beleuchtung verwendet werden.

b) Für die Beleuchtung von Werbeanlagen im Sinne von Abs. 9 b, 1. Satz, sind nur folgende Farben zugelassen: weiß, grau, braun, dunkelgrün, dunkelrot, dunkelblau.

(11) Grelle und fluoreszierende Farbgebung ist nicht zulässig.

(12) Es ist nicht gestattet, an den Fassaden, vor Schaufenstern und in Passagen eine Beleuchtung mit unverdeckten Leuchtmitteln zu verwenden.

Die Verwendung von Beleuchtungskörpern außerhalb von Schaufenstern und Passagen ist auf die Anbringung eines Beleuchtungskörpers an jedem Eingang beschränkt. Der Beleuchtungskörper muß von der Fassade abgelöst werden. Der leuchtende Körper darf bis 30 x 30 x 30 cm groß sein.

(13) Automaten sind nur in Passagen und Wartehallen, innerhalb oder anstelle von Schaufensteranlagen unter Beachtung von § 3 Abs. 2 und 3 und an Kiosken zulässig.

(14) Vorhandene historische schmiedeeiserne Ausleger sind bei Wiederaufbauten wieder anzubringen.

(15) Werbeschriften auf Markisen dürfen nicht länger als 1/4 der zugehörigen Gebäudebreite sein.

(16) Als Anschlagflächen sind nur Tafeln bis zu einer Größe von 4 x DIN A1 und Anschlagsäulen im Durchmesser bis zu 95 cm zugelassen.

Zur Werbung für Wahlen und Großveranstaltungen können besondere Werbeflächen bis zu einer Größe von 4 x DIN A1 mit besonderer Genehmigung aufgestellt werden.

(17) Anschläge außerhalb genehmigter Werbeflächen sind unzulässig.

§ 6 Unbebaute Flächen, Stützmauern, Einfriedungen, Treppen

(1) Zur Befestigung von Hofeinfahrten, Innenhöfen und anderen nicht bebauten Flächen der Grundstücke sind Pflasterbeläge zu verwenden, soweit diese von öffentlich zugänglichen Straßen, Wegen, Plätzen und öffentlichen Grünanlagen einsehbar sind.

Es ist ein Pflaster aus quadratischen oder rechteckigen Pflasterformaten zu wählen.

(2) Stützmauern, Einfriedigungs- und Einfassungsmauern dürfen nur in Sand- oder Tuffstein oder als verputzte Mauern errichtet werden.

Die Mauern sind entweder mit Sand- oder Tuffsteinplatten oder mit naturroten Biberschwanzziegeln oder mit Mönch/Nonnen-Ziegeln abzudecken.

(3) Zäune und Winkeltüren sind nur mit senkrecht stehenden Brettern oder Latten zulässig. Für die Farbgebung gilt § 17. Außerdem sind Zäune in guß- oder schmiedeeiserner Ausführung zugelassen.

(4) Vorgärten dürfen nicht als Arbeits- oder Lagerflächen genutzt werden und sind gärtnerisch anzulegen und zu unterhalten. Bäume, Sträucher und Fassadengewächse an den öffentlich zugänglichen Straßen, Wegen und Plätzen sind bei Verlust gleichwertig zu ersetzen, wobei heimische Gewächse zu bevorzugen sind.

(5) Treppenstufen dürfen nicht in polierter Ausführung angebracht werden.

§ 7 Erhaltung baulicher Anlagen

(1) Im Geltungsbereich der Satzung prägen die vorhandenen baulichen Anlagen teilweise allein, vor allem aber in ihrem Zusammenhang das charakteristische und erhaltenswerte Ortsbild, die Stadtgestalt und das Landschaftsbild; zugleich besitzt in diesem Bereich ein beträchtlicher Teil der baulichen Anlagen städtebauliche, geschichtliche oder künstlerische Bedeutung.

Daher kann die Genehmigung für den Abbruch, den Umbau oder die Änderung einer baulichen Anlage in diesem Gebiet versagt werden.

(2) Die Genehmigung darf nur versagt werden, wenn die bauliche Anlage erhalten bleiben soll

a) weil sie allein oder im Zusammenhang mit anderen baulichen Anlagen das Ortsbild, die Stadtgestalt oder das Landschaftsbild prägt oder

b) weil sie von städtebaulicher, insbesondere geschichtlicher oder künstlerischer Bedeutung ist.

(3) Vorhandene Ausstattungsgegenstände auf und an den öffentlich zugänglichen Straßen, Wegen und Plätzen und öffentlichen Grünanlagen und vorhandene Bauteile dürfen nur mit Genehmigung im Sinne von Absatz 1 und 2 beseitigt werden, sofern sie von städtebaulicher, geschichtlicher oder künstlerischer Bedeutung sind.

Zu den Ausstattungsgegenständen gehören insbesondere: Brunnen, Beleuchtungen, Bänke, Erinnerungstafeln, Geländer, Poller, Ketten, Abschrankungen.

Zu den Bauteilen von städtebaulicher, geschichtlicher oder künstlerischer Bedeutung können insbesondere gehören: Skulpturen, Steinkonsolen, Schlußsteine, Wappen, Erker, historische Ladenfronten, Mauerbogen, Gewände von Türen und Fenstern, Hauseingänge, Fenster, Lotteranlagen.

III. Teil: Zusätzliche Vorschriften für die historischen Straßen und Plätze und für die Neckarfront

§ 8 Allgemeine Anforderungen

(1) Das Bild der historischen Straßen und Plätze und der Neckarfront mit den zugehörigen Fassaden, Dachansichten und anderen baulichen Anlagen darf nicht beeinträchtigt werden.

(2) Bei allen Baumaßnahmen an den historischen Straßen und Plätzen und in der Neckarfront, seien es Instandsetzung und Instandhaltung, Umbauten, Wiederaufbauten, Neubauten oder andere bauliche Änderungen, sind die §§ 9—18 anzuwenden.

§ 9 Baukörper

(1) Die bisher bestehende Straßenflucht der Gebäude ist zu erhalten bzw. bei künftigen baulichen Maßnahmen wieder aufzunehmen, es sei denn, daß ein nach Inkrafttreten des Bundesbaugesetzes rechtsgültig gewordener, qualifizierter Bebauungsplan etwas anderes vorsieht.

(2) Benachbarte Einzelbaukörper dürfen weder in der Fassade noch im Dach zusammengezogen werden.

§ 10 Erdgeschoß

(1) An den Erdgeschoßfassaden ist der historische Sockelcharakter wiederherzustellen.

(2) Die tragenden Teile der Erdgeschoßfront müssen von den öffentlich zugänglichen Straßen, Wegen und Plätzen und von den öffentlichen Grünanlagen aus sichtbar sein.

(3) Bei den tragenden Teilen sind folgende Maße einzuhalten:

a) Pfeilerbreite mindestens 55 cm, Pfeilertiefe mindestens 35 cm (vorbehaltlich § 14 Abs. 3), Pfeilerabstand höchstens 400 cm. Wo Pfeiler mit einer Tiefe von mindestens 55 cm sichtbar sind, kann die Pfeilerbreite bis auf 35 cm verringert werden.

b) Zwischen Öffnungen im Erdgeschoß und dem darüberliegenden Geschoßgesims ist, soweit die Geschoßhöhe dies zuläßt, eine Wandfläche oder ein Sturz auszubilden.

Unter Fenster- und Schaufensteröffnungen ist eine Mauerbrüstung mit mindestens 35 cm Höhe an der niedrigsten Stelle herzustellen.

(4) Die tragenden Teile der Erdgeschoßfront sind verputzt, in bearbeitetem Sandsteinmauerwerk, mit einer Sandsteinverkleidung oder in gestocktem und angestrichenem Sichtbeton herzustellen.

(5) Die Verwendung von Glasbausteinen im Erdgeschoß ist nicht zugelassen.

(6) An den Erdgeschoßfassaden sind Öffnungen für Be- und Entlüftungsanlagen und Klimageräte nur zugelassen, wenn ihre Abdeckung das Bild der historischen Fassade nicht stört.

§ 11 Geschoßvorkragungen, Dachüberstände

(1) Vorhandene Geschoßvorkragungen und Dachüberstände sind wiederherzustellen.

(2) Wo der historische Bestand der Umgebung Vorkragungen aufweist, sind bei Umbauten, Wiederaufbauten und Neubauten Vorkragungen mit entsprechender Ausladung auszubilden.

§ 12 Obergeschosse

(1) Die Obergeschosse sind als Sichtfachwerk- oder Putzfassade auszubilden. Sichtbares, historisches Natursteinmauerwerk darf jedoch nicht verputzt oder verkleidet werden.

(2) Historisch als Sichtfachwerk errichtetes Fachwerk darf nicht verputzt oder verkleidet werden und ist bei Maßnahmen oder Instandsetzung oder Instandhaltung der Fassade wieder freizulegen, sofern es nach seinem Erhaltungszustand hierzu geeignet ist.

(3) Die historischen baulichen Einzelheiten der Obergeschoßfassaden dürfen vorbehaltlich anderer baurechtlicher Vorschriften nicht verputzt oder verkleidet werden und sind bei Wiederaufbauten, Umbauten und Neubauten herzustellen. Dies gilt insbesondere für

a) Geschoßgesimse mit Balkenköpfen, Steinkonsolen und Holzprofile,

b) Dachgesimse einschließlich deren Geschoßverkröpfungen mit Holzverschalung und Profilleisten.

(4) Das Anbringen von Balkonen, Loggien und Erkern ist nur an Gebäuden zulässig, an denen diese historisch bereits vorhanden waren. Erker sind außerdem gestattet, wenn sie in einem qualifizierten Bebauungsplan zugelassen sind.

(5) Die Verwendung von Glasbausteinen an Obergeschossen ist nicht zugelassen.

(6) An Obergeschossen sind Öffnungen für Be- und Entlüftungsanlagen und Klimageräte nicht zugelassen.

Öffnungen von Abgasanlagen von Gas-Einzel-Öfen sind jedoch zulässig, wenn ihre Abdeckung das Bild der historischen Fassade nicht stört.

§ 13 Hauseingänge und Tore

(1) Für Hauseingänge und Tore sind gestemmte oder aufgedoppelte Holztüren zu verwenden.

Verglasungen der Hauseingänge sind nur bei Oberlichtern oder dann zulässig, wenn historische Vorbilder aufgenommen werden.

(2) Historische Hauseingänge und Tore sind wiederherzustellen.

(3) Neue Zufahrten dürfen in die Fassade nicht gebrochen werden, es sei denn, daß Zufahrten in nach Inkrafttreten des Bundesbaugesetzes rechtsgültig gewordenen, qualifizierten Bebauungsplänen besonders ausgewiesen sind.

(4) Die Beleuchtung von Hauseingängen ist nur in Form einer einfachen Laterne oder eines in der Unterseite des Türsturzes versenkten Beleuchtungskörpers zulässig.

§ 14 Schaufenster, Ladenfronten, Schaukästen

(1) Schaufenster und Schaukästen sind nur im Erdgeschoß zulässig.

(2) An der Neckarfront sind Schaufenster und Schaukästen nicht zugelassen.

(3) Übereck-Schaufenster sind nur hinter Arkaden zulässig.

(4) Metallrahmen von Schaufenstern und Ladentüren sind in dunklem Ton zu halten.

(5) Historische Ladenfronten sind wiederherzustellen.

(6) Die Brüstung des ersten Obergeschosses und das darunter liegende Gesims dürfen nicht in die Ladenzone des Erdgeschosses einbezogen werden.

(7) Schaukästen sind zulässig, wenn sie nach den Vorschriften für Schaufenster (§ 3 Abs. 2 und § 14 Abs. 3 und 4) ausgebildet werden. Andere Schaukästen sind nur dann zulässig, wenn die tragenden Teile der Erdgeschoßfront im Sinne des § 10 Abs. 3 unverdeckt sichtbar bleiben und die Kästen in Holzkonstruktion oder dunkelfarbigem Metall und nicht über 10 cm tief und 100 cm breit ausgeführt werden.

(8) Das vollständige Zukleben, Zustreichen oder Zudecken von Schaufenstern ist nicht gestattet. Das gleiche gilt für das teilweise Zukleben, Zustreichen oder Zudecken von Schaufenstern, wenn dabei die Funktion des Schaufensters verlorengeht.

§ 15 Fenster

(1) Fenster dürfen nur als stehend-rechteckige Einzelfenster ausgebildet werden.

(2) Abweichende, aber am Gebäude historisch vorhandene Fensterformen (Ovalfenster, Bogenfenster, Lukenöffnungen u. ä.) sollen wiederhergestellt werden. Ausnahmen von der stehend-rechteckigen Form der Fenster können im Erdgeschoß und in den Dachgeschossen zugelassen werden, wenn die beabsichtigte Fensterform von historischen Vorbildern in den historischen Straßen und Plätzen (§ 1 Abs. 2 b und 3) oder an der Neckarfront (§ 1 Abs. 4) übernommen oder abgeleitet ist.

(3) An Erdgeschoßfenstern vorhandene Steinumrahmungen sind wiederherzustellen.

(4) Obergeschoß-Fenster sind außen mit Holzumrahmungen auszubilden, es sei denn, es waren historische Steinumrahmungen vorhanden; dann sind diese wiederherzustellen.

(5) Fenster in einer Höhe von mehr als 70 cm Rahmenlichtmaß sind mit einer kräftigen senkrechten Mittelteilung und Sprossen zu versehen.

Bei einer Breite von weniger als 50 cm kann die Mittelteilung entfallen.

Innerhalb der Fensterflügel darf die Größe der Scheiben und die Stärke der Sprossen nicht wechseln.

Die Stärke der Sprossen ist so zu wählen, daß die Sprossen deutlich sichtbar sind.

Durch die Sprossenteilung sind dem Quadrat angenäherte, liegende Scheibenformate herzustellen.

Andere Fensterteilungen können zugelassen werden, wenn sie historisch an dem Gebäude vorhanden waren oder dem Baustil des Gebäudes entsprechen.

(6) In den Obergeschossen sind alle Fenster mit durchsichtigem Fensterglas zu versehen.

(7) Das Zukleben, Zustreichen oder Zudecken auch nur von Teilen der Fensterscheiben ist mit Ausnahme der Dekoration der Fenster von Wohnräumen unzulässig.

§ 16 Sonnenschutz

(1) Fenster sind mit Klappläden zu versehen.

(2) Ausnahmen von Abs. 1 können zugelassen werden, wo Fenster mit Steingewänden versehen sind oder wo Klappläden nicht untergebracht werden können.

(3) Markisen sind nur an Erdgeschossen und nur in Dach- oder Zeltform, jedoch nicht in Korb- oder Tonnenform zulässig.

Markisen dürfen nicht in glänzenden, grellen oder sonst störend wirkenden Materialien oder Farben ausgeführt werden.

Markisen dürfen nicht im Brüstungsbereich des ersten Obergeschosses angebracht werden.

Bewegliche Markisen müssen hinter die Erdgeschoßfassade oder in das Erdgeschoßgesims eingezogen werden können.

Feste Markisen dürfen nur unterhalb des Erdgeschoßgesimses angebracht werden.

Markisen dürfen nicht länger sein als die zugehörigen in § 10 Abs. 3 a festgelegten Pfeilerzwischenräume.

(4) Zusätzlich zu Klappläden oder in den Ausnahmefällen des Abs. 2 können Jalousetten angebracht werden, sofern diese nicht über die Umrahmungen der Fenster vorspringen.

(5) An der Neckarfront sind Jalousetten nicht zulässig.

(6) Zusätzlich zu den Klappläden sind Rolläden nur zugelassen, wenn das ursprüngliche Fenster mit Umrahmung und Klappläden erhalten bleibt, die Rolladenkästen an der Fassade nicht sichtbar sind und der Rolladen mindestens 5 cm hinter der Fassadenebene liegt.

(7) An Lotteranlagen sind Jalousetten und Rolläden nicht zulässig.

§ 17 Putz, Farben

(1) Außenputz ist uneben aufzutragen und entweder freihändig zu verreiben oder zu bürsten.

Wo historischer Putz an der Fassade des Gebäudes festgestellt wird, ist die entsprechende Putzart herzustellen.

(2) Vorhandene historische Putzgliederungen dürfen nicht zugeputzt oder verkleidet werden.

(3) Geputzte oder aufgemalte Faschen und Sgraffitos sind nicht zulässig.

(4) Putzfassaden sind nur in warmen Tönen zu streichen. Grelle und sehr dunkle Töne sind zu vermeiden.

Historische Farbbefunde an der Fassade des Gebäudes sind jedoch aufzugreifen.

(5) Die Farbgebung der Fassaden ist mit den Farben der umgebenden Gebäude harmonisch abzustimmen.

(6) Beim Anstrich von Fachwerk-Holz sind rotbraune bis schwarzbraune Farbtöne zu verwenden. Historische Farbbefunde am Gebäude sind jedoch aufzugreifen.

(7) Sonstiges Holzwerk (Fenster, Türen, Ladenfronten, Klappläden, Schaufenster- und Fensterumrahmungen, Gesimse, Zäune, Winkeltüren usw.) ist entweder deckend zu streichen oder in mittleren bis dunklen Tönen zu lasieren.

Grelle Farbtöne sind nicht zulässig. Reines Weiß darf nur für Fensterrahmen und -flügel verwendet werden.

Die Farben der Jalousetten-Kästen aus Kunststoff oder Metall, von Jalousetten und Rolläden sind so zu wählen, daß diese Gegenstände in der Fassade so wenig wie möglich in Erscheinung treten und daß die Gliederungen der Fassade so wenig wie möglich verändert werden.

(8) Wandmalereien sind nur zulässig, wenn anders die Gliederung der Fassade nicht erreicht werden kann.

(9) Werkstein darf nicht mit deckender Farbe gestrichen werden.

§ 18 Geländer

Geländer in und an den öffentlich zugänglichen Straßen, Wegen und Plätzen und an öffentlichen Grünanlagen sind nur in massiver schmiede- oder gußeiserner Ausführung oder als Holzgeländer erlaubt.

IV. Teil: Verfahrensvorschriften

§ 19 Genehmigungspflichtige Vorhaben

Abweichend von den §§ 87 und 89 Abs. 1 und 2 LBO bedürfen folgende Vorhaben einer Baugenehmigung:

a) alle Änderungen am Äußeren der baulichen Anlagen; nicht genehmigungspflichtig sind reine Instandsetzungs- und Instandhaltungsarbeiten, mit denen das Erscheinungsbild nicht oder nur in der Farbgebung verändert wird;

b) Werbeanlagen mit mehr als 0,05 qm Größe und Automaten, soweit sie nicht nur vorübergehend angebracht sind;

c) Stützmauern, Einfriedigungs- und Einfassungsmauern.

§ 20 Bezuschussung

(1) Die Stadt Tübingen gewährt bei Instandsetzungs- und Instandhaltungsmaßnahmen für die aufgrund dieser Satzung entstehenden Mehraufwendungen gegenüber dem üblichen Aufwand einen Zuschuß, sofern Mittel zur Verfügung stehen.

Bei Umbauten, Wiederaufbauten und Neubauten werden Zuschüsse der Stadt nur gegeben, wenn aufgrund dieser Satzung Mehraufwendungen gegenüber dem üblichen Gesamt-Herstellungsaufwand entstehen.

(2) Ein Zuschuß wird nur gegeben, wenn vor Beginn der Maßnahme in bezug auf alle Auswirkungen dieser Satzung das Einvernehmen mit der Stadt Tübingen hergestellt wird und wenn die Maßnahmen in laufender Beratung durch die Stadt und durch die Denkmalpflege durchgeführt werden.

§ 21 Ordnungswidrigkeiten

Zuwiderhandlungen gegen die Vorschriften dieser Satzung können gemäß § 112 Abs. 2 und 3 LBO als Ordnungswidrigkeiten mit einer Geldbuße bis zu 50 000 DM geahndet werden.

§ 22 Bestandteile der Satzung

Die Satzung besteht außer den textlichen Festsetzungen aus folgenden Anlagen:

1. Lageplan vom 25. 11. 1976 mit der Darstellung des Geltungsbereichs der Satzung (Anlage 1),

2. Lageplan vom 25. 11. 1976 mit der Darstellung des Geltungsbereichs der zusätzlichen Vorschriften für die besonders schützenswerten historischen Straßen und Plätze und für die Neckarfront im III. Teil der Satzung (Anlage 2),

3. Lageplan vom 25. 11. 1976 mit der Darstellung der Ausdehnung der Neckarfront (Anlage 3).

§ 23 Inkrafttreten

(1) Diese Satzung tritt mit dem Tag der amtlichen Bekanntmachung ihrer Genehmigung in Kraft.

(2) Gleichzeitig treten außer Kraft:

a) Die Ortsbausatzung über Werbeeinrichtungen vom 26. 07. 1954 im Geltungsbereich dieser Satzung.

b) Die Ortsbausatzung über die Gestaltung der Neckarfront vom 04. 04. 1960.

Tübingen, den 26. März 1979

gez. Dr. Schmid, Oberbürgermeister

Genehmigt durch Erlaß des Regierungspräsidiums Tübingen vom 20. Juni 1979. Bekanntgemacht am 18. Juli 1979.

Stadt Bietigheim
Örtliche Bauvorschrift über besondere Anforderungen an bauliche Anlagen, Werbeanlagen und Automaten zum Schutz der historischen Altstadt (Altstadtsatzung)

Aufgrund von § 111 Abs. 1 Nr. 1 + 2 und Abs. 2 Nr. 2 der Landesbauordnung — LBO — vom 6. April 1964 (Ges. Bl. S. 151) und § 4 der Gemeindeordnung für Baden-Württemberg vom 25. Juli 1955 (Ges. Bl. S. 129) hat der Gemeinderat am 16. Juni 1970 folgende Satzung als örtliche Bauvorschrift zum Schutz der historischen Altstadt beschlossen:

§ 1 Allgemeine Bauvorschriften für die historische Altstadt (§ 111 Abs. 1 Ziff. 2 LBO)

(1) Geltungsbereich
Die historische Altstadt wird begrenzt durch die Löchgauer Straße, die Ziegelstraße und Holzgartenstraße, die Metter, die geplante Verbindungsstraße von der Farbstraße bei der Metterbrücke zur Metterzimmerer Straße, die Metterzimmerer Straße, den Hillerplatz, die Graben- und Neuweiler Straße.
Die Bestimmungen dieser Satzung gelten bei den genannten Straßen für die Hausfronten auf beiden Straßenseiten.

(2) Bauliche Maßnahmen aller Art, auch Reparaturen und Renovierungen haben bezüglich Werkstoffwahl, Farbgebung, Konstruktion und Gestaltung der Erhaltung und Gestaltung des historischen Stadtbildes zu dienen.

(3) Dachform und Dachdeckung:
Dächer sind als Satteldächer mit 48—52° Dachneigung und Ziegeldeckung auszuführen. Die Länge von Dachaufbauten darf max. 50 % der Gebäudelänge betragen, ihre Höhe, gemessen bis Schnittpunkt Vorderkante/Dachhaut, max. 1,20 m. Der Abstand der Dachaufbauten oder Dacheinschnitte vor der Giebelwand muß mind. 2,00 m messen.
Ausnahmen sind nur zulässig, wenn besondere städtebauliche Gründe dies erfordern.

(4) Fassadengliederung und -proportionen:
1. Bei Fassaden, die mit Fenstern und Klappläden konzipiert wurden, sind die Klappläden auch bei Renovierungen beizubehalten. Ausnahmen können zugelassen werden, wenn die Fensterproportionen so geändert werden, daß ein neues harmonisches Bild entsteht oder wenn das Gebäude und damit die Fassade neu errichtet wird.

2. Schaufenster sind nur im EG zulässig und in Größe und Proportion auf das Gebäude und seinen Maßstab abzustimmen.

3. Wenn mehrere Gebäude zu einem Gebäude zusammengefaßt werden, sind die Fassaden, auch bei einem Neubau, so zu gliedern, daß die bisherigen Hausbreiten im wesentlichen gewahrt bleiben. Im allgemeinen soll die Einzelbreite eines Gebäudeteils 12 m nicht überschreiten.

(5) Oberfläche der Außenwände:
Glatte und glänzende Oberflächen, sowie Verkleidungen aus Schindeln und Platten sind nicht zugelassen. Ausnahmen bei der Gestaltung der Schaufensterzone im Erdgeschoß können zugelassen werden.

(6) Farbgestaltung:
1. Das farbige Erscheinungsbild der Altstadt ist in seiner wohlabgewogenen Vielfalt

zu erhalten. Deshalb sind die in der **Farbkartei** (Anlage 4)*) enthaltenen Farbtöne zu verwenden.

2. Folgende Farbtöne dürfen beim Fassadenanstrich nicht verwendet werden:

2.1 reines weiß oder sehr helle Farbtöne (Remissionswerte von 80—100)

2.2 reines schwarz oder sehr dunkle Farbtöne (Remissionswerte von 0—15)

(7) Gebäude und Gebäudegruppen*), die architektonisch eine Einheit darstellen, aber in mehrere Eigentumsteile zerfallen, sind in Farbgebung, Material und Proportionen einheitlich zu behandeln.

(8) Wertvolle Bauteile wie Wappen- und Schlußsteine, Gewände, Konsolen u.ä., sind bei Abbrüchen oder Umbauten zu erhalten und in Neubauten möglichst wieder zu verwenden.

§ 2 Besondere Bauvorschriften für Baudenkmale (§ 111 Abs. 1 Ziff. 2 LBO)

(1) Baudenkmale i.s. dieser Satzung sind

1. die im Landesverzeichnis der Baudenkmale bzw. in das Denkmalbuch eingetragenen Gebäude

2. die weiteren in Anlage 2 aufgeführten Bauten von besonderer künstlerischer und städtebaulicher Bedeutung.

(2) Baudenkmale i.s. von Absatz 1 sind in ihrer baulichen Substanz zu erhalten. Ihr äußeres Bild darf nicht verändert werden.

(3) Bei baulichen Maßnahmen an Baudenkmalen i.s. von Abs. 1, auch bei Reparaturen und Renovierungen, ist das Einvernehmen des Staatlichen Amtes für Denkmalpflege herzustellen.

§ 3 Besondere Bauvorschriften für Denkmalschutzzonen (§ 111 Abs. 1 Ziff. 2 LBO)

(1) Denkmalschutzzonen entsprechend dem Verzeichnis Anlage 3 sind Straßenfronten, Platzwände und Stadtansichten, die von besonderer Bedeutung für das Bild der historischen Altstadt sind. Sie sind in ihrem überkommenen städtebaulichen Zusammenhang und Maßstab zu erhalten.

(2) Bei baulichen Maßnahmen und Renovierungen an den Außenwänden der Gebäude ist weitgehend der historische Zustand zu bewahren.

(3) Bei den durch unterbrochene Bandierung im Übersichtsplan gekennzeichneten Abschnitten ist eine Verbesserung des Stadtbildes durch eine den Zielen der Satzung entsprechende Gestaltung anzustreben.

(4) Bei Neubauten oder durchgreifenden Veränderungen sind die bestehenden Baufluchten, Gebäudehöhen und -breiten und Dachformen im wesentlichen beizubehalten unter Berücksichtigung des städtebaulichen Zusammenhanges.

(5) Vordächer und Balkone sind an den Straßenfronten der Gebäude nicht zulässig.

§ 4 Werbeanlagen und Automaten: (§ 111 Abs. 1 Ziff. 2 LBO)

(1) Werbeanlagen sind im Geltungsbereich der Satzung nur an der Stätte der Leistung und auf der den Geschäftsstraßen zugewandten Seite der Gebäude zulässig. Sie sind auf die Erdgeschoßzone zu beschränken.

(2) Der Werbeleitplan (Anlage 5) setzt fest, welchen städtebaulichen Gestaltungsprinzipien die Anordnung der Werbeanlagen zu folgen hat. Ausnahmen von der

---

*) Farbkartei ist auf dem Stadtplanungsamt einzusehen.

Beschränkung auf der Erdgeschoßzone können an den im Werbeleitplan dargestellten besonderen städtebaulichen Situationen zugelassen werden.

(3) Unzulässig sind
1. Großflächenwerbung
2. Werbeanlagen mit wechselndem und bewegtem Licht
3. Lichtwerbung in grellen Farben
4. Serienmäßig hergestellte Werbeanlagen für Firmen- oder Markenwerbung, soweit sie nicht auf die historische Umgebung Rücksicht nehmen.

(4) Zum Schutz der charakteristischen Stadtansicht sind Werbeanlagen aller Art an der Metterfront (Südseiten der Gebäude der Hauptstraße, des Marktplatzes, der Farb- und Metterstraße) nicht zulässig (Anlage 5).

(5) Werbeanlagen an Baudenkmalen i.S. von § 2 Abs. 1 und in ihrer Umgebung sind nur im Einvernehmen mit dem Staatlichen Amt für Denkmalpflege zulässig.

(6) Mehrere Werbeanlagen an einem Gebäude sind zu einer gemeinsamen Werbeanlage zusammenzufassen und in Größe und Form aufeinander abzustimmen. Mehr als zwei Schriftarten und zwei Farben an einem Gebäude sind nicht zulässig.

(7) Die Höhe von Werbeanlagen und Schriften soll in der Regel bei bandartigen Werbeanlagen 0,40 m, bei Einzelschildern 0,60 m nicht überschreiten.

(8) Automaten sind unzulässig, wenn sie auf die der Straße zugewandten Fassade aufgesetzt werden.

§ 5 Sanierungszonen:

Festsetzungen in Bebauungsplänen gehen den Festsetzungen dieser Satzung vor. Für die im Übersichtsplan gekennzeichneten Sanierungszonen ist die Ausarbeitung von Bebauungsplänen nach den Vorschriften des Bundesbaugesetzes vorgesehen.

§ 6 Anzeigepflicht (§ 111 Abs. 2 Ziffer 2 LBO)

Abweichend von § 89 Abs. 1 LBO bedürfen aufgrund von § 111 Abs. 2 Nr. 2 LBO folgende Vorhaben der Bauanzeige:

1. Die Errichtung von Bauteilen in Anlagen und Einrichtungen, — mit Ausnahme von tragenden oder aussteifenden Bauteilen, deren Errichtung genehmigungspflichtig ist, — soweit von öffentlichen Flächen aus sichtbar (z.B. die Herstellung oder Änderung von Tür-, Licht- oder sonstige Öffnungen in Wänden und in der Dachfläche).

2. Stützmauern über 30 cm Höhe

3. Einfriedigungen, soweit sie von öffentlichen Flächen aus sichtbar sind.

4. Abgrabungen und Aufschüttungen über 50 cm Höhenunterschied gegenüber dem Gelände.

5. Werbeanlagen mit mehr als 0,2 qm Größe.

§ 7 Diese Satzung besteht außer den textlichen Festsetzungen aus folgenden Anlagen:

1. Übersichtsplan mit Darstellung der Grenzen des Geltungsbereiches, den Denkmal-Schutzzonen und Baudenkmälern.

2. Verzeichnis der Baudenkmäler

3. Verzeichnis der Denkmalschutzzonen und der darin liegenden Gebäude.

4. Farbkartei

5. Werbeleitplan

§ 8 Ordnungswidrigkeiten:

Zuwiderhandlungen gegen die Vorschriften dieser Satzung können gemäß § 112 Abs. 2 Ziffer 2 LBO als Ordnungswidrigkeit mit einer Geldbuße bis zu 10 000,— DM, wenn sie fahrlässig begangen werden mit einer Geldbuße bis zu 5 000,— DM, geahndet werden.

§ 9 Rechtskraft

Die Satzung tritt mit dem Tag der amtlichen Bekanntmachung der Genehmigung in Kraft.

Ausgearbeitet:
Bietigheim, den 31. Juli 1969 / 31. Oktober 1969
Stadtplanungsamt

(gez. Gormsen)

Genehmigt vom Regierungspräsidium Nord-Württemberg mit Erlaß vom 16. März 1971 Nr. 13 — 4104 — Bietigheim/1.

Genehmigung und öffentliche Auslegung amtlich bekannt gemacht am 23. April 1971.
In Kraft getreten am 23. April 1971.

Bietigheim, den 20. April 1971
Bürgermeisteramt

(gez. Mai)

Stadt Bietigheim
Altstadt

Altstadtsatzung
Übersichtsplan

Zeichenerklärung

◻ Baudenkmäler (§ 2)

Denkmalschutzzonen (§ 3)

▬ Gesamtbild zu erhalten
(§ 3(1))

▬▬ Verbesserungen anzustreben (§ 3(1))

🎛 Charakteristische Dachformen

🔲 Sanierungszone (§ 5)

▬ Räuml. Geltungsbereich
der Altstadt-Satzung

(Die angegebenen §§ beziehen
sich auf die Baugestaltungssatzung für die Altstadt)

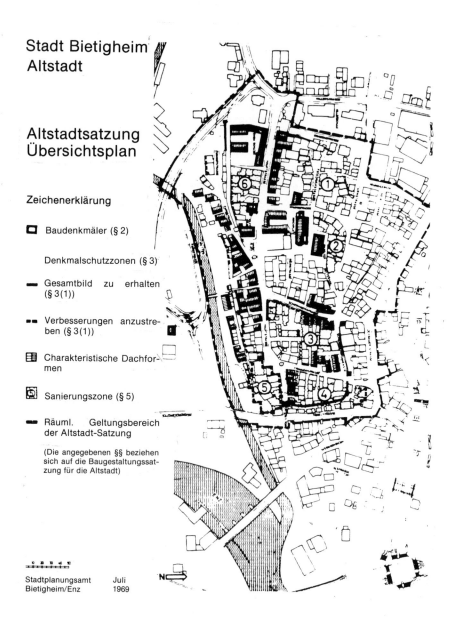

Stadtplanungsamt   Juli
Bietigheim/Enz   1969

230

Anlage 2

Verzeichnis der Baudenkmale

Bietigheim

1.	Rathaus	Marktplatz
2.	Stadtkirche	Kirchplatz 4
3.	Stadtpfarrhaus	Pfarrstraße 3
4.	Torturm (Unteres Tor)	Hauptstraße 17
5.	Finanzamt	Hauptstraße 81
6.	Marktbrunnen	Marktplatz
7.	Fräuleinbrunnen	Fräuleinstraße
8.	Alter Turm	zwischen Fräulein- u. Ziegelstr.
9.	Fachwerkhaus	Schieringerstraße 15
10.	Fachwerkhaus	Schieringerstraße 13
11.	Fachwerkhaus	Fräuleinstraße 13
12.	Fachwerkhaus	Hauptstraße 57
13.	Fachwerkhaus	Hauptstraße 58

Sonstige erhaltenswerte Gebäude innerhalb der Altstadt von Bietigheim:

1.	Kelter	Kelterstraße 13	1762
2.	Backhaus	Fräuleinstr. 15	19. Jahrhundert
3.	Apotheke	Hauptstraße 51	1580
4.	Altes Ratstüble	Marktplatz 4	18. Jahrhundert
5.	Stadtmauer mit Wehrgang	Grabenstraße	14. Jahrhundert
6.	Fachwerkhaus	Hauptstraße 18	1583
7.	Freibank	Ecke Schieringer-/ Schieringerbrunnenstr.	
8.	Turm oberhalb des Altersheimes	zum Gebäude Haupt- straße 45 gehörend	

Anlage 3

Verzeichnis der Denkmalschutzzonen

Untere Hauptstraße (Nord- und Südseite)
— Hauptstraße 14, 16, 18, 20, 22
— Fräuleinstraße 2
— Hauptstraße 33
— Hauptstraße 15, 21, 23, 25, 31 (Sanierungsprojekt)
— Metterstraße 4, 6, 7, 8, 9, 10, 12 (Unteres Tor)

Mittlere Hauptstraße (Nord- und Südseite)
— Hauptstraße 34
— Schieringerstraße 2
— Hauptstraße 35, 37 a, 39/1, 41, 43 b, 47/2 (Südseite zu verbessern)
— Hauptstraße 41, 43, 45, 47, 49, 51, 51/1, 51/2, 53, 55

Marktplatz — Farbstraße (Südseite)
— Marktplatz 1, 3, 4, 5, 6, 7

- Marktplatz 5, 6, 7 (Südseite zu verbessern)
- Farbstraße 1, 3, 5, 9, 11, 13

Obere Hauptstraße (Nordseite)
- Hauptstraße 52, 54, 56, 58, 60, 62, 66, 68

Farb- und Zwinger Straße (Nordseite)
- Hauptstraße 57, 61, 63, 71 (zu verbessern)
- Zwingerstraße 1 (zu verbessern)

Fräuleinstraße (Westseite)
- Fräuleinstraße 7, 9, 13
- Schieringerbrunnenstraße 1, 7

Schieringerstraße (Ost- und Westseite)
- Schieringerstraße 14, 16, 18, 20
- Schieringerstraße 5, 7, 11, 13, 15

Metterstraße (Nordseite)
- Metterstraße 14, 16, 18, 20, 22, 24, 26, 28, 30, 32, 38

Löchgauer Straße
- Löchgauer Straße 1, 2, 3 (zu verbessern)

Stadt Bietigheim
Altstadt

Altstadtsatzung
Übersichtsplan

Zeichenerklärung

▬ Bandartige Zusammen-
fassung der Werbung

◪ Betonung des Einzelge-
bäudes bei der Wer-
bung

▬ Anordnung flach auf
dem Gebäude

◄ Anordnung senkrecht
zum Gebäude (Ausle-
ger)

▭ Werbung in Verbindung
mit Vordach
Akzentuierung
Betonung Städtebaul.

▬ Schwerpunkte durch
besondere Werbeanla-
gen auch außerhalb der
Erdgeschosse mögl.

▬ Werbeverbot an der
Metterfront und an Bau-
denkmälern

Stadtplanungsamt
Bietigheim/Enz

233

Begründung der Altstadtsatzung

Sinn und Zweck der Stadtbildgestaltung und der Stadtbildpflege

Eine Stadt muß, will sie mehr sein als eine zufällige Ansammlung von Häusern, darauf bedacht sein, ein charakteristisches Erscheinungsbild zu gestalten, das ihr in den Augen ihrer Bürger, aber auch der Besucher, einen unverwechselbaren Ausdruck verleiht, der es angenehm macht, hier zu wohnen, zu arbeiten oder einzukaufen. Bauleitpläne haben nach § 1 Abs. 5 BBauG auch der Gestaltung des Orts- und Landschaftsbildes zu dienen. Und in § 16 Abs. 2 der Landesbauordnung wird bestimmt, daß bauliche Anlagen das Straßen-, Orts- oder Landschaftsbild nicht verunstalten oder deren beabsichtigte Gestaltung beeinträchtigen dürfen, und daß auf Baudenkmale und auf die erhaltenswerte Eigenart der Umgebung Rücksicht zu nehmen ist.

Die historische und künstlerische Bedeutung des Altstadtbildes

Wenn wir uns im Sinn dieser Bestimmungen bemühen, das Gesicht der neuen Quartiere der Stadt durch die städtebauliche Planung und durch gestalterische Festsetzungen in den Bebauungsplänen gut zu gestalten, so ist im Fall der Altstadt die Aufgabe gestellt, ein bereits vorhandenes Stadtbild von hohem historischem und künstlerischem Rang zu erhalten und zu pflegen. In der Altstadt, dem Kern der Stadt, der bis um das Jahr 1850 die gesamte Stadt darstellte, sind im Lauf der Jahrhunderte die sehr rationalen Anforderungen des täglichen Lebens: Verkehr — Handel — Wohnungsbedarf — Verteidigung unter Ausnutzung der landschaftlichen Gegebenheiten und Besonderheiten: Fluß — Talaue — Hang — zu einer kunstvollen Gestalt verarbeitet worden, die nicht durch Monumentalität, sondern gerade durch ihre unprätentiöse Bescheidenheit wirkt.

In diesem Stadtbild, das sich schon von außen und von weitem einprägsam darstellt, verkörpert sich die Geschichte der Stadt und ihrer Bürgerschaft; es ist zum Wahrzeichen der Stadt geworden. Es hat damit auch eine nicht zu unterschätzende Bedeutung für die heutige Stadt, nicht zuletzt wegen seiner Werbewirksamkeit.

Gefahr durch Einzelmaßnahmen

Die Gefahr besteht, daß dieses wertvolle Stadtbild durch viele unbedachte Einzelmaßnahmen bei den erforderlichen Verbesserungen, Erneuerungen, Um- und Ausbauten der Gebäude gestört und dadurch im Lauf der Jahre zerstört wird. Deshalb ist es nicht nur gerechtfertigt, sondern geradezu notwendig, die vorhandenen architektonischen und städtebaulichen Werte zu erkennen, zu analysieren und durch eine Ortsbausatzung zu schützen, auch wenn gleichzeitig Pläne für die Sanierung und Umstrukturierung des gesamten Altstadtbereiches vorbereitet werden.

Sanierungszonen

Bei der Sanierung wird es nicht ausgeschlossen sein, an gewissen Stellen auch radikale Eingriffe in die alte Bausubstanz vorzunehmen, um auch die Altstadt an die heutigen und künftigen Anforderungen anzupassen. Derartige Bereiche werden bereits im Übersichtsplan als „Sanierungszonen" gekennzeichnet. Das hat zwar keine Auswirkung auf die Geltung der Satzung, soll aber andeuten, daß für diese Zonen als kleinste städtebauliche Einheiten durch Aufstellung von Bebauungsplänen auch eine Abweichung von den einzelnen Vorschriften der Satzung möglich oder notwendig sein kann. Allerdings dürfen solche Abweichungen nie als Einzelfall behandelt werden, sondern müssen stets den städtebaulichen Zusammenhang des

Quartiers und des Straßenraumes berücksichtigen, weshalb auch Detailbebauungspläne für eine Sanierungszone, auch wenn sie ganz moderne Bauformen vorsehen, immer in den Maßstab der Altstadt einzufügen sind.

Das Bild der Altstadt wird geprägt durch mehrere Faktoren unterschiedlicher Art und Wertigkeit, die aber erst im Zusammenwirken die wertvolle städtebauliche Struktur ergeben.

Das Haus als Element des Stadtbildes

Das wichtigste Element dieser Struktur ist das einzelne Haus mit folgenden typischen Werten:

Breite*:	an wichtigen Straßen	10—12 m
	an Nebenstraßen	6—8 m
Höhe*:	an wichtigen Straßen	2—3 Vollgeschosse
	in Nebenquartieren	1—2 Vollgeschosse
Dach*:	Satteldächer	48—52° Dachneigung
	Ziegeldeckung	Biberschwanz

Fassaden: Fensterbänder aus Einzelfenstern mit Klappläden

Oberfläche: Putz, farbig gestrichen oder Fachwerk, sichtbar braun, kein Weiß als Fassadenfarbe

Wesentliche Abweichungen von diesen noch heute überwiegend vorhandenen Werten, auch bei einem einzelnen Haus, würden das Stadtbild stark verändern und seinen Charakter negativ beeinflussen, weshalb die Satzung Festsetzungen zur Erhaltung dieser wichtigen Strukturmerkmale enthält.

Die Farbigkeit des Stadtbildes

Besonders empfindlich, weil auch leicht zu ändern, ist die Farbigkeit des Stadtbildes, weshalb hierfür besondere Untersuchungen angestellt wurden. Die Satzung bestimmt in § 1 Abs. 3, daß die Dächer mit Ziegeln zu decken sind, da der rotbraune Ziegelton der großen Dachflächen sehr wichtig für die Farbigkeit des Stadtbildes ist. Ebenso wichtig ist, daß die Vielfalt der Farben, in denen die Fassaden der Häuser gestrichen sind, erhalten bleibt. Diese schwäbische Vielfarbigkeit ist für Bietigheim ebenso typisch wie etwa das Schwarzweiß der Fachwerkhäuser von Hameln oder das Schwarz der Schieferfassaden im Bergischen Land.

Farbkartei

Um einen Anhaltspunkt für die Farbgebung der Altstadthäuser zu bekommen, hat die Höhere Fachschule für das Malerhandwerk Stuttgart unter Kunstmaler Hans K. Schlegel aus der Analyse der vorkommenden Farben eine Farbkartei entwickelt, die 19 Farbtöne für Fassaden und 5 Farbtöne für Fensterläden, Dachrinnen und Gesimse enthält, die der Farbigkeit der Altstadt entsprechen und aus denen die Hauseigentümer sich die ihnen gemäße Farbe auswählen können. Für die wichtigsten Straßenfronten hat die Höhere Fachschule Farbvorschläge ausgearbeitet, die zum größten Teil vom heutigen Zustand ausgehen und als Anhaltspunkt für die Farbgebung dienen können (Tafeln beim Stadtplanungsamt).

---

*) Ausnahmen in Breite, Höhe und Dachform kommen nur bei wenigen besonderen Gebäuden vor: Kirche, Kelter, Türme, sowie bei einigen zu Beginn des 19. Jahrhunderts erbauten Gebäuden mit flachen geneigten Dächern.

*) ebenso schwarz, was aber hierzulande kaum angewandt wird

Besonders gefährlich für das farbige Stadtbild ist weiß*), da diese extreme Helligkeit die Gebäude aus dem städtebaulichen Zusammenhang löst, wie einige ausgeführte Beispiele beweisen. Deshalb werden sehr helle und sehr dunkle Farbtöne in § 1 (1) Nr. 2 ausdrücklich verboten. Das gleiche gilt für Oberflächenbehandlungen und Fassadenverkleidungen, die nicht der Eigenart der Altstadt entsprechen. Bei glatten und glänzenden Oberflächen (§ 1 Abs. 5) ist vor allem an Metall (Aluminium, Emaille), Glas als Fassadenverkleidung, Kunststoffe, geschliffenen Stein oder glasierte Keramik gedacht. Auch Verschindelungen aus Schiefer, Asbestzement oder Blech, ganz gleich welcher Farbe, würden das Stadtbild stören. Außer Putz kommt deshalb vor allem Beton in Frage.

Schaufenster und Werbeanlagen

Für die Erdgeschoßzone sind Ausnahmen zulässig in Verbindung mit Schaufenstern, die nach § 1 (4) Nr. 5 nur im Erdgeschoß eingebaut werden dürfen. Auch Werbeanlagen sollen sich nach § 5 (1) nur auf die Erdgeschoßzone beschränken. Damit wird gewährleistet, daß das Erdgeschoß als Kontaktzone zwischen Kunden und Läden den wirtschaftlichen und werblichen Erfordernissen entsprechend gestaltet werden kann. Allerdings müssen auch Schaufenster auf die Proportionen des Gebäudes Rücksicht nehmen, und für die Werbeanlagen gibt es gewisse Höchstgrößen. — Man sollte auch nicht die Werbewirksamkeit einer gut gestalteten Fassade (auch einer alten) und eines historischen Stadtbildes übersehen. Es gibt Beispiele sehr moderner Kaufhäuser und Einkaufszentren, die künstlich den Eindruck einer Kleinstadtstraße herzustellen versuchen als besonderen Werbetrick! Die sehr gut durchdachten Gedanken des Gutachtens Jesberg*) zur Werbesatzung, insbesondere seine Anregung zur Werbung in der Altstadt, wurden bei der Ausarbeitung verwendet.
Der § 5 der Satzung ist im Wesentlichen aus der Arbeit Jesberg hervorgegangen.

Fassadenproportionen

Der Ausdruck des einzelnen Hauses wird aber auch durch die Proportionen seiner Fassade bestimmt. Die alten Fachwerkhäuser (verputzt oder unverputzt) haben durchweg Fensterreihen, gebildet durch Einzelfenster, die durch Fensterläden miteinander verbunden werden. Dadurch entsteht eine horizontale Struktur der Fassaden, oft noch durch geschoßweise Vorsprünge unterstrichen.

Werden, wie das bereits gemacht wurde, bei Renovierungen die Fensterläden einfach weggelassen oder durch Jalousien ersetzt, so verliert die Fassade, in der die Fenster dann viel zu klein erscheinen und verloren wirken, ihren Charakter, sie wirkt langweilig oder nackt. Deshalb wird in § 1 Abs. 4 Nr. 1 die Beibehaltung der Fensterläden vorgeschrieben, falls nicht eine ganz neue, in sich dann wieder harmonisch proportionierte Fassade geschaffen wird.

Stadtbild = Summe vieler Einzelgebäude

So wichtig das einzelne Gebäude als Element des Stadtbildes ist, so wenig bedeutet es, wenn man es aus seiner Umgebung lösen wollte. Erst das Zusammenspiel vieler, oft ganz unbedeutender Gebäude, das enge Nebeneinander und Untereinander von Wänden und Dächern läßt das Stadtbild entstehen, das uns erfreut.

---

*) „Satzung über Werbeanlagen und Automaten der Stadt Bietigheim"
   Juni 1969

Baudenkmäler

Dieses Stadtbild wird für den Blick von außen akzentuiert durch die Türme, die Stadtkirche und das Rathaus. Aus der Nähe und im Innern haben diese Gebäude wie einige andere, wegen ihrer besonderen Form, Größe, Funktion oder Situation, oder auch nur wegen besonderen Qualitäten in der Fassadengestaltung, eine besondere städtebauliche oder architektonische Bedeutung. Sie sind größtenteils bereits in der Denkmalliste des Landes aufgeführt und werden im Übersichtsplan besonders gekennzeichnet. Sie sollen soweit als möglich in ihrer historischen Substanz, auf jeden Fall aber in ihrem äußeren Bild erhalten bleiben (§ 2).

Aber auch die Baudenkmäler sind integrierter Bestandteil des Stadtbildes. Freigestellt oder in fremder Umgebung würden sie einen großen Teil ihrer Bedeutung verlieren, ebenso wie die Stadt ohne diese Einzelgebäude einen großen Wert verlieren würde.

Städtebauliche Komposition

Die Art, wie die einzelnen Häuser nebeneinander oder einander gegenüber stehen — ob in einer Flucht, gestaffelt, vor- oder zurückspringend — bildet den Charakter des Straßenraumes mit seinen Verengungen oder Erweiterungen, durch die häufig der Blick auf einen besonderen Punkt gelenkt wird; ein Gebäude, einen Brunnen. Veränderungen in der Straßenflucht, vor allem Verbreiterungen oder Begradigungen können die lebendige und abwechslungsreiche Raumfolge erheblich stören.

Denkmalschutzzonen

Einige Gebäudegruppierungen in Form von Straßenfronten, Platzwänden und Stadtfassaden, die städtebauliche Räume (Straßen, Plätze) umschließen oder die Stadt nach außen abgrenzen (Metterfront), sind für das Stadtbild von besonderem Wert. Sie werden als „Denkmalschutzzonen" (§ 3) bezeichnet, und sollen in ihrem städtebaulichen Ausdruck so weit als möglich erhalten bleiben, ohne daß jedes Einzelgebäude im Detail bestehen bleiben muß.

Zusammenfassung

Mit dieser Satzung soll nicht etwa jede bauliche Entwicklung oder die Sanierung der Altstadt verhindert werden zugunsten einer rein musealen Denkmalpflege. Vielmehr sollen die vorhandenen städtebaulichen und architektonischen Zusammenhänge aufgezeigt und festgehalten werden, um bei der Sanierung nicht unbedacht und unabsichtlich unersetzbare Werte zu opfern, die in ihrer Bedeutung für die Stadt und ihre Bürger vielleicht erst in späteren Jahren richtig erkannt und verstanden werden.

Die Festsetzungen dieser Satzung sind aus dem Rahmenplan für die Sanierung der Altstadt entwickelt und sollen bei der weiteren Sanierungsplanung berücksichtigt werden, damit die erhaltenswerten Eigenarten des historischen Stadtkerns auch in einem neuen und größeren Stadtzentrum bewahrt bleiben, in dem Alt und Neu sich gegenseitig ergänzen.

Bietigheim, den 31. Juli 1969

Stadtplanungsamt

Bayern:

Verordnung über besondere Anforderungen an bauliche Anlagen und Werbeanlagen in der Stadt Kempten (Allgäu)*)

Zum Schutz des Stadtbildes und zur Ordnung der Stadtentwicklung, insbesondere im Hinblick auf die landschaftliche, städtebauliche und bauliche Gestaltung, erläßt die Stadt Kempten (Allgäu) auf Grund des Art. 107 Abs. 1 Nr. 1 und 2, Abs. 2 Nr. 3 der Bayer. Bauordnung (BayBO) in der Fassung der Bekanntmachung vom 1. Oktober 1974 (GVBl. S. 513), geändert durch Gesetz vom 24. Februar 1975 (GVBl. S. 15) folgende mit Schreiben der Regierung von Schwaben vom 2. Dezember 1976 Nr. 220.1-XX 1640/76 genehmigte Verordnung:

§ 1 Geltungsbereich

(1) Diese Verordnung gilt für alle baulichen Anlagen und Werbeanlagen in den in Abs. (2) beschriebenen historischen und homogenen Bereichen des Stadtgebietes. Die Vorschriften der Verordnung gelten unabhängig von einer etwaigen Genehmigungspflicht.

(2) Der Geltungsbereich wird in Bereiche unterschiedlicher Anforderungen wie folgt eingeteilt:

1. Historischer Bereich
Hierin sind alle Gebiete erfaßt, die innerhalb des geschlossenen Bereiches von Reichs- und Stiftsstadt bzw. im direkten Einflußbereich der für das historische Erscheinungsbild besonders wichtigen Raum- und Baustruktur liegen. Er umfaßt:
1.1 Reichsstadt mit Illervorstadt
Die Reichsstadt
zwischen Pfeilergraben, Illerstraße, Brennergasse, Pulvergasse, eingeschlossen Flst. Nr. 294, Ostgrenze der Flst. Nr. 654/3 bis zur Straße Unter der Burghalde, Unter der Burghalde, Freudenberg, Beethovenstraße, Linggstraße, Auf'm Plätzle, Königstraße und Süd- und Ostgrenze des Residenzplatzes zwischen Königstraße und Pfeilergraben sowie
die Illervorstadt
mit den Grundstücken beiderseits der Füssener- und Kaufbeurer Straße zwischen Steinrinnenweg, südliche Begrenzung die geradlinige Verlängerung der südöstlichen Grenze von Flst. Nr. 2081/2 über die Füssener Straße bis zum östlichen Illerufer, und Illerdamm, nördliche Begrenzung die geradlinige Verlängerung der nordwestlichen Grenze von Flst. Nr. 2103/4 nach Südwesten über die Kaufbeurer Straße bis zur nordöstlichen Grenze von Flst. Nr. 1825/16 (Illerdamm) und nach Nordosten bis zur südwestlichen Grenze von Flst. Nr. 2102/2.
1.2 Stiftsstadt
zwischen Pfeilergraben, Westgrenze der Flst. Nr. 742/2 und 742, Ost- und Nordgrenze der Flst. Nr. 746 (Oberer Hofgarten), Ost- und Nordgrenze der Flst. Nr. 1599/2 (Unterer Hofgarten), Herrenstraße, Madlenerstraße, Stiftskellerweg, Fürstenstraße — einschließlich der Grundstücke auf der Nordwestseite der Fürstenstraße zwischen Stiftskellerweg und Stiftsgartenweg —, Stiftsgartenweg, Weiherstraße, Herbststraße, Wartenseestraße, Südgrenze des Großen Kornhausplatzes, Saltzstraße, Poststraße und Süd- und Ostgrenze des Residenzplatzes einschließlich der

---

*) Entnommen der Schrift „Stadtbild und Stadtlandschaft" — Planung Kempten/Allgäu — herausgegeben vom Bayerischen Staatsministerium des Innern, Oberste Baubehörde, München

Gebäude auf der Südseite des Residenzplatzes zwischen den Einmündungen Post- und Königstraße.

2. Homogene Bereiche

Hierin sind alle Gebiete erfaßt, die auf Grund ihrer Entstehung oder auf Grund bestimmter Gesetzmäßigkeiten ihrer städtebaulich-baulichen Struktur ein einheitlich ausgeprägtes unverwechselbar charakteristisches Erscheinungsbild haben. Sie umfassen:

2.1 Ortskern Lenzfried
Grundstücke der Gemarkung St. Mang Flst. Nr. 31, 33/2, 34/2, 35, 36, 36/2, 37, 38, 38/1, 39, 40, 45, 46, 51, 51/2, 53, 56, 58, 59, 59/2, 59/3, 60, 61, 63/5, 63/8 und 63/12.

2.2 Ortskern Heiligkreuz
Grundstücke der Gemarkung St. Lorenz Flst. Nr. 1198/3, 1198/4, 1198/5, der südliche Teil von Flst. Nr. 1195 — im Norden begrenzt durch die geradlinige Verlängerung der Nordwestgrenze von Flst. Nr. 1196/2 —, 1195/2, 1196/2, 1183, 1183/2, 1184, der südliche Teil von Flst. Nr. 1188 —, im Norden begrenzt durch die Südgrenze von Flst. Nr. 1184/12 —, 1184/12, 1033/4, 1188/2, 1188/3, 1188/4, 1188/5, 1188/6, 1188/10, 1193/2, 1194/1, 1194/2, 1182 und 1182/3.

2.3 Bodmanstraßen-Viertel
Zwischen Poststraße, Frühlingstraße, Eberhardstraße, Westendstraße, Bodmannstraße — einschließlich der Grundstücke auf der Nordseite der Bodmannstraße zwischen Westendstraße und Adenauerring —, Adenauerring, Feilbergstraße, Reichlinstraße, Westendstraße — einschließlich der Grundstücke auf der Westseite der Westendstraße zwischen Reichlin- und Lindauer Straße —, Lindauer Straße — einschließlich der Grundstücke auf der Südseite der Lindauer und Beethovenstraße zwischen Schwaighauser Weg und Westgrenze der Flst. Nr. 729 —, Beethovenstraße, Linggstraße, Nordgrenze der Grundstücke auf der Nordseite der Beethovenstraße, Westseite des Königsplatzes, Horchlerstraße und Salzstraße.

2.4 Haubenschloß-Viertel
zwischen Blenksteig, Schillerstraße — einschließlich Flst. Nr. 2153/81 —, Braut- und Bahrweg, Dornierstraße, Steufzger Straße, Keplerstraße — einschließlich der Grundstücke auf der Südseite der Keplerstraße —, Am Schützenhaus, Haubenschloßplatz, Üblherrstraße — einschließlich der Grundstücke auf der Südseite der Üblherrstraße —, Zwanzigerstraße — einschließlich der Grundstücke auf der Ostseite der Zwanzigerstraße —, Haubenschloßstraße, Schillerstraße — einschließlich der Grundstücke auf der Ost- und Nordseite der Schillerstraße zwischen Haubenschloßstraße und Birkensteig —, Birkensteig, Lessingstraße und Lindauer Straße.

2.5 Südliche Parkstraße
Grundstücke beiderseits der Parkstraße zwischen Haubensteigweg und Adenauerring, ausgenommen das Grundstück des Bundeswehrkrankenhauses und die Calgeeranlage.

2.6 Ahornhöhe
zwischen Knussertstraße, Nord-, West- und Südgrenze der Flst. Nr. 1835, Bordkorbweg und Schumacherring mit Ausnahme der Grundstücke Flst. Nr. 1990/6, 1990/13, 1990/14, 1990/15, 1990/16, 1990/17, 1990/18, 1990/19, 1990/20, 1990/21, 1990/22, 1990/23, 1990/24, 1990/25, 1990/26 und 1990/27.

Die Grenzen der Bereiche 1. und 2. sind in den Lageplänen M 1 : 2 500 vom 2. 11. 1976 Nr. 1.1 und 1.2 bis 2.6 eingetragen. Diese Lagepläne sind dem *(amtlichen)* Verordnungstext angefügt; sie bilden einen Bestandteil dieser Verordnung.

(3) Die Vorschriften dieser Verordnung sind nicht anzuwenden, soweit in Bebauungsplänen abweichende Festsetzungen enthalten sind. Die Bestimmungen des Denkmalschutzgesetzes bleiben unberührt.

§ 2 Allgemeine Anforderungen an die Gestaltung

Bauliche Anlagen und Werbeanlagen sind bei der Errichtung bzw. Anbringung, Änderung und Unterhaltung nach Art. 11 und 12 BayBO und nach Maßgabe der folgenden Vorschriften so zu gestalten, daß sie sich in das Orts-, Straßen- und Landschaftsbild harmonisch eingliedern. Dabei ist auf Gebäude, Ensembles sowie sonstige bauliche und freiräumliche Anlagen von geschichtlicher, künstlerischer und städtebaulicher Bedeutung besonders Rücksicht zu nehmen.

§ 3 Baumbestand auf bebauten Grundstücken

(1) Innerhalb der im Zusammenhang bebauten Ortsteile dürfen Bäume — ausgenommen Obstbäume — auf den bebauten Grundstücken nicht beseitigt oder beschädigt werden und die mit Bäumen bestandenen Flächen nicht unterbaut werden. Auf Antrag kann die Beseitigung oder Veränderung von Bäumen und die Unterbauung von mit Bäumen bestandenen Flächen erlaubt werden, wenn das Verbot zu einer offenbar nicht beabsichtigten Härte führen würde und die Erlaubnis mit den öffentlichen Belangen im Sinne dieser Verordnung vereinbar ist.

Dies gilt insbesondere, wenn

1. Bäume krank sind und ihre Erhaltung nicht im öffentlichen Interesse geboten oder nicht möglich ist, oder

2. auf Grund anderer Rechtsvorschriften eine Pflicht zur Beseitigung der Bäume besteht oder ein Rechtsanspruch auf Genehmigung eines Vorhabens besteht, dessen Verwirklichung ohne eine Entfernung, Zerstörung oder Veränderung von Bäumen nicht möglich ist, oder

3. der Bestand oder die Nutzbarkeit eines vorhandenen Gebäudes unzumutbar beeinträchtigt wird, oder

4. eine bereits ausgeübte gewerbliche Nutzung eines Grundstückes in unzumutbarer Weise behindert wird.

(2) Abs. 1 gilt nicht bei üblichen Pflegemaßnahmen, Maßnahmen zur Beseitigung unmittelbar drohender Gefahren sowie für Maßnahmen, die für den ordnungsgemäßen Betrieb von gewerblichen Baumschulen und Gärtnereien erforderlich sind.

(3) Vorschriften zum Schutz des Baumbestandes auf Grund einer besonderen Verordnung nach dem Bayer. Naturschutzgesetz oder auf Grund der Bestimmungen des Denkmalschutzgesetzes bleiben unberührt.

§ 4 Baufluchten und Gebäudeabstand

(1) Die die Straßenräume bildenden Baufluchten, insbesondere auch ihre detaillierte Führung (Vor- und Rücksprünge, Verstaffelungen) sind zu erhalten.

(2) Die gegebene Dimension von Gebäudebreite zum seitlichen Gebäudeabstand (bei offener Bauweise) soll beachtet werden.

§ 5 Gebäudehöhen

(1) In allen bereits bebauten Gebieten sollen neue Gebäude nicht über die vorhandene Bebauung herausragen und nicht von der vorherrschenden Dachform abweichen. Als „vorhandene Bebauung" gilt dabei die durchschnittliche Höhe der den Gebietscharakter bestimmenden Bebauung, nicht jedoch einzelne Bauten.

(2) Trauf- und Firsthöhen oder sonstige, für den Straßenraumquerschnitt wichtige Bezugshöhen bei Neubauten sollen — entsprechend der Differenzierung der Nachbarbebauung — beibehalten werden. Bei abweichenden Dachformen sollen Maßnahmen getroffen werden, die das charakteristische Straßenraumprofil erhalten.

§ 6 Gliederung der Baukörper, Material und Farbe

(1) Soweit im Bereich 1 Flachdächer vorgesehen werden, die sich auf die Erdgeschoßzone erstrecken und eine Fläche von 75 qm überschreiten, sind diese durch geeignete gestalterische Maßnahmen zu gliedern (z. B. Dachvorsprünge, Materialwechsel usw.) oder zu bepflanzen (z.B. Pflanztröge, Raseneinsaat usw.).

(2) Abs. 1 gilt sinngemäß für Dächer von Tiefgaragen.

(3) Das Breiten- und Höhenmaß der Baukörper ist dem der bestehenden Gebäude anzupassen. Soweit Baukörper im Einzelfall auf Grund ihrer besonderen Funktion die gegebenen Dimensionen nicht einhalten können, ist ihre Baumasse durch Vor- und Rücksprünge oder ähnliche gestalterische Mittel entsprechend Satz 1 zu gliedern.

(4) Werden Gebäude geändert oder erneuert, sollen die bisherige Firstrichtung und Dachneigung beibehalten werden.

(5) Im Bereich 1 ist bei wesentlichen Änderungen von Gebäuden die einheitliche Wirkung sämtlicher Geschosse zu erhalten oder wiederherzustellen.

(6) Im Bereich 1 sind Vordächer oder andere, den Zusammenhang zwischen Erdgeschoß und Obergeschossen stark unterbrechende Bauglieder bzw. entsprechende sonstige Gestaltungselemente nicht zulässig.

(7) Im Bereich 1 sind die sichtbaren Bauteile in traditionellem Material oder solchem auszuführen, das diesem in Form, Struktur und Farbe entspricht. Eine grelle Farbgebung und glänzende Oberflächen sind unzulässig.

(8) Im Bereich 1 sind Dachvorsprünge am Giebel und an der Traufe knapp zu halten. Gesimse sind den aus dem Putzbau entwickelten Formen anzupassen.

§ 7 Fenster und Schaufenster

(1) Beim Einbau von Fenstern und Schaufenstern ist folgendes zu beachten:

a) Fenster und Schaufenster müssen in einem harmonischen Verhältnis zur Größe und Gestaltung des Gebäudes stehen.

b) Die Glasflächen müssen senkrecht stehen.

c) Schaufenster sind nur im Erdgeschoß zulässig.

d) Eckschaufenster sind nicht zulässig.

(2) Im Bereich 1 gilt zusätzlich zu Abs. 1 folgendes:

a) Schaufenster sollen stehende, mindestens aber quadratische Proportionen haben. Ausnahmsweise sind größere Schaufenster zulässig, wenn sie nicht zu umgehen sind und hinter Arkaden mit kräftigen Mauerpfeilern liegen.

b) Sollen zwei oder mehrere Schaufenster auf ein und derselben Gebäudeseite nebeneinander entstehen, so sind sie durch Pfeiler zu unterbrechen, die so breit ausgebildet werden müssen, daß sie die Standsicherheit eines aus Ziegelmauerwerk bestehenden Gebäudes gewährleisten würden.

c) Ladeneingänge und Schaufenster sind jeweils als durch Pfeiler voneinander getrennte, eigenständige Öffnungen auszubilden, es sei denn, sie bilden eine gestalterische Einheit in einer einzigen sockellosen Maueröffnung.

d) Schaufensterrahmen dürfen nicht in Gold- oder Silbereloxal oder mit glänzender Oberfläche ausgeführt werden.

§ 8 Markisen, Jalousien, Jalousetten, Rolladen

(1) Markisen sind im Bereich 1 nur zulässig, wenn sie nicht in grellen Farben sowie ohne Aufschriften ausgeführt werden und sich unter Berücksichtigung von Anordnung und Größe der Öffnungen harmonisch in die Fassade einfügen.

(2) Im Bereich 1 sind Jalousien, Jalousetten und Rolladen nur zulässig, wenn sie nicht über den Außenputz vorstehen und in hochgezogenem Zustand nicht sichtbar sind.

§ 9 Dachgestaltung

(1) Einzelgebäude, die innerhalb der im Zusammenhang bebauten Ortsteile errichtet werden, sollen sich der Dachform der Nachbarbebauung anpassen. Ausnahmen sind zulässig, wenn in Gebieten mit offener Bauweise der Abstand der Baukörper untereinander mehr als das Dreifache der Baukörperbreite beträgt.

(2) Giebel sind in Neigung, Breite und Höhe der umgebenden Bebauung anzupassen.

(3) Gebäude, die auf Grund ihrer großen Bautiefe aus dem Rahmen fallen, sind so zu gliedern, daß von allen Blickrichtungen die maßstäbliche Struktur der Dachlandschaft erhalten bleibt.

(4) Das Material und die Farbe der Dachdeckung ist bei Gebäuden und Bauteilen ähnlicher Größenordnung und Zweckbestimmung dem Material und der Farbe der umgebenden Bebauung anzupassen.

(5) Bei der Errichtung von Dachgauben muß der Abstand zwischen den einzelnen Gauben mindestens der Einzelgaubenbreite entsprechen, die 1,50 m nicht überschreiten darf. Zwischen Gaube und Dachende (Ortgang) muß ein Abstand von mindestens 2,0 m eingehalten werden.

(6) Im Bereich 1 sind Außenflächen und Eindeckungen der Dachgauben dem Farbton oder dem Material des Daches anzupassen. Fensterrahmen sind ebenfalls farblich anzupassen.

(7) Unbeschadet der Regelung in § 58 Abs. 3 Satz 2 BayBO sind Dachflächenfenster zulässig, wenn sie sich in Proportion und Anordnung in die Gesamtstruktur von Dach und Gebäude einfügen.

(8) Technisch notwendige Aufbauten (Aufzüge, Ausdehnungsgefäße, Kamine, Dachaustritte u. ä.) sind so zu gestalten, daß sie in das Erscheinungsbild des gesamten Gebäudes eingebunden sind.

§ 10 Freileitungen und Antennen

(1) Freileitungen, Masten und Unterstützungen für elektrische Leitungen, Fernsprechleitungen, Beleuchtungseinrichtungen, Blitzableiter, Fernseh- und Rundfunkantennen sind so anzubringen, daß sie das Orts-, Straßen- und Landschaftsbild nicht nachteilig beeinflussen.

(2) Auf jedem Gebäude ist nur eine Antennen (Sammel- oder Gemeinschaftsantenne) zulässig.

§ 11 Landwirtschaftliche Betriebsgebäude

Landwirtschaftliche Betriebs- und Nebengebäude sind so zu gestalten, daß das Gesamterscheinungsbild des landwirtschaftlichen Anwesens bzw. der umgebenden Bebauung sowie die Eigenart der Landschaft nicht gestört wird (z. B. durch abweichende Dachneigung, Überhöhung des Baukörpers).

§ 12 Bauunterhalt

Gebäude und deren Nebenanlagen sowie Einfriedungen sind, soweit sie von öffentlichen Verkehrsflächen oder von öffentlich zugänglichen Verkehrsflächen oder von öffentlich zugänglichen Aussichtspunkten aus sichtbar sind, in einem Zustand zu erhalten, der das Orts-, Straßen- und Landschaftsbild nicht nachteilig beeinflußt und den Bestimmungen dieser Verordnung entspricht.

§ 13 Werbeanlagen

(1) Werbeanlagen sind insbesondere verunstaltend und daher unzulässig:

a) bei regelloser Anbringung,

b) bei Häufung gleicher oder miteinander unvereinbarer Werbeanlagen,

c) bei aufdringlicher Wirkung (durch übermäßige Größe, grelle Farbe, Ort und Art der Anbringung u. dgl.),

d) wenn Giebelflächen, tragende Bauteile oder architektonische Gliederungen in störender Weise bedeckt, bemalt oder überschnitten werden,

e) bei großflächiger Werbung, sofern sie auf besonders geschützte Gebiete und Bauten wirkt,

f) bei der Anbringung an Schornsteinen, Hauskaminen und ähnlich hochragenden Bauteilen.

(2) In reinen und allgemeinen Wohngebieten (§§ 3 und 4 BauNVO) sind Werbeanlagen unabhängig von der Regelung in Abs. 1 nur an der Stätte der Leistung oder an den dafür von der Stadt besonders bestimmten oder zugelassenen Standorten zulässig.

(3) Werbeanlagen sollen im Bereich 1 nur in der Zone bis Unterkante Fenster 1. Obergeschoß angebracht werden.

(4) Im Bereich 1 ist die Höhe von Werbeanlagen, die zwischen den Öffnungen des Erdgeschosses und des 1. Obergeschosses angebracht sind, auf höchstens die Hälfte des Abstandes zwischen Oberkante-Erdgeschoßfenster und Unterkante-Obergeschoßfenster zu begrenzen. Von den Gebäudeecken bzw. von Vorsprüngen in der Fassade (Erker usw.) ist ein seitlicher Abstand von mindestens dem einein-halbfachen der Schrifthöhe zu wahren. Auf die Gliederung der Fassade ist Rücksicht zu nehmen.

(5) Im Bereich 1 sind Leuchtreklamen nur flach auf der Wand zulässig. Die Art der Beleuchtung hat auf die Gestaltung des Gebäudes Rücksicht zu nehmen.

(6) Im Bereich 1 sind, außer an Ensembles nach dem Denkmalschutzgesetz, Ausleger bis 0,5 qm zulässig. Die Ausladung darf nicht mehr als 1 m betragen und muß mindestens 0,70 m vom Fahrbahnrand entfernt sein. Die Unterkante des Auslegers muß mindestens 2,30 m über dem Gehsteig liegen. Nasenschilder (z. B. in der Art von Zunftzeichen) dürfen, wenn sie unbeleuchtet und durchbrochen sind, abweichend von der Regelung in Satz 1 bis 3, im rechten Winkel auskragen.

(7) Im Bereich 1 darf die Ausladung von parallel zur Gebäudefront angebrachten Werbeanlagen 0,25 m Tiefe von Gebäudeflucht bis Vorderkante Werbeanlage nicht überschreiten.

(8) Im Bereich 1 können Werbeschriften unmittelbar auf der Fassade oder auf kastenförmigen Trägern angebracht werden, wenn letztere in dunklen, kupfer- oder bronzefarbenen Tönen gehalten sind.

(9) Im Bereich 1 dürfen Schaukästen und Warenautomaten nur angebracht werden, wenn die statische Funktion von Mauern und Pfeilern des Gebäudes optisch klar erkennbar bleibt. Falls es aus gestalterischen Gründen notwendig ist, kann verlangt werden, daß Schaukästen und Warenautomaten so tief in die Fassade eingelassen werden, daß sie mit der Gebäudefront bündig abschließen.

§ 14 Einzureichende Beurteilungsgrundlagen

(1) Um eine umfassende Beurteilung der städtebaulichen Gesichtspunkte, insbesondere der harmonischen Übereinstimmung eines Neubauvorhabens mit seiner Umgebung, zu ermöglichen, kann verlangt werden, daß mit dem Bauantrag zusätzlich zu den übrigen Bauvorlagen eine zeichnerische und schriftliche Darstellung der Merkmale der umgebenden Bauten zu erbringen ist.

(2) Der zu berücksichtigende Bereich ist dabei die gesamte Gebäudegruppe einer Straßenansicht zwischen zwei Querstraßen oder ähnlichen Zäsuren.

(3) Die Darstellung der Bebauungsmerkmale soll umfassen:

Verlauf der Gebäudefluchten, Breitenmaß der Baukörper, Gebäudekontur, Fassadenproportionen, Struktur der Baukonstruktion — plastische Gliederung und Ornamentik der Fassaden, Verhältnis der Öffnungen zu den geschlossenen Wandflächen der Fassaden, Gliederung der Öffnungen, Material und Farbe.
Der Maßstab der Darstellung richtet sich nach den konkreten Erfordernissen.

(4) Abweichungen des Neubauvorhabens von den Merkmalen der umgebenden Bebauung sind zu begründen.

(5) Eine Reduzierung des räumlichen und des inhaltlichen Umfanges der Darstellung kann in dem Maße gestattet werden, in dem offensichtlich keine wesentlichen oder nicht auf andere Weise zu erhaltenden Hinweise für die Beurteilung im Sinne des Abs. 1 zu erwarten sind.

§ 15 Ausnahme und Befreiungen

(1) Von Vorschriften dieser Verordnung, die als Regel- oder Sollvorschriften aufgestellt sind oder in denen Ausnahmen vorgesehen sind, können gemäß Art. 88 Abs. 1 BayBO Ausnahmen gewährt werden, wenn sie mit den öffentlichen Belangen vereinbar sind und die für die Ausnahmen festgesetzten Voraussetzungen vorliegen. Die durch diese Verordnung beabsichtigte Gestaltung von Gebäuden sowie des Orts-, Straßen- und Landschaftsbildes, der historische Charakter, die künstlerische Eigenart und die städtebauliche Bedeutung von Gebäuden, Straßen und Plätzen dürfen durch Ausnahmen nicht beeinträchtigt werden.

(2) Von zwingenden Vorschriften dieser Verordnung kann gemäß Art. 88 Abs. 2 BayBO Befreiung gewährt werden, wenn

1. die Durchführung der Vorschrift in Einzelfall zu einer unbilligen Härte führen würde und die Abweichung auch unter Würdigung nachbarlicher Interessen mit den öffentlichen Belangen vereinbar ist, oder

2. das Wohl der Allgemeinheit Abweichungen erfordert.

§ 16 Ordnungswidrigkeiten

Nach Art. 105 Abs. 1 Nr. 11 BayBO kann mit Geldbußen bis zu 100 000 DM belegt werden, wer vorsätzlich oder fahrlässig

a) entgegen § 3 Bäume beseitigt oder beschädigt,

b) Baukörper abweichend von § 6 gestaltet,

244

c) Fenster und Schaufenster abweichend von § 7 gestaltet,

d) Markisen, Jalousien, Jalousetten und Rolladen abweichend von § 8 anbringt,

e) bei der Dachgestaltung von der Regelung des § 9 abweicht,

f) Freileitungen, Antennen usw. abweichend von § 10 anbringt,

g) landwirtschaftliche Betriebs- und Nebengebäude abweichend von § 11 gestaltet,

h) der Pflicht zur Erhaltung eines ordnungsgemäßen Bauzustandes nach § 12 nicht nachkommt,

i) Werbeanlagen anbringt, die nicht den Vorschriften in § 13 entsprechen,

j) einer auf Grund dieser Verordnung ergangenen vollziehbaren Anordnung zuwiderhandelt.

§ 17 Inkrafttreten, Geltungsdauer

(1) Diese Verordnung tritt am 1. 1. 1977 in Kraft und gilt für die Dauer von 20 Jahren.

(2) Gleichzeitig tritt die „Gemeindeverordnung über verunstaltende Außenwerbung und öffentliche Anschläge in der Stadt Kempten (Allgäu)" vom 4. Juni 1962, Satzungs- und Verordnungsblatt der Stadt Kempten (Allgäu) Nr. 123 vom 4. Juli 1962, außer Kraft, soweit sie nicht bereits aus anderen Gründen, insbesondere durch Art. 109 BayBO, zu einem früheren Zeitpunkt außer Kraft getreten ist.

Kempten (Allgäu), 22. Dezember 1976

Dr. Josef Höß, Oberbürgermeister

Beschluß (öffentlich) des Stadtrats vom 11. 11. 1976

Zu der am 11. 11. 1976 beschlossenen „Verordnung über besondere Anforderungen an bauliche Anlagen und Werbeanlagen in der Stadt Kempten (Allgäu)" beschließt der Stadtrat die nachfolgende Begründung sowie Richtlinien für die Baugestaltung in dem von der Verordnung nicht erfaßten Gebiet der Stadt Kempten (Allgäu):

I. Begründung zur Verordnung

1. Vorbemerkung

Die Gestaltungsverordnung soll das Baugeschehen in Kempten im Hinblick auf die Bewahrung und aktive Weiterentwicklung des charakteristischen Stadtbildes und der dieses prägenden Merkmale positiv beeinflussen.

Im folgenden wird zu den Paragraphen der Verordnung eine ausführliche Begründung und Erläuterung gegeben, wobei Verbesserungsmöglichkeiten und Beurteilungskriterien im Einzelfall besonders herausgestellt werden.

2. Zu § 1: Geltungsbereich

Der Geltungsbereich ist in Bereiche abgestufter Bindung gegliedert, je nach unterschiedlich ausgeprägter Bereichscharakteristik und damit gegebenem Grad der Empfindlichkeit gegen Eingriffe.

Neben den historischen Bereichen der Stadt kommt den sog. homogenen Bereichen besondere Bedeutung zu.

Begriffserklärung „Homogene Bereiche"

Das einheitlich ausgeprägte unverwechselbar charakteristische Erscheinungsbild eines homogenen Bereiches ergibt sich aus dem Zusammenwirken einer Reihe von wesentlichen, jeweils den Gesamtbereich bestimmenden Einzelmerkmalen und -werten; dies können insbesondere sein:

— topographische Vorgaben (z. B. Lage an einem Hang, auf einer Geländekuppe, in einer Mulde usw.),

— Entstehungszeit (z. B. Abgrenzung des Gebietes gegenüber seinen Nachbargebieten durch eine bestimmte zeittypische Bauform),

— Städtebauliche Struktur (z. B. ein prägnantes Straßennetz, das sich auf den Geländeverlauf bezieht oder Bebauungsdichte und Durchgrünung, die in einem bestimmten Wechselverhältnis zueinander stehen),

— Baustruktur (z. B. plastische Fassadengliederung oder Dachformen, die dem Gebiet einen besonderen Duktus geben).

Charakterisierung der einzelnen homogenen Bereiche

Bereich 1: Ortskern Lenzfried
Durchgängig zweigeschossige Einzelhausbebauung; bescheidene Unterordnung unter die das Raumgefüge und die Silhouette bestimmenden Klosterbauten mit dem herausragenden Kirchturm (17. bis 19. Jahrhundert); „gewachsene" Situation, kleinteilige Dachlandschaft (Draufsicht vom Lenzfrieder Höhenrücken).

Bereich 2: Ortskern Heiligkreuz
Zweigeschossige freistehende Gebäude, teils als größere, gelagert wirkende Bauernhäuser (18. und 19. Jahrhundert) im Gegensatz zum aufragenden Baukomplex der Wallfahrtskirche, der die Dorfsilhouette bestimmt.

Bereich 3: Bodmanstraßen-Viertel
2. Hälfte 19. Jahrhundert; straffe Planung; 2- und 3geschossige größere Wohnhäuser/Mietshäuser mit teils sehr plastischem Dekor und lebhaft gestalteter Dachlandschaft in offener Bauweise; ursprünglich Alleen in den nahezu orthogonal-rasterförmig geführten Straßen.

Bereich 4: Haubenschloß-Viertel
Etwa 1925 bis 1939; Planung von Theodor Fischer; offene, stark durchgrünte Gartenstadt-Bebauung; sehr räumliche Wirkung der Straßen durch hangparallele und damit stetig gekrümmte Führung; die Bebauung wechselt gruppenweise Dachform und Firstrichtung, sie verdichtet sich zur Geländekuppe hin in 2- und 3geschossige Block- und Hofbebauung.

Bereich 5: Südliche Parkstraße
Langgestreckter hangparalleler Straßenzug mit sehr einheitlicher Einfamilienhaus-Bebauung im Südteil (um 1920 — weite Dachüberstände, geschindelte Giebel —) und recht plastisch gegliederter Architektur im Nordteil (Jahrhundertwende); starkes Mitwirken der Dachflächen und der intensiven Gartenbepflanzung und Heckenanlagen.

Bereich 6: Ahornhöhe
1920 bis 1930; ausgewogene Planung mit Bebauungsabstufung vom freistehenden 1geschossigen Einfamilienhaus bis zu 3geschossigen hofbildenden Zeilen; Planung durch Geländeform bestimmt und begrenzt: Hochplateau mit nördlicher und westlicher Hangkante; starkes Mitsprechen des intensiven Gartengrüns.

Über diese konkret begrenzten homogenen Bereiche hinaus gibt es im geschlossenen Siedlungsgebiet der Stadt eine ganze Anzahl vergleichbarer Situationen mit geringerer räumlicher Ausdehnung und meistens undeutlicheren Rändern.

Auch hier ist besondere Rücksichtnahme nötig, wenn die prägende Charakteristik einer solchen Situation in Folge des bewegten Geländeverlaufes auf eine größere Umgebung ausstrahlt. Gleiches gilt bei der homogenen Erscheinung von Weilern und Dorflagen im Außenbereich.

Die Liste der „homogenen Bereiche" ist im Laufe der Zeit durch Beschluß des Stadtrates fortzuschreiben. So sind Gebiete, für die Um- und Neustrukturierungs- konzepte entwickelt werden, herauszunehmen und neue Gebiete, die die Voraus- setzungen erfüllen, hinzuzufügen.

3. Zu § 3: Baumbestand auf bebauten Grundstücken

Der Schutz von Bäumen soll der Tatsache Rechnung tragen, daß diese neben ihrer biologischen Bedeutung für das Stadtklima ein charakteristisches Element im Kemptener Stadtbild darstellen. Der vielfältig mögliche Blick von den die Innenstadt säumenden Anhöhen zeigt die gliedernde und akzentuierende Wirkung von alten Einzelbäumen, Baumgruppen und Parkanlagen.

Die Erhaltung der alten Bäume muß Vorrang haben vor eventuell entgegenstehen- den Nutzungsinteressen. Es dauert Jahrzehnte, bis ein (ersatzweise) neu gepflanz- ter Baum voll seine biologische und stadtbildprägende Funktion erfüllen kann.

Der im Rahmen dieser Verordnung nur auf bebauten Grundstücken mögliche Baumschutz wird ergänzt durch:

- die Anwendung des Naturschutz- und des Denkmalschutzgesetzes,
- Festsetzungen in Bebauungsplänen sowohl zur Sicherung vorhandener Bepflan- zungen als auch zur Neuanpflanzung,
- Bestandspflege, Ergänzung und zusätzliche Pflanzungen auf öffentlichen Flä- chen.
- Das Interesse richtet sich in diesem Zusammenhang besonders auf die unterstüt- zende Wirkung von Bäumen im Stadtbild:
- Markieren des Geländeverlaufes (Erhebungen, Hangkanten) durch bekrönende Baumgruppen oder -reihen,
- Verdeutlichen von Randsituationen (Siedlungsränder, Gebietsränder) durch nachzeichnende Anpflanzung,
- Gliedern und Charakterisieren von Straßen- und Platzräumen durch Alleen und Baumraster; Unterstreichen der Leitfunktion.

4. Zu § 4: Baufluchten und Gebäudeabstand

Während in Kempten, wie in den meisten Städten, die historische Baustruktur nur noch in Teilen und unzusammenhängend überdauert hat, ist das Gefüge der Straßen und Gassen weitgehend in seiner Ursprünglichkeit erhalten geblieben. Durch Übernahme der Baufluchten haben sich die Proportionen der Straßen- und Platzräume meist nur dann geändert, wenn sich die Stockwerkszahl der sie umge- benden Gebäude erhöht hat.

Die subtile Folge von Enge und Weite in der Raumbildung, der bewußte Gegensatz, der in der Veränderung der Dimension liegt, ist ein besonders erhaltenswürdiger Wert, der weitgehend die „Lebendigkeit" (im Gegensatz zu „Monotonie") der historischen Stadt ausmacht. Dieser Wert kann durch maßstablose Straßenverbrei- terung oder Einfügung größerer maßstabsprengender Verkehrsanlagen empfind- lich gestört werden. Das Bestehende wird „entwertet".

Die Bewahrung der baugeschichtlich und stadtbau-künstlerisch bedeutenden Raumfolge soll durch § 4 erreicht werden.

Diesem Ziel dienen auch die in die Verantwortung öffentlicher Bauherren gestellten Möglichkeiten,

● bei Einfügung neuer Straßen- und Platzräume in charakteristisch strukturierte Zusammenhänge die Proportionen und Dimensionen des bestehenden Netzes zu übernehmen,

● den Baumbestand auf unterstützende Raumbildung zu prüfen, ihn zu erhalten oder zu ergänzen,

● in den Altstadt-Bereichen Pflaster und Straßenbelag der historischen Situation anzupassen.

5. Zu § 5: Gebäudehöhen

Für die Gesamterscheinung einer Stadt, insbesondere, wenn sie, wie Kempten, auf Grund der topografischen Situation sowohl Silhouettenwirkung ermöglicht als auch weitgehend von den Höhen einsehbar ist, ist der Standort und die Ausbildung von Türmen und Hochhäusern von entscheidender Bedeutung — sowohl im Positiven als auch im Negativen.

Die Regeln, nach denen die Bauhöhenentwicklung geordnet werden kann, haben sowohl für die Beurteilung der Einzelbauvorhaben im Rahmen der Verordnung als auch für die künftige Bauleitplanung der Stadt einen besonderen Wert.

Beurteilung von herausragender Bebauung

Vorhandene und geplante herausragende Bebauung läßt sich an einer Reihe von Beurteilungskriterien hinsichtlich ihres Wertes für das Stadtbild rational überprüfen.

Positive Kriterien

1. Die Höhe und damit die auffallende Erscheinung des Bauobjektes im Stadtbild wird durch ihre herausragende „einmalige" Bedeutung begründet (z. B. Kirchtürme).

2. Die Bebauung betont irgendeinen wesentlichen „Ort des Geschehens" („Brennpunkt", Hauptwege- oder Straßenkreuzung, funktionell oder bedeutungsmäßig wichtige Stelle im Stadtgrundriß), die Bebauung ist Orientierungshilfe und schafft mit anderen fernwirksamen Elementen zusammen ein räumliches Ordnungs- und Bezugssystem.

3. Die charakteristischen Geländebewegungen im Stadtraum (Hügel, Kuppen, Visierbrüche, Gelände-Leitkanten) werden durch Gebäude nachgezeichnet, betont oder wirkungsvoll übersteigert.

4. Die Bebauung ist baulich oder durch hohen Baumbestand in bestimmte Zusammenhänge eingebunden (vermittelnde Elemente).

5. Die Bebauung ist auf den Maßstab der Umgebung bezogen (absoluter Maßstab). Die Wiederkehr bestimmter Dimensionen aus der dem Betrachter vertrauten niedrigeren Bebauung läßt einen Schluß auf die Größe des Gebäudes zu.

6. Eine gut proportionierte und deutlich wirksame Gliederung zeichnet die Kontur des Gebäudes aus.

7. Die farbige Gestaltung ist zurückhaltend; sie ist harmonisch auf die Umgebung abgestimmt.

Negative Kriterien

1. Die Bebauung steht in Konkurrenz zu stadtsilhouetteprägenden (historischen) Einzelgebäuden; die Bebauung setzt falsche neue Akzente in der gewachsenen Gesamt-Silhouette der Stadt.

2. Die Bebauung berücksichtigt den baulichen Maßstab der Umgebung nicht; z. B.: ungegliederte Baumasse gegen kleinteilige Altstadtbebauung; unvermitteltes Herauswachsen der Bebauung aus vielgliedriger Dachlandschaft; monotone Reihung in Grundriß und Aufriß gegenüber abwechslungsreicher Umgebungsstruktur.

3. Die Bebauung hat negative Auswirkung auf Landschaftselemente, die wichtige Bestandteile des Stadtbildes und der örtlichen Situation sind.

4. Die Bebauung ist aufdringlich durch grelle, unangepaßte Farbgebung und durch glänzende Oberflächenmaterialien (unerwünschte Fernwirksamkeit).

Verbesserungsmöglichkeiten bei unangemessener Bauhöhenentwicklung

Da es — bei realistischer Einschätzung der Gegebenheiten — kaum möglich ist, herausragende Bebauung, die den vorstehenden positiven Kriterien nicht entspricht, wieder zu beseitigen, auch wenn sie allgemein als störend empfunden wird, verbleiben an realistischen Verbesserungsmöglichkeiten:

Farbliche Gestaltung der Fassaden:

● Bei fälligem Neuanstrich bzw. Verkleidung sollte dies in Farben geschehen, die den Farben der Dachlandschaft entsprechen (rot-braun-ocker-Skala), oder bei peripherer und isolierter Lage in Farben, die den Grün- und Blau-Tönen der Natur nahekommen; farbliche Neutralisierung.
  Weiß und grelle Farben sollen vermieden werden.

● Ungegliederte Einzelfassaden bzw. monotone Fassadenreihungen (gleicher Abstand, gleiche Höhe, gleiche Proportionen) lassen sich durch unterschiedliche Farbenfelder auflösen: „nahe", verbindende Farben (rot-gelb-Skala), „ferne", trennende Farben (blau-grün-Skala).

Einbauen:
Gruppierung von in der Höhe abgestuften und maßstäblich bezogenen Gebäuden um das kritisierte Objekt herum: Einbindung in die Silhouette durch vermittelnde Elemente.

Einpflanzen:
Einbindung der Bebauung in einen größeren Zusammenhang durch Pflanzungen.

6. Zu §§ 6 bis 9: Strukturelles und konstruktives Gefüge der Gebäude

Für die Stadtgestaltung entscheidend ist die Homogenität im Erscheinungsbild zusammenhängender Bebauungen. Der harmonische und zugleich lebendige Gesamteindruck ergibt sich aus vielfältigen maßstäblichen und formalen Bezugnahmen von Baukörpern und Bauteilen zueinander.

● In erster Linie wird es vom Umfang der jeweiligen Baumaßnahme abhängen, wie weit sie eigengesetzlich entwickelt werden kann (also selbst ein Ensemble bildet) oder wie weit sie (mangels eigener Masse) in ein Ensemble integriert werden muß.

Homogenität bedeutet dabei nicht unbedingt wörtliche Übereinstimmung im Detail. Selbst im Falle eines zu integrierenden Neubaus kann dies in durchaus zeitgemäßer architektonischer Formensprache geschehen, sofern sie eine neue Ausdeutung der rahmensetzenden strukturellen Gesetzmäßigkeiten des Ensembles darstellt. Die einzelnen in den §§ 6 bis 9 gestellten Anforderungen an die Gestaltung eines

Gebäudes und seiner Elemente zielen in erster Linie auf die so verstandene Homogenität ab.

Baukörper

Ein Gebäude muß als einheitliche Konzeption angesehen werden, in der sämtliche Teile aufeinander bezogen sind. Dieser Bezug kann sowohl eine unterschiedliche als auch eine kontinuierliche Gestaltung der verschiedenen Geschosse umfassen.

Vor Einführung des Stahl- und Stahlbetonbaus erforderte eine Beschränkung der Spannweiten ein möglichst direktes Absetzen der Lasten nach unten; das bedeutet im Mauerwerksbau eine massive Ausbildung der Erdgeschoßzone. Die Gebäudestruktur der historischen Bauten berücksichtigt diese Notwendigkeit.

Ein nachträgliches Verändern des Erdgeschosses, durch Verblendung mit modisch wirkendem Material oder durch Aufreißen für Schaufenster, verändert die Gestalt des Gebäudes radikal in ungünstigem Sinn; der Bezug der Geschosse aufeinander geht verloren.

Dies gilt besonders für den in Kemptens Altstadtbereichen heimischen Putzbau, der durch Gleichbehandlung der Fassaden von Erdgeschoß und Obergeschossen in Material und Oberflächenstruktur gekennzeichnet ist.

Bautiefen und übermäßige Breiten

Für bestimmte Bauprogramme, wie Kaufhäuser, Großraumbüros usw., sind zusammenhängend bebaute Flächen funktionell notwendig, die die normale Bautiefe oft beträchtlich überschreiten und große Breite erfordern.

Um den Maßstab der Umgebung, der meist durch die kleinteilige Parzellen-Struktur festgelegt ist, nicht zu zerstören, sind besondere Maßnahmen erforderlich, die mit den funktionellen Erfordernissen in Übereinstimmung gebracht werden müssen.

Dachgestaltung

Zwischen Grundrißformen und Dachformen besteht eine Relation. Bestimmte Grundrißformen (halbgeschossige Versätze, komplizierte oder großflächige Baukörper) lassen sich nicht mit herkömmlichen Dachformen bewältigen (sie würden entweder unnötig kompliziert oder unnötig massig). Flach-, Pult- oder Sheddächer haben sowohl eine konstruktive als auch eine funktionelle Berechtigung.

Kombinationsformen bieten sich an, wenn es darum geht, ein großflächiges Gebäude in einen Zusammenhang mit kleinteiliger Dachlandschaft einzufügen. Wichtig ist dabei die Dimensionierung der Teil-Dachformen nach dem vorgegebenen Maßstab. Nicht nur zu grobschlächtige, auch zu klein gegliederte Dächer wirken störend; sie verniedlichen die Dachstruktur, die aus dem nur in bestimmten Grenzen variierenden Parzellenmaß resultiert. Außerdem besteht die Gefahr, daß die zu kleinen Formen optisch doch wieder zur Großform zusammengezogen werden.

7. Zu § 13: Werbeanlagen

Wie in der alten Stadt die Gebäude mit einem begrenzten Formenvokabular auskamen (Einschränkung in Materialauswahl und Konstruktionsmöglichkeiten), so waren die Vorläufer heutiger Wirtschaftswerbung zwar oft sehr phantasievolle, reich dekorierte, aber in ihrer strikten Einbindung in die formale Erscheinung des Hauses, das sie bezeichneten, mehr schmückende Schilder und Zeichen. Sie waren eine Art Wegweiser zu Einrichtungen eines allgemeinen Interesses.

Heute entstehen ständig neue Signale im Stadtbild, irrationale Koordinaten, die sich oft nicht mehr in die gegebene Bau- und Raumstruktur und das diesen innewohnende optische Leit- und Informationssystem einordnen. Betonungen und Hervorhebungen sind dann nicht mehr durch eine in allgemeinerem Interesse liegende Signalwirkung begründet; Dinge von untergeordneter Bedeutung drängen sich in den Vordergrund.

Das im Prinzip legitime Anliegen des Werbenden, die Aufmerksamkeit auf sein Angebot zu lenken, muß dort seine Grenze finden, wo übergeordnete Bezüge der Orientierung und der Stadtbildcharakteristik beeinträchtigt werden.

Werbeanlagen, gleich welcher Art (Schriften, Schilder, Transparente, Automaten, Schaufensteranlagen usw.), müssen eingebunden sein in die Architektur, die sie trägt (und ertragen können muß). Sie dürfen die Konstruktions- und Gestaltungsmerkmale des Gebäudes nicht verleugnen oder überspielen. Was für das einzelne Haus gilt, muß sinngemäß auch Anwendung auf den Straßenzug und das Stadtquartier finden.

8. Zu § 14: Einzureichende Beurteilungsgrundlagen

Jedes Gebäude kann seine architektonische Qualität gleichsam aus sich selbst heraus beziehen: aus der Harmonie seiner Proportionen, der verwendeten Materialien und der Übereinstimmung von innerer und äußerer Form.

Gleichberechtigt, in einem gewissen Sinn übergeordnet, ist aber die städtebauliche Qualität zu sehen, die die Harmonie in der Erscheinung der Stadt begründet und davon abhängig ist, ob sich die Gebäude in ihre Umgebung einordnen oder nicht.

Das Problem dieser Einordnung ist um so empfindlicher, je „geschlossener" das Erscheinungsbild der Umgebung ist, je weniger etwa Bepflanzung oder Abstände ein Gebäude vom anderen trennen.

Im § 14 ist deshalb die Möglichkeit vorgesehen, im Einzelfall von einem Bauantragsteller den Nachweis darüber zu verlangen, wie weit sich sein geplantes Vorhaben harmonisch in den gegebenen Zusammenhang fügt.

Der Nachweis soll geführt werden in Form einer Analyse gestaltgebender Merkmale der umgebenden Bebauung.

Diese Baustrukturanalyse soll eine jederzeit und für jedermann nachvollziehbare Beurteilung des Baugesuches ermöglichen, sie kann auch in besonderen Fällen von der Stadt selbst oder in ihrem Auftrag gefertigt werden. Die Anzahl der notwendigen Untersuchungsschichten richtet sich nach Charakteristik und Empfindlichkeit des jeweiligen Bereiches.

II. Richtlinien für die Anwendung der Rahmenplanung Stadtbild im gesamten Stadtgebiet Kempten

1. Vorbemerkung

Für die Gebiete der Stadt Kempten (Allgäu) außerhalb des Geltungsbereiches der Gestaltungsverordnung werden zur Beurteilung der Gestaltung baulicher Anlagen die nachstehenden Richtlinien beschlossen. Diese Richtlinien sollen Richtschnur und Hilfsmittel sein für:

● die Bauleitplanung der Stadt,
● Einzelplanungen der Stadt als Bauherrin,
● Vorhaben Dritter.

2. Richtlinien

Eine Reihe von Vorschriften der Gestaltungsverordnung enthalten Regelungen und Zielvorstellungen, deren Verwirklichung über den eigentlichen Geltungsbereich hinaus anzustreben ist. Es handelt sich hierbei um folgende Bestimmungen:

§ 2 (Allgemeine Anforderungen an die Gestaltung),
§ 3 (Baumbestand auf bebauten Grundstücken),
§ 5 Abs. 1 (Gebäudehöhen),
§ 9 Abs. 1—4 und Abs. 7—8 (Dachgestaltung),
§ 10 (Freileitungen und Antennen),
§ 11 (Landwirtschaftliche Betriebs- und Nebengebäude),
§ 12 (Bauunterhalt),
§ 13 (Werbeanlagen).

Bei der Verwirklichung des Baugeschehens im Stadtgebiet außerhalb des eigentlichen Geltungsbereiches der Verordnung sind daher soweit wie möglich die Leitlinien dieser Vorschriften anzuwenden.

Ergänzend ist die vorstehend unter I. beschlossene Begründung jeweils entsprechend heranzuziehen. Die bei der Ausarbeitung der Untersuchung „Rahmenplanung Stadtbild Kempten" gewonnenen Erkenntnisse für eine optimale Gestaltung des Stadtbildes sind als Entscheidungshilfe bei der Bauleitplanung und bei der Beurteilung von Einzelbauvorhaben zu Grunde zu legen.

Die Bindung der Verwaltung an diese Richtlinien und die Absicht des Stadtrates, auf dieser Grundlage das Stadtbild der Stadt Kempten (Allgäu) positiv zu gestalten, sind gleichzeitig eine Aufforderung an die Bürger der Stadt, an dieser Aufgabe unmittelbar mitzuwirken.

Kempten (Allgäu), 11. November 1976

Der Vorsitzende:
Dr. Josef Höß, Oberbürgermeister

Verordnung der Stadt Landsberg a. Lech über Außenwerbung und öffentliche Anschläge in der Stadt Landsberg a. Lech (AWV)

Vom 22. 12. 1971 in der Fassung der Änderungsverordnung vom 12. 7. 1977

Die Stadt Landsberg a. Lech erläßt aufgrund Art. 107 Abs. 1 Nr. 1 und 2 Abs. 2 Nr. 1 der Bayer. Bauordnung (BayBO) in der Fassung der Bekanntmachung vom 1. 10. 1974 (GVBl. S. 513) sowie aufgrund Art. 28 Abs. 1 des Landesstraf- und Verordnungsgesetzes (LStVG) in der Fassung der Bekanntmachung vom 7. 11. 1974 (GVBl. S. 753 ber. S. 814) nach Anhörung des Werbebeirates folgende von der Regierung von Oberbayern am 3. 12. 1971 Nr. II A 4 — 8003 g 1 genehmigte Verordnung, in der Fassung der vom Landratsamt Landsberg am 11. 7. 1977 Az.: 613 — 2 ne genehmigten Änderungsverordnung:

§ 1 Geltungsbereich

(1) Werbeanlagen in besonders schutzwürdigen Gebieten und an besonders schutzwürdigen Bauten und deren Umgebung (Abs. 3) und in reinen Wohngebieten (Abs. 4) unterliegen den besonderen Anforderungen und Beschränkungen der §§ 2 mit 11 dieser Verordnung, soweit in Abs. 2 nichts anderes bestimmt ist.

(2) In reinen Wohngebieten (Abs. 4) gilt § 11 Abs. 1 dieser Verordnung nicht, § 11 Abs. 2 Buchst. c gilt mit der Abweichung, daß bezüglich der Lichtfarbe keine Beschränkung besteht.

(3) Besonders schutzwürdige Gebiete und Bauten sind:

1. Das Altstadtgebiet, das wie folgt begrenzt wird:
   Epfenhauser Straße einschließlich — Weilheimer Straße einschließlich bis Abzweigung Pössinger Straße — Pössinger Straße bis einschließlich Abzweigung Schanzweg — Schanzweg — Lechteilufer — Lech — Englischer Garten einschließlich Lechhaus — von-Kühlmann-Straße einschließlich — Augsburger Straße beidseitig auf die Länge des Friedhofes — Sandauer Brücke — Sandauer Straße — Fußweg von der Sandauer Straße zur Epfenhauser Straße — Epfenhauser Straße,

2. Kunst- und Kulturdenkmäler, insbesondere sämtliche Kirchen und Kapellen, unter Denkmalschutz stehende oder als schutzwürdig erachtete Bauwerke, alle Türme und Tore sowie die Stadtmauer,

3. Naturdenkmäler, Naturschutzgebiete, Landschaftsschutzgebiete, Friedhöfe und Begräbnisstätten, öffentliche Parkanlagen, Erholungsstätten sowie die Uferstrecken und Uferhänge des Lechs.

(4) Reine Wohngebiete im Sinne des § 1 Abs. 2 sind, soweit sie nicht zum Altstadtgebiet gehören:

1. Die Schweighofsiedlung, die begrenzt wird im Westen von der Bahnlinie, im Norden vom Ortsrand, im Osten vom Lech und im Süden von der Augsburger Straße

2. die Weststadt, die im Osten von der B 17, im Norden von der B 18 und B 12, im Westen und Süden vom Ortsrand begrenzt wird

3. das Neubaugebiet westlich der B 17 zwischen Holzhauser Straße und Iglinger Straße

4. das Wohngebiet westlich der B 17 zwischen Iglinger Straße und dem Gewerbegebiet bzw. Mischgebiet im Norden

5. das Baugebiet an der Pössinger Straße südlich dem Schanzweg und westlich der Weilheimer Straße

6. das Gebiet südlich der Münchener Straße und östlich der Dr.-Baur-Straße und Oberbürgermeister-Thoma-Straße.

§ 2 Gestaltung

(1) Für die Gestaltung von Werbeanlagen gelten grundsätzlich die Art. 11 und 12 Abs. 2 BayBO; die dort festgelegten Anforderungen werden insbesondere nicht erfüllt:

1. bei regelloser Anbringung,

2. bei Häufung gleicher oder miteinander unvereinbarer Werbeanlagen,

3. bei aufdringlicher Wirkung (durch übermäßige Größe, grelle Farben, Ort und Art der Anbringung und dgl.),

4. wenn Giebelflächen, tragende Bauglieder oder architektonische Gliederungen in störender Weise bedeckt, bemalt oder überschnitten werden,

5. bei Großflächenwerbung, sofern sie auf besonders geschützte Gebiete und Bauten (§ 1 Abs. 3) wirkt,

6. wenn Gedenktafeln, Inschriften von geschichtlicher Bedeutung, bildliche oder figürliche Darstellungen historischer Art und dgl. in ihrem Wesensgehalt oder in ihrer Wirkung beeinträchtigt werden,

7. bei rückstrahlenden Werbeanlagen,

8. bei unansehnlichen, beschädigten, entstellten, verschmutzten oder zeitlich überholten Werbeanlagen.

(2) Werbeanlagen der in Abs. 1 genannten Art sind — ohne Rücksicht auf die Dauer und den Zweck ihrer Anbringung — verunstaltend und daher unzulässig.

§ 3 Unzulässige Werbeanlagen

Ferner sind wegen ihrer verunstaltenden Wirkung Werbeanlagen in der Regel insbesondere unzulässig:

1. an Freileitungsführungen, Licht- und Abspannmasten, Straßenlaternen, Umformerstationen, Wartehäuschen, Fernsprechzellen und ähnlichen öffentlichen Einrichtungen,

2. an Schornsteinen, Hauskaminen und ähnlichen hochragenden Bauteilen, insbesondere in Form von senkrecht oder schräg untereinander angeordneter Buchstabenfolge,

3. an Brücken, Stegen, Außentreppen, Stützmauern und Geländern, Über- und Unterführungen, Gartenhäusern, Scheunen, Brunnen, Türmen und Toren sowie an der Stadtmauer,

4. an Natur-, Kunst- oder Kulturdenkmälern,

5. an Balkonen, Erkern, Gesimsen, an und auf Dächern (ausgenommen Flachdächern) einschließlich der Dachgesimse und über den Dachtraufen,

6. an Bäumen, Böschungen, Felsen, Gebüschen und Uferbefestigungen,

7. in öffentlichen Anlagen, Vorgärten, auf privaten Grün- oder Freiflächen und an Aussichtspunkten,

8. an öffentlich aufgestellten Bänken und Papierkörben,

9. an Einfriedungen aller Art, Türen, Toren, Fenstern, Fensterläden, Sonnenschutzeinrichtungen und Fahrradständern,

10. in der Form von Beschriftungen oder Bemalungen auf öffentlichen Verkehrsflächen einschließlich der Gehwege,

11. in der Gestalt von Spannbändern, Werbefahnen und -wimpeln,

12. in der Gestalt von Werbeattrappen aller Art außerhalb von Verkaufsstellen, Geschäfts- und Betriebsräumen,

13. die den in den §§ 4 mit 11 dieser Verordnung im einzelnen festgesetzten zwingenden Anforderungen nicht entsprechen oder dort als unzulässig bezeichnet sind.

§ 4 Ausladende Werbeanlagen

(1) Winklig zur Gebäudefront angebrachte Werbeanlagen (Nasenschilder, Transparente und dgl.) dürfen nur bis zur Unterkante der Fenster des ersten Obergeschosses angebracht werden und müssen eine überwiegend horizontale Ausdehnung aufweisen. Die Ausladung darf nicht mehr als 1,30 m betragen und muß mindestens 0,70 m von der Gehsteigkante entfernt sein. Das Quergefälle der Straße ist dabei in jedem Einzelfall besonders zu berücksichtigen. Die Unterkante muß mindestens 2,50 m über dem Gehsteig liegen, in Straßenzügen ohne besondere Gehsteigflächen 4,0 m über Gelände. Die Ansichtsfläche darf 0,5 qm nicht überschreiten.

(2) Parallel zur Gebäudefront angebrachte Werbeanlagen in Form von geschlossenen Werbekästen oder aufgesetzten Schriften und Zeichen aus Metall oder Kunststoff dürfen nicht über die Unterkante der Fenster des ersten Obergeschosses hinausragen. Ihre Ausladung darf nicht mehr als 0,25 m betragen.

(3) Mehrere ausladende Werbeanlagen nebeneinander sollen einen Zwischenraum von mindestens 3 m und einen Abstand von 1,50 m von der Grenze des Nachbargrundstückes oder von Gebäudeecken einhalten. Dies gilt nicht für Werbeanlagen der in Abs. 2 genannten Art.

§ 5 Reklameschilder

(1) Marken- und andere Reklameschilder sollen nicht größer als 0,35 qm (etwa 50/70 cm) sein. Werden sie an Gebäudepfeilern angebracht, so ist beiderseits je ein gleich großer Streifen von mindestens 1/6 der Pfeilerbreite festzuhalten. Gebäudepfeiler unter 0,50 m Breite sind freizuhalten.

(2) Namens- und Betriebsschilder an Wohn- oder Geschäftsstätten sollen nicht größer als 0,15 qm (etwa 30/50 cm) sein. Abs. 1 Satz 2 und 3 gilt entsprechend. Mehrere derartige Schilder sollen möglichst in einem Rahmen zusammengefaßt werden und in Größe, Form, Farbe und Gestaltung ein einheitliches Bild abgeben.

(3) Schilder der in Abs. 1 und 2 genannten Art dürfen nur flach und nur in Erdgeschoßhöhe von Gebäuden angebracht werden.

§ 6 Anpreiswaren und Anpreistafeln

(1) Anpreiswaren dürfen außerhalb von Verkaufsstellen nur während der gesetzlichen Ladenöffnungszeiten und nur dann ausgehängt, aufgestellt oder angebracht werden, wenn dadurch das Gebäude oder Straßenbild nicht beeinträchtigt wird.

(2) An einer Verkaufsstelle dürfen während der gesetzlichen Ladenöffnungszeiten pro Ladeneingang höchstens zwei Tafeln von je 0,50 qm Größe, die dem Anpreisen leicht verderblicher Waren dienen, abnehmbar und flach an der Gebäudefront aufgehängt werden. Für die Anbringung an Gebäudepfeilern gilt § 5 Abs. 1 Satz 2 und 3 dieser Verordnung entsprechend.

(3) Die Absätze 1 und 2 gelten nicht für die Werbung für Zeitungen und Zeitschriften an deren Verkaufsstellen (Kioske).

§ 7 Schaukästen und Warenautomaten

(1) Schaukästen und Warenautomaten dürfen nur angebracht werden, wenn die statische Funktion von Mauern und Pfeilern auch optisch klar erkennbar bleibt. Sie sind so tief in die Fassade einzulassen, daß sie mit der Gebäudefront bündig abschließen. An Eckgebäuden soll ein Abstand von mindestens 1 m von der Ecke eingehalten werden. Für die Anbringung von Gebäudepfeilern gilt § 5 Abs. 1 Satz 2 und 3 dieser Verordnung entsprechend.

(2) Die Beleuchtung von Schaukästen und Warenautomaten ist blendungsfrei abzuschirmen. § 10 Abs. 3 Satz 1 und 2 dieser Verordnung gilt entsprechend.

(3) Warenautomaten dürfen nur angebracht werden, wenn sie einfarbig sind und sich dem Farbton der Fassade einwandfrei anpassen.

(4) Frei aufgestellte Schaukästen und Warenautomaten insbesondere in Vorgärten und an Einfriedungen im Altstadtgebiet (§ 1 Abs. 3) sind unzulässig.

§ 8 Werbeanlagen an Tankstellen

(1) An Tankstellen darf für jede Treibstoff-Firma nur je eine Markenwerbung pro Straßenfront angebracht werden.

(2) In den Markenfarben der Treibstoff-Firma dürfen nur die Zapfsäulen, nicht aber die sonstigen baulichen Anlagen oder Teile der Tankstellen erscheinen.

(3) Auf Sonderleistungen (Wagenwäsche, Abschmierdienst und dgl.) darf insgesamt nur durch zwei Werbeanlagen pro Straßenfront hingewiesen werden.

§ 9 Programmwerbung für Theater und Kinos

Schrift- und Bildwerbungen für Theater- und Filmvorführungen dürfen nur auf den hierfür besonders bestimmten Werbeflächen angebracht werden.

§ 10 Schaufensterwerbung

(1) Die Glasflächen der Schaufenster dürfen nicht mit Beschriftungen, Sinnbildern oder Zeichnungen bemalt werden. Das Grundieren von Schaufenstern oder Teilen davon mit grellen Farben ist unzulässig. Beklebezettel, Abziehbilder, Plakate, Spannbänder und dgl. dürfen auf den Glasflächen der Schaufenster oder innerhalb eines Abstandes von 25 cm, gemessen vom Schaufensterglas, nicht angebracht werden. Diese Regelung gilt nicht für öffentliche Anschläge nach § 12 dieser Verordnung.

(2) Absatz 1 Satz 3 gilt nicht, wenn die dort genannten Werbeanlagen bei Sommer- und Winterschlußverkäufen, Ausverkäufen, gesetzlich zugelassenen Sonderveranstaltungen (Jubiläumsverkäufe) kurzfristig hinter der Glasfläche angebracht werden oder insgesamt nicht mehr als 0,5 qm der Schaufensterfläche verdeckt wird und dabei eine Verunstaltung durch Häufung vermieden wird. Schaufensterwerbung in einem Abstand von mindestens 25 cm von der Glasfläche ist zulässig, wenn eine Verunstaltung durch Häufung vermieden wird.

(3) Schaufenster dürfen nur mit weißem, ruhigem Licht beleuchtet werden. Blinkende oder sonstige bewegliche Schaufensterbeleuchtung ist unzulässig. Leuchtröhren und andere Lichtquellen sind blendungsfrei abzuschirmen.

(4) Abs. 1 und 2 gelten für Glastüren entsprechend.

§ 11 Lichtreklame

(1) Lichtreklame ist wegen der geschichtlichen, künstlerischen und städtebaulichen Bedeutung in schutzwürdigen Gebieten und an besonders schutzwürdigen Bauten und deren Umgebung (§ 1 Abs. 3) unzulässig.

In begründeten Einzelfällen kann die Stadt Ausnahmen für nachtarbeitende Betriebe wie Gaststätten, Hotels, Apotheken, Lichtspieltheater und dergleichen zulassen, wenn es sich um handwerklich und künstlerisch besonders gut gestaltete Werbeanlagen handelt, die sich dem altertümlichen bzw. historischen Charakter der Stadt einwandfrei anpassen und den in Abs. 2 genannten Anforderungen entsprechen. Dabei ist ein besonders strenger Maßstab anzulegen. Abs. 4 bleibt unberührt.

(2) Im übrigen ist bei der Verwendung von Lichtreklame insbesondere folgendes zu beachten:

a) Beleuchtete Werbeanlagen sollen nach Möglichkeit in Transparentform ausgeführt werden. In jedem Falle muß jedoch die Beleuchtung in der Form erfolgen, daß die Schrift bzw. das Werbezeichen von hinten ausgeleuchtet wird oder als Silhouette vor dem erleuchteten Hintergrund steht. Leuchtröhren ohne Reliefkörper sind unzulässig.

b) Beleuchtete Werbeanlagen dürfen nur bis zur Unterkante der Fenster des ersten Obergeschosses angebracht werden.

c) Es darf nur weißes Licht verwendet werden.

d) Leuchtfarbe und Lichtstärke sind so zu wählen, daß keine grelle oder blendende Wirkung erzielt wird.

e) Blinkende oder sonstige bewegliche Lichtreklame (z. B. Laufschrift etc.) ist unzulässig.

f) Leuchtröhren und sonstige Lichtquellen sind blendungsfrei abzuschirmen.

g) Illuminationsbeleuchtungen dürfen nur in Wirtschaftsgärten für die Dauer des Gartenausschankbetriebes verwendet werden.

h) Profilkörper und Konstruktionsteile sind in Form und Farbe so auszuführen, daß sie in der Tageswirkung das Ortsbild nicht beeinträchtigen.

i) Sämtliche Kabelzuführungen sind unsichtbar zu verlegen.

k) Beleuchtete Werbeanlagen dürfen nur vom Einbruch der Dunkelheit bis zum Tagesanbruch betrieben werden.

(3) Abweichend von der Vorschrift des Abs. 1 kann Lichtwerbung genehmigt werden, wenn sie innerhalb der Schaufenster angebracht wird und die Bestimmungen unter § 11 Abs. 2 Buchstabe b, c, d, e, g beachtet werden.

(4) Beleuchtete Weihnachtswerbung darf in der Zeit vom 1. verkaufsoffenen Samstag bis zum 6. Januar betrieben werden, wenn im wesentlichen neben dem in Abs. 2 genannten (ohne Buchstabe b und i) zusätzlich noch folgende Anforderungen erfüllt werden:
1. Kirchliche Symbole dürfen nicht verwendet werden.
2. Die Werbeanlage darf das religiöse Empfinden nicht verletzen.

(5) Das Anstrahlen von Werbeanlagen sowie das Anstrahlen von Fassaden zu Werbezwecken ist unzulässig, mit Ausnahme der in § 1 Abs. 3 Nr. 2 und 3 genannten Gebiete und Bauten.

§ 12 Öffentliche Anschläge

Öffentliche Anschläge, die nicht auf einen Werbezweck gerichtet sind, dürfen nur an den im Stadtgebiet aufgestellten Plakattafeln und -säulen, an den hierfür besonders bestimmten Anschlagflächen oder hinter der Glasfläche von Schaufenstern angebracht werden.

§ 13 Genehmigungspflicht

(1) In besonders schutzwürdigen Gebieten und an besonders schutzwürdigen Bauten und deren Umgebung nach § 1 Abs. 3 sind über die Vorschrift des Art. 85 BayBO hinaus genehmigungspflichtig die Errichtung, Anbringung, Aufstellung, der Betrieb oder jegliche Änderung von

1. Werbeanlagen jeder Größe,
2. Werbeanlagen für zeitlich begrenzte Veranstaltungen an der Stätte der Leistung,
3. Werbeanlagen, die an der Stätte der Leistung vorübergehend angebracht oder aufgestellt sind, nicht fest mit dem Boden oder einer baulichen Anlage verbunden sind und die Baulinie nicht überschreiten,
4. Warenautomaten, auch wenn sie in Verbindung mit einer offenen Verkaufsstelle stehen und die Baulinie nicht überschreiten.

(2) Von der Genehmigungspflicht sind, sofern sie nicht gegen die §§ 2 und 3 dieser Verordnung verstoßen, ausgenommen:

1. Namens- und Betriebsschilder, die den in § 5 Abs. 2 und 3 dieser Verordnung genannten Anforderungen entsprechen.
2. Anpreiswaren und Anpreistafeln, die den in § 6 dieser Verordnung genannten Anforderungen entsprechen.
3. Werbeanlagen, die den in § 10 Abs. 2 dieser Verordnung genannten Anforderungen entsprechen.

§ 14 Ordnungswidrigkeiten

(1) Mit Geldbuße bis zu 100 000,— DM kann nach Art. 105 Abs. 1 Nr. 11 a und b BayBO belegt werden, wer vorsätzlich oder fahrlässig

1. Anpreiswaren entgegen § 6 Abs. 1 außerhalb der Ladenschlußzeiten aushängt, aufstellt oder anbringt,
2. an einer Verkaufsstelle mehr als 2 Tafeln pro Ladeneingang anbringt, die vorgeschriebene Größe von 0,5 qm oder das Warensortiment überschreitet oder die Anbringungsart nicht beachtet (§ 6 Abs. 2),
3. Schaufensterwerbung entgegen den Anforderungen des § 10 Abs. 1 oder 2 anbringt,
4. a) Werbeanlagen unter 0,6 qm Größe
   b) Werbeanlagen für zeitlich begrenzte Veranstaltungen an der Stätte der Leistung
   c) Werbeanlagen, die an der Stätte der Leistung vorübergehend angebracht oder aufgestellt sind, nicht fest mit dem Boden oder einer baulichen Anlage verbunden sind und die Baulinie nicht überschreiten,
   d) Warenautomaten anbringt, auch wenn die in Verbindung mit einer offenen Verkaufsstelle stehen und die Baulinie nicht überschreiten,
   entgegen § 13 anbringt, aufstellt, errichtet, ändert oder betreibt.

(2) Wer vorsätzlich oder fahrlässig der Bestimmung des § 12 dieser Verordnung zuwiderhandelt, kann gemäß Art. 28 Abs. 2 LStVG in Verbindung mit § 17 Abs. 1 des Ordnungswidrigkeitengesetzes in der Fassung der Bekanntmachung vom 2. 1. 1975 (BGBl. I S. 80) mit Geldbuße bis zu 1 000,— Deutsche Mark belegt werden.

§ 15 Inkrafttreten und Geltungsdauer

(1) Diese Verordnung tritt am Tage nach ihrer Bekanntmachung in Kraft. Sie gilt bis 31. Januar 1987.

(2) Mit dem Inkrafttreten dieser Verordnung tritt die Gemeindeverordnung über verunstaltende Außenwerbung und öffentliche Anschläge in der Stadt Landsberg a. Lech vom 24. 2. 1961 außer Kraft.

Landsberg a. Lech, den 12. 7. 1977
Stadt Landsberg a. Lech

gez. Hamberger, Oberbürgermeister

1. Die Verordnung vom 22. 12. 1971 wurde in der Ausgabe des Landsberger Tagblattes vom 27. 12. 1971 amtlich bekanntgemacht.

2. Die Änderungsverordnung vom 12. 7. 1977 wurde gemäß Art. 51 LStVG in Verbindung mit Art. 26 Abs. 2 GO, § 1 Abs. 2 Nr. 3 BekV und § 33 der Geschäftsordnung des Stadtrates Landsberg a. Lech durch Niederlegung in der Stadtverwaltung, 8910 Landsberg a. Lech, Katharinenstraße 1 (Lechhaus), II. Stock, Zimmer Nr. 202, amtlich bekanntgemacht und im Teil für amtliche Bekanntmachungen des Landsberger Tagblattes der Ausgabe vom 14. 7. 1977 Nr. 159 hierauf hingewiesen.

3. In der Bekanntmachung ist festgestellt, daß die Verordnung rechtsaufsichtlich genehmigt ist.

Verordnung über örtliche Bauvorschriften zum Schutze der Altstadt von Regensburg (Altstadtschutzverordnung)

Vom 9. Januar 1976*)

Die Bewahrung und Erneuerung des Stadtbildes der Altstadtpvon Regensburg ist ein städtebauliches, kulturelles und gesellschaftliches Anliegen von hohem Rang und steht im Interesse der Allgemeinheit. Das in Jahrhunderten gewachsene Formbild verlangt bei seiner zeitgemäßen Fortentwicklung Rücksicht auf den historischen Baubestand, auf heimische Gestaltungsmerkmale und überkommene Gestaltungsregeln, die das eigenständige Wesen und die Atmosphäre dieser Stadt geprägt haben und auch künftig prägen sollen. Dabei sollen zeitgemäße Erfordernisse im notwendigen Umfang angemessen berücksichtigt werden.

Die Stadt Regensburg erläßt daher aufgrund des Art. 107 Abs. 1 Nrn. 2 und 4 und Abs. 2 Nr. 1 der Bayerischen Bauordnung (BayBO) i. d. F. der Bekanntmachung vom 1. Oktober 1974 (GVBl. S. 513) folgende mit Bescheid der Regierung der Oberpfalz vom 5. Januar 1976 Nr. 220—1194 a 667 genehmigte Verordnung:

§ 1 Geltungsbereich

(1) Diese Verordnung gilt für bauliche Anlagen und Werbeanlagen in den Bereichen der Altstadt von Regensburg, die in der Anlage I als schützenswert und in der Anlage II als besonders schützenswert aufgeführt sind. Sie gilt, wenn die zu errichtenden oder zu ändernden baulichen Anlagen sich nur teilweise in diesen Bereichen befinden, für die Gesamtheit dieser Anlagen. Sie gilt auch für Werbeanlagen, die nicht in diesen Bereichen, aber an, auf oder in teilweise in diesen Bereichen befindlichen baulichen Anlagen errichtet, aufgestellt, angebracht oder wesentlich geändert werden sollen.

(2) Die Vorschriften dieser Verordnung gelten nicht, soweit gemäß Art. 107 Abs. 4 BayBO in Bebauungsplänen etwas Abweichendes bestimmt ist oder wird. Von der Verordnung unberührt bleiben ferner abweichende oder weitergehende Anforderungen aufgrund des Denkmalschutzgesetzes.

§ 2 Allgemeine Anforderungen

Bauliche Anlagen und Werbeanlagen sind so anzuordnen, zu errichten, aufzustellen, anzubringen, zu ändern, zu gestalten und zu unterhalten, daß sie nach Form, Maßstab, Gliederung, Material und Farbe den historischen Charakter, die künstlerische Eigenart und die städtebauliche Bedeutung der ihre Umgebung prägenden Bebauung, des Straßen- oder Platzbildes und des Altstadtgefüges nicht beeinträchtigen.

§ 3 Außenwände

(1) Die Außenwände baulicher Anlagen und die Gliederungselemente ihrer Fassaden dürfen nur verputzt ausgeführt werden. Die Ausführung in Naturstein oder unverputztem Beton kann ausnahmsweise zugelassen werden.

(2) Unzulässig sind Verkleidungen jeder Art. Abweichend hiervon ist die Verwendung von Holz zulässig, wenn sie den Zielen des § 2 nicht widerspricht. Ferner sind Sockelverkleidungen mit unpolierten Natursteinen oder natursteinähnlichen Materialien zulässig.

---

*) Amtliches Mitteilungsblatt, Amtsblatt für die Stadt Regensburg, Nr. 2, Montag, 19. Januar 1976

(3) Glasbausteine und ähnliche Fassadenelemente sind nur zulässig, soweit sie vom öffentlichen Verkehrsraum aus nicht sichtbar sind und eine Belichtung durch Fenster nicht möglich ist.

(4) In der Regel ist heimischer, handwerksgerecht aufgetragener geglätteter oder gescheibter Putz auszuführen. Putze mit Glimmerzusatz oder stark gemusterte Putzarten wie mit Steinchen verriebener Putz oder Putze mit Nester-, Nockerl-, Würmer-, Waben-, Wellen- oder Fächerstruktur sind unzulässig.

(5) Fassaden sind farblich so zu gestalten, daß die Farbtöne dem historischen Charakter eines Gebäudes und der Umgebung entsprechen. Unzulässig sind grelle Farben sowie Farbmaterialien, die eine glänzende Oberfläche ergeben (z. B. Ölfarbe). Architektonische Fassadengliederungen müssen in harmonisch aufeinander abgestimmten Farbtönen in Erscheinung treten. Teilanstriche, die nicht auf die Farbgebung der übrigen Fassadenteile harmonisch abgestimmt sind, sind unzulässig.

(6) Gemäß Art. 86 Abs. 3 BayBO kann verlangt werden, daß Proben des Außenputzes, des Farbanstriches und anderer wichtiger Bauglieder oder Einzelheiten der Fassaden in ausreichender Größe an geeigneten Stellen der Außenwand angebracht werden, bevor die Genehmigung oder Zustimmung erteilt wird.

§ 4 Dächer

(1) Dächer — ausgenommen bei Turmbauten — sollen eine Neigung von mindestens 40° aufweisen. Kniestöcke können nur ausnahmsweise zugelassen werden.

(2) Dacheindeckungen sind mit gebrannten, nicht engobierten Biberschwanz- oder „Mönch und Nonne"-Tonziegeln auszuführen. Ausnahmsweise können Dacheindeckungen mit Kupfer-, Blei- oder anderen Blechen mit Stehfalz sowie mit anderen kleinformatigen Materialien zugelassen werden; Blechabdeckungen mit Ausnahme von Kupfer, Blei und Zink sind in der Regel in einem Farbton, der einem Ziegeldach angepaßt ist, anzustreichen.

(3) Ortgang- und Traufgesimse sind in massiver Ausführung herzustellen. Sichtbare Sparren, Holz- oder Metallverkleidungen sind unzulässig. Dachkehlen sind mit dem Dacheindeckungsmaterial auszudecken oder mit diesem so dicht zu schließen, daß Blechverwahrungen nicht mehr als unvermeidbar sichtbar sind.

§ 5 Dachaufbauten und Dachausschnitte

(1) Dachgauben sind nur zulässig, wenn die Dachneigung mehr als 40° beträgt. Liegende Dachfenster (Dachflächenfenster) sind unzulässig; sie können ausnahmsweise zugelassen werden, wenn sie vom öffentlichen Verkehrsraum aus nicht sichtbar sind.

(2) Die Ansichtsfläche der einzelnen Dachgauben muß in einem angemessenen Verhältnis zur Gesamtdachfläche stehen. Sie soll 1,5 qm nicht überschreiten. Der Abstand zwischen Dachgauben sowie vom Dachende zur Gaube soll mindestens 2,5 m betragen.

(3) Die Gaubeneindeckungen sollen in Material und Farbe wie das Hauptdach, die senkrechten Außenflächen wie die Dachfläche oder die Gebäudeaußenwand ausgeführt werden.

(4) Dachausschnitte sind unzulässig. Sie können ausnahmsweise zugelassen werden, wenn sie vom öffentlichen Verkehrsraum aus nicht sichtbar sind.

(5) Aufzugsschächte dürfen nicht über die Dachfläche hinausragen.

§ 6 Fenster und sonstige Öffnungen

(1) Die Mauerfläche jeder Außenwand muß gegenüber den Öffnungsflächen überwiegen. Fenster und Eingangsöffnungen müssen in Größe, Maßverhältnissen und Gestaltung dem Charakter des Gebäudes sowie des Straßen- oeer Platzbildes angepaßt sein. Dies gilt auch für Fenstervergitterungen und Fensterläden. Vorrichtungen zur Sicherung von Fenstern und Eingangsöffnungen sollen dem historischen Charakter von Gebäuden und der Umgebung angepaßt sein.

(2) Fenster — ausgenommen Schaufenster — und Eingangsöffnungen müssen ein stehendes Format aufweisen; für Eingangsöffnungen können Ausnahmen zugelassen werden, wenn dies aus Sicherheits- oder anderen besonderen Gründen angezeigt ist. Durchgehende Fensterbänder, insbesondere Schaufensterbänder, und sonstige durchgehende Fassadenöffnungen sind unzulässig. Sie sind durch Pfeiler zu unterbrechen, die, wenn das Gebäude nicht aus Ziegelmauerwerk besteht, gleichwohl so breit ausgebildet werden müssen, daß sie die Standsicherheit eines aus Ziegelmauerwerk bestehenden Gebäudes gewährleisten würden. Die Pfeiler sind bündig mit der Außenwand herzustellen. Öffnungen, die die Gebäudeecke unterbrechen, sind unzulässig; dies gilt nicht für Eingangsöffnungen hinter Eckpfeilern, die den Anforderungen des Satzes 3 entsprechen.

(3) Sprossenlose Fenster können nur ausnahmsweise zugelassen werden. Bei barocken und nachbarocken Fassaden mit reichlichem Dekor sind nur Fenster mit der ursprünglichen Teilung zulässig.

(4) Fenster und Haustüren — ausgenommen Schaufenster und Ladentüren — sind in der Regel aus Holz oder in Holzverkleidung herzustellen. Fensterstöcke sind mindestens um 0,12 m hinter die Außenwand zurückzusetzen. An den Gebäudefassaden sollen echte oder optische Fenstereinfassungen mit einer Ansichtsbreite von mindestens 0,12 m ausgeführt werden. Gewölbte sowie farblich getönte Fensterscheiben sind unzulässig.

(5) Schaufenster sind nur im Erdgeschoß zulässig. Sie sollen eine mindestens 0,50 m hohe Brüstung, gemessen von der Oberkante der anschließenden Fußgängerverkehrsfläche, erhalten. Kragdächer über Schaufenstern können nur ausnahmsweise zugelassen werden. Absatz 3 gilt nicht für Schaufenster.

§ 7 Balkone und Brüstungen

Vom öffentlichen Verkehrsraum aus sichtbare Balkone und Loggien sind unzulässig. Brüstungen sind verputzt, aus Holz oder als Eisengitter herzustellen.

§ 8 Freileitungen und Antennen

Freileitungen und Antennen sind so anzubringen, daß sie das Ortsbild nicht stören. Je Gebäude ist nur eine Antenne (Sammelantenne) zulässig.

§ 9 Einfriedungen

(1) In dem schützenswerten Bereich der Altstadt südlich der Donau (Anlage I Nr. 1) sind Einfriedungen zum öffentlichen Verkehrsraum hin als Mauern auszuführen. Diese sollen mindestens 2,0 m hoch sein. Als Einfriedungen von Vorgärten und Parkanlagen können ausnahmsweise schmiedeeiserne Gitter in handwerklicher Ausführung zugelassen werden, wenn sie dem jeweiligen Baukörper und seiner Umgebung angepaßt sind.

(2) In den schützenswerten Bereichen auf dem Oberen und dem Unteren Wöhrd sowie in Stadtamhof (Anlage I Nrn. 2 und 3) sind Einfriedungen zum öffentlichen

Verkehrsraum hin als Mauern, in Schmiedeeisen oder gehobelten Holzlatten — jedoch nicht als Jägerzaun — auszuführen.

(3) Für Einfriedungsmauern gelten § 3 und § 4 Absatz 2 entsprechend.

§ 10 Bauteile von kulturhistorischem Wert

Bauteile von kulturhistorischem Wert, wie für das charakteristische Gepräge des Stadtbildes eigentümliche oder handwerklich wertvolle alte Türen und Tore, Türdrücker, Glockenzüge, Beschläge, Gitter, Skulpturen, Schilder, Lampen, historische Zeichen und Inschriften, Ausleger und dgl. sollen an Ort und Stelle erhalten werden.

§ 11 Werbeanlagen

(1) Werbeanlagen sind nur an der Stätte der Leistung zulässig. Werbeanlagen mit Werbung für Hersteller oder Zulieferer sollen, wenn sie außerhalb der Betriebsstätte dieser Hersteller oder Zulieferer an Gebäudefassaden angebracht werden, in ihrer räumlichen Zuordnung und in ihrer Gestaltung eine Einheit mit einer auf den Betrieb oder Betriebsinhaber hinweisenden Werbeanlage bilden.

(2) Unzulässig sind

1. Werbeanlagen auf, an oder in

    a) Einfriedungen, Vorgärten, Bäumen,

    b) Leitungsmasten, Schornsteinen,

    c) Türen, Toren, Fensterläden; ausgenommen sind Beschriftungen und Zeichen an Geschäftseingängen, die lediglich auf den Betrieb oder den Betriebsinhaber hinweisen;

    d) Böschungen, Stützmauern, Brücken, Straßenunter- und -überführungen,

    e) Balkonen, Brüstungen, Erkern, Schwibbögen,

    f) Brandmauern, Giebeln, Dächern;

2. Werbeanlagen, die Blink- oder Wechsellicht aufweisen.

(3) Im übrigen dürfen Werbeanlagen nur unterhalb der Unterkante von Fenstern des 1. Obergeschosses, höchstens jedoch bis zu einer Höhe von 5,0 m über Gelände angebracht werden. Abweichend hiervon dürfen Werbeanlagen bis zur Unterkante von Fenstern des 2. Obergeschosses angebracht werden, wenn das Gewerbe oder der Beruf, für das oder für den geworben wird, nicht im Erdgeschoß ausgeübt wird; unzulässig sind jedoch Werbeanlagen in, an oder hinter Fenstern oberhalb der Erdgeschoßzone.

(4) Werbeanlagen, die senkrecht zur Außenwand baulicher Anlagen angebracht werden, insbesondere Nasenschilder, dürfen je Seite eine Ansichtsfläche von 0,50 qm und eine Gesamtausladung von 0,90 m nicht überschreiten; für Werbeanlagen mit besonderer künstlerischer Gestaltung können Ausnahmen zugelassen werden. Schaukästen und Automaten dürfen nicht mehr als 0,06 m über die Außenwände baulicher Anlagen hervortreten. Werbeanlagen mit stehendem Format können nur ausnahmsweise zugelassen werden. Für die farbliche Gestaltung von Werbeanlagen gilt § 3 Abs. 5 sinngemäß.

(5) Die Vorschriften der Absätze 1 bis 4 gelten nicht für Einrichtungen, die die Stadt Regensburg zum Zwecke der Wahlwerbung durch politische Parteien und Wählergruppen bereitstellt, sowie für Säulen, Tafeln und Flächen, die auch für amtliche Bekanntmachungen bestimmt sind, ferner für Werbeanlagen für zeitlich begrenzte Veranstaltungen an der Stätte der Leistung, insbesondere für Aus- und Schlußverkäufe, jedoch nur für die Dauer der Veranstaltung.

(6) Unberührt bleiben die Vorschriften, nach denen Sondernutzungen an öffentlichen Straßen einer Erlaubnis bedürfen, sowie Vorschriften, die die Anbringung von Werbeanlagen aus Gründen der Sicherheit auf öffentlichen Straßen, Wegen und Plätzen regeln.

§ 12 Zusätzliche Vorschriften für Werbeanlagen in den besonders schützenswerten Bereichen

Für Werbeanlagen in den besonders schützenswerten Bereichen gelten außer § 11 die folgenden Vorschriften:

1. Die Errichtung, Anbringung, Aufstellung und wesentliche Änderung von Werbeanlagen mit einer Größe von mehr als 0,25 qm sind genehmigungspflichtig.

2. Bei den Ausmaßen von Werbeanlagen ist in besonderer Weise auf die Eigenart des jeweiligen besonders schützenswerten Teilbereiches Rücksicht zu nehmen. Je Wirtschaftseinheit ist an jeder Gebäudefront nur eine Werbeanlage gestattet.

3. Unzulässig sind Werbeanlagen mit senkrecht untereinander gesetzten Schriftzeichen, kastenförmige Werbeanlagen und kastenförmige Nasenschilder, es sei denn, daß sie in stilgerechter handwerklicher Ausführung gefertigt sind. Serienmäßig hergestellte Werbeanlagen können nur ausnahmsweise zugelassen werden. Leuchtwerbung darf in der Regel nur in weißer Farbe ausgeführt werden.

4. Schaukästen und Automaten sind in der Regel unzulässig.

Diese Vorschriften gelten auch für Werbeanlagen, die selber nicht in den besonders schützenswerten Bereichen, aber an, auf oder in teilweise in diesen Bereichen befindlichen baulichen Anlagen errichtet, aufgestellt, angebracht oder geändert werden sollen. Sie gelten nicht für Werbeanlagen für zeitlich begrenzte Veranstaltungen an der Stätte der Leistung, insbesondere für Aus- und Schlußverkäufe, jedoch nur für die Dauer der Veranstaltung.

§ 13 Ausnahmen und Befreiungen

(1) Von Vorschriften dieser Verordnung, die als Regel- oder Sollvorschriften aufgestellt sind oder in denen keine Ausnahmen vorgesehen sind, kann die Stadt Regensburg gemäß Art. 88 Abs. 1 BayBO Ausnahmen gewähren, wenn sie mit den öffentlichen Belangen vereinbar sind und die für die Ausnahmen festgelegten Voraussetzungen vorliegen. Der historische Charakter, die künstlerische Eigenart und die städtebauliche Bedeutung des Gebäudes, des Straßen- oder Platzbildes und des Altstadtgefüges dürfen durch Ausnahmen nicht beeinträchtigt werden.

(2) Von zwingenden Vorschriften dieser Verordnung kann die Stadt Regensburg gemäß Art. 88 Abs. 2 BayBO Befreiung gewähren, wenn

1. die Durchführung der Vorschrift im Einzelfall zu einer unbilligen Härte führen würde und die Abweichung auch unter Würdigung nachbarlicher Interessen mit den öffentlichen Belangen vereinbar ist oder

2. das Wohl der Allgemeinheit die Abweichung erfordert.

§ 14 Ordnungswidrigkeiten

Gemäß Art. 105 Abs. 1 Nr. 11 BayBO kann mit Geldbuße bis zu 10 000,— DM belegt werden, wer vorsätzlich oder fahrlässig dieser Verordnung oder einer aufgrund dieser Verordnung ergangenen vollziehbaren Anordnung der Bauaufsichtsbehörde zuwiderhandelt.

§ 15 Inkrafttreten, Geltungsdauer

Diese Verordnung tritt am Tage nach ihrer Bekanntmachung in Kraft. Sie gilt 10 Jahre.

Regensburg, 9. Januar 1976   Schlichtinger, Oberbürgermeister
Stadt Regensburg

Anlage I

zur Verordnung über örtliche Bauvorschriften zum Schutze der Altstadt von Regensburg (Altstadtschutzverordnung)

Schützenswerte Bereiche

1. Altstadt südlich der Donau:

Alle Straßen, Wege und Plätze südlich der Donau innerhalb des Grüngürtels, der gebildet wird aus dem Herzogspark, der Prebrunnallee, der Fürst-Anselm-Allee, den Grünanlagen am Ernst-Reuter-Platz, an der Landshuter Straße und der Gabelsbergerstraße sowie aus dem Park der Königlichen Villa, ferner diese Grünanlagen selber.

2. Oberer und Unterer Wöhrd:

Am Beschlächt; Badstraße; Inselstraße (südlich der Einmündung der Maidenbergstraße); Küffnerstraße; Lieblstraße (östlich des Pfaffensteiner Steges); Maidenbergstraße (Süd- und Westseite); Müllerstraße; Proskestraße; Schopperplatz; Werftstraße (westlich der Einmündung der Inselstraße); Wöhrdstraße (westlich der Maffeistraße, ferner Südseite zwischen Maffeistraße und Maidenbergstraße).

3. Stadtamhof:

Am Brückenbasar; Am Brückenfuß; Am Gries; Am Protzenweiher (östlich der Gutweinstraße); An der Schierstadt; Andreasstraße; Fischlstraße; Franziskanerplatz; Gebhartstraße; Gerhardingerstraße (Westseite); Gräßlstraße (vom Stadtamhofer Tor bis zur Einmündung der Gerhardingerstraße); Gutweinstraße; Herzog-Albrecht-Straße (östlicher Teil bis einschließlich Hausnummer 4); Katharinen-Platz; Pfaffensteiner Weg (östlich der Einmündung der Straße Auf der Grede); Salzgasse; Seifensiedergasse; Spitalgasse; Stadtamhof (Hauptstraße); Wassergasse; Nordufer des nördlichen Donauarmes von der Straße Auf der Grede bis zur Regenmündung.

Anlage II

zur Verordnung über örtliche Bauvorschriften zum Schutze der Altstadt von Regensburg (Altstadtschutzverordnung)

Besonders schützenswerte Bereiche

Ägidienplatz; Altdorferplatz; Alter Kornmarkt; Am Römling; Am Schallern; Am Wiedfang; An der Hülling; Baumhackergasse; Bismarckplatz; Brückstraße; Domgarten; Domplatz; Domstraße; Emmeramsplatz; Engelburgergasse; Fischmarkt; Gesandtenstraße (östlich der Einmündung der Glockengasse); Goldene-Bären-Straße; Haidplatz; Hinter der Grieb; Kapellengasse; Keplerstraße; Kohlenmarkt; Kramgasse; Krautermarkt; Neue-Waag-Gasse; Niedermünstergasse; Obere Bachgasse; Rathausplatz; Rote-Hahnen-Gasse; Roter Herzfleck; Schmerbühl; Silberne Kranzgasse; Tändlergasse; Vor der Grieb; Wahlenstraße; Watmarkt; Weinländle; Weinmarkt; Weiße-Hahnen-Gasse; Weiße-Lamm-Gasse; Zieroldsplatz.

Hessen:

Baugestaltungssatzung für Frankfurt am Main — Alt-Sachsenhausen*)

Aufgrund des § 118 der Hessischen Bauordnung (HBO) vom 16. 12. 1977 (GVBl. I, 1978, S. 1) und des § 5 der Hessischen Gemeindeordnung in der Fassung vom 1. 7. 1960 (GVBl. I, S. 103), zuletzt geändert am 24. 6. 1978 (GVBl. I, S. 420) hat die Stadtverordnetenversammlung der Stadt Frankfurt am Main am 5. 7. 1979 folgende Satzung beschlossen:

§ 1 Geltungsbereich

(1) Der Geltungsbereich dieser Satzung wird begrenzt von folgenden Straßen und Plätzen:

Deutschherrnufer,
Frankensteiner Platz,
Dreieichstraße,
Darmstädter Landstraße,
Schifferstraße,
Brückenstraße.

Eingeschlossen sind die Grundstücke Brückenstraße 32—60, die Grundstücke Dreieichstraße 3—45 bis zur Willemerstraße. Ausgenommen sind mit Ausnahme der §§ 12 und 13 die an die Elisabethenstraße angrenzenden Grundstücke.

(2) Die Grenzen des Geltungsbereiches dieser Satzung sind in einer Flurkarte M 1 : 5 000 rot eingetragen, die bei der Stadt Frankfurt am Main — Bauaufsichtsbehörde —, Braubachstraße 15, niedergelegt ist.

§ 2 Baugestaltung

Bauliche Anlagen sind besonders nach Maßgabe der nachfolgenden Bestimmungen so zu gestalten, daß sie sich in das gewachsene Ortsbild harmonisch einfügen und dessen Eigenart nicht beeinträchtigen.

§ 3 Baukörper, Baumaterialien

(1) Zur Erhaltung des gewachsenen Ortsbildes ist bei Neu- und Umbaumaßnahmen die Stellung der Gebäude zur Straße hin unverändert beizubehalten, soweit nicht eine Änderung nach dem Straßenbild geboten ist.

(2) Baukörper sind in der Länge, Breite und Höhe (Geschoßzahl) sowie Gesamtgestaltung so auszuführen, daß sie sich in die Umgebung und in den Straßenzug harmonisch einfügen.

(3) Werden Gebäude geändert oder erneuert, ist die bisherige Firstrichtung, Giebelstellung, Dachneigung und Traufhöhe beizubehalten, soweit nicht eine Änderung nach dem Straßenbild geboten ist.

(4) Sichtbare Bauteile sind mit herkömmlichem (ortsüblichem) oder solchem Material auszuführen, das dem herkömmlichen in Form und Farbe entspricht.

---

*) Veröffentlicht in Mitteilungen der Stadt Frankfurt am Main Nr. 48 vom 4. 12. 1979

§ 4 Dachform, Dacheindeckung, Dachaufbauten

(1) Dachform:

a) Die Dachform und die Gestaltung der Dachaufbauten sind entsprechend dem benachbarten historischen Bestand auszuführen.

b) Flachdächer sind unzulässig. Ausnahmsweise können Dachterrassen über dem Erdgeschoß zugelassen werden, wenn sie sich nach ihrer Gestaltung in die umgebende Bebauung einfügen.

(2) Dacheindeckung:

Gebäude sind grundsätzlich mit Ziegeln oder Schiefer einzudecken, in Ausnahmefällen kann ziegelähnlicher Eternitschiefer zugelassen werden, sofern das Gesamtbild nicht beeinträchtigt wird.

(3) Dachaufbauten haben sich in die Dachflächen einzufügen.

a) Dachgauben sind als Einzelgauben auszuführen. Die Breite einer Einzelgaube darf nicht mehr als $1/_4$ der gesamten Firstlänge betragen. Die Seitenwände von Gauben müssen von Giebeln, Graten und Kehlen mindestens 2,0 m entfernt sein. Die Gaubeneindeckung ist in Material und Farben wie das Hauptdach, die senkrechten Außenflächen wie die Dachfläche oder die Gebäudeaußenwand auszuführen.

b) Liegende Dachfenster und Dachausschnitte sind unzulässig, wenn sie von öffentlichen Verkehrsflächen aus einsehbar sind. Ausnahmen können nach Anzahl und Größe zugelassen werden, soweit sie zur Schornsteinreinigung und Dachinstandsetzung unbedingt benötigt werden.

(4) Schornsteine sind zu verputzen; bei Schieferdächern können sie auch mit Schiefer verkleidet werden.

§ 5 Außenwände

(1) Die Außenwände sind zu verputzen, es sei denn, sie wurden als historischer Bestand in Klinker oder Naturstein ausgeführt. Grob gemusterte, insbesondere fremdartig wirkende Putzarbeiten sind nicht gestattet. Ausnahmsweise können für das Erdgeschoß bei Gaststätten Holzverkleidungen zugelassen werden; die Verkleidung ist auf die Gesamtfassade abzustimmen. Ab dem 1. Obergeschoß kann eine Schieferverkleidung zugelassen werden, wenn diese sich dem Straßenbild einfügt. Verkleidungen mit Naturstein oder anderem Material sowie Fassadenbemalungen bedürfen der Zustimmung der Bauaufsichtsbehörde. Unzulässig sind jedoch Verkleidungen mit Mauerwerksimitationen, Fliesen, Kunststoff, Metall sowie andere polierte oder glänzende Oberflächen und Anstriche. Dies gilt auch für Nischen, Eingänge und Passagen. Außentreppen dürfen nur in Werk- oder Betonwerksteinen abgestimmt zur Fassade ausgeführt werden.

(2) Sockel an Außenwänden dürfen nur bis zur Oberkante des Erdgeschoßfußbodens reichen und sind ggf. dem Straßengefälle anzupassen. Absatz 1 dieser Vorschrift gilt entsprechend.

(3) Der Farbanstrich ist auf die Nachbarbauten und den Gesamtcharakter des Straßenbildes abzustimmen. Die Farbe ist im Einvernehmen mit der Bauaufsichtsbehörde festzulegen. Der Farbanstrich von Natursandsteinen an Fassaden ist nur in dem Farbton des Sandsteins selbst in nicht glänzender Ausführung gestattet. Ausbesserungen oder Erneuerungen an verwitterten Fassadenteilen sind in gleichem oder vergleichbarem Material vorzunehmen.

(4) Freigelegte, gut erhaltene Fachwerke sind weiterhin freizuhalten. Veränderungen können nur genehmigt werden, wenn dadurch eine gestalterische Verbesserung für den Baukörper oder das Straßenbild erzielt wird. Freilegungen sind im Einvernehmen mit der Bauaufsichtsbehörde und dem Referat für Denkmalpflege vorzunehmen.

(5) Vorhandene Gesimse sind zu erhalten oder, wenn erforderlich, zu ergänzen.

(6)

a) Schmuck- und Zweckelemente an Außenwänden aus früheren Zeitabschnitten wie Gedenktafeln, Figuren, Skulpturen, Reliefs, Wappen, Schlußsteine, Steinkonsolen, Hauszeichen, Wasserspeier, Steinbänke, Ecksteine usw. sind unverändert zu belassen und instandzuhalten.

b) Bauteile von besonderem kulturhistorischen Wert, z. B. alte Türen einschließlich der Beschläge, Türdrücker, Glockenzüge, Gewände von Türen und Fenstern, Tür- und Fenstergitter, historische Ladenfronten, Lampen sind in der Originalform zu erhalten.

c) Neue Schmuckelemente dürfen nur im Einvernehmen mit der Bauaufsichtsbehörde angebracht werden.

§ 6 Fassaden — Gliederung und Öffnungen

(1) Die Fassadenbreiten müssen durch deutliche vertikale Begrenzungen ablesbar sein. Die Einzelbaukörper dürfen weder in der Fassade noch im Dach gestalterisch zusammengezogen werden; vielmehr sind zusammenhängende Hausgruppen in der Fassade so zu gliedern, daß sie sich der Maßstäblichkeit der Umgebung einfügen.

(2) Der Maßstab der bestehenden Fassadensubstanz ist zu erhalten, sofern nicht das gewachsene Bild durch vorangegangene Veränderungen negativ beeinflußt worden war und durch sachgerechte Neugestaltung die Annäherung an den gewünschten Zustand erreicht werden kann. Dazu müssen die Gewände, Fenster, Schaufenster, Türen, Tore und Balkone nach Anordnung, Zahl, Größe, Maßstäblichkeit, formaler Gestaltung und Material dem Bauwerk und dem Straßenbild angepaßt werden. Öffnungen in Fassaden dürfen nur geschaffen, erweitert oder geschlossen werden, wenn dadurch die Fassade und das Straßenbild nicht beeinträchtigt werden. Fenster sollen nicht vermauert oder in sonstiger Weise dauerhaft verschlossen werden. Versenkbare Außenfronten und Falltüren sind nicht gestattet.

(3) Die Öffnungsumrahmungen bei denkmalpflegerisch bedeutsamen Gebäuden müssen, bei anderen Gebäuden sollen sie in Werkstein vorgenommen werden. Die Ausbildung in Betonwerkstein kann nur dann gestattet werden, wenn sich dadurch keine nachteilige Beeinträchtigung der Fassaden ergibt.

(4) Fenster sollen kleinteilig und mit Sprossen gestaltet werden; gewölbte und farbige Scheiben (außer Butzenscheiben) und die Bemalung von Scheiben ist unzulässig. Glasbausteine anstelle von Fenstern können zugelassen werden, wenn sie nicht von öffentlichen Verkehrsflächen aus einsehbar sind.

(5) Schaufenster:

a) Schaufenster sind nur im Erdgeschoß zulässig und in Maßstab und Konstruktion dem bestehenden Bauwerk anzupassen. Die Schaufensterbreiten müssen nach längstens 5 Metern durch einen vertikalen Wandstreifen von mindestens 50 cm Breite unterbrochen werden.

b) Schaufenster sind als Rechteck auszubilden. In Ausnahmefällen können Rund- oder Segmentbögen zugelassen werden.

(6) Türen, Tore:

a) Straßenseitige Haustüren sind in Holz auszuführen, soweit sie nicht im Zusammenhang mit Schaufenstern stehen. Lichtöffnungen sind zulässig, wenn diese die Hälfte der Türblattfläche nicht überschreiten.

b) Garagentore im Straßenbereich sind in Holz oder Holzaufdoppelung auszuführen. Garageneinfahrten im Erdgeschoß der Straßenfront müssen sich gestalterisch angemessen einfügen.

(7) Vordächer und Eingangsüberdachungen sind nur zulässig, wenn durch deren Anordnung das Gesamtbild des Gebäudes und der Straße nicht beeinträchtigt wird. Sie dürfen nicht in Kunststoff ausgeführt werden.

§ 7 Fensterläden, Rolläden, Jalousetten, Markisen u. ä.

(1) Bei Fassaden, deren Fenster mit Klappläden versehen sind oder ursprünglich waren, sind die Klappläden in Holz beizubehalten oder bei Erneuerungen anzubringen, bei Neubauten, wenn die Nachbargebäude Klappläden haben.

(2) Rolläden sind nur innenbündig in Holz oder holzartiger Ausführung zulässig; untersagt ist insbesondere die Ausführung in Aluminium oder störender Farbe.

(3) Jalousetten und Rollos müssen in der Farbe mit der Farbgestaltung der Fassade harmonieren.

(4)
a) Markisen dürfen nur angebracht werden, wenn diese die Fassade des Gebäudes sowie das Straßen- und Ortsbild nicht nachteilig beeinflussen und es zum Schutze ausgestellter Waren oder von Wirtschaftsgärten notwendig ist.

b) Markisen sind so anzubringen, daß sie im geschlossenen Zustand nicht über die Bau- oder Fassadenflucht hinausragen. Ausnahmen können zugelassen werden, wenn eine solche Anordnung konstruktiv nicht möglich ist und eine nachteilige Beeinflussung im Sinne des Buchstaben a) nicht eintritt. Wesentliche Architekturteile dürfen nicht überdeckt werden. Die lichte Höhe der geöffneten Markise hat mindestens 2,50 m, der senkrechte Abstand von einer Randsteinaußenkante mindestens 0,70 m zu betragen.

c) Die Verwendung von Markisen in störend wirkenden Farben und Materialien ist untersagt. Die Farbe darf nur im Einvernehmen mit der Bauaufsichtsbehörde festgelegt werden.

(5) Balkonverkleidungen und -überdachungen müssen in Farbe und Material mit der Fassade harmonieren. Die Ausführung in Kunststoff ist unzulässig.

§ 8 Antennen, Blitzableiter, Freileitungen, Entlüftungsgitter und -rohre

(1) Fernseh- und Funkantennen sind, soweit es ein normaler Empfang erlaubt, unter Dach anzubringen. Im übrigen sind sie möglichst unauffällig von der Straßenseite entfernt anzubringen. Ebenso dürfen Leitungen, Entlüftungsgitter und -rohre nicht auf der Straßenfassade der Gebäude angebracht werden.

(2) Bei Gebäuden mit mehr als einer Wohnung dürfen nur Gemeinschaftsantennen angebracht werden.

§ 9 Einfriedigungen, Müllboxen, Stellplätze, Bodenbefestigungen

(1) Einfriedigungen müssen in Form, Material und Ausführung dem gewachsenen Bild entsprechen (z. B. Eisengitterzäune und -tore). Aluminiumtore und Drahtzäune sind nur zulässig, soweit sie nicht von öffentlichen Verkehrsflächen aus eingesehen werden können.

(2) Standplätze für bewegliche Abfallbehälter sind durch Bepflanzung, Verkleidung oder bauliche Maßnahmen gegen Einsicht von den öffentlichen Verkehrsflächen abzuschirmen. Sie dürfen unmittelbar vor einer Gebäudefront nur eingerichtet werden, wenn sie das Gesamtbild der Hausfassade nicht beeinträchtigen.

(3) Stellplätze für Kraftfahrzeuge, die vom öffentlichen Straßenraum einsehbar sind, sollen durch Bepflanzung abgeschirmt werden.

(4) Soweit Einfahrten und Höfe befestigt werden, soll Kopfsteinpflaster oder Platten- oder Betonsteinbelag verwendet werden.

§ 10 Bepflanzung der Grundstücksfreiflächen

Auf den Grundstücksfreiflächen, insbesondere in den bewirtschafteten Höfen von Gaststätten sind mindestens ein Baum (vorzugsweise folgender Arten: Ahorn, Kastanie, Linde, Platane, Robinie) sowie an geeigneten Stellen Weinstöcke anzupflanzen, soweit sonstige öffentlich-rechtliche Vorschriften nicht entgegenstehen.

§ 11 Instandhaltung von baulichen Anlagen und Grundstücksfreiflächen

(1) Bauliche Anlagen sind so instandzuhalten, daß keine Verunstaltung des Gebäudes sowie des Straßen-, Orts- oder Landschaftsbildes eintritt. Bei Ausbesserungen und Instandsetzungsarbeiten darf die ursprüngliche Gestaltung der vorhandenen Bauwerke und Bauteile nicht nachteilig verändert werden.

(2) Ganz oder teilweise vollendete, unverputzte oder nur zum Teil gestrichene Häuser oder Fassaden müssen auf Verlangen der Bauaufsichtsbehörde binnen angemessener Frist gänzlich vollendet werden.

(3) Grundstückseinfriedigungen, Vorgärten und sonstige vom öffentlichen Verkehrsraum einsehbare Freiflächen sind so zu unterhalten, daß sie nicht verunstaltet wirken.

§ 12 Anlagen der Außenwerbung

(1) Werbeanlagen müssen sich der Architektur des Bauwerkes und dem Orts- und Straßenbild anpassen und insbesondere in Form, Größe, Maßstab, Werkstoff, Farbe und Anbringungsart werkgerecht durchgebildet und klar gestaltet sein. Sie müssen sich insgesamt dem Bauwerk unterordnen. Werbeanlagen dürfen Brandgiebelflächen, tragende Bauglieder oder architektonische Gliederungen nicht in störender Weise bedecken, verdecken oder überschneiden.

(2) Nach § 89 HBO genehmigungs- und anzeigefreie Werbeanlagen bedürfen einer Baugenehmigung. Werbeanlagen sind nur zulässig an der Stätte der Leistung.

(3) Werbeanlagen — mit Ausnahme von Auslegeschildern — dürfen nur unterhalb der Fensterbrüstung des 1. Obergeschosses angebracht werden. Unzulässig ist das Anbringen von Werbeanlagen insbesondere an Vorbauten, Balkonen, Mauern, Einfriedigungen, Bäumen und auf Grundstücksfreiflächen.

(4) Werbeanlagen sind nur zulässig als auf die Wandfläche aufgebrachte Einzelbuchstaben oder künstlerisch gestaltete Flachtransparente. Unzulässig sind insbesondere Kletterschriften, Serientransparente, Fahnen, Schaubänder und sich bewegende Konstruktionen sowie Werbeplakate und -schilder aus Pappe und Papier sowie die Verwendung von Signal- und Reflexfarben.

(5) Auslegeschilder sind nur zulässig, wenn sie in stilvoller Weise den Namen der Gaststätte oder das Ladens verdeutlichen.

(6) Vor die Baufluchtlinie vorstehende Werbeanlagen müssen von den seitlichen Nachbargrenzen mindestens 1,50 m entfernt bleiben, sofern sie die Baufluchtlinie

oder die allgemeine Gebäudeflucht um mehr als 0,20 m überragen. Bei vor die Baufluchtlinie vorstehenden Werbeanlagen muß unter Berücksichtigung des § 5 der Allgemeinen Verordnung zur Durchführung der Hessischen Bauordnung vom 9. 5. 1977 ein Lichtraumprofil für den Schwerverkehr (Feuerwehr-, Müll- und Reinigungsfahrzeuge sowie Zulieferfahrzeuge) von mindestens 4,50 m Höhe und 3,50 m Breite gewährleistet sein.

(7) Unzulässig sind insbesondere Blinklichtanlagen, Wechsellichtanlagen, Wechsellichtanlagen mit Blinkeffekt, Lauflichtanlagen und andere Werbeanlagen mit wechselndem Licht sowie Leuchtgirlanden und bunte Laternen und Ampeln.

§ 13 Warenautomaten

(1) Nach § 89 HBO genehmigungs- und anzeigefreie Warenautomaten bedürfen einer Baugenehmigung.

(2) Die Häufung von Warenautomaten, auch an offenen Verkaufsstellen, ist unzulässig.

(3) Warenautomaten an Außenwänden dürfen die Baufluchtlinie um nicht mehr als 0,20 m überragen.

(4) Warenautomaten müssen in der Farbe mit der Farbgestaltung der Fassade harmonieren und dürfen architektonische Gliederungen der Fassade nicht in störender Weise bedecken, verdecken oder überschneiden.

§ 14 Ordnungswidrigkeiten

(1) Ordnungswidrig nach § 113 Abs. 1 Nr. 20 HBO handelt, wer vorsätzlich oder fahrlässig

1. ein nach § 4 Abs. 2 dieser Satzung unzulässiges Material zur Dacheindeckung verwendet,

2. ein nach § 5 Abs. 1 und 2 unzulässiges Material zur Verkleidung der Außenwände oder Sockel verwendet,

3. entgegen § 5 Abs. 3 die Farbe eines Anstrichs nicht mit der Bauaufsichtsbehörde festlegt,

4. Fenster entgegen § 6 Abs. 4 gestaltet oder unzulässigerweise Glasbausteine verwendet,

5. Vordächer und Eingangsüberdachungen entgegen § 6 Abs. 7 in Kunststoff ausführt,

6. entgegen § 7 Abs. 1 Klappläden in Holz nicht beibehält oder entgegen § 7 Abs. 2 Rolläden in unzulässigem Material oder Farbe ausführt,

7. Markisen entgegen § 7 Abs. 4 in unzulässiger Weise ausführt oder ihre Farbe nicht im Einvernehmen mit der Bauaufsichtsbehörde festlegt,

8. Balkonverkleidungen und -überdachungen entgegen § 7 Abs. 5 in Kunststoff ausführt,

9. entgegen § 11 Abs. 1 bauliche Anlagen nicht instandhält,

10. entgegen § 12 Abs. 1, 3—7 Werbeanlagen in unzulässiger Art und Weise anbringt oder ausführt,

11. entgegen § 12 Abs. 2 und § 13 Abs. 1 nach § 89 HBO sonst genehmigungs- und anzeigenfreie Werbeanlagen und Warenautomaten ohne Genehmigung anbringt oder

12. entgegen § 13 Abs. 2—4 Warenautomaten in unzulässiger Art und Weise anbringt.

(2) Nach § 113 Abs. 3 HBO kann die Ordnungswidrigkeit mit einer Geldbuße bis zu 100 000 DM geahndet werden.

§ 15 Denkmalschutz

Bestimmungen zum Denkmalschutz werden durch diese Satzung nicht berührt.

§ 16 Wirtschaftsgärten im Straßenraum

Die Errichtung und Abgrenzung von Wirtschaftsgärten im Straßenraum bedarf als Sondernutzung der Erlaubnis des Magistrats der Stadt Frankfurt am Main.

Die Straßenräume sind in unauffälliger Weise abzumarkieren. Das gleiche gilt für Stellplätze.

§ 17 Inkrafttreten

Diese Satzung tritt am Tage nach der Bekanntmachung in Kraft.

Ortssatzung über die äußere Gestaltung baulicher Anlagen, Werbeanlagen und Warenautomaten (Gestaltungssatzung)

Aufgrund der §§ 5 und 51 Nr. 6 der Hessischen Gemeindeordnung vom 25. Februar 1952 in der Fassung vom 1. Juli 1960 (GVBl. S. 103), zuletzt geändert durch Gesetz vom 14. Juli 1977 (GVBl. I S. 319), in Verbindung mit § 118 Abs. 1 Nr. 1 und 3, Abs. 2 Nr. 1 und Abs. 3 der Hessischen Bauordnung vom 31. August 1976 (GVBl. I. S. 339), zuletzt geändert durch Gesetz vom 26. September 1977 (GVBl. I S. 391) hat die Stadtverordnetenversammlung der Landeshauptstadt Wiesbaden in ihrer Sitzung vom 29. 3. 1979 die nachstehende Ortssatzung beschlossen, die hiermit öffentlich bekanntgemacht wird:

§ 1 Geltungsbereich

(1) Vorbehaltlich abweichender Regelungen in Bebauungsplänen werden in den in Abs. 2 näher bezeichneten Teilen der Landeshauptstadt Wiesbaden bei der Errichtung und Veränderung baulicher Anlagen die Gestaltungsanforderungen dieser Satzung gestellt. Die räumliche Abgrenzung der Gebietsteile erfolgt durch die der Satzung als Anlage beigefügte zeichnerische und textliche Darstellung.

(2) Für die Baugestaltung in den nachstehend aufgeführten, räumlich abgegrenzten Teilen des Stadtgebietes sind folgende Ziele maßgebend:

1. In Zone A (Kernbereiche von Wiesbaden-Alt und Wiesbaden-Biebrich) soll die gestalterische Vielfalt in den gewachsenen Stadtkernen in Maßstab und Gliederung erhalten werden.

2. In Zone B (Villenbereiche) sollen die für Wiesbaden charakteristischen durchgrünten Villen- und Wohnhausviertel mit offener Bauweise in Maßstab und Gliederung erhalten werden.

3. In Zone C (Vorortkernbereiche) soll die Eigenart der Ortsteile und deren dörflicher Charakter erhalten werden.

4. In Zone D (restliches Stadtgebiet) soll durch Mindestanforderungen der vorhandenen Siedlungsstruktur der Stadt, ihrer Lage in der Landschaft sowie ihren Belangen als Kurstadt Rechnung getragen werden.

§ 2 Kernbereich von Wiesbaden-Alt und Wiesbaden-Biebrich (Zone A)

(1) Dächer
1. Die Dachform ist dem Charakter der in der Umgebung überwiegend vorhandenen Dächer anzupassen.

2. Nicht bewegliche Vordächer und Überdachungen von Balkonen und Dachterrassen müssen in ihren Materialien der Fassadenausbildung entsprechen.

(2) Dachgauben und Dacheinschnitte
1. Die Gauben und Einschnitte einer Dachfläche dürfen insgesamt höchstens $1/_2$ der jeweiligen Gebäudelänge einnehmen. Ihre Höhe darf $1/_4$ der Dachhöhe, gemessen in der Senkrechten zwischen der Höhe der Dachtraufe und dem Dachfirst, nicht überschreiten.

2. Die Seitenwände von Dachgauben und Dacheinschnitten müssen mit Giebeln, Graten und Kehlen mindestens 2 m waagerecht in Traufhöhe der Gaube gemessen, entfernt sein. Bei Mansardendächern beträgt dieser Abstand mindestens 1 m.

3. Die vorderen Ansichtsflächen von Dachgauben sind als Fenster auszubilden. Austritte vor Dachgauben sowie hinter die Dachhaut zurückgesetzte Außenwän-

de sind nur zulässig, wenn die vorgelagerten Brüstungen mit ihrer Höhe die anschließende Dachhaut nicht überragen.

(3) Drempel

Bei geneigten Dächern ist ein Drempel (Kniestock) bis 0,6 m Höhe zulässig, gemessen in der Flucht der Außenwand zwischen deren Schnittpunkten mit der Oberkante der oberen Geschoßdecke (Rohbau) und der Dachhaut.

(4) Fassaden und Brandwände

1. Einheitliche Fassadenstrukturen sind bei geschlossener Bauweise auf die Breite eines Hausgrundstücks, maximal auf 30 m zu begrenzen.

2. Fassaden mit über 15 m Straßenfrontlänge sind durch Vor- bzw. Rücksprünge zu gliedern.

3. Unterhalb des Daches sind die Fassaden durch Haupt- bzw. Traufgesims abzugrenzen.

4. Die Fassadenoberfläche ist in Material und Farbe so herzustellen, daß sie sich in das Straßenbild einfügt.

5. Brandwände sollen bei Neu- und Anbauten nicht sichtbar bleiben. Soweit sie nicht durch Bauwerke verdeckt werden, sind sie im Farbton der Fassade anzupassen. Dies gilt nicht für Giebelwandflächen bei gestalterisch beabsichtigten Gebäudeversätzen oder Abstaffelungen bei Hausgruppen oder Reihenhäusern.

6. Die abschließende Gestaltung der Außenwände muß spätestens zwei Jahre nach Ingebrauchnahme der baulichen Anlage fertiggestellt sein. Dies gilt auch für Brandwände, an die nicht angebaut wird.

(5) Garagen

1. Bauformen, Tore und Wandoberflächen von Garagen müssen innerhalb von Garagenzeilen (mehr als zwei aneinandergebaute Garagen) aufeinander abgestimmt sein.

2. Bei Garagenzeilen ist einem Geländegefälle durch höhenmäßige Staffelung der Garagen innerhalb der Zeile Rechnung zu tragen.

3. Garagen in Bauwich und Abstandsflächen dürfen nicht länger als 7 m sein.

4. Flachdächer sind nur als Dachterrassen oder in bekiester Ausführung zulässig.

(6) Einfriedungen

1. Die vorderen und seitlichen Einfriedungen von Vorgärten und sonstigen Flächen an der Straßenflucht dürfen 1,1 m in der mittleren Höhe nicht überschreiten. Massive Sockel und geschlossene Elemente dürfen 0,5 m mittlerer Höhe nicht überschreiten. Diese Regelung gilt nicht, soweit es sich um historische Anlagen oder um Stützmauern handelt.

2. Die Verwendung von Stacheldraht ist unzulässig.

(7) Werbeanlagen und Warenautomaten

1. Werbeanlagen in Form von Blinklichtern, im Wechsel oder in Stufen ein- und ausschaltbare Leuchten, als laufende Schriftbänder mit wechselnder Schrift, als projizierte Lichtbilder und als spiegelunterlegte Schilder sind unzulässig.

2. Werbeanlagen, Warenautomaten und Schaukästen an Bäumen, Brücken, Böschungen und Schornsteinen sind unzulässig. Im übrigen dürfen sie folgende Größen nicht überschreiten:

a) auf Grundstücksflächen: 1,0 qm
b) an Einfriedungen: 1,0 qm
c) an Stützmauern: 1,5 qm

d) an Gebäuden:

Schaukästen	4,0 qm
Warenautomaten	1,5 qm
Werbeanlagen	1,5 qm

(für parallel zur Gebäudefront angebrachte Anlagen kann eine Überschreitung zugelassen werden, wenn dies angemessen erscheint).

Die Bestimmung über Werbeanlagen auf Grundstücksfreiflächen gilt nicht für Tankstellen.

3. Werbeanlagen dürfen Brandgiebelflächen, tragende Bauglieder oder architektonische Gliederungen nicht in störender Weise bedecken, verdecken oder überschneiden.

4. Werbeanlagen auf oder über Dach sind unzulässig.

5. Parallel zur Gebäudefront angebrachte Werbeanlagen dürfen bis zu 0,5 m, winklig zur Gebäudefront angebrachte Werbeanlagen dürfen bis zu 1 m vor die Gebäudefront vortreten.

   Der Abstand der Werbeanlagen zum oberen Gebäudeabschluß (Hauptgesims, Traufe) sowie zur Grundstücksgrenze muß mindestens 0,5 m betragen. Bei weiter als 0,5 m vortretenden Werbeanlagen beträgt der Mindestabstand zur Grundstücksgrenze 1 m, zu anderen Werbeanlagen 2 m.

6. Lichtwerbeanlagen sollen auf die Nachbarschaft keine überstrahlende Wirkung ausüben. Kabel und sonstige technische Hilfsmittel sind verdeckt anzubringen.

§ 3 Villenbereiche (Zone B)

(1) Dächer

1. Die Dachform ist dem Charakter der in der Umgebung überwiegend vorhandenen Dächer anzupassen.

2. Nicht bewegliche Vordächer und Überdachungen von Balkonen und Dachterrassen müssen in ihren Materialien der Fassadenausbildung entsprechen.

(2) Dachgauben und Dacheinschnitte

1. Die Gauben und Einschnitte einer Dachfläche dürfen insgesamt höchstens $1/_2$ der jeweiligen Gebäudelänge einnehmen. Ihre Höhe darf $1/_4$ der Dachhöhe, gemessen in der Senkrechten zwischen der Höhe der Dachtraufe und dem Dachfirst, nicht überschreiten.

2. Die Seitenwände von Dachgauben und Dacheinschnitten müssen von Giebeln, Graten und Kehlen mindestens 2 m waagerecht in Traufhöhe der Gaube gemessen, entfernt sein. Bei Mansardendächern beträgt dieser Abstand mindestens 1 m.

3. Die vorderen Ansichtsflächen von Dachgauben sind als Fenster auszubilden. Austritte vor Dachgauben sowie hinter die Dachhaut zurückgesetzte Außenwände sind nur zulässig, wenn die vorgelagerten Brüstungen mit ihrer Höhe die anschließende Dachhaut nicht überragen.

(3) Drempel

Bei geneigten Dächern ist ein Drempel (Kniestock) bis 0,6 m Höhe zulässig, gemessen in der Flucht der Außenwand zwischen deren Schnittpunkten mit der Oberkante der oberen Geschoßdecke (Rohbau) und der Dachhaut.

(4) Fassaden und Brandwände

1. Fassaden sind durch Vor- und Rücksprünge zu gliedern.

2. Unterhalb des Daches sind die Fassaden durch Haupt- bzw. Traufgesims abzugrenzen.

3. Fassaden sind verputzt oder mit Verblendmaterial in Ziegel oder Naturstein auszuführen. Andere Materialien sind zulässig, soweit sie sich in die umgebende Bebauung einfügen.

4. Nachträgliche Fassadenverkleidungen sowie Balkon- und Loggiaverkleidungen sind den verwendeten natürlichen Baustoffen anzupassen.

5. Brandwände sollen bei Neu- und Anbauten nicht sichtbar bleiben. Soweit sie nicht durch Bauwerke verdeckt werden, sind sie im Farbton der Fassade anzupassen. Dies gilt nicht für Giebelwandflächen bei gestalterisch beabsichtigten Gebäudeversätzen oder Abstaffelungen bei Hausgruppen oder Reihenhäusern.

6. Die abschließende Gestaltung der Außenwände muß spätestens zwei Jahre nach Ingebrauchnahme der baulichen Anlage fertiggestellt sein. Dies gilt auch für Brandwände, an die nicht angebaut wird.

(5) Garagen

1. Bauformen, Tore und Wandoberflächen von Garagen müssen innerhalb von Garagenzeilen (mehr als zwei aneinandergebaute Garagen) aufeinander abgestimmt sein.

2. Bei Garagenzeilen ist einem Geländegefälle durch höhenmäßige Staffelung der Garagen innerhalb der Zeile Rechnung zu tragen.

3. Garagen in Bauwich oder Abstandsflächen dürfen nicht länger als 7 m sein.

4. Flachdächer sind nur als Dachterrassen oder in bekiester Ausführung zulässig.

(6) Einfriedungen

1. Die vorderen und seitlichen Einfriedungen von Vorgärten oder sonstigen Flächen an der Straßenflucht dürfen 1,1 m in der mittleren Höhe nicht überschreiten. Massive Sockel und geschlossene Elemente dürfen 0,5 m mittlerer Höhe nicht überschreiten. Diese Regelung gilt nicht, soweit es sich um historische Anlagen oder um Stützmauern handelt.

2. Die Verwendung von Stacheldraht ist unzulässig.

3. Straßenseitige Einfriedungen von Reihenhauszeilen sollen in ihrer Gestaltung aufeinander abgestimmt sein.

(7) Werbeanlagen und Warenautomaten

1. Werbeanlagen in Form von Blinklichtern, im Wechsel oder in Stufen ein- und ausschaltbare Leuchten, als laufende Schriftbänder mit wechselnder Schrift, als projizierte Lichtbilder und als spiegelunterlegte Schilder sind unzulässig.

2. Werbeanlagen, Warenautomaten und Schaukästen auf Grundstücksfreiflächen, an Bäumen, Böschungen, Ufermauern, Brücken, Schornsteinen und Brandgiebeln sind unzulässig.

   Werbeanlagen an Einfriedungen und Stützmauern sind unzulässig.

   Werbeanlagen an Gebäuden dürfen eine Größe von 1,2 qm nicht überschreiten.

   Warenautomaten und Schaukästen dürfen folgende Größe nicht überschreiten:

   a) an Einfriedungen: 0,8 qm
   b) an Stützmauern und Gebäuden: 1,0 qm

   Die Bestimmung über Werbeanlagen auf Grundstücksfreiflächen gilt nicht für Tankstellen.

3. Werbeanlagen dürfen tragende Bauglieder oder architektonische Gliederungen nicht in störender Weise bedecken, verdecken oder überschneiden.

276

4. Werbeanlagen auf oder über Dach sind unzulässig.

5. Parallel zur Gebäudefront angebrachte Werbeanlagen dürfen bis zu 0,3 m, winklig zur Gebäudefront angebrachte Werbeanlagen dürfen bis zu 1 m vor die Gebäudefront vortreten.

Werbeanlagen dürfen das 1. Obergeschoß nicht überragen, wenn die höheren Geschosse zu Wohnzwecken genutzt werden.

Der Abstand der Werbeanlage zum oberen Gebäudeabschluß und zur Grundstücksgrenze muß mindestens 1 m betragen. Bei weiter als 0,3 m vortretenden Werbeanlagen beträgt der Mindestabstand zur Grundstücksgrenze 1,5 m, zu anderen Werbeanlagen 3 m.

6. Lichtwerbeanlagen sollen auf die Nachbarschaft keine überstrahlende Wirkung ausüben. Kabel und sonstige technische Hilfsmittel sind verdeckt anzubringen.

7. Abweichend von § 89 Nr. 32 a und c der Hessischen Bauordnung bedürfen alle Werbeanlagen einer Genehmigung durch die Bauaufsichtsbehörde.

§ 4 Vorortkernbereiche (Zone C)

(1) Dächer

1. Die Dachform ist dem Charakter der in der Umgebung überwiegend vorhandenen Dächer anzupassen.

2. Nicht bewegliche Vordächer und Überdachungen von Balkonen und Dachterrassen müssen in ihren Materialien der Fassadenausbildung entsprechen.

(2) Dachgauben und Dacheinschnitte

1. Die Gauben und Einschnitte einer Dachfläche dürfen insgesamt höchstens $1/2$ der jeweiligen Gebäudelänge einnehmen. Ihre Höhe darf $1/4$ der Dachhöhe, gemessen in der Senkrechten zwischen der Höhe der Dachtraufe und dem Dachfirst, nicht überschreiten.

2. Die Seitenwände von Dachgauben und Dacheinschnitten müssen von Giebeln, Graten und Kehlen mindestens 2 m waagerecht in Traufhöhe der Gaube gemessen, entfernt sein. Bei Mansardendächern beträgt dieser Abstand mindestens 1 m.

3. Die vorderen Ansichtsflächen von Dachgauben sind als Fenster auszubilden. Austritte vor Dachgauben sowie hinter die Dachhaut zurückgesetzte Außenwände sind nur zulässig, wenn die vorgelagerten Brüstungen mit ihrer Höhe die anschließende Dachhaut nicht überragen.

(3) Drempel

1. Bei geneigten Dächern ist ein Drempel (Kniestock) bis 0,6 m Höhe zulässig, gemessen in der Flucht der Außenwand zwischen deren Schnittpunkten mit der Oberkante der obersten Geschoßdecke (Rohbau) und der Dachhaut.

(4) Fassaden und Brandwände

1. Fassadengliederungen und -öffnungen sind in Anordnung und Maßverhältnissen dem das Ortsbild bestimmenden Charakter anzupassen.

2. Einheitliche Fassadenstrukturen sind bei geschlossener Bauweise auf die Breite eines Hausgrundstücks, maximal auf 30 m, zu begrenzen. Fassaden mit mehr als 15 m Straßenfrontlänge sind durch Vor- bzw. Rücksprünge zu Haupt- bzw. Traufgesims abzugrenzen. Die Fassadenoberfläche muß sich in Material und Farbe dem Straßenbild einfügen.

3. Nachträgliche Fassaden-, Balkon- und Loggiaverkleidungen sind den am Gebäude verwendeten natürlichen Baustoffen anzupassen.

4. Sockel müssen in Material und Höhe dem Geländeverlauf und der vorhandenen Bebauung angepaßt sein. Die Verwendung von Kunststoffen sowie glasierten und Spaltplatten ist unzulässig.

5. Brandwände sollen bei Neu- und Anbauten nicht sichtbar bleiben. Soweit sie nicht durch Bauwerke verdeckt werden, sind sie im Farbton der Fassade anzupassen. Dies gilt nicht für Giebelwandflächen bei gestalterisch beabsichtigten Gebäudeversätzen oder Abstaffelungen bei Hausgruppen oder Reihenhäusern.

6. Die abschließende Gestaltung der Außenwände muß spätestens zwei Jahre nach Ingebrauchnahme der baulichen Anlage fertiggestellt sein. Dies gilt auch für Brandwände, an die nicht angebaut wird.

(5) Garagen

1. Bauformen, Tore und Wandoberflächen von Garagen müssen innerhalb von Garagenzeilen (mehr als zwei aneinandergebaute Garagen) aufeinander abgestimmt sein.

2. Bei Garagenzeilen ist einem Geländegefälle durch höhenmäßige Staffelung der Garagen innerhalb der Zeile Rechnung zu tragen.

3. Garagen in Bauwich und Abstandsflächen dürfen nicht länger als 7 m sein.

4. Flachdächer sind nur als Dachterrassen oder in bekiester Ausführung zulässig.

(6) Einfriedungen

1. Straßenseitige Einfriedungen sollen als geschlossene Wände (Naturstein oder verputzt oder in Holz in vertikaler Brettschalung) hergestellt werden.

2. Die Verwendung von Stacheldraht ist unzulässig.

3. Straßenseitige Einfriedungen von Reihenhauszeilen sollen in ihrer Gestaltung aufeinander abgestimmt sein.

(7) Werbeanlagen und Warenautomaten

1. Werbeanlagen in Form von Blinklichtern, im Wechsel oder in Stufen ein- und ausschaltbare Leuchten, als laufende Schriftbänder mit wechselnder Schrift, als projizierte Lichtbilder und als spiegelunterlegte Schilder sind unzulässig.

2. Werbeanlagen, Warenautomaten und Schaukästen auf Grundstücksfreiflächen, an Bäumen, Böschungen, Ufermauern, Brücken, Schornsteinen und Brandgiebeln sind zulässig.

Werbeanlagen an Einfriedungen und Stützmauern sind unzulässig.

Werbeanlagen an Gebäuden dürfen eine Größe von 1,5 qm nicht überschreiten.

Warenautomaten und Schaukästen dürfen folgende Größe nicht überschreiten:

a) an Einfriedungen: 0,8 qm
b) an Stützmauern und Gebäuden: 1,0 qm

Die Bestimmung über Werbeanlagen auf Grundstücksfreiflächen gilt nicht für Tankstellen.

3. Werbeanlagen dürfen tragende Bauglieder oder architektonische Gliederungen nicht in störender Weise bedecken, verdecken oder überschneiden.

4. Werbeanlagen auf oder über Dach sind unzulässig.

5. Parallel zur Gebäudefront angebrachte Werbeanlagen dürfen bis zu 0,3 m, winklig zur Gebäudefront angebrachte Werbeanlagen dürfen bis zu 1 m vor die Gebäudefront vortreten.

Werbeanlagen dürfen das 1. Obergeschoß nicht überragen.

278

Der Abstand der Werbeanlage zum oberen Gebäudeabschluß und zur Grundstücksgrenze muß mindestens 1 m betragen. Bei weiter als 0,3 m vortretenden Werbeanlagen beträgt der Mindestabstand zur Grundstücksgrenze 1,5 m, zu anderen Werbeanlagen 3 m.

6. Lichtwerbeanlagen sollen auf die Nachbarschaft keine überstrahlende Wirkung ausüben, Kabel und sonstige technische Hilfsmittel sind verdeckt anzubringen.

7. Abweichend von § 89 Nr. 32 a und c der Hessischen Bauordnung bedürfen alle Werbeanlagen einer Genehmigung durch die Bauaufsichtsbehörde.

§ 5 Restliches Stadtgebiet (Zone D)

(1) Dächer

1. Die Dachform ist dem Charakter der in der Umgebung überwiegend vorkommenden Dächer anzupassen.

2. Nicht bewegliche Vordächer und Überdachungen von Balkonen und Dachterrassen müssen in ihren Materialien der Fassadenausbildung entsprechen.

(2) Dachgauben und Dacheinschnitte

1. Die Gauben und Einschnitte einer Dachfläche dürfen insgesamt höchstens $1/_2$ der jeweiligen Gebäudelänge einnehmen. Ihre Höhe darf $1/_4$ der Dachhöhe, gemessen in der Senkrechten zwischen der Höhe der Dachtraufe und dem Dachfirst, nicht überschreiten.

2. Die Seitenwände von Dachgauben und Dacheinschnitten müssen von Giebeln, Graten und Kehlen mindestens 2 m waagerecht, in Traufhöhe der Gaube gemessen, entfernt sein. Bei Mansardendächern beträgt dieser Abstand mindestens 1 m.

3. Die vorderen Ansichtsflächen von Dachgauben sind als Fenster auszubilden. Austritte vor Dachgauben sowie hinter die Dachhaut zurückgesetzte Außenwände sind nur zulässig, wenn die vorgelagerten Brüstungen mit ihrer Höhe die anschließende Dachhaut nicht überragen.

(3) Drempel

Bei geneigten Dächern ist ein Drempel (Kniestock) bis 0,6 m Höhe zulässig, gemessen in der Flucht der Außenwand zwischen deren Schnittpunkten mit der Oberkante der obersten Geschoßdecke (Rohbau) und der Dachhaut.

(4) Fassaden und Brandwände

1. Brandwände sollen bei Neu- und Anbauten nicht sichtbar bleiben. Soweit sie nicht durch Bauwerke verdeckt werden, sind sie im Farbton der Fassade anzupassen. Dies gilt nicht für Giebelwandflächen bei gestalterisch beabsichtigten Gebäudeversätzen oder Abstaffelungen bei Hausgruppen oder Reihenhäusern.

2. Die abschließende Gestaltung der Außenwände muß spätestens zwei Jahre nach Ingebrauchnahme der baulichen Anlage fertiggestellt sein. Dies gilt auch für Brandwände, an die nicht angebaut wird.

(5) Garagen

1. Bauformen, Tore und Wandoberflächen von Garagen müssen innerhalb von Garagenzeilen (mehr als zwei aneinandergebaute Garagen) aufeinander abgestimmt sein.

2. Bei Garagenzeilen ist einem Geländegefälle durch höhenmäßige Staffelung der Garagen innerhalb der Zeile Rechnung zu tragen.

3. Garagen in Bauwich und Abstandsflächen dürfen nicht länger als 7 m sein.

4. Flachdächer sind nur als Dachterrassen oder in bekiester Ausführung zulässig.

(6) Einfriedungen

1. Die vorderen oder seitlichen Einfriedungen von Vorgärten und sonstigen Flächen an der Straßenflucht dürfen 1,1 m in der mittleren Höhe nicht überschreiten. Massive Sockel und geschlossene Elemente dürfen 0,5 m mittlerer Höhe nicht überschreiten. Diese Regelung gilt nicht, soweit es sich um historische Anlagen oder um Stützmauern handelt.

2. Die Verwendung von Stacheldraht ist unzulässig.

3. Straßenseitige Einfriedungen von Reihenhauszeilen sollen in ihrer Gestaltung aufeinander abgestimmt sein.

(7) Werbeanlagen und Warenautomaten

1. Werbeanlagen in Form von Blinklichtern, im Wechsel oder in Stufen ein- und ausschaltbare Leuchten, als laufende Schriftbänder mit wechselnder Schrift, als projizierte Lichtbilder und als spiegelunterlegte Schilder sind unzulässig.

2. Werbeanlagen, Warenautomaten und Schaukästen an Bäumen, Böschungen und Ufermauern sind unzulässig.

In Gewerbe- und Industriegebieten sind sie auf Grundstücksfreiflächen, an Einfriedungen, Stützmauern, Gebäuden, Brücken und Schornsteinen zulässig.

In den übrigen Baugebieten dürfen sie folgende Größen nicht überschreiten:

a) auf Grundstücksfreiflächen: 0,8 qm
b) an Einfriedungen: 1,0 qm
c) an Gebäuden und Stützmauern: 2,5 qm

Die Bestimmung über Werbeanlagen auf Grundstücksflächen gilt nicht für Tankstellen.

3. Werbeanlagen dürfen Brandgiebelflächen, tragende Bauglieder oder architektonische Gliederungen nicht in störender Weise bedecken, verdecken oder überschneiden.

4. Werbeanlagen auf oder über Dach sind unzulässig. Dies gilt nicht für Gewerbe- und Industriegebiete.

5. Parallel zur Gebäudefront angebrachte Werbeanlagen dürfen bis zu 0,5 m, winklig zur Gebäudefront angebrachte Werbeanlagen bis zu 1 m vor die Gebäudefront vortreten.

Werbeanlagen dürfen das 1. Obergeschoß nicht überragen, wenn die höheren Geschosse zu Wohnzwecken genutzt werden.

Der Abstand der Werbeanlage zum oberen Gebäudeabschluß (Hauptgesims, Traufe) sowie zur Grundstücksgrenze muß mindestens 1 m betragen. Bei weiter als 0,5 m vortretenden Werbeanlagen beträgt der Mindestabstand zur Grundstücksgrenze 1,5 m, zu anderen Werbeanlagen 3 m.

6. Lichtwerbeanlagen sollen auf die Nachbarschaft keine überstrahlende Wirkung ausüben. Kabel und sonstige technische Hilfsmittel sind verdeckt anzubringen.

§ 6 Ausnahmen

Von den Bestimmungen dieser Satzung sollen Ausnahmen zugelassen werden, wenn im Einzelfall erhebliche Gründe dafür sprechen und städtebauliche Gründe nicht entgegenstehen. Kommt über die Zulassung einer Ausnahme eine Einigung mit den Betroffenen nicht zustande, so ist die Baukommission zu hören.

§ 7 Inkrafttreten

(1) Diese Satzung tritt am Tage nach ihrer Verkündung in Kraft. Die Verkündung beginnt mit der öffentlichen Bekanntmachung des Satzungstextes gem. § 5 Abs. 1 der Hauptsatzung der Landeshauptstadt Wiesbaden in der derzeit geltenden Fassung und endet mit Ablauf der Frist für die Auslegung der zeichnerischen Darstellung gem. § 5 Abs. 3 der Hauptsatzung der Landeshauptstadt Wiesbaden in der derzeit geltenden Fassung.

(2) Alle Ortssatzungen der Landeshauptstadt Wiesbaden treten mit Verkündung dieser Satzung insoweit außer Kraft, als sie Regelungen über gestalterische Anforderungen an Bauwerke enthalten. Dies gilt nicht für Bebauungspläne.

Die für die räumliche Abgrenzung der verschiedenen Zonen des Stadtgebietes gem. § 1 Abs. 1 der Gestaltungssatzung maßgebliche zeichnerische und textliche Darstellung liegt vom 30. 4. 1979 für die Dauer eines Monats während der allgemeinen Dienstzeiten im Raum für öffentliche Auslegungen, Stadtentwicklungsdezernat, Erdgeschoß, Zimmer 2, Gustav-Stresemann-Ring 15, in Wiesbaden, öffentlich aus.

Wiesbaden, den 23. April 1979
Der Magistrat der Landeshauptstadt Wiesbaden   Schmitt, Oberbürgermeister

---

Veröffentlicht am 27. April 1979 im Wiesbadener Kurier, Wiesbadener Tagblatt und Allgemeine Zeitung — Mainzer Anzeiger;
ergänzt durch Satzung vom 19. Dezember 1979, veröffentlicht am 21. Dezember 1979 im Wiesbadener Kurier, Wiesbadener Tagblatt und Allgemeine Zeitung — Mainzer Anzeiger.

Niedersachsen:

Örtliche Bauvorschrift über Gestaltung in der Stadt Göttingen zur Erhaltung und Gestaltung des Stadtbildes der Innenstadt und zur Regelung der Außenwerbung*)

Aufgrund der §§ 56 und 97 der Niedersächsischen Bauordnung vom 23. 7. 1973 (Nieders. GVBl. S. 259) zuletzt geändert durch das 3. Gesetz zur Änderung der NBauO vom 10. 12. 1976 (Nieders. GVBl. S. 318, sowie der §§ 6 und 40 der Niedersächsischen Gemeindeordnung in der Fassung vom 7. 1. 1974 (Nieders. GVBl. S. 1), zuletzt geändert durch das Gesetz vom 2. 12. 1974 (Nieders. GVBl. S. 535) hat der Rat der Stadt Göttingen in seiner Sitzung am 4. 2. 1977 folgende örtliche Bauvorschrift über Gestaltung einschließlich Begründung als Satzung beschlossen:

§ 1 Geltungsbereich

(1) Diese örtliche Bauvorschrift über Gestaltung gilt für den Bereich der Innenstadt der Stadt Göttingen einschließlich der Wälle. Zwischen Theaterstraße und Albanikirchhof gilt als Grenze die Westseite des Theaterplatzes und die Westseite des Albaniplatzes.

(2) Der Geltungsbereich ist in dem anliegenden Übersichtsplan, der Bestandteil dieser örtlichen Bauvorschrift ist, gekennzeichnet.

§ 2 Gliederung der Gebäudefassaden

(1) Gabäudefassaden müssen senkrechte gliedernde Elemente wie Pfeiler, Lisenen oder Wandteile aufweisen, die gegenüber den waagerechten Elementen deutlich überwiegen. Sie müssen über alle Geschosse an der Gebäudefassade so durchgeführt sein, daß der Eindruck der Zusammengehörigkeit der Geschosse und der architektonischen Einheit der Gebäudefassade gewahrt bleibt.

(2) Die senkrechten gliedernden Elemente müssen im Erdgeschoß mindestens 0,50 m, in den Obergeschossen mindestens 0,20 m breit sein. Die Rahmenkonstruktion der Fenster wird nicht in die Mindestmaße eingerechnet. Pfeiler hinter Glasflächen gelten nicht als senkrechte gliedernde Elemente. Die Pfeiler oder Wandflächen im Erdgeschoß sind in Verlängerung der Elemente anzuordnen, die die Fassade in den Obergeschossen senkrecht gliedern; der Abstand zwischen ihnen darf nicht größer als 5,0 m sein.

§ 3 Fassadenabschnitte

(1) Gebäude, die an der öffentlichen Verkehrsfläche breiter als 14 m sind, müssen über alle Geschosse durchgehend in Abschnitte (Fassadenabschnitte) gegliedert sein. Gebäude, die nicht breiter als 12 m sind, dürfen nicht in Fassadenabschnitte gegliedert sein. Erker in den Obergeschossen gelten nicht als Fassadenabschnitte.

(2) Die Fassadenabschnitte müssen mindestens 6 m und dürfen höchstens 14 m breit sein. Sie dürfen bis zu 18 m breit sein, wenn das Baugrundstück an der öffentlichen Verkehrsfläche nicht mehr als 18 m breit ist.

---

*) Amtsblatt für den Regierungsbezirk Hildesheim Nr. 10 vom 17. Mai 1977

(3) Für die Bildung von Fassadenabschnitten genügen unterschiedliche Fassadenmaterialien oder unterschiedliche Farbtöne, wenn daneben jeweils zwei der nachstehend genannten Gliederungsmittel verwendet werden:

1. Unterschiede in den Gebäudehöhen (§ 8) von 0,80 m bis 1,50 m,
2. Fassadenrücksprünge über alle Geschosse von 0,30 bis 0,60 m,
3. Unterschiede in der Dachneigung von mindestens 10 Grad.

Die gleiche Gestaltung eines Fassadenabschnittes darf auf demselben Grundstück nicht wiederholt werden. Die Einbeziehung von Abschnitten benachbarter Fassaden ist unzulässig.

§ 4 Fenster

(1) In jedem Geschoß muß mindestens $1/_3$ der Fläche eines Fassadenabschnittes, bei Gebäuden ohne Fassadenabschnitte mindestens $1/_3$ der Gebäudefassade als Fenster ausgebildet sein.

(2) Fenster oberhalb des Erdgeschosses müssen ein senkrecht stehendes Format haben. Der Winken zwischen der Waagerechten und der Diagonalen des Fensters muß mindestens 55 Grad betragen. Wird das Fensterbrüstungsfeld um mehr als 0,05 m zurückgesetzt und farblich abgesetzt, muß der Winkel zwischen der Waagerechten und der Diagonalen des gesamten Fensterfeldes einschließlich des Brüstungsfeldes mindestens 65 Grad betragen.

(3) Schaufenster mit ausgelegten Waren sind nur im Erdgeschoß zulässig. Fenster im Erdgeschoß dürfen nicht länger als 4,0 m sein.

§ 5 Kragdächer und Markisen

(1) Kragdächer und Markisen sind nur im Erdgeschoß zulässig.

(2) Kragdächer dürfen insgesamt $1/_3$ der Breite eines Fassadenabschnittes, bei Gebäuden ohne Fassadenabschnitte $1/_3$ der Breite der Gebäudeseite nicht überschreiten und nicht mehr als 1,00 m auskragen. Die Ansichtsflächen von Kragdächern dürfen nicht stärker als 0,15 m sein. Kragdächer dürfen die nach § 2 erforderlichen Wandflächen oder Pfeiler zwischen den Fenstern nicht unterbrechen.

§ 6 Fassadenmaterialien

(1) Hochglänzende Materialien sowie Verkleidungen, die ein anderes Material vortäuschen, sind als Fassadenmaterial nicht zulässig.

(2) Fachwerkfassaden dürfen nicht verkleidet oder überputzt werden. Die Holzteile sind farblich von der übrigen Fassadenfläche abzusetzen.

§ 7 Brandwände, Brandgiebel

Brandwände und Brandgiebel müssen verkleidet, verklinkert oder verputzt und farblich dem Farbton der Fassade oder der Dacheindeckung angepaßt sein. Das gilt auch für Brandwände und Brandgiebel, die durch Änderungen an baulichen Anlagen sichtbar werden.

§ 8 Gebäudehöhen

(1) Die Gebäudehöhe eines Gebäudes, das nach städtebaulichem Planungsrecht höchstens ein Vollgeschoß haben darf, darf nicht mehr als 4 m betragen. Für jedes weitere nach städtebaulichem Planungsrecht zulässige Geschoß darf diese Gebäudehöhe um jeweils 3 m überschritten werden; höchstens jedoch um insgesamt 9 m.

(2) Die Gebäudehöhe eines Gebäudes bestimmt sich von der mittleren Gelände-oberfläche an der Straßenseite bis zur Schnittlinie der Umfassungswand mit der Dachfläche. Ist eine Dachbrüstung (Attika) vorhanden, so ist ihre Höhe mitzurechnen.

§ 9 Dächer

(1) Dächer müssen eine Neigung zwischen 30 Grad und 60 Grad haben und über die gesamte Gebäudebreite Traufenüberstände von mindestens 0,30 m Länge aufweisen. Im unteren Bereich der Dachräume sind bis zu einer Höhe von 3,0 m Dachneigungen bis zu 75 Grad zulässig, wenn das darüberliegende Dach Neigungen zwischen 30 und 45 Grad aufweist.

(2) Auf der Dachfläche eines Fassadenabschnittes ist nur ein Zwerchhaus (Querdach) zulässig. Das Zwerchhaus darf nicht breiter als $^2/_5$ des Fassadenabschnittes sein und muß von den seitlichen Fassadenabschnittsgrenzen, von Dachgauben und Dacheinschnitten mindestens 2,00 m Abstand halten. Im Bereich des Zwerchhauses ist ein Traufenüberstand des Hauptdachs unzulässig. Die Sätze 1 bis 3 gelten entsprechend bei Gebäuden, die nicht in Fassadenabschnitte gegliedert sind.

(3) Dachgauben dürfen höchstens 2 m, Dacheinschnitte (Negativgauben) höchstens 3 m breit sein. Der Abstand zwischen Dachgauben, zwischen Dachgauben und Dacheinschnitten sowie zwischen Dacheinschnitten muß mindestens 1,50 m betragen. Der Abstand von Dachgauben und Dacheinschnitten zur seitlichen Gebäudeabschlußwand und zur Fassadenabschnittsgrenze muß mindestens 1,50 m betragen. Vor Dachgauben, Dacheinschnitten und Dachfenstern muß die Dachfläche in einer Breite von mindestens 0,90 m durchlaufen.

§ 10 Werbeanlagen*)

(1) Senkrecht zur Fassade angeordnete Werbeanlagen (Ausleger) sind nur im Erdgeschoß und bis zur Brüstungshöhe des ersten Obergeschosses eines Gebäudes zulässig. Je angefangene 5 m Gebäudebreite bzw. Fassadenabschnittsbreite ist ein Ausleger zulässig. Ausleger dürfen nicht breiter als 0,50 m und nicht höher als 1,00 m sein. Der Abstand aller Teile eines Auslegers zur Gebäudefassade darf nicht größer als 1,00 m sein.

---

*) In der Begründung zur örtlichen Bauvorschrift über Gestaltung in der Stadt Göttingen zur Erhaltung und Gestaltung des Stadtbildes der Innenstadt und zur Regelung der Außenwerbung wird zu § 10 folgendes ausgeführt:

Im § 49 (2) NBauO ist allgemein geregelt, daß Werbeanlagen nicht erheblich belästigen dürfen, insbesondere nicht durch ihre Größe, Häufung, Lichtstärke oder Betriebsweise. In Misch- und Kerngebieten sind Werbeanlagen nicht weiter eingeschränkt. Einerseits handelt es sich hierbei um unbestimmte Rechtsbegriffe, die zur Rechtssicherheit des Bürgers der Konkretisierung bedürfen; andererseits sind zum Schutz der überwiegend historischen Gebäude und Straßenzüge detaillierte Anforderungen dieser Gestaltungssatzung notwendig. Die Berechtigung zu besonderen Anforderungen ergibt sich aus § 56 NBauO.

Der Wunsch nach Werbung und deren Notwendigkeit für den Handel werden grundsätzlich anerkannt. Mit den §§ 10—12 wird angestrebt, Art und Ausmaß der Werbung mit den ebenso berechtigten Wünschen der Bevölkerung nach Erhaltung und Schutz des Stadtbildes so in Einklang zu bringen, daß beide Anliegen in gleichem Maße berücksichtigt werden. Dabei werden Abstriche auf beiden Seiten notwendig. In der Innenstadt läßt sich die Gestaltung der Gebäudefassaden nicht allein von architektonischen und stadtbildpflegerischen Gesichtspunkten abhängig machen, weil die Bedürfnisse der Wirtschaft derartig starke Beschränkungen nicht zuließen. Andererseits sind Gebäude nicht als Reklameträger anzusehen, auf denen Werbung nach Art und Ausmaß beliebig angebracht werden könnten. Der Trend, sich gegen die übrigen Geschäfte abheben zu wollen, führt zu einem fortlaufenden Wettkampf mit ständig wachsenden „aggressiveren" Werbeanlagen. Dabei sind die Vorteile für den einen Geschäftsinhaber nur kurzfristiger Art und werden durch die Anpassungen der anderen rasch wieder ausgeglichen. Der Anpassungszwang an die jeweils größere Werbeart steigert zwar das allgemeine Ausmaß der Werbung, nicht aber deren Wirksamkeit. Deshalb soll für die gesamte Innenstadt die Werbung auf ein für alle gleiches Ausmaß begrenzt und die Bemühungen mehr auf Qualität als auf Quantität gelenkt werden.

(2) Parallel zur Fassade eines Gebäudes angeordnete Werbeanlagen (Flachwerbung) sind im Erdgeschoß und bis zur Brüstungshöhe des ersten Obergeschosses eines Gebäudes zulässig, wenn

1. die einzelnen Werbeanlagen nicht länger als 4,50 m sind,

2. der Abstand zwischen zwei Werbeanlagen mindestens $^1/_5$ der Länge der längeren Werbeanlage beträgt,

3. der Abstand aller Teile der Werbeanlagen zur Gebäudefassade nicht größer als 0,25 m ist und

4. die Werbeanlagen die nach § 2 erforderlichen Wandflächen oder Pfeiler zwischen den Fenstern nicht unterbrechen.

(3) Werbeanlagen sind oberhalb der Brüstungshöhe des ersten Obergeschosses eines Gebäudes nur zulässig, wenn

1. die Ansichtsfläche der einzelnen Werbeanlage nicht größer als 1,00 m ist,

2. der Abstand aller Teile der Werbeanlagen zur Gebäudefassade nicht größer als 0,25 m ist,

3. der Abstand zwischen zwei Werbeanlagen mindestens $^1/_5$ der Länge der längeren Werbeanlage beträgt und

4. die Werbeanlagen, die die Gebäudefassade senkrecht gliedernden Elemente nicht unterbrechen und Fensteranlagen nicht überdecken und

5. nicht mehr als eine Werbeanlage je überwiegend gewerblich genutztem Geschoß angebracht ist.

§ 11 Werbeanlagen an Baudenkmalen und an baulichen Anlagen in der Umgebung von Baudenkmalen

(1) An Baudenkmalen und an baulichen Anlagen in der Umgebung von Baudenkmalen sind Werbeanlagen oberhalb der Brüstungshöhe des ersten Obergeschosses nicht zulässig.

(2) An Baudenkmalen müssen Werbeanlagen so durchbrochen sein, daß die Gebäudefassade sichtbar bleibt. Werbeanlagen an Baudenkmalen dürfen keine Leuchtschrift oder Leuchtzeichen haben. Sie dürfen jedoch mit weißem Licht angestrahlt oder hinterstrahlt werden. Im übrigen gelten die Anforderungen des § 10.

§ 12 Verbot von Werbeanlagen

Werbeanlagen sind nicht zulässig:

1. auf und über Dachflächen und Traufen,

2. an Brandwänden und Brandgiebeln,

3. auf Verkehrs-, Grün- und Freiflächen sowie in Vorgärten,

4. an vom Straßenraum sichtbaren Einfriedungen.

§ 13 Bestehende örtliche Bauvorschriften über Gestaltung

(1) Die rechtsverbindlichen örtlichen Bauvorschriften über Gestaltung für die Bereiche der Bebauungspläne Nr. 130 „Ritterplan Süd" und Nr. 132 „Wilhelmsplatz Ostseite" vom 16.5.1975 bleiben in Kraft. Die §§ 8 (1) und 9 dieser örtlichen Bauvorschrift über Gestaltung für die Innenstadt finden daher für diese Gebiete keine Anwendung.

(2) Die Festsetzungen über Gestaltung in den rechtsverbindlichen Bebauungsplänen Nr. 69 „Lohmühlenweg" vom 1. 10. 1976 und Nr. 68 „Zwischen Hospitalstraße und Lange Geismarstraße, Teilplan Wochenendmarkt — Parkhaus" vom 15. 1. 1977 bleiben in Kraft. Die §§ 8 (1) und 9 dieser örtlichen Bauvorschrift finden daher für diese Gebiete keine Anwendung.

§ 14 Ordnungswidrigkeiten

Ordnungswidrig handelt nach § 91 Absatz 3 NBauO, wer als Bauherr, Entwurfsverfasser oder Unternehmer eine Baumaßnahme durchführt und durchführen läßt, die nicht den Anforderungen der §§ 2—8 Absatz 1 und §§ 9—12 dieser örtlichen Bauvorschrift entspricht.

§ 15 Aufhebung bestehender Vorschriften

Mit Inkrafttreten dieser örtlichen Bauvorschrift über Gestaltung treten außer Kraft:
1. Die Satzung über Baugestaltung in der Stadt Göttingen vom 5. 7. 1968,
2. die Satzung über Anlagen der Außenwerbung in der Stadt Göttingen vom 4. 7. 1965.

§ 16 Inkrafttreten

Diese örtliche Bauvorschrift über Gestaltung tritt mit der Bekanntmachung ihrer Genehmigung, des Orts und der Zeit ihrer Auslegung im Amtsblatt für den Regierungsbezirk Hildesheim in Kraft.

Göttingen, den 4. 2. 1977   Levi, Oberbürgermeister
Stadt Göttingen   Busch, Oberstadtdirektor

Öffentlich ausgelegt gem. § 97 NBauO i. V. m. § 2 (6) BBauG in der Zeit vom 7. 7. 1976 bis 9. 8. 1976 aufgrund der Bekanntmachung vom 26. 6. 1976 durch Veröffentlichung in der Tagespresse.

Göttingen, den 10. 8. 1976   Kunstmann, Bauoberamtsrat

Vorstehende örtliche Bauvorschrift über Gestaltung der Stadt Göttingen vom 4. 2. 1977 über Gestaltung in der Stadt Göttingen zur Erhaltung und Gestaltung des Stadtbildes der Innenstadt und zur Regelung der Außenwerbung wird hiermit gemäß § 97 NBauO in Verbindung mit § 11 BBauG genehmigt.

Hildesheim, den 7. April 1977
Der Regierungspräsident in Hildesheim   Im Auftrage, Petersen

Die vorstehende Satzung vom 4. 2. 1977 und die dazu vom Regierungspräsidenten Hildesheim mit Verfügung vom 7. April 1977, Az.: 212. 5-24140 N-12-9/75 (A) erteilte Genehmigung werden hiermit gemäß § 97 NBauO in Verbindung mit § 12 BBauG öffentlich bekanntgemacht.

Göttingen, den 15. 5. 1977   Oberstadtdirektor, Busch

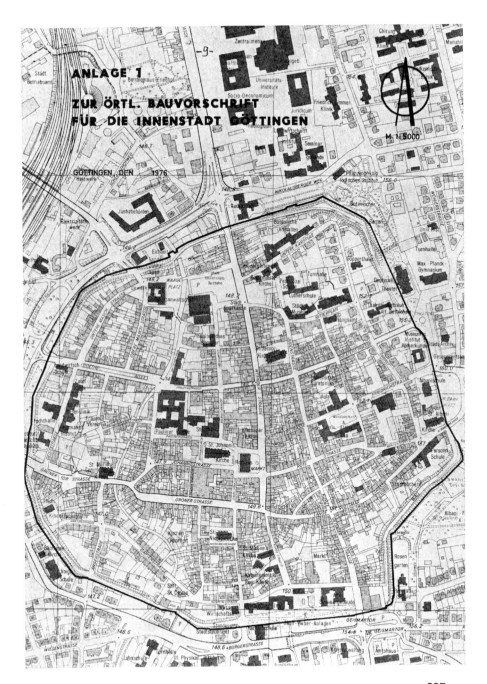

ANLAGE 1
ZUR ÖRTL. BAUVORSCHRIFT
FÜR DIE INNENSTADT GÖTTINGEN

M. 1:5000

GÖTTINGEN, DEN   1976

287

Örtliche Bauvorschrift der Stadt Goslar über die Gestaltung baulicher Anlagen in der Altstadt (Altstadtsatzung)

Aufgrund der §§ 56 und 97 der Nieders. Bauordnung in Verbindung mit dem § 6 der Nieders. Gemeindeordnung hat der Rat der Stadt Goslar am 30. Jan. 1979 folgende örtliche Bauvorschrift als Satzung beschlossen:

§ 1 Geltungsbereich

(1) Die Satzung gilt für die von den ehemaligen Wallanlagen umschlossene Altstadt.

Sie wird von folgenden Straßen und Wegen umschlossen:

Bismarckstraße, Vititorwall, Claustorwall, Nonnenberg (Felsenkeller), Clausthaler Straße, Breiter Weg, Kaisertorstraße, Werenbergstraße, Zwingerwall, Reiseckenweg, Wallpromenade.

(2) Soweit die Feldmauer der ehemaligen Befestigungsanlage der Stadt Goslar nicht als Grenze erkennbar ist, gilt an deren Stelle jeweils die Mitte der genannten Straßen und Wege.

(3) Der Geltungsbereich ist in dem anliegenden Übersichtsplan dargestellt, der Bestandteil dieser Satzung ist.

§ 2 Besondere Anforderungen an die Gestaltung von Gebäuden

(1) Jedes Gebäude ist als eine in sich gestaltete Einheit zu betrachten und entsprechend durchzubilden. Wird bei Um- oder Neubauten ein Gebäude über mehrere Parzellen errichtet, so sind in Anlehnung an den alten Zuschnitt Fassadenabschnitte zu markieren. Diese dürfen 18 m Länge nicht überschreiten.

(2) Sofern ein Bebauungsplan nicht besteht oder durch einen Bebauungsplan nichts anderes festgelegt ist, darf die Traufhöhe von Neu- und Umbauten nicht mehr als 9 m betragen.

(3) Die Gebäude sind mit parallel zur Straße stehenden Satteldächern, mit einer Neigung von 45—50°, zu erstellen.

(4) Alle von öffentlichen Flächen aus sichtbaren baulichen Anlagen sind mit ortsüblichen Materialien zu gestalten. Ortsübliche Materialien sind

a) Bruch- und Werksteine mit rauhen Oberflächen,

b) Putz ohne farbliche Kunststoffzusätze,

c) Holz,

d) Naturschiefer,

e) Dachziegel nach DIN 456 in roten Farbtönen der RAL-Farben 3000, 3009, 3013, 3016, 8004, 8012,

f) Sichtbeton bei Skelettbauweise.

Die Verwendung von Kunststoffen oder Imitationen natürlicher Baustoffe ist unzulässig.

Für Dachflächen und Restgiebel sind Naturschiefer oder Dachziegel zu verwenden. Als Ausnahme sind Betondachsteine zulässig, wenn sie den Farbtönen und Formen der Naturziegel entsprechen und nicht im Ortsbild sichtbar werden.

(5) Für Putzflächen sind helle Farbtöne (weiß bis hell abgetönt), RAL-Farbtöne 1013, 1014, 1015, 9001, 9002 u. 9010, für Holzkonstruktionen des Fachwerks dunkelbraune bis schwarze Farbtöne, RAL-Farbtöne 6006, 6008, 6015, 6022, 8012,

8014, 8015, 8016, 8017, 8019, zu verwenden. Nichtdeckende Holzschutzanstriche sind zulässig.

(6) Gebäudefassaden müssen senkrecht gegliedert sein und mindestens im Geschoßabstand waagerechte Gliederungen ausweisen. Die senkrechten Gliederungen von im Fachwerk ausgebildeten Geschossen müssen dem Rastermaß der historischen Gebäude mit etwa 1,25 m entsprechen und als Element mindestens 0,20 m breit sein. Dabei ist die Zusammengehörigkeit der Geschosse zu wahren. Fachwerkfassaden dürfen nicht verkleidet werden.

(7) Schaufenster sind nur im Erdgeschoß zulässig. Sie haben sich in die Fassadengliederung einzufügen. Im Fachwerkbau darf eine Breite von zwei Gefachen und im Massivbau eine Breite von 3 m nicht überschritten werden.

(8) Fenster müssen ein hochstehend rechteckiges Format erhalten. Sie sind bündig einzusetzen und haben einen weißen Farbton aufzuweisen. An den vor 1914 errichteten Häusern sind nur Sprossenfenster mit regelmäßigen Teilungen zulässig. An nach 1914 errichteten Häusern sind die Fenster durch eine Kämpfersprosse zu unterteilen, sofern nicht nach § 54 der Nieders. Bauordnung die regelmäßige Teilung der Fenster gefordert werden muß.

Kunststoff-Fenster sind ausnahmsweise zulässig, wenn sie in Gestaltung und Aussehen den Holzfenstern gleichen.

(9) Dachgauben und Dachschleppen haben sich in der Materialwahl in die Dachflächen einzufügen. Sie dürfen in ihrer Länge $1/3$ der Trauflänge und in ihrer Fensterhöhe 1,00 m nicht überschreiten. Von den Giebeln ist ein Abstand von mindestens 2,00 m einzuhalten. Einzelgauben sind durchgehenden Schleppen vorzuziehen. Schleppen sollen eine Dachneigung von mindestens 30° haben. Die Seiten (Wangen) der Dachaufbauten sind zu verschiefern. Gesimse und Dachüberstände sind zu vermeiden. Zwerchhäuser müssen von den Giebeln einen Abstand von mindestens 3,00 m einhalten und dürfen eine Breite von 5,0 m nicht überschreiten.

(10) Drempel und Dachbalkone (Einschnitte in die Dachfläche) sind unzulässig.

§ 3 Werbeanlagen

(1) Alle Werbeanlagen, auch die genehmigungsfreien, müssen dem materiellen Baurecht, insbesondere den Vorschriften dieser Satzung, entsprechen. Das Bekleben, Bemalen und Beschriften von Fensterflächen ist eine Werbeanlage im Sinne dieser Satzung.

(2) Werbung ist nur an der Stätte der Leistung zulässig.

(3) Werbeanlagen müssen sich nach Größe, Farbe, Lichtwirkung, Form, Werkstoff und Anbringungsart der Architektur des Bauwerks sowie dem Landschafts-, Orts- und Straßenbild anpassen. Diese Forderungen sind insbesondere nicht erfüllt, wenn wesentliche Bauglieder oder wichtige Architekturteile in störender Weise verdeckt oder überschnitten werden.

Werbeeinrichtungen sind unzulässig

a) auf Grün- und Freiflächen,

b) an Einfriedungen und Brandgiebeln,

c) wenn sie mit Spiegeln unterlegt oder beweglich eingerichtet sind,

d) in Gestalt von Werbefahnen aller Art,

e) auf Glasflächen mit Hintermalung,

f) über Erdgeschoßhöhe,

g) auf Markisen und Vordächern.

Sofern keine andere Werbungsmöglichkeit im Erdgeschoßbereich vorhanden ist, ist auf der Frontseite eine Beschriftung der Markisen in einer größten Buchstabenhöhe von 30 cm zulässig.

(4) Werbeanlagen dürfen nicht mehr als 0,30 m vor die Gebäudefront hinausragen. Ausleger, Steck- und Fahnenschilder sind nicht zulässig. Künstlerisch wertvolle und historische Ausleger sind auch über das Maß von 0,30 m hinaus ausnahmsweise zulässig.

(5) Die Höhe der Schrift darf bei Großbuchstaben das Maß von 0,60 m nicht überschreiten.

(6) Im Bereich der nachstehenden Straßenteile ist nur weißes Licht für Werbeanlagen zulässig. Dies gilt auch für indirekte farbige Lichteinwirkung.

Bäringerstraße 1—6 und 23—25,
Bäckerstraße 1—3,
Breite Straße 80—83,
Frankenberger Plan 1—11,
Hoher Weg,
Jakobikirchhof,
Kaiserbleek,
Marktstraße 1—7, 15, 16, 24—27, 37—42, 44, 45,
Markt,
Marktkirchhof,
Obere Kirchstraße 1—6,
Rosentorstraße 21—27,
Schilderstraße 1—6,
Stephanikirchhof 1—5,
Untere Kirchstraße 1—7,
Worthstraße.

§ 4 Erker, Vordächer, Markisen, Fassadenvorsprünge

(1) Erker dürfen nicht mehr als $^1/_3$ der Fassadenbreite einnehmen und nicht mehr als 1,0 m vor die Gebäudefront vorspringen. Bei der Ausbildung von Zwerchhäusern und sonstigen vorspringenden Gebäudeteilen darf das Maß 0,50 m nicht überschritten werden.

(2) Markisen sind nur im Erdgeschoßbereich zulässig. Vordächer sind unzulässig.

(3) Markisen dürfen nicht mehr als 1,5 m vor die Gebäudefront ausladen.

(4) Markisenbespannungen müssen einen textilen Charakter besitzen. Glänzende Materialien sind ausgeschlossen.

(5) Rolläden sind so in die Fenster einzubauen, daß sie nicht mehr als 5 cm vor die Wandfläche vortreten.

(6) Die Anbringung von Sonnenkollektoren und ähnlichen Konstruktionen ist auf Dächern und an den von öffentlichen Flächen aus sichtbaren baulichen Anlagen unzulässig. Sie können ausnahmsweise zugelassen werden, wenn sie organisch in die Dach- oder Wandflächen eingebunden sind und Baudenkmale mit ihrer Umgebung nicht beeinträchtigt werden.

§ 5 Gestaltung von Einfriedungen

(1) Einfriedungen vor den im Straßenbild sichtbaren Baulücken sind als Mauern oder als geschlossene Holzzäune zu errichten. Ihre Höhe muß mindestens 1,60 m betragen.

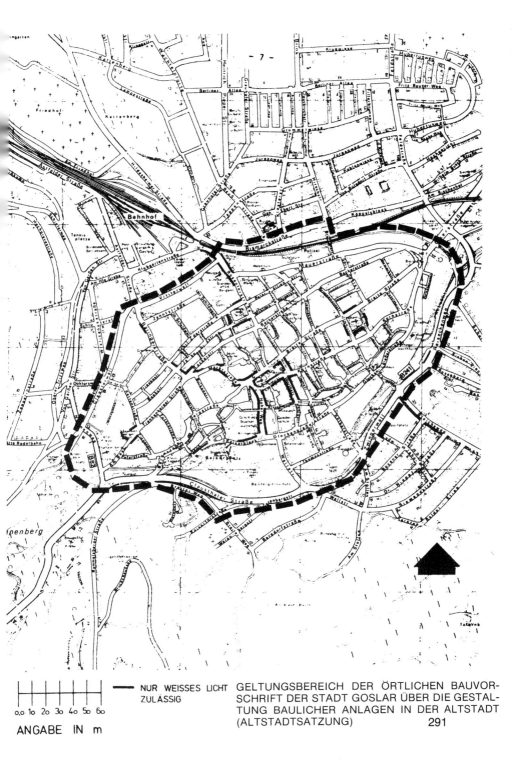

NUR WEISSES LICHT
ZULÄSSIG

GELTUNGSBEREICH DER ÖRTLICHEN BAUVOR-
SCHRIFT DER STADT GOSLAR ÜBER DIE GESTAL-
TUNG BAULICHER ANLAGEN IN DER ALTSTADT
(ALTSTADTSATZUNG)   291

0,0 1o 2o 3o 4o 5o 6o

ANGABE IN m

Bei deckenden Anstrichen sind die RAL-Farbtöne, wie im § 2 (5) beschrieben, zu verwenden.

(2) Sonstige Einfriedungen sind aus ortsüblichen Materialien, wie im § 2 (4) beschrieben, zu erstellen. Bei Vorgärten sind auch Hecken zulässig.

§ 6 Antennen und Freileitungen

(1) Antennen und Freileitungen aller Art über öffentlichen Flächen sind unzulässig.

(2) Die Anbringung von Antennen und Freileitungen an baulichen Anlagen ist unzulässig. Sie kann ausnahmsweise zugelassen werden, wenn dadurch Baudenkmale und deren Umgebung nicht beeinträchtigt werden. Als Umgebung von Baudenkmalen sind die Gebäude anzusehen, die von öffentlichen Flächen aus mit diesen zusammen erblickt werden oder diesen gegenüberstehen.

(3) Antennen sind so anzubringen, daß sie von öffentlichen Flächen aus nicht sichtbar sind.

§ 7 Ordnungswidrigkeiten

Ordnungswidrig handelt nach § 91 (3) NBauO, wer als Bauherr, Entwurfsverfasser oder Unternehmer vorsätzlich oder fahrlässig eine Baumaßnahme durchführt oder durchführen läßt, die nicht den Anforderungen der §§ 2, 3 (2)—(6), 4, 5 und 6 dieser örtlichen Bauvorschrift entspricht.

§ 8 Inkrafttreten

Diese Satzung wird am Tage der Bekanntmachung sowie von Ort und Zeit ihrer Auslegung rechtsverbindlich.

Goslar, den 30. Jan. 1979

Oberbürgermeister   Scholz, Oberstadtdirektor

Diese vom Rat der Stadt Goslar in seiner Sitzung am 30. Jan. 1979 beschlossene örtliche Bauvorschrift über Gestaltung wird hiermit gem. § 97 (1) NBauO nach Maßgabe der Verfügung 310.24001-4147.1 vom heutigen Tage genehmigt.

Braunschweig, den 4. 4. 1979

Der Regierungspräsident, i.A.

Die Genehmigung der vorstehenden Satzung wurde am 30. 4. 79 im Amtsblatt für den Landkreis Goslar veröffentlicht.

Goslar, den 2. 5. 79   Stadtbaurat

Begründung zur örtlichen Bauvorschrift der Stadt Goslar über die Gestaltung baulicher Anlagen in der Altstadt (Altstadtsatzung)

Bisheriger Rechtszustand

Die Stadt Goslar hat seit 1906 kontinuierlich Satzungen besessen, die sich bei den Bemühungen um die Erhaltung der Altstadt vorzüglich bewährt hatten. Sie mußten mehrfach den sich ändernden Rechtsgrundlagen angepaßt werden. Bis zum Ablauf der Übergangsfrist bis zum 31. 12. 1978 gem. § 101 (3) NBauO gelten noch die

Satzungen über Außenwerbung der Stadt Goslar vom 2. April 1954 und die Ortssatzung über Baugestaltung in der Altstadt Goslar vom 30. Juni 1964.

Die Niedersächsische Bauordnung vom 23. Juli 1973, in der derzeit gültigen Fassung, macht eine erneute Anpassung der alten Satzung an die jetzige Rechtsgrundlage erforderlich. Im § 56 NBauO werden die sachlichen, im § 97 die verfahrensrechtlichen Teile für den Erlaß einer Ortssatzung über die Gestaltung baulicher Anlagen neu geregelt. Für die Baudenkmale und deren nähere Umgebung gelten die §§ 54 und 55 NBauO unmittelbar. Diese Bestimmungen werden durch das am 30. 3. 1978 verkündete Niedersächsische Denkmalschutzgesetz ersetzt bzw. ergänzt. Der Inhalt der Ortssatzung wird dadurch jedoch nicht betroffen.

Ziel und Zweck der Altstadtsatzung

Die Altstadt Goslars ist ein in sich geschlossener Stadtteil von geschichtlicher, kultureller und städtebaulicher Bedeutung. Die Altstadtsatzung soll die rechtliche Grundlage schaffen, das Stadtbild und die alten Straßenzüge zu schützen und zu erhalten. Gleichzeitig soll erreicht werden, daß Neubauten so in den Bestand eingegliedert werden, daß der Gesamteindruck der Straßenbilder nicht gestört wird. Die Satzung soll ferner in dem gesetzten Rahmen den Bauherren und Architekten Raum für eigene Vorstellungen lassen.

Es ist das Ziel, daß die Altstadt weiterhin den Charakter einer Mischung von individuell gestalteten und in verschiedenen Zeitepochen entstandenen Einzelbauten behält. Die grundsätzliche Übereinstimmung in der Maßstäblichkeit, Einordnung und Rücksicht auf die Umgebung hat in der Vergangenheit den Eindruck einer harmonischen Einheit bewirkt. Dies soll auch für Neu- und Ersatzbauten Verpflichtung sein.

Die örtliche Bauvorschrift soll sich nicht nur auf die Verhütung von Häßlichem oder Verunstaltendem beschränken, sondern soll eine positive Baupflege bewirken. Dies entspricht der Ermächtigung im § 56 NBauO, solche Anforderungen an die Baugestaltung zu stellen, die über die allgemeinen Vorschriften der §§ 49, 53 und 54 hinausgehen. Dies ist die Absicht dieser Satzung.

Für die bauliche Gestaltung der Altstadt Goslar ist der historische Bestand der Bürgerhäuser maßgeblich. In der Altstadt Goslar stehen nach der Gebäude- und Wohnungszählung von 1968 1 721 Gebäude (mit 4 418 Wohnungen). Davon sind rd. 1 000 vor 1850 und 534 bis zum ersten Weltkrieg erbaut; rd. 200 sind Neubauten von 1920—1968. Bestimmend für den Charakter der Altstadt sind damit die rd. 1 500 historischen Wohngebäude.

Zur Präambel:

In § 56 der Nieders. Bauordnung werden erschöpfend die Möglichkeiten aufgezählt, durch eine örtliche Bauvorschrift über Gestaltung über die Vorschriften der Nieders. Bauordnung hinaus Anforderungen an Bauwerke zu stellen. Nach Meinung der Aufsichtsbehörden ist es leider nicht zulässig, allgemeine Vorschriften zu wiederholen und eine einheitliche Vorschriftensammlung über das Bauen in der Altstadt zu schaffen. Dadurch wird es notwendig, bei solchen Bauvorhaben die Festsetzungen in einem Bebauungsplan hinsichtlich der bodenrechtlichen Vorschriften, die Landesbauordnung hinsichtlich der allgemeinen bauaufsichtlichen Bedingungen und diese Ortssatzungen für die besonderen Anforderungen an die Baugestaltung in der Altstadt heranzuziehen. Die Übergänge mögen dabei insbesondere in den Bereichen Denkmalpflege und Ensembleschutz fließend sein.

Die Stadt Goslar hat von der Möglichkeit, eine örtliche Bauvorschrift über Gestaltung für die Altstadt zu erlassen, gem. § 56 1—4 hiermit Gebrauch gemacht. Die

Ziffern 5 und 6 betreffen Lagerplätze, Campinganlagen u. ä. sowie Vorgartengestaltungen. Anlagen dieser Art sind in der Altstadt nicht bzw. nur in so geringem Umfang vorhanden, daß eine besondere Regelung nicht erforderlich ist.

Der § 97 NBauO enthält die Vorschriften über das Verfahren zur Aufstellung der Ortssatzung. Es entspricht dem der Aufstellung eines Bebauungsplanes nach dem Bundesbaugesetz.

Zu § 1 Geltungsbereich

(1) Die Altstadt Goslar ist als eine von historischen Bauten geprägte Einheit anzusehen. Da die abgeschlossenen Epochen der Kunstgeschichte allgemein bis zum Jahre 1914 gerechnet werden, können aus dem Bereich innerhalb der mittelalterlichen Wallanlagen keine nennenswerten Straßenabschnitte ausgenommen werden, etwa deswegen, weil hier moderne Bauten eindeutig das Orts- und Straßenbild bestimmen. Altbauten aus der Zeit vor 1914 sind relativ gleichmäßig über die gesamte Altstadt verteilt. Deshalb ist als „Teil des Gemeindegebietes" im Sinne des § 56 NBauO die gesamte Altstadt erfaßt worden. In ihr wohnen etwa $^1/_5$ der Einwohner. Flächenmäßig nimmt sie weniger als 10 % der bebauten Flächen in der Gesamtstadt Goslar ein.

(2) Die ehemalige Feldmauer als äußere Begrenzung der mittelalterlichen Befestigungsanlagen ist auf mehr als $^2/_3$ ihrer Länge noch erhalten. Sie bildet damit eine gute Grenzlinie für den Geltungsbereich der Satzung. Die Straßen und Wege sind hilfsweise zusätzlich genannt worden, um eindeutig und lückenlos für jedermann eine Kennzeichnung zu finden. Dort, wo die Feldmauer oberirdisch nicht erkennbar ist, gilt die Mitte der genannten Straßen oder Wege. Wesentliche Abschnitte dieser Hilfslinie liegen im Verlauf des Vititorwalles und des Claustorwalles.

Zu § 2 Besondere Anforderungen an die Gestaltung von Gebäuden

Im Bundesbaugesetz sowie in der Landesbauordnung mit den auf diesen Gesetzen beruhenden Verordnungen und Satzungen sind bereits viele Teile eines Bauvorhabens abschließend geregelt; z. B. Stellung der Gebäude, Sicherheit und allgemeine gestalterische Anforderungen. Es bleiben die besonderen Anforderungen, die sich aus der Eigenart der Altstadt, aus dem Schutz des Orts- und Straßenbildes und aus den künftigen Gestaltungsabsichten ergeben. Eine Grundlage für die Erfassung der Eigenarten des historischen Bestandes war die Untersuchung von 1 721 Wohngebäuden in der Altstadt. Diese sollten einerseits den Maßstab und Rahmen für Neu-, Um- und Erweiterungsbauten bilden. Die Ergebnisse dieser Erfassung sind veröffentlicht in:

H. G. Griep, Das Bürgerhaus in Goslar, Tübingen 1959

L. Lehmann, Goslar, geographische Untersuchung der Mittelstadt am Harzrand. Diss. F.U. Berlin 1966

Der § 2 enthält die aus diesen Untersuchungen abgeleiteten Vorschriften für den Gesamteindruck der Gebäude. Diese wären z. T. auch nach § 34 BBauG für Neu- und Ersatzbauten maßgebend, weil nur Vorhaben zulässig sind, die sich „nach Art und Maß der baulichen Nutzung, Bauweise und der Grundstücksfläche, die überbaut werden soll, in die Eigenart der näheren Umgebung, unter Berücksichtigung der für die Landschaft charakteristischen Siedlungsstruktur, einfügen". Insoweit erspart diese Satzung eine Einzeluntersuchung für Bauvorhaben in der Altstadt und erleichtert das Baugenehmigungsverfahren.

Zu (1) Den Maßstab der Bebauung in der Altstadt bestimmen die historischen Bürgerhäuser. Diese sind in den Einzelheiten individuell, in ihrer Breitenentwicklung jedoch relativ einheitlich gestaltet. Bei etwa 40 % der Häuser liegt die Frontbreite zwischen 10 und 14 m. Diese bestimmen das Straßenbild. Deshalb ist hier eine Höchstbreite für eine einheitlich gestaltete Fassade von 18 m Länge festgesetzt worden.

Die Bestimmung gilt sowohl für den Fall, daß Neu- und Ersatzbauten errichtet werden sollen, als auch für Umbauten. In jedem Fall soll die Gliederung der Bauten sich an die vorhandene Parzellenteilung anlehnen. Beim Einbau von Läden in die Erdgeschosse von Altbauten kann z. B. keine Gestaltung gewählt werden, die mehrere Fronten ohne Beziehung zu den übrigen Geschossen als einheitliche Sonderform zusammenfaßt.

Es ist Ziel und Zweck dieses Absatzes, daß sich Großbauten in den Maßstab der Altstadt einfügen. Dies soll durch die hier vorgeschriebene abschnittweise Gliederung der Baukörper und Fronten erreicht werden. Über breite Parzellen durchgehende, ungegliederte Gebäude würden die Kleinmaßstäblichkeit des Straßenraumes zerstören.

Zu (2) Die Bereiche der Altstadt, in denen Bauvorhaben in nennenswertem Umfang zu erwarten sind, sind durch Bebauungspläne erfaßt worden. In diesen Plänen wird das Maß der Bebauung festgesetzt. Obwohl sich die Aussagen in dieser Satzung und die in den Bebauungsplänen decken, mußten diese verplanten Bereiche aus Gründen der Rechtssicherheit hier ausgenommen werden.

Das Straßengefälle und evtl. mögliche Überhöhungen der Geschosse zwingen dazu, auch Höchstmaße der Gebäude über der Straße bis zur Traufe festzusetzen. Diese dürfen an der ungünstigsten Stelle 9 m nicht überschreiten. Die Enge der Straßen läßt kaum eine größere Höhe zu. Die erhaltenswerte Bausubstanz erfordert außerdem eine solche Rücksichtnahme, daß diese Höhe das Maximum darstellt.

Die Baugestaltung ist in § 53 NBauO abschließend geregelt: Bauliche Anlagen sind werkgerecht durchzubilden und nach Form, Maßstab, Verhältnis der Baumassen und Bauteile zueinander, Werkstoff und Farbe so zu gestalten, daß sie nicht verunstaltet wirken. Sie dürfen das bestehende oder vorgesehene Straßen-, Orts- oder Landschaftsbild nicht verunstalten. Bauliche Anlagen sind so instandzuhalten, daß die Anforderungen der Sätze 1 und 2 gewahrt bleiben.

Gem. § 54 NBauO dürfen bauliche Anlagen auch nicht die Eigenart oder den Eindruck von Baudenkmalen beeinträchtigen. Beide Anforderungen konnten in der Satzung nicht wiederholt werden.

Zu (3) Der Gesamteindruck der Altstadt ist durch die Dachform der Gebäude geprägt. Die Lage der Stadt im Talkessel der Gose bedeutet, daß von allen Seiten eine Aufsicht möglich ist. Der „Dachlandschaft" Goslars ist deshalb eine besondere Aufmerksamkeit zu widmen. Insbesondere sollen störende Einbrüche verhindert werden. Dieser Grundsatz kehrt in den Materialvorschriften beim § 2 (4) und den Vorschriften über Dachaufbauten und -einschnitten beim § 2 (9) und (10) wieder.

Üblich ist in Goslar die Traufenstellung der Gebäude. Sie haben in der Regel ein Satteldach mit mehr als 45° Dachneigung. Bei den Bauten aus der Zeit vor 1850 ist es regelmäßig eine Dachneigung von 48°. Es wurde deshalb hier die Neigung von 45—50° vorgeschrieben.

Zu (4) Die Gebäude können und sollen sich durch unterschiedliches Fassadenmaterial voneinander unterscheiden. Dies darf jedoch nicht dazu führen, daß durch den Einbau modischer Baustoffe ein Gebäude aufdringlich und kraß aus dem Rahmen der Umgebung herausfällt und damit den Gesamteindruck des Straßenbildes stört. Als störend wird hier angesehen, wenn Materialien verwendet werden sollen, die in der Umgebung nicht vorhanden sind. Dies gilt insbesondere für glänzende und spiegelnde Baustoffe und Verkleidungen. Die Aufzählung der zulässigen Materialien enthält vor allem die historischen Baustoffe. Ausgeschlossen sind deren Imitationen. Als Ausnahme werden Betondachsteine zugelassen, wenn sie den Farbtönen der Naturziegel entsprechen. Zugelassen ist ferner der Betonskelettbau, weil er sich in seiner Erscheinungsform dem Fachwerk anpaßt. Durch das Straßengefälle bedingt, treten Restgiebel stark in Erscheinung. Sie müssen deshalb in die Dachflächen eingebunden und entsprechend gestaltet werden.

Zu (5) Das Stadt- und Straßenbild wird von den weit überwiegend vorhandenen Fachwerkbauten geprägt. Dies soll dadurch erhalten bleiben, daß das Holzwerk und die Putzflächen unterschiedlich farblich behandelt werden müssen. Die gesamte Fassade eines Hauses darf also nicht einfarbig überstrichen werden. Soweit die Fassadenmaterialien überhaupt überstrichen werden sollen, sind kontrastreiche Farben zu wählen. Das Holzwerk ist dunkel, die Putzflächen sind hell zu streichen. Die angegebenen genormten RAL-Töne entsprechen diesem Grundsatz und lassen einen große Auswahlspielraum bei der Farbgebung. Für die nicht deckenden Holzschutzanstriche sind keine Farbvorschriften gemacht worden.

Zu (6) Die Gebäudefassaden der Altstadt sind durch die Fachwerkkonstruktion oder seltener durch Pfeiler, Lisenen, Faschen und Gesimse gegliedert. Diese Elemente tragen wesentlich dazu bei, den Maßstab der Altstadt zu bestimmen. Die Neu- und Ersatzbauten müssen deshalb ebenfalls senkrechte und im Geschoßabstand waagerechte Gliederungselemente aufweisen. Das Rastermaß der historischen Fachwerkbauten kann dazu als Anhalt dienen. Wesentlich ist auch, daß diese Struktur durch alle Geschosse geführt wird und auch das Erdgeschoß umfaßt.

Eine Verkleidung oder ein Verputz der Fachwerkfronten ist unzulässig. Dadurch soll der Charakter des Stadt- und Straßenbildes erhalten bleiben.

Zu (7) Beim Einbau von Schaufenstern mit großflächigen Verglasungen, durchlaufenden Kragdächern und Kaschierungen tragender Elemente wird die architektonische Einheit eines Gebäudes zerstört. Das „Aufreißen" der Erdgeschoßzone durch unmaßstäbliche Glasflächen beeinflußt das Straßenbild besonders negativ. Deshalb werden Schaufenster nur im Erdgeschoß zugelassen und ihre Einbindung in die Gesamtfassade gefordert. Die angegebenen Maße sollen helfen, übergroße Glasflächen auszuschließen. Sie entsprechen den Abmessungen, die im Fachwerkbau noch optisch als Konstruktion glaubhaft sind — etwa 2 Gefachbreiten. Analog dazu ist das Maß für den Massivbau gewählt worden.

Zu (8) Auch diese Bestimmung hat ihre Grundlage in der Bestandsaufnahme. Danach haben die Fenster ein hochrechteckiges und z. B. kein liegendes Format. Sie sind von außen bündig eingesetzt und haben deshalb keine Leibungen. Einige geringe Ausnahmen sind die um 1900 entstandenen Massivbauten, für die der Bestandsschutz anzuwenden ist.

Üblich, und bisher ausschließlich befolgt, ist der weiße Anstrich der Fensterkonstruktionen. Es handelt sich um ein charakteristisches Merkmal der Baugestaltung in der Altstadt und soll beibehalten bleiben. Für alle vor 1914 errichteten Gebäude werden Sprossenfenster gefordert. Sie entsprechen dem Stil der Zeit und sind ein wesentlicher Bestandteil der Architektur und des Erscheinungsbildes historischer Bauten. Als beherrschendes Merkmal der Fassaden spiegeln sie den gestalterischen Willen der jeweiligen Epochen wider. Modische Einscheibenfenster als Ersatz für mehrflügelige und durch Sprossen gegliederte Fenster wirken in den Fassaden von historischen Gebäuden als fremdartige Veränderungen, die auch von Laien als Störung der baulich-handwerklichen Substand und damit des historischen Charakters solcher Gebäude empfunden wird.

Die vermeintlichen Vorteile von Einscheibfenstern rechtfertigen grundsätzlich nicht die Beseitigung der hergebrachten Fensterformen. Auf die verschiedenen Öffnungsmöglichkeiten und die Art der Verglasung wird hier kein Einfluß genommen. Dagegen wird eine regelmäßige Aufteilung der Glasfläche durch Sprossen gefordert. Unter dieser Regelmäßigkeit ist zu verstehen, daß alle Scheiben in einem Fenster die gleiche Größe haben.

Zu (9) Die historischen Bauten besitzen nur solche Dachaufbauten, die zur Belüftung der Speicherböden oder als Austrittsöffnungen für Dachreparaturen nötig sind. Sie sind demnach sehr klein und für die Baugestaltung nur von untergeordneter Bedeutung. Der Ausbau von Dachgeschossen zu Wohnzwecken macht größere Dachaufbauten notwendig. Trotzdem sollen sich diese in der Materialwahl und Größe der Dachflächen unterordnen, um möglichst wenig das Erscheinungsbild der Gebäude zu beeinträchtigen. Diesem Zweck dienen die Maßangaben und die Bestimmung, daß Dachaufbau und Dachfläche mit dem gleichen Material einzudecken sind. Für Schleppen ist deshalb auch eine Mindestdachneigung vorgeschrieben. Wichtig ist für die Materialwahl auch die Verkleidung der Wangenflächen, weil diese — rechtwinklig zur Fassade stehend — im Straßenbild stark in Erscheinung treten. Zwerchhäuser treten im Altstadtbereich verteilt auf. Sie sind deshalb als Dachaufbauten zulässig. Ihre Größe muß sich jedoch deutlich dem Gesamtbaukörper unterordnen. Deshalb sind einschränkende Abmessungen vorgeschrieben worden.

Zu (10) Drempel und Dacheinschnitte sind in der Altstadt nicht üblich gewesen. Sie sollen auch in Zukunft ausgeschlossen bleiben, um die Hausproportionen und die Dachlandschaft nicht nachteilig zu beeinflussen.

Zu § 3 Werbeanlagen

Die besonderen Anforderungen an die Gestaltung von Werbeanlagen waren früher in einer besonderen Ortssatzung enthalten. Die Landesbauordnung hat einige der damaligen Forderungen im § 49 bereits erfaßt. Deshalb kann hier eine Einfügung in die Altstadtsatzung und eine Beschränkung auf wenige zusätzliche Bestimmungen erfolgen. Der Wunsch, Werbung zu betreiben, wird als Notwendigkeit für den Handel grundsätzlich anerkannt. Es ist jedoch notwendig, die Art und das Ausmaß von Werbeanlagen mit den ebenso berechtigten Wünschen der Bevölkerung nach der Erhaltung und dem Schutz des Stadtbildes so in Einklang zu bringen, daß beide Anliegen in gleichem Maße berücksichtigt werden. Hier wird als Grundsatz die Meinung vertreten, daß in der historisch geprägten Altstadt die Gebäude nicht als Reklameträger anzusehen sind, auf denen Werbung beliebig groß und aufdringlich angebracht werden könnte.

Der Wettstreit der Firmen, ständig wachsende und aggressivere Reklamen anzubringen, soll auch im Interesse der Geschäftsinhaber auf einen bestimmten und ausreichenden Bereich am Gebäude beschränkt werden. Die Vergangenheit hat gezeigt, daß die Werbewirkung ausreichend ist und allen eine gleiche Möglichkeit eingeräumt hat. Die gepflegte Architektur hat sich als die größte Werbung für die Stadt und die Betriebe in der Stadt erwiesen. Die bewährten Bestimmungen sollen deshalb auch in Zukunft beibehalten werden.

Zu (1) In zunehmendem Maße beeinträchtigen Plakatierungen, Bemalungen und Beschriftungen von Glasscheiben und Gebäudeflächen das Straßenbild. Dies geschieht in der Annahme, daß derartige Reklamen nicht genehmigungspflichtig sind und deshalb wahllos angebracht werden können. In § 49 (1) NBauO ist zwar zweifelsfrei die Genehmigungspflicht festgelegt worden, es erscheint jedoch notwendig, an diese Pflicht hier nochmals zu erinnern.

Zu (2) Werbung hat die zunehmende Tendenz, zu Häufungen zu führen. Deshalb sind Hinweisschilder und Reklamen an fremden Gebäuden, unbebauten Grundstücken, Brücken und Durchlässen unzulässig. Werbung wird grundsätzlich nur an der Stätte der eigenen Leistung zugelassen. Dies entspricht auch den Bestimmungen in den §§ 49 und 69 der NBauO und ist hier als notwendige Wiederholung anzusehen, weil in der Altstadt der Gebietscharakter nicht eindeutig bestimmbar ist. Ausnahmen bilden die nach der Verkehrsordnung notwendigen Hinweisschilder, Anschlagtafeln und -säulen, die der ständigen Bekanntmachung dienen. Sie unterliegen der Genehmigungspflicht nach §§ 68 und 69 NBauO.

Zu (3) Werbeanlagen sind bauliche Anlagen gem. § 2 NBauO. Sie unterliegen demnach auch der Genehmigungspflicht und den allgemeinen Gestaltungsvorschriften gem. §§ 49, 53 und 54 NBauO. Die Aufzählung der Forderungen kann sich deshalb auf wenige zusätzliche und ortstypische Grundsätze beschränken. Dies sind insbesondere Überschneidungen wesentlicher oder wichtiger Bauteile. Dazu gehören z. B. der Fachwerkrhythmus mit seinen Gefachaufteilungen, Gesimse und Lisenen. Von den unzulässigen Anbringungsorten haben die Grün- und Freiflächen, Einfriedungen und Brandgiebel, bedingt durch die relative Seltenheit im Altstadtbereich, den Charakter der Regelung von Ausnahmefällen.

Die Begrenzung von Werbeanlagen auf die Erdgeschoßzone ist schon in allen früheren Ortssatzungen enthalten gewesen. Sie hat sich gut bewährt und dazu geführt, daß Häufungen, Überschneidungen von Reklameflächen und Beeinträchtigungen des Straßenbildes vermieden werden konnten. Bei der Enge der Straßen scheidet eine Werbewirkung der Anlagen an Obergeschossen ohnehin weitgehend aus, und das geschäftliche Leben spielt sich im Erdgeschoßbereich ab. Bei der Bedeutung des von den historischen Bauten geprägten Straßenbildes ist die einschränkende Bestimmung, Werbeanlagen nur im Erdgeschoßbereich zuzulassen, deshalb zumutbar.

Leider macht eine Tendenz der Werbung, auf spiegelnde und bewegliche Elemente auszuweichen, Werbefahnen aller Art oder die Bemalung von Glasflächen für Reklamezwecke auszunutzen und dadurch gesetzliche Einschränkungen zu umgehen, diese Regelung notwendig. Spiegelungen sind als Beeinträchtigungen des Straßenbildes anzusehen. Insbesondere das Bekleben und Bemalen von Glasrückseiten ist in der Wirkung anderen Werbeeinrichtungen gleichzusetzen.

Außer den hier genannten Forderungen sind gem. §§ 49 und 54 NBauO Werbeanlagen unzulässig bei Häufung, Lichtstärke oder Betriebsweise, an Baudenkmalen und in der Nähe von Baudenkmalen sowie an Bäumen, Masten und Brücken.

Die Anbringung der Markisen ist häufig nur oberhalb der Schriftfelder über den Schaufenstern möglich. Die Markisen verdecken dann die Werbeanlagen. In diesen Fällen ist eine Werbung auf den Markisen zulässig. Die Beschriftung muß jedoch parallel zur Hausfront erfolgen, damit nicht über den Umweg der Markisenanlagen die grundsätzlich ausgeschlossene, in den Straßenraum seitlich hineinragende Werbung eingeführt werden könnte.

Zu (4) Gefordert wird hier eine parallel zur Front angebrachte Werbeanlage. In den Straßenraum hineinragende „Steck- und Fahnenschilder" sind unzulässig. Ausnahmen werden unter (8) geregelt. Das Höchstmaß der Ausladung wird auf 0,30 m beschränkt. Dadurch ist es möglich, auch kastenförmige Transparentschilder mit der notwendigen Unterkonstruktion an einer Fassade anzubringen, ohne in den Bestand des Gebäudes einbrechen zu müssen.

Zu (4) Bei den engen Straßenräumen beeinträchtigen die rechtwinklig zur Hausfront angebrachten und in den Straßenraum hineinragenden Ausleger ganz erheblich das Straßenbild. In der Schrägansicht des Fußgängers werden die Gebäude in einem Maße abgedeckt, daß von einem Einfügen der Werbung in das Orts- und Straßenbild nicht mehr gesprochen werden kann. Außerdem würden sich solche

Steckschilder gegenseitig überdecken und die Werbewirkung verringern. Dieser Verzicht ist deshalb zumutbar.

Als Hinweis mag hier angebracht sein, daß jede vor die Gebäudefront mehr als 0,30 m vorragende Werbung in diesem Absatz erfaßt ist. Die Bestimmung gilt also auch für Fahnen oder ähnliche Werbemittel. Die Ausnahmen für kurzfristige Werbungen, z. B. für Ausverkäufe, Zirkusveranstaltungen oder Wahlen, sind im § 69 NBauO geregelt.

Historische Ausleger sind eine Bereicherung des Straßenbildes und sollen erhalten bleiben. Analog dazu sind als Ausnahme vom § 3 (3) künstlerisch wertvolle Ausleger zulässig. Die Entscheidung über die Bedeutung derartiger Ausleger für das Straßenbild ist vom Standpunkt erfahrener und verständiger Betrachter zu beurteilen — § 54 NBauO. Im Zweifelsfall entscheidet der zuständige Denkmalpfleger. Soweit durch die Inanspruchnahme des Straßenraumes Belange des Straßenverkehrs berührt werden können, ist die Straßenverkehrsordnung zu beachten. Vgl. auch den Hinweis zu § 4 (3).

Zu (5) Die Bauten in der Altstadt bestehen fast ausschließlich aus ehemaligen Wohnhäusern. Sie sind deshalb kleinteilig im Maßstab. Werbeanlagen müssen sich diesen Voraussetzungen anpassen. Die Gefahr einer überdimensionalen Werbung im Erdgeschoßbereich soll dadurch abgewendet werden, daß Größtmaße für die Buchstaben vorgeschrieben sind. Auf eine Längenbegrenzung wurde verzichtet, weil bei der notwendigen Schrägansicht Reklameaufschriften in der Buchstabenfolge zumeist sehr weit auseinandergezogen werden müssen. Ein festes Maß dafür ließ sich nicht ermitteln.

Zu (6) Die Rücksicht auf Baudenkmale erfordert in deren Umgebung eine weitere Beschränkung der Werbung. Deshalb wird hier für einige wenige Stellen in der Altstadt, bei denen Geschäfte und Gewerbebetriebe in unmittelbarer Nachbarschaft mit einer Konzentrierung von Baudenkmalen stehen, farbige Lichtwerbung untersagt. Nur weißes Licht als direkte und indirekte Beleuchtung wird hier zugelassen. An den meisten Stellen werden die Baudenkmale abends angestrahlt. Farbiges Licht würde dazu in unangenehme Konkurrenz treten.

Solche Bereiche sind:

Am Anfang der Bäckerstraße, der Bäringerstraße und der Marktstraße,

Markt und Marktkirchhof,

Jakobikirchhof,

Neuwerkkirche — Rosentor,

Stephanikirchhof,

Frankenberger Plan,

Pfalzbezirk.

Diese sind in dem Plan nach § 1 (3) näher bezeichnet.

Zu § 4 Erker, Vordächer, Markisen, Fassadenvorsprünge

Gliederungen der Fassagen durch Versprünge und Erker sind grundsätzlich erwünscht, um die Einpassung von Neu- und Ersatzbauten in das Straßenbild zu erleichtern. Einige Gliederungselemente sind jedoch wenig geeignet, weil sie entweder nicht ortsüblich sind oder den Charakter des Orts- und Straßenbildes stören würden. Die Anwendung solcher Bauteile soll deshalb eingeschränkt werden.

Zu (1) Erker sind im historischen Baubestand Ausnahmen. Sie können außerdem den Maßstab der Gebäude stark beeinflussen. Deshalb wird hier bestimmt, daß sie nicht mehr als $^1/_3$ der Fassadenbreite oder eines Fassadenabschnittes bei Großbauten einnehmen dürfen. Derartige Bauteile dürfen auch vor die in einem Bebauungsplan festgesetzte Baugrenze vorspringen. Der unbestimmte Begriff in § 23 (2) BauNVO „geringfügiger Abstand" wird hier mit 1,0 m für Erker und mit 0,50 m für Risalithe und Zwerchhäuser für die Altstadt Goslar definiert und bestimmt.

Zu (2) u. (3) Analog dem § 3 (1) wird hier bestimmt, daß Markisen nur im Erdgeschoßbereich zulässig sind. Damit soll dem Umstand Rechnung getragen werden, daß die Witterungsverhältnisse in Goslar für bestimmte Geschäfte einen Sonnenschutz erforderlich machen. Sie dürfen jedoch nicht als Träger von Werbeeinrichtungen dienen, die damit die Bestimmungen in § 3 (3) umgehen würden. Die dort gegebene Begründung gilt sinngemäß auch hier.

Vordächer bewirken eine optische Trennung zwischen dem Erdgeschoß und den Obergeschossen, besonders wenn sie über die Pfeiler auf Frontbreite durchlaufen. Für Markisen sind deshalb hier die Ausmaße begrenzt worden. Gleichzeitig werden dadurch — wie bei (1) — die unbestimmten Begriffe im § 33 (2) NBauO und im § 23 (2) BauNVO definiert.

Soweit durch die in den Straßenraum ragenden Bauteile Belange des Straßenverkehrs berührt werden könnten, sind die Bestimmungen der Straßenverkehrsordnung zu beachten. Es kann unterstellt werden, daß dies nicht erforderlich ist, wenn als lichte Durchgangshöhe 2,20 m und ein Abstand zur Bordsteinkante von 0,60 m eingehalten werden.

Zu (4) Der im § 2 (4) enthaltende Grundsatz, in der Altstadt nur ortsübliche und natürliche Baustoffe zuzulassen, wird hier für Markisen wiederholt. Markisen sind so auffällige und das Straßenbild beeinflussende Bauteile, daß daran keine Materialien auftreten dürfen, die in krassem Gegensatz zu den sonstigen Oberflächengestaltungen stehen. Der Ausdruck „textiler Charakter" soll die Möglichkeit offen lassen, die Bespannungen zu wählen, die der Markt vorhält. Nur glänzende Oberflächen sind ausgeschlossen.

Zu (5) In letzter Zeit werden zunehmend Rolladenkästen von außen, oberhalb der Fenster, an die Fassaden geschraubt. Der Rolladen selbst wird in einem dreieckig vor die Front vorragenden Führungsblech geleitet. Diese erkerartigen Konstruktionen bilden eine erhebliche Beeinträchtigung des Straßenbildes. Sie sind deshalb unzulässig. Es ist möglich, diese Rolladen so einzubauen, daß sie Bestandteile der Fensterkonstruktion werden und nicht vor die Front heraustreten.

Zu (6) Die derzeit erhältlichen Sonnenkollektoren werden überwiegend auf Dachflächen und vor Außenwände so montiert, daß sie ein zusätzliches Element bilden. Die Großflächigkeit der Anlage beeinträchtigt außerdem die Dachlandschaft erheblich. Nach einer Untersuchung der betriebstechnischen Abteilung der Stadtverwaltung Hannover sind beim derzeitigen Stand der Technik in unserem Raum durch solche Anlagen keine Ersparnisse zu erwarten. Sollte die Entwicklung sowohl in der Wirksamkeit als auch in der Gestaltung bessere Ergebnisse bringen, kämen die Ausnahmebestimmungen des § 4 (6) zum Tragen.

Zu § 5 Einfriedungen

Einfriedungen an den Straßenseiten der Grundstücke sind im Altstadtbereich nur in Baulücken anzutreffen. Die Häuser stehen allgemein an der Straßengrenze. Vorgärten bilden eine so seltene Ausnahme, daß auf eine besondere Regelung der Gestaltung solcher Einfriedungen verzichtet wurde. Der Grundgedanke für die hier enthaltenen Bestimmungen ist es, solche Lücken in der Bebauung zu schließen und Einblicke in Höfe oder rückwärtige Bebauungen der Grundstücke zu verhindern. Die allgemeine Genehmigungspflicht ist in der NBauO enthalten. Die Ausnahmen nach § 69 NBauO bleiben unberührt.

Zu (1) Einfriedungen an den Straßenseiten der Grundstücke sind als Mauern oder geschlossene Holzzäune zu errichten. Damit wird auch hier der natürliche und ortsübliche Baustoff sowie die bisher vorhandene Gestaltung bestimmt.

Zu (2) Einfriedungen sind bauliche Anlagen. Für sie gelten deshalb die gleichen Anforderungen über die Baugestaltung, wie sie in dieser Satzung im § 2 (4) beschrieben sind.

Zu § 6 Antennen und Freileitungen

Bei der Lage der Stadt im Talkessel und mit Rücksicht auf die Vielzahl der historischen Bauten an engen Straßen bedeuten Antennen und Freileitungen aller Art eine spürbare Beeinträchtigung des Orts- und Straßenbildes. Ohne eine entsprechende Regelung wären z. B. die Aufstellung von Masten, Unterstützungen, Freileitungen, Antennenanlagen bis zu 6 m Bauhöhe und entsprechende Blitzschutzanlagen genehmigungsfrei (= § 69 NBauO) und nur deren Standsicherheit zu kontrollieren (= § 41 NBauO). Eine Regelung war deshalb notwendig. Die Rechtsgrundlage bildet der § 56 Abs. 4 NBauO.

Zu (1) Die Überspannung von öffentlichen Flächen durch Freileitungen ist als unzulässig erklärt worden, weil dadurch sichergestellt ist, daß an keiner Stelle in der Altstadt eine Beeinträchtigung des Straßenbildes auftreten kann. Öffentliche Versorgungsträger haben ihre Leitungen so weitgehend unterirdisch verlegt, daß sie durch diese Regelung nicht betroffen werden.

Zu (2) An Baudenkmalen und in deren Umgebung kann auch die Anbringung von Antennen und Freileitungen eine nicht unerhebliche Beeinträchtigung der Bauten bedeuten. Masten bis 6,0 m Höhe auf den relativ kleinen Bürgerhäusern oder die sich farblich von den Fronten abhebenden Leitungsschnüre mögen hierfür als Beispiel dienen.

Leitungen der Bundespost werden durch diese Satzung nicht betroffen. Für diese gilt das Telegrafenwegegesetz vom 18. 12. 1899 (vgl. § 82 NBauO und § 38 BBauG).

Als Verzeichnis der Baudenkmale gilt hilfsweise — bis zu einer Neufassung (gem. § 94 NBauO oder eines Denkmalschutzgesetzes) — die Liste im Anhang der Altstadtsatzung von 1964.

Zu (3) Durch diese Einschränkung soll erreicht werden, daß keine Häufung von Antennenmasten eintritt. Die heutige Technik ermöglicht fast immer die Anbringung von Antennen im Dachraum. Die Bestimmung ist deshalb zumutbar und im Interesse der Erhaltung der Dachlandschaft gefordert worden.

Zu § 7 Ordnungswidrigkeiten

Der § 91 der NBauO enthält einen umfangreichen Katalog von Ordnungswidrigkeiten, die mit Bußgeld belegt werden können. Hier wird lediglich die formale Voraussetzung zur Anwendung dieser Vorschriften im Zusammenhang mit Verstößen gegen den Inhalt dieser Ortssatzung hergestellt. Es handelt sich dabei um materielles Baurecht.

Ordnungswidrigkeiten werden mit Bußgeld gem. § 91 (5) NBauO geahndet. Außerdem können gem. § 89 (4) NBauO in Verbindung mit §§ 34—38 SOG, Zwangsmittel angewendet oder Ersatzvornahmen ausgeführt werden. Die Ersatzvornahme kann immer dann eingreifen, wenn weder Bauherr, Entwurfsverfasser oder Unternehmer erreichbar bzw. haftbar zu machen sind. Das kann zum Beispiel bei den Tätigkeiten „fliegender" Reklamekolonnen der Fall sein. Außerdem wäre es das letzte Mittel bei Verstößen gegen materielles Baurecht und Verzögerungstaktiken.

In den Satzungen von 1954 und 1964 war der Satz „Über Ausnahmen entscheidet die Stadt Goslar" enthalten. Diese Regelung ist nach der NBauO nicht mehr möglich, weil die §§ 85 und 86 die Voraussetzungen für Ausnahmen und Befreiungen abschließend regeln. Sie werden künftig Bestandteil der Baugenehmigung. Die Stadt Goslar kann jedoch im Rahmen der Herstellung einer Vereinbarkeit mit den öffentlichen Belangen an dem Befreiungsantrag an die obere Bauaufsichtsbehörde (= Bezirksregierung in Braunschweig) mitwirken.

Zu § 8 Inkrafttreten

Diese Ortssatzung beruht auf der Niedersächsischen Landesbauordnung in bezug auf die Bauwerke in der Altstadt Goslar. Deshalb können die früher notwendigen §§ 12 und 13 über Ausnahmen, Befreiungen und Ordnungswidrigkeiten in der Neufassung entfallen. Diese Bestimmungen finden sich in der NBauO im Teil XI § 85 ff.

Gemäß § 101 NBauO sind für den Erlaß neuer Ortssatzungen Fristen gesetzt worden. Dieser § ist mehrfach geändert worden, weil es nicht möglich war, insbesondere für Altstadtsatzungen die notwendigen Grundlagen zu erarbeiten. Bisher fehlen auch noch Erlasse mit Rahmenanforderungen oder Mustern. Die Stadt Goslar hatte bereits am 4. 2. 1975 eine Neufassung dieser Satzung beschlossen, die bisher nicht genehmigt worden ist und nach den seither vorliegenden Erkenntnissen auch nicht genehmigt werden wird. Deshalb wurde die vorliegende Neufassung erarbeitet.

In der letzten Fassung der NBauO ist die Frist für den Erlaß einer neuen Ortssatzung bis zum 31. 12. 1978 gesetzt worden. Bis dahin gilt unsere Satzung von 1964 bzw. 1954 weiter. Diese hat sich bewährt und auch der richterlichen Prüfung standgehalten. Es ist deshalb vorgesehen, die alte Satzung so lange wie zulässig beizubehalten und die neue frühestens am 1. 1. 1979 an deren Stelle treten zu lassen. Die Verfahrensvorschriften zur Aufstellung dieser Satzung entsprechen gem. § 97 (1) NBauO denen bei der Aufstellung von Bebauungsplänen nach dem Bundesbaugesetz.

Kosten

Die in dieser Satzung aufgestellten Anforderungen können im Einzelfall für den Eigentümer der baulichen Anlagen eine unzumutbare wirtschaftliche Belastung bedeuten. Bei der Erhaltung von Baudenkmalen ist der § 55 (2) 2. NBauO, bzw. § 7 (3) des Nds. Denkmalschutzgesetzes anzuwenden. Unabhängig davon hat die Stadt Goslar in der Vergangenheit „verlorene Zuschüsse" für solche Arbeiten gewährt, die im Interesse der Stadtbildpflege zusätzlich gefordert wurden. Die Stadt ist grundsätzlich bereit, auch in Zukunft in dem bisher üblichen Rahmen solche Zuschüsse zu gewähren. Im Haushaltsjahr 1977 betrug der Rechnungsansatz dafür 120 000,— DM.

Goslar, den 17. 8. 1977   ► Stadtbaurat

Der Rat der Stadt Goslar hat in seiner Sitzung am 7. März 1978 den Erlaß dieser Altstadtsatzung angeordnet.

Dieser Beschluß wurde am 12. April 1978 in den in Goslar erscheinenden Zeitungen veröffentlicht und ab 29. 05. bis zum 01. 06. 1978 ein öffentlicher Aushang über den grundsätzlichen Inhalt der Satzung durchgeführt. Gleichzeitig wurden die Träger öffentlicher Belange gehört.

In seiner Sitzung am 20. Juni 1978 hat der Rat der Stadt Goslar dem Entwurf der Altstadtsatzung zugestimmt und die öffentliche Auslegung beschlossen. Ort und Dauer der öffentlichen Auslegung wurden ortsüblich durch Bekanntmachung in den in Goslar erscheinenden Zeitungen angekündigt.

Der Entwurf der Altstadtsatzung hat mit der Begründung in der Zeit vom 2. August 1978 bis 12. Sept. 1978 öffentlich ausgelegen.

Goslar, den 14. Sept. 1978   ► Stadtbaurat

Der Rat der Stadt Goslar hat in seiner Sitzung am 30. Jan. 1979 die Altstadtsatzung mit der Begründung nach Prüfung der fristgemäß vorgebrachten Bedenken und Anregungen gem. § 97 (1) NBauO als Satzung beschlossen.

Stadt Goslar

Oberbürgermeister   Oberstadtdirektor

Nordrhein-Westfalen

Satzung über örtliche Bauvorschriften der Stadt Hilchenbach für den Bereich „Stadtmitte"

Vom 19. Dezember 1978

Aufgrund der §§ 101 und 103 der Bauordnung für das Land Nordrhein-Westfalen — Landesbauordnung — (BauO NW) in der Fassung der Bekanntmachung vom 27. Januar 1970 (GV. NW. S. 96, ber. GV. NW. 1971 S. 331/SGV. NW. 232), zuletzt geändert durch Gesetz vom 15. Juli 1976 (GV. NW. S. 264), in Verbindung mit § 4 der Gemeindeordnung für das Land Nordrhein-Westfalen in der Fassung der Bekanntmachung vom 19. Dezember 1974 (GV. NW. 1975 S. 91/SVG. NW. 2023), zuletzt geändert durch Gesetz vom 11. Juli 1978 (GV. NW. S. 290), hat der Rat der Stadt Hilchenbach am 22. November 1977 und 27. September 1978 folgende Satzung beschlossen:

I. Grundsätze

§ 1 Absichten der Satzung

Der Marktplatz und seine Umgebung sind von erhaltenswerter Eigenart. Zum Schutze dieses Bereiches von geschichtlicher und städtebaulicher Bedeutung enthalten die folgenden Bestimmungen besondere Anforderungen, mit denen zugleich baugestalterische Absichten verfolgt werden.

§ 2 Geltungsbereich

(1) Der Geltungsbereich umfaßt

a) das Gebiet des Bebauungsplanes Nr. 10 „Stadtmitte" in der bei Bekanntmachung dieser Satzung geltenden Fassung,

b) den an das Gebiet des Bebauungsplanes Nr. 10 südwestlich und westlich zwischen Gleisanlagen und Bruchstraße bzw. nördlich der Bruchstraße angrenzenden Bereich, bestehend aus den Grundstücken Gemarkung Hilchenbach, Flur 17, Flurstücke 37, 38, 41, 42, 44, 45, 58—61, 64—68, 70—72, 74—88, 90, 123, 137—145, 154, 166—169, 186—193, 203 (bis Gleisanlage), Gemarkung Hilchenbach, Flur 22, Flurstücke 96, 97, 160, 162, 163, 192, 193, 227, 230, 248 (bis Gleisanlage), Gemarkung Hilchenbach, Flur 23, Flurstück 122, und

c) das im Nordwesten an das Gebiet des Bebauungsplanes Nr. 10 angrenzende Hausgrundstück Kirchweg Nr. 11, Gemarkung Hilchenbach, Flur 30, Flurstück 51.

(2) Der Geltungsbereich der Satzung wird demgemäß wie folgt umgrenzt:

Im Norden: Ab Einmündung Seminarweg nördliche Grundstücke an der Rothenberger Straße — Schützenstraße bis Abzweigung Am Backes bzw. Hausgrundstück Nr. 14 einschließlich — Gärten im Marktfeld — Einmündung Wilhelm-Münker-Straße — Heinsberger Straße südliche Hausgrundstücke bis Nr. 10 — abwärts bis Hausgrundstück Ferndorfstraße Nr. 17 einschließlich;

Im Osten: Ferndorfwiese — Ferndorf abwärts — Sterzenbacher Straße bis Bahnübergang;

Im Süden: Eisenbahnlinie Marburg — Kreuztal bis Bruchstraße;

Im Westen: Bruchstraße südliche Hausgrundstücke in Richtung Markt — ab Einmündung Straße Auf dem Einstuhl — Bruchstraße nördliche Seite aufwärts bis Verlängerung der Südseite Kirchweg — Kirchweg südliche Seite einschließlich Grundstück Bruchstraße Nr. 34 — abwärts bis Bruchstraße — nördliche Hausgrundstücke Bruchstraße einschließlich — Hausgrundstücke Kirchweg Nr. 7, 9, 11 einschließlich — Kirchplatz einschließlich — Seminarweg einschließlich.

(3) Der genaue räumliche Geltungsbereich ist gestrichelt schwarz umrandet dargestellt in einer Karte im Maßstab 1 : 1 000, die Bestandteil dieser Satzung ist und im Rathaus der Stadt Hilchenbach während der Dienststunden zu jedermanns Einsicht öffentlich ausliegt. Eine Übersicht im Maßstab 1 : 5 000 ist dem Text der Satzung als Anlage Nr. 1 beigefügt.

II. Städtebauliche Anforderungen

§ 3 Anforderungen an Gebäude

(1) Bauliche oder andere Veränderungen in der äußeren Erscheinung der baulichen Anlagen dürfen nur unter Wahrung der erhaltenswerten Eigenart dieser Gebäude und des besonderen Eindrucks, den sie — für sich allein oder in der Zusammenschau mit anderen baulichen Anlagen — hervorrufen, vorgenommen werden. Fassadengliederungen, sichtbares Fachwerk sowie Gesimse dürfen nicht entfernt, verändert oder überdeckt werden.

(2) Dächer sind wie folgt zu gestalten:

a) Drempel sind ab 35 Grad Dachneigung bis zu einer Höhe von 0,65 m zulässig; Dachgauben sind nur ab 40 Grad Dachneigung zulässig.

b) Satteldächer sind an den Giebel- und Traufseiten mit einem Überstand von mindestens 0,30 m auszubilden.

c) Satteldächer sind mit dunkel gefärbtem Hartbedachungsmaterial einzudecken, Blech und Wellasbest sind als Material unzulässig. Dachausbauten und Dachgauben haben sich in die Dachflächen einzufügen; ihre Dächer sind im Material dem Dach anzupassen, die Außenflächen sind zu verschiefern oder mit Holz zu verkleiden.

(3) Garagen, überdachte Stellplätze und Nebenanlagen, Verkleidungen von Balkonen und Terrassen dürfen nicht in Blech, Wellblech, Wellasbestzement oder Kunststoff ausgeführt werden.

(4) Die Anbringung von Funk-, Rundfunk- oder Fernsehantennen soll je Gebäude nur als Gemeinschaftsantenne ausgeführt werden.

(5) Freileitungen aller Art sind unzulässig.

§ 4 Gestaltung von Grundstücksflächen

(1) Als Einfriedigungen von Grundstücken sind nur lebende Hecken und Holzzäune, in Verbindung mit lebenden Hecken auch Maschendrahtzäune sowie ferner schmiedeeiserne Gitter zugelassen, massive Unterbauten nur bis zu einer Höhe von 0,50 m.

(2) Unbebaute Flächen bebauter Grundstücke sind gärtnerisch zu unterhalten, soweit sie nicht als Arbeits-, Lager- oder Verkehrsflächen benötigt werden.

(3) Stellplätze für bewegliche Abfallbehälter sind so anzulegen, daß die Abfallbehälter vom öffentlichen Verkehrsraum aus nicht sichtbar sind.

III. Äußere Werbeanlagen an Gebäuden

§ 5 Allgemeine Vorschriften

(1) Werbeanlagen sind nur an Gebäudeseiten zulässig und nur, soweit diese nicht weiter als 10 m von öffentlichen Verkehrsflächen entfernt sind und zu diesen offenliegen.

(2) Mehrere Werbeanlagen sind je Gebäudeseite nach Möglichkeit für eine Stätte der Leistung zusammenzufassen.

(3) Mehrere Werbeanlagen an einem Gebäude oder in sich geschlossenem Gebäudeteil sind hinsichtlich ihrer Art, Gestaltung, Anbringung und Beleuchtung aufeinander abzustimmen.

(4) Im übrigen richtet sich die Zulässigkeit von Werbeanlagen nach den Bestimmungen der nachfolgenden §§ 6—11 und 17—19, zu deren Erläuterung die diesem Satzungstext beigegebene Anlage Nr. 2 teilweise Zeichnungen enthält.

§ 6 Anbringungsort

(1) Werbeanlagen müssen einen Abstand zum Fahrbahnrand von mindestens 0,70 m einhalten.

(2) Die Unterkante einer Werbeanlage muß mindestens 2,50 m über der nächsten Verkehrswege- bzw. Geländeoberfläche liegen.

(3) Die Oberkante einer Werbeanlage darf höchstens innerhalb des Bereichs des 2. Obergeschosses liegen und muß mindestens 0,50 m unterhalb der Unterkante Dachtraufe — bei giebelständigen Gebäuden mindestens 0,50 m unterhalb der gedachten Linie der Dachtraufen — enden.

§ 7 Winkelig zur Gebäudeseite verlaufende Werbeanlagen

(1) Winkelig zur Gebäudeseite verlaufende Werbeanlagen dürfen nicht mehr als 0,80 m über die Gebäudeseite hinausragen. § 6 der Allgemeinen Verordnung zur Landesbauordnung (AVO BauO NW) vom 15. Juni 1975 (GV. NW. S. 482/SGV. NW. 232) bleibt im übrigen unberührt.

(2) Die Ansichtsfläche darf nicht größer als 1,5 qm — einseitig gemessen — sein.

§ 8 Parallel zur Gebäudeseite verlaufende Werbeanlagen

(1) Parallel zur Gebäudeseite verlaufende Werbeanlagen dürfen höchstens einen Abstand von 0,25 m von der Gebäudeseite haben.

(2) Die Gesamthöhe einer Werbeanlage darf das Maß von 0,80 m, die Schrifthöhe einer Werbeanlage darf das Maß von 0,50 m nicht überschreiten.

(3) Die Länge einer Werbeanlage darf höchstens 2/3 der Länge der Gebäudeseite, die Fläche einer Werbeanlage darf jedoch höchstens 3,00 qm betragen.

§ 9 Beleuchtung

(1) Selbstleuchtende Werbeanlagen sind zulässig.

(2) Bewegliche (laufende) Lichtwerbung, Wechsel- und Blinklichtwerbung sowie Tagleuchtschilder sind nicht gestattet.

(3) Stromzuführungen zu Werbeanlagen dürfen nicht als Freileitung ausgebildet sein. Sichtbare Stromzuführungen sind in der Farbe des jeweiligen Untergrundes zulässig.

IV. Freistehende Werbeanlagen

§ 10 Aufstellungsort

Freistehende Werbeanlagen sind nur außerhalb des öffentlichen Verkehrsraumes als Hinweis auf die Stätte der Leistung oder als Anlage für Zettel- und Bogenanschläge zugelassen. Für Tankstellen können, unbeschadet von § 6 AVO BauO NW, Ausnahmen zugelassen werden, sofern eine Störung des Straßen- und Ortsbildes ausgeschlossen ist.

§ 11 Größe

(1) Hinweise auf die Stätte der Leistung dürfen eine Höhe von 3,50 m über der Geländeoberfläche und eine Ansichtsfläche von 1,20 qm — einseitig gemessen — nicht überschreiten.

(2) Anlagen für Zettel- und Bogenanschläge dürfen eine Ansichtsfläche von 2,50 qm — einseitig gemessen — nicht überschreiten.

V. Warenautomaten

§ 12

(1) An Gebäuden angebrachte Warenautomaten dürfen nicht über die zur Straßenfront liegende Gebäudeaußenwand hinausragen und müssen sich in der Farbgebung der beherrschenden Farbe der umgebenden Gebäudefläche anpassen.

(2) Bei freistehenden Warenautomaten darf die Ansichtsfläche 1,50 qm ohne Sokkel — einseitig gemessen — nicht überschreiten. Die Gesamthöhe eines Warenautomaten darf höchstens 2,00 m betragen.

VI. Sondervorschriften für den Bereich des Marktplatzes und seiner engeren Umgebung

§ 13 Geltungsbereich

Über die Vorschriften der §§ 3—12 dieser Satzung hinaus gelten hinsichtlich der städtebaulichen Anforderungen, der Gestaltung der Grundstücksflächen und der Werbeanlagen und Warenautomaten im Bereich der Grundstücke

am Markt (alle Grundstücke),
an der Bruchstraße (von Markt bis Einmündung Unterzeche),
am Kirchweg, an der Hilchenbacher Straße, Schützenstraße,
Gerberstraße, Dammstraße, Unterzeche sowie
am Mühlenweg (Eckgrundstücke zur Dammstraße bzw. Unterzeche)

zum erhöhten Schutze dieses Bereiches in geschichtlicher und städtebaulicher Beziehung die nachfolgenden besonderen Bestimmungen der §§ 14—18, und zwar allgemein oder auf einzelnen Grundstücken des Bereichs.

§ 14 Bauwiche und Abstandsflächen

Auf den Grundstücken

Markt Nr. 1—14,
Bruchstraße Nr. 1 und 3,
Kirchweg Nr. 1, 3, 7, 9 und 11,
Hilchenbacher Straße Nr. 2, 4, 6, 8, 10 und 12,
Schützenstraße Nr. 1—7 sowie
Dammstraße (alle Hausgrundstücke)

können die in § 7 BauO NW vorgeschriebenen Maße für Bauwiche um bis zu ein Drittel unterschritten werden. Auf diesen Grundstücken können auch die in § 8 BauO NW oder in einer aufgrund des § 8 Abs. 3 BauO NW erlassenen Rechtsverordnung vorgeschriebenen Maße für Abstandsflächen im Einzelfall um bis zu ein Drittel unterschritten werden; eine Befreiung nach § 86 Abs. 2 BauO NW ist zusätzlich erforderlich.

§ 15 Besondere städtebauliche Anforderungen

(1) Die Außenwandflächen der Gebäude Markt Nr. 6, 8, 10, 12, 14, Kirchweg Nr. 1, 3, 7, 9, 11, Hilchenbacher Straße Nr. 4, 6, 8 und 10 sind in sichtbarem Holzfachwerk mit dunkelbraun oder schwarz getönten Holzbalken und weißen Fachen zu gestalten. Die Außenwandflächen der Gebäude an der Dammstraße, Unterzeche und am Mühlenweg sind wie zuvor beschrieben oder in sichtbarem Fachwerk neuzeitlicher Bauweisen zu gestalten; an diesen Gebäuden können seitliche Wandflächen verschiefert werden. Die Gebäude Markt Nr. 1, 3, 5 und Hilchenbacher Straße Nr. 2 können zur Marktplatzseite hin außer in sichtbarem Holzfachwerk in sichtbarem sonstigem Fachwerk mit weißen Fachen oder in Naturschiefer gestaltet werden; die seitlichen und rückwärtigen Außenwandflächen können in weiß oder ocker gestrichenem Außenputz, in weiß oder ocker geschlämmtem Mauerwerk, Waschbeton in hellen oder schieferfarbenen Farbtönen für Teilflächen, Verklinkerung von Teilflächen sowie schieferfarbenen Asbestzementschablonen ausgeführt werden. Die Außenwandflächen der übrigen Gebäude dieses Bereichs können nach freier Wahl mit den in diesem Absatz genannten Materialien in entsprechenden Mengen und Fassadengliederungen gestaltet werden.

(2) Die Dächer sind mit Naturschiefer oder schieferfarbenen Asbestzementschablonen in altdeutscher Deckung zu decken.

(3) An den Gebäuden Markt Nr. 1 bis 14, Kirchweg Nr. 1, 3, 7, 9, 11 und Hilchenbacher Straße Nr. 2 sind — außer bei Schaufenstern — Ganzscheibenfenster zur Marktplatzseite hin nicht zulässig.

(4) Rolladenkästen dürfen nicht sichtbar sein.

§ 16 Besondere Gestaltung von Grundstücksflächen

Die zwischen den Straßenbegrenzungslinien und den Baugrenzen bzw. Baulinien liegenden Flächen im Bereich des Marktplatzes, der Dammstraße und der Unterzeche dürfen keine festen Einfriedigungen erhalten.

§ 17 Bauanzeige

Für die nach § 82 NW üblicherweise genehmigungs- und anzeigenfreie Errichtung, Aufstellung, Anbringung und Änderung von Werbeanlagen und Warenautomaten ist eine Bauanzeige erforderlich.

§ 18 Besondere Beschränkungen für Werbeanlagen und Warenautomaten

(1) Werbeanlagen sind ausschließlich an der Stätte der Leistung zulässig, und zwar jeweils zusätzlich zur Firmenbezeichnung höchstens zwei weitere Werbeanlagen.

(2) Zugelassen sind nur Werbeanlagen, die ihrem äußeren Erscheinungsbild nach eindeutig aus Metall oder Holz sind.

(3) Die Fläche einer einseitig sichtbaren Werbeanlage darf nicht mehr als 1,5 qm, die einer zweiseitig sichtbaren nicht mehr als je 0,75 qm betragen.

(4) Zugelassen ist nur eine indirekte, in weißer oder gelblicher Farbe gehaltene Beleuchtung der Werbeanlagen durch rückwärtige oder seitlich-schräge Anstrah-

lung; die Lichtquellen müssen in der Gebäudewand versenkt sein. Auch Warenautomaten dürfen nur weiß oder gelblich beleuchtet sein.

(5) Bei mehrgeschossigen Gebäuden darf die Oberkante einer Werbeanlage höchstens 0,20 m unterhalb der Fensterbrüstung des ersten Obergeschosses liegen.

(6) Das Auf- und Einstellen von Werbeplakaten, Transparenten und dergleichen oberhalb des Erdgeschosses und an den Scheiben der oberen Geschosse ist unzulässig.

(7) Freistehende Werbeanlagen und Warenautomaten sowie Warenautomaten in Haustüren sind unzulässig.

VII. Sonstige Vorschriften

§ 19 Ausnahmen und Befreiungen

Ausnahmen und Befreiungen von den Vorschriften dieser Satzung richten sich nach den gesetzlichen Vorschriften. Ausnahmen können, von den in den vorangegangenen Bestimmungen festgelegten Voraussetzungen abgesehen, für zeitlich begrenzte Werbungen für kirchliche, kulturelle, politische, sportliche oder ähnliche Veranstaltungen gestattet werden.

§ 20 Ordnungswidrigkeiten

Ordnungswidrig im Sinne von § 101 BauO NW handelt, wer vorsätzlich oder fahrlässig gegen die §§ 4 und 5 der Satzung verstößt und

a) Werbeanlagen oder Warenautomaten einschließlich der Beleuchtungsquellen hierzu an dafür nicht zugelassenen Orten anbringt oder unterhält (§ 6 Absätze 1 und 2, § 7 Absatz 1, § 8 Absatz 1, § 9 Absätze 2 und 3, § 18 Absätze 1, 5 bis 7),

b) Werbeanlagen oder Warenautomaten unzulässiger Art anbringt bzw. aufstellt oder unterhält (§ 18 Absätze 2 bis 4 und 7),

c) Werbeanlagen unzulässiger Größe oder Fläche anbringt oder unterhält (§ 7 Absatz 2, § 8 Absätze 2 und 3, § 11, § 12 Absatz 2, § 18 Absatz 3),

d) Beleuchtungen von Werbeanlagen oder Warenautomaten in unzulässiger Art anbringt oder unterhält (§ 9, § 18 Absatz 4),

e) Warenautomaten anbringt, die über die zur Straßenfront liegende Gebäudeaußenwand hinausragen oder die sich in ihrer Farbgebung nicht der beherrschenden Farbe der umgebenden Gebäudefläche anpassen (§ 12 Absatz 1),

f) Warenautomaten in unzulässiger Größe aufstellt oder unterhält (§ 12 Absatz 2) und

g) ohne die erforderliche Bauanzeige oder Baugenehmigung oder abweichend davon Werbeanlagen oder Warenautomaten aufstellt, anbringt oder ändert (§ 17).

§ 21 Inkrafttreten

Diese Satzung tritt am Tage nach ihrer Bekanntmachung in Kraft. Gleichzeitig tritt die Satzung über örtliche Bauvorschriften der Stadt Hilchenbach für den Bereich „Stadtmitte" vom 4. Juni 1975 außer Kraft.

Bekanntmachungsanordnung

Vorstehende Satzung wird hiermit öffentlich bekanntgemacht.

Zu dieser Satzung sind folgende Genehmigungen ergangen:

Genehmigt (Teilgenehmigung)

gem. § 103 Abs. 1 BauO NW i. d. F. der Bekanntmachung vom 27. 1. 1970 (GV. NW. S. 96) und des zweiten Gesetzes zur Änderung der Landesbauordnung vom 15. Juli 1976.

Dieser Genehmigung liegt meine Verfügung vom Juli 1978 Az. 35.1.6 — 13/77 zugrunde.

Arnsberg, den 29. August 1978   Der Regierungspräsident, gez. Grünschläger
                                  Beglaubigt: gez. Unterschrift, Reg. Angest.

Genehmigt

gem. § 103 Abs. 1 BauO NW i. d. F. der Bekanntmachung vom 27. 1. 1970 (GV. NW. S. 96) und des zweiten Gesetzes zur Änderung der Landesbauordnung vom 15. Juli 1976.

Dieser Genehmigung liegt meine Verfügung vom Juli 1978 Az. 35.1.6. — 13/77 zugrunde.

Arnsberg, den 6. November 1978   Der Regierungspräsident, gez. Grünschläger
                                   Beglaubigt: gez. Unterschrift, Reg. Angest.

Es wird darauf hingewiesen, daß eine Verletzung von Verfahrens- und Formvorschriften der Gemeindeordnung für das Land Nordrhein-Westfalen beim Zustandekommen dieser Satzung nach Ablauf eines Jahres seit dieser Bekanntmachung nicht mehr geltend gemacht werden kann, es sei denn

a) eine vorgeschriebene Genehmigung fehlt,

b) diese Satzung ist nicht ordnungsgemäß öffentlich bekanntgemacht worden,

c) der Stadtdirektor hat den Satzungsbeschluß vorher beanstandet oder

d) der Form- und Verfahrensmangel ist gegenüber der Stadt Hilchenbach vorher gerügt oder dabei die verletzte Rechtsvorschrift und die Tatsache bezeichnet worden, die den Mangel ergibt.

Hilchenbach, den 19. Dezember 1978   Heudorf, Bürgermeister

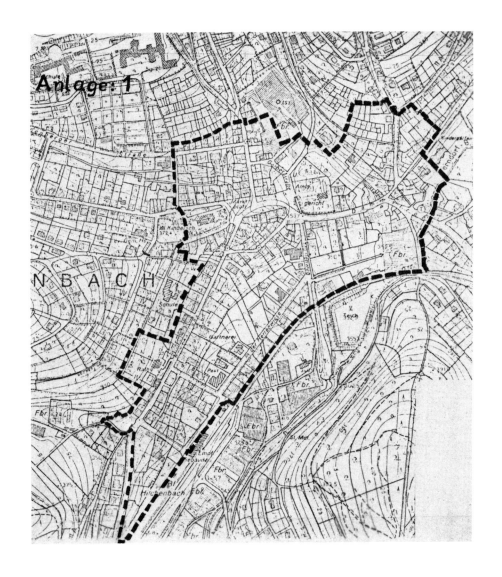

Anlage: 1

311

zur Satzung über örtliche Bauvorschriften der Stadt Hilchenbach für den Bereich „Stadtmi te" (Neufassung vom 19. Dezember 1978)

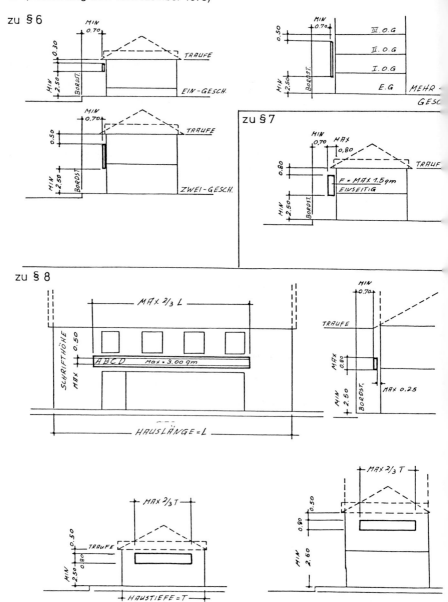

Satzung über besondere Anforderungen an bauliche Anlagen, Werbeanlagen und Warenautomaten für den Altstadtbereich der Stadt Höxter und des Schlosses Corvey

Aufgrund der §§ 4 und 28 Abs. 1 Buchst. g der Gemeindeordnung für das Land Nordrhein-Westfalen in der Fassung der Bekanntmachung vom 19.12.1974 (GV. NW. 1975 S. 91), zuletzt geändert durch Gesetz vom 8.4.1975 (GV. NW. S. 304), sowie der §§ 101 und 103 der Bauordnung für das Land Nordrhein-Westfalen — Landesbauordnung — (BauO NW) in der Fassung der Bekanntmachung vom 27.1.1970 (GV. NW. S. 96), geändert durch Gesetz vom 15.7.1976 (GV. NW. S. 264), hat der Rat der Stadt Höxter in seiner Sitzung am 1. Sept. 1978 folgende Satzung beschlossen:

Sinn und Zweck der Satzung

Die historische Altstadt der Stadt Höxter und das Schloß Corvey nehmen durch ihren besonderen Charakter, der bestimmt wird durch

1. die historische Grundrißstruktur der Straßen und Plätze,

2. die Kirchen,

3. die Wallanlage mit Stadtmauer,

4. die Fachwerkhäuser und sonstige schützenswerte Bürgerbauten der Vergangenheit,

5. die Schloßanlage Corvey

eine bedeutende Stellung in der deutschen Städtebaukunst und Kunstgeschichte ein. Zur Wahrung des schutzwürdigen Stadtbildes erläßt die Stadt folgende besondere Anforderungen an bauliche Anlagen, Werbeeinrichtungen und Warenautomaten:

§ 1

Diese Satzung gilt für das Gebiet der Altstadt einschließlich der Wallanlage und der dem Wall zugewandten äußeren Bebauung, der Verbindung der Stadt Höxter zum Schloß Corvey (Corveyer Allee), des Schlosses Corvey und wird östlich begrenzt durch die Weser, wie es in der beigefügten Karte i. M. 1 : 5 000, die zum Bestandteil dieser Satzung erklärt wird, dargestellt ist.

§ 2

Diese Satzung gilt für alle baulichen Anlagen, die nach Bauordnung für das Land Nordrhein-Westfalen — in der jeweils gültigen Fassung — baugenehmigungs- oder anzeigepflichtig sind sowie für alle anderen Anlagen, an die aufgrund des vorgenannten Gesetzes oder anderer gesetzlicher Bestimmungen Anforderungen gestellt werden.

Für anzeige- und genehmigungsfreie Werbeanlagen i. S. des § 82 Abs. 3 BauO NW wird eine Bauanzeigepflicht eingeführt.

§ 3 Bauart und Bauform

(1) Bauliche Anlagen haben sich in Form, Maßstab, Gliederung, Werkstoff und Farbe ihrer jeweiligen Umgebung nach Maßgabe folgender Absätze anzupassen.

(2) Bauliche Anlagen haben den Baukörpermaßstab, die durchschnittliche Bauhöhe und die Dachform der Altstadtbebauung zu beachten.

Die Baumaßnahmen haben vertikal und auch horizontal orientiert den Parzellenrhythmus der vorhandenen Bebauung aufzunehmen. Hierbei sind historische Straßenfluchten, Vorsprünge und Raumbildungen entsprechend dem Urkataster zu beachten. Schaufenster sind nur im Erdgeschoß zulässig und in Größe und Proportion auf das Gebäude und seinen Maßstab abzustimmen.

(3) Die vorgeschriebene Dachform ist das steilgeneigte Satteldach ohne Kniestock (Drempel). Durch den historischen Bestand begründete abweichende Dachformen, wie Walmdach, Krüppelwalmdach oder Mansarddach sind zugelassen.

Sonstige Dachformen dürfen bei Nebengebäuden und untergeordneten Bauteilen Verwendung finden, soweit diese vom öffentlichen Verkehrsraum nicht einsehbar sind.

(4) Dachgauben sind nur als Einzelgauben in Form von Schleppgauben und Dachhäuschen zugelassen. Die Ansichtsflächen sind auf 1,5 m² begrenzt.

(5) Als Dacheindeckungsmaterial sind vorrangig Sollingsandsteine und unglasierte Dachziegel zu verwenden, die in der Farbgebung dem Sollingsandstein entsprechen.

Die Dachgauben sollen in Material und Farbe dem Hauptdach entsprechen.

(6) In der geschlossenen Bauweise ist die Stellung von Traufen- und Giebelhäusern zueinander so auszubilden, daß die Dachflächen einen einheitlichen Baukörper bilden.

(7) Ein Versatz der Traufenhöhe muß bei gleicher Stockwerkzahl zwischen 0,30 m und 1,00 m liegen.

(8) Das Stadtbild der Altstadt wird durch Wandflächen aus Fachwerk, Bruchsteinen, verputztem Mauerwerk, Ziegelsteinmauerwerk und Verkleidungen mit Sollingplatten und Naturschiefer geprägt. Bei Neu- und Umbauten sollen diese Materialien Verwendung finden.

Kalksandsteine, Sichtbeton und schalungsrauher Beton können als Ausnahme zugelassen werden.

Putzflächen sind eben, mit glatter, fein strukturierter Oberfläche herzustellen. Strukturputz und künstlerisch gestaltete Putzflächen sind unzulässig.

Bei der Farbgebung sind zur harmonischen Einfügung historische Bezüge und die Farbgebung der Nachbarbebauung zu berücksichtigen. Glänzende und lackierte Oberflächen sind nicht zugelassen.

Bei Fachwerkbauten darf das tragende Konstruktionsgerüst nicht verändert bzw. durch Auswechselungen nicht entfernt werden.

Die Verkleidung von Fassaden mit Baustoffen, wie Metall, glasierte Platten, glasierte Steine, farbige Steine, Kunststoff, Bitumen, Asphalt, Zement, Asbestzement o. ä. ist nicht zugelassen.

(9) Die Anbringung von Rundfunk- oder Fernsehantennen auf und an den Gebäuden ist je Haus nur als Gemeinschaftsantenne zulässig.

(10) Offene Stellplätze für bewegliche Abfallbehälter sind so anzuordnen, daß die Abfallbehälter vom öffentlichen Verkehrsraum nicht sichtbar sind.

§ 4 Werbeanlagen und Warenautomaten

(1) Werbeanlagen sind nur an der Stätte der Leistung zulässig. Sie dürfen nur an Gebäudewänden, und zwar bis zur Brüstungshöhe des 1. Obergeschosses, angebracht werden.

(2) Zulässig sind Werbeanlagen nur, wenn sie je Gebäude folgende Maximalgröße nicht überschreiten:

Bei einer Frontbreite bis zu 10,00 m = 3,00 m²
von mehr als 10,00 m = 4,00 m²

Als Frontbreiten werden die Abwicklungen des Gebäudes gerechnet, soweit sie unmittelbar an der öffentlichen Verkehrsfläche liegen und an ihnen Werbeanlagen angebracht werden sollen.

Bei Eckgebäuden hat die Aufteilung der Werbeanlagen größenmäßig im Verhältnis der Frontbreiten zu erfolgen. Die Größe der zulässigen Werbeanlagen darf die konstruktive Durchbildung des Baukörpers nicht beeinträchtigen. Um einer Verunklarung des Baukörpers entgegenzuwirken, müssen Werbeanlagen einen Mindestabstand von 1,00 m von den Gebäudeecken bzw. von den Grundstücksgrenzen (geschlossene Bebauung) einhalten. Sie dürfen nicht über die vom historischen Stadtgrundriß geprägten Baufugen hinweglaufen. Die Höhe der Werbeanlagen wird auf 0,60 m begrenzt.

(3) Lichtwerbeanlagen sind nur unter Verwendung der Grundfarben weiß und gelb gestattet.

Soweit die Farbe weiß verwendet wird, muß der Farbton einem der nachstehend aufgeführten Farbtöne der RAL-Karte für Plexiglas entsprechen.

Soweit die Farbe gelb verwendet wird, muß der Farbton einem der nachstehend aufgeführten Farbtöne der RAL-Karte für Plexiglas entsprechen.

Weiß der RAL-Karte für Plexiglas:
Nr. 003, 010, 010Y, 017, 057, 059, 072, 060, 060Y

Gelb der RAL-Karte für Plexiglas:
Nr. 302, 303, 304, 361, 374.

Andere Farbtöne der RAL-Karte für Plexiglas in Verbindung mit den vorgenannten Grundtönen sind zulässig, wenn ihr Anteil nicht mehr als 20 % der Werbefläche beträgt. Eine farbliche Abstimmung auf die zugehörigen Gebäude und die bauliche Umgebung muß gewährleistet sein.

Die RAL-Karte für Plexiglas ist Bestandteil dieser Satzung und liegt im Stadtbauamt Höxter zur Einsicht aus. Lichtwerbeanlagen dürfen nicht als Wechsellichtanlagen oder Laufschriften betrieben werden. Röhrenschriften ohne Kästen und Buchstaben mit verdeckten Röhren, die die dahinterliegende Wand anstrahlen, sind bevorzugt anzuwenden.

(4) Winklig zur Gebäudefront angebrachte Werbeanlagen dürfen nicht mehr als 0,50 m über die Gebäudefront hinausragen und in ihrer Höhe nicht größer sein als 1,00 m. Auch diese Werbeanlagen müssen einen Mindestabstand von 1,00 m von den Gebäudeecken bzw. von den Grundstücksgrenzen (geschlossene Bebauung) einhalten. Die Bestimmungen der Landesbauordnung über Anlagen der Außenwerbung, §§ 15 und 21 sowie § 17 der I. DVO zur BauO NW, bleiben hiervon unberührt. Die Werbeanlagen dürfen ebenfalls nicht höher als Fensterbrüstung I. Obergeschoß angebracht werden.

Die festgesetzten Flächenmaße beziehen sich auf das die Werbeanlage umschließende Rechteck.

(5) Zettel- und Plakatwerbungen sind nur an dazu bestimmten Flächen zulässig. Unzulässig sind sie insbesondere an

a) Ruhebänken und Papierkörben,

b) Einfriedigungen mit Ausnahme von Berufshinweisschildern, sofern diese nach Umfang und Darstellung verunstaltend wirken,

c) Vorgärten,

d) Bäumen, Böschungen, Masten, Außentreppen, Balkonen, Fensterläden, Wartehallen und Schaltkästen,

e) Flächen von Straßen und Dächern,

f) Giebelwänden oberhalb der Traufen, Türmen und Schornsteinen,

g) Bauzäunen mit Ausnahme von Hinweisen auf den Bauherrn und die an der Bauausführung Beteiligten.

(6) Auf einem Tankstellengrundstück ist für jede Treibstoffirma nur je eine Werbetafel zulässig; diese Werbungen dürfen zusammen nicht zu einer Häufung oder einer Störung des Straßen- oder Ortsbildes führen.

In den Markenfarben der Treibstoffirmen dürfen lediglich die Zapfsäulen, nicht aber die sonstigen baulichen Anlagen oder Teile derselben erscheinen.

An Tankstellen dürfen Werbeattrappen und bewegliche Werbeschilder nicht verwendet werden.

Auf Sonderleistungen (Wagenwäsche, Abschmierdienst usw.) ist insgesamt nicht durch mehr als ein Schild hinzuweisen.

(7) An Gebäuden angebrachte Warenautomaten dürfen nicht über die Außenwand des Gebäudes herausragen. Auf Türen, soweit sie vom öffentlichen Verkehrsraum aus sichtbar sind, ist das Anbringen von Warenautomaten nicht gestattet. Für die Haus- und Ladeneingänge sind Ausnahmen zugelassen, wenn die geplanten Vorrichtungen sich harmonisch in die bauliche Umgebung einfügen. Freistehende Warenautomaten sind unzulässig.

Warenautomaten dürfen nicht an tragenden Bauteilen angebracht werden, um eine Verunklarung der Baukörper zu verhindern.

Mehrere Warenautomaten müssen in einer Gruppe zusammengefaßt angebracht werden.

Für Warenautomaten dürfen keine Farben verwendet werden, die eine störende oder aufdringliche Wirkung zur Umgebung hervorrufen.

(8) Das Auf- und Einstecken von Werbeanlagen, Transparenten, Fahnen usw. oberhalb des Erdgeschosses und an Scheiben des Erd- und Obergeschosses ist nicht gestattet. Hierzu gehören auch Markisen und Sonnenschutzeinrichtungen als Werbeanlagen.

Eine Zweckentfremdung von Schaufenstern als Werbeträger ist generell unzulässig.

(9) Das Aufstellen und Anbringen von Großflächen-Werbetafeln über 1,00 m² ist unzulässig. Ausgenommen hiervon sind Litfaßsäulen.

(10) Ausnahmen für zeitlich begrenzte Werbungen für kirchliche, kulturelle, politische, sportliche u. ä. Veranstaltungen können gestattet werden.

(11) Werbeanlagen und Warenautomaten, die ihrer Zweckbestimmung nicht mehr dienen, sind einschließlich aller Befestigungsteile zu entfernen. Die sie tragenden Gebäudeteile sind in ihren ursprünglichen Zustand zu versetzen.

§ 5 Baudenkmale und Denkmalschutz

Als historische Bezugspunkte für die bauliche Entwicklung und Gestaltung im Geltungsbereich der Satzung gelten die in Anlage 1 und 2 dargestellten bzw. aufgeführten unter Denkmalschutz stehenden erhaltenswerten Bauobjekte.

Bei allen verändernden Baumaßnahmen an diesen Objekten ist das Einvernehmen mit dem Landeskonservator notwendig.

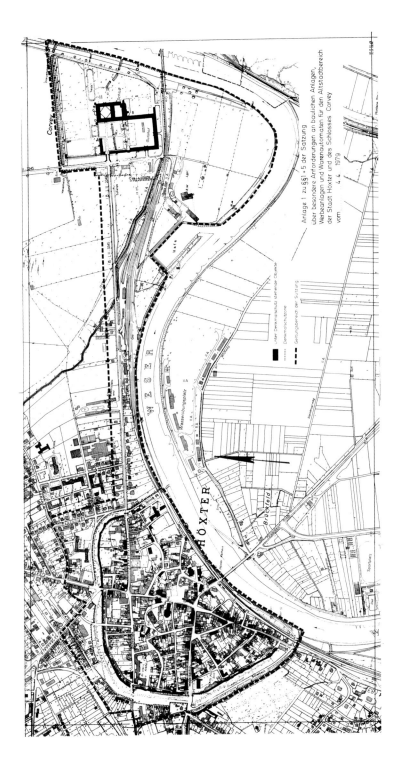

Anlage 1 zu §§ 1 · 5 der Satzung
über besondere Anforderungen an bauliche Anlagen,
Werbeanlagen und Warenautomaten für den Altstadtbereich
der Stadt Höxter und des Schlosses Corvey
vom 4. 4. 1979

Unter Denkmalschutz stehende Objecte
Denkmalschutzzone
Geltungsbereich der Satzung

§ 6 Ausnahmen und Befreiungen

Ausnahmen und Befreiungen können nach Maßgabe der BauO NW gewährt werden. Entscheidungen hierüber ergehen nach Anhörung des Landeskonservators.

Soweit der vom Rat zu bestimmende Ausschuß (Planungsausschuß) gem. § 36 BBauG (Erteilen des Einvernehmens der Gemeinde) und gem. § 103 LandesbauO NW (Anhörung zur Erteilung von Ausnahmen und Befreiungen von Vorschriften der Gestaltungssatzung) zu beteiligen ist, sind die Anträge dem Ausschuß zur Beratung vorzulegen.

§ 7 Werbung bei Wahlen

Die Bestimmungen dieser Satzung gelten nicht für Werbeanlagen, die anläßlich von Bundestags-, Landtags- oder Kommunalwahlen von den zugelassenen politischen Parteien oder zugelassenen Wählergruppen angebracht werden. Die Träger solcher Werbungen haben jedoch dafür zu sorgen, daß die Werbeanlagen innerhalb einer Woche nach Beendigung der Wahlen entfernt werden.

§ 8 Ordnungswidrigkeiten

Wer vorsätzlich oder fahrlässig gegen die Bestimmungen dieser Satzung verstößt, handelt ordnungswidrig im Sinne des § 101 Abs. 1 Ziff. 1 BauO NW.

§ 9 Inkrafttreten

Diese Satzung tritt mit dem Tage nach ihrer Bekanntmachung in Kraft. Gleichzeitig tritt ihr entgegenstehendes Ortsrecht außer Kraft. Unberührt bleiben Festsetzungen in Bebauungsplänen sowie weitergehende ortsrechtliche Vorschriften aufgrund des Straßenrechts.

Anlage 2 zu § 5 der Satzung über besondere Anforderungen an bauliche Anlagen, Werbeanlagen und Warenautomaten für den Altstadtbereich der Stadt Höxter und des Schlosses Corvey.

Baudenkmale im Geltungsbereich der Gestaltungssatzung für die Altstadt der Stadt Höxter und das Schloß Corvey (Stand: Juni 1978):

Ev. Kilianikirche
Ev. Marienkirche mit ehem. Kloster
Kath. Kirche St. Nikolai
Rathaus
Kloster Corvey mit kath. Pfarrkirche St. Stephanus und Vitus sowie allen Nebengebäuden
Am Rathaus 5
Am Rathaus 7
An der Kilianikirche 2, 4 und 6
Brüderstraße 13
Corbiestraße 1, 14, 20, 22, 24, 38
Corveyer Tor
Corveyer Allee 10
Grubestraße 40
Hennekenstraße 10
Marktstraße 1, 2, 9, 11, 13, 14, 16, 18, 20

318

Marktstraße 21, 24
Möllingerstraße 8
Nagelschmiedstraße 16
Neue Straße 2, 4, 26, 30
Nicolaistraße 2, 10, 11, 13
Nordtor (Klaustor)
Obere Mauerstraße 54—60
Papenstraße 7, 9, 11, 13, 13a, 17
Rodewiekstraße 9, 11, 14, 16, 26
Rosenstraße 8, 13, 23
Stummrigestraße 9, 11, 14, 16, 17, 18
Stummrigestraße 19, 21, 25, 31, 33, 38
Stummrigestraße 39, 42, 46, 48
Wegetalstraße 2, 4
Weserstraße 3, 5, 9, 13, 15, 17
Westerbachstraße 2, 4, 6, 8, 9, 10, 12, 15, 16
Westerbachstraße 24, 25, 26, 27, 28, 29, 31
Westerbachstraße 33, 34, 35, 37, 39, 41, 43, 44
Westerbachstraße 45, 46, 48, 50
Westerbachstraße, Petritor
Reste der mittelalterlichen Stadtbefestigung mit Mauerzügen, Wall und Graben
sowie klassizistischen Torpfeilern.

Hinweis:

Detailangaben können der ausführlichen Objektliste des Landeskonservators entnommen werden, die der Stadt Höxter vorliegt. Eine spätere Aktualisierung der Liste
schutzwürdiger Objekte, Bauten und Bauensembles wird in Abhängigkeit von dem
jeweiligen Kenntnisstand erfolgen. In Zweifelsfällen führt der Landeskonservater
die fachliche Klärung herbei.

Bescheinigung

Die öffentliche Bekanntmachung vorstehender Satzung über besondere Anforderungen an bauliche Anlagen, Werbeanlagen und Warenautomaten für den Altstadtbereich der Stadt Höxter und des Schlosses Corvey vom 4. 4. 1979 mit Bekanntmachungsanordnung wurde entsprechend den Vorschriften der Hauptsatzung der
Stadt Höxter vom 9. 7. 1970 — in der heute gültigen Fassung — am 12. April 1979 im
Westfalen-Blatt, Höxter'sche Zeitung, und in der Neue Westfälische, Höxter'sche
Kreis-Zeitung, vollzogen.

Höxter, den 12. April 1979   Der Stadtdirektor
                            In Vertretung: gez. Wiesner, Beigeordneter

Satzung der Stadt Soest vom 18. 4. 1973 über besondere Anforderungen an bauliche Anlagen, Werbeanlagen und Automaten in den historischen Ortsteilen der Stadt

Auf Grund des § 4 der Gemeindeordnung für das Land Nordrhein-Westfalen in der Fassung der Bekanntmachung vom 11. 8. 1969 (GV NW S. 656) und der §§ 101 und 103 der Bauordnung für das Land Nordrhein-Westfalen in der Fassung der Bekanntmachung vom 27. 1. 1970 (GV NW S. 96) haben der Rat der Stadt Soest in seiner Sitzung am 6. 11. 1973 und der Hauptausschuß in seiner Sitzung am 19. 2. 1973 gemäß § 43 der Gemeindeordnung folgende Satzung beschlossen:

I. Allgemeines

§ 1 Sinn und Zweck der Satzung

Die Stadt Soest nimmt durch ihren besonderen Charakter, der bestimmt wird durch

1. die Kirchen,
2. die Wälle mit den Toren,
3. die winkligen Gassen und Straßen,
4. die Fachwerkhäuser und sonstige schützenswerte Bürgerbauten der Vergangenheit,
5. die Grünsandsteineinfriedigungen,
6. die Gärten

eine bedeutende Stellung in der deutschen Städtebaukunst und Kunstgeschichte ein. Zur Wahrung des schutzwürdigen, historisch gewachsenen Stadtbildes aus dem 12. Jahrhundert erläßt die Stadt folgende Vorschriften über besondere Anforderungen an bauliche und Werbeanlagen.

§ 2 Geltungsbereich

(1) Diese Satzung gilt für die nachstehend in den Absätzen 2—6 aufgeführten Schutzzonen, schützenswerten Bürgerbauten, Baudenkmäler, schützenswerten Straßen und Plätze.

(2) Schutzzonen sind die in der Anlage A I aufgeführten Flure und Flurstücke. Über die Schutzzonen im einzelnen geben die als Anlagen zu dieser Satzung beigefügten drei Karten im Maßstab 1 : 1 000 und eine Karte im Maßstab 1 : 5 000 einen Überblick.

(3) Schützenswerte Bürgerbauten der Vergangenheit sind bauliche Anlagen, die in der Anlage A II aufgeführt sind.

(4) Baudenkmäler sind die in der Anlage A III benannten baulichen Anlagen.

(5) Schützenswerte Straßen und Plätze sind in den Anlagen B 1—20 als Abwicklungen zeichnerisch dargestellt.

(6) Die Anlagen A I (mit den dazugehörigen Karten), A II, A III und B 1—20 sind Bestandteile dieser Satzung. Karten der Anlage A I sowie die Zeichnungen der Anlage B 1—20 liegen zu jedermanns Einsicht in der Stadtverwaltung offen.

II. Anforderungen in Schutzzonen

§ 3 Einfriedigungen, Gärten, Stellplätze und Lagerplätze

(1) Innerhalb der Schutzzonen dürfen Einfriedigungen, welcher auf den Grenzen zum öffentlichen Verkehrsraum hin errichtet werden, nur in Bruchsteinmauerwerk

(in der für Soest kennzeichnenden Art und Farbe) bis zu einer Höhe von 2,00 m errichtet werden. Lebende Hecken oder solche in Verbindung mit Holzpriegel- und Stagetenzäunen, können in Ausnahmefällen zugelassen werden.

(2) Eingangs- oder Einfahrtstore, welche zu Einfriedigungen gehören und Geländer, müssen aus Holz oder Eisen erstellt werden. Die Verwendung von ungeschmiedeten Rundeisen ist ausgeschlossen.

(3) Unbeschadet der Baunutzungsverordnung sind innerhalb der Schutzzonen Lagerplätze durch bauliche Anlagen oder gärtnerische Maßnahmen so zu gestalten, daß Lagerungen nicht zum öffentlichen Verkehrsraum hin sichtbar sind. Die Wallkrone zählt hierbei nicht zum öffentlichen Verkehrsraum.

(4) Einstellplätze und ihre Zuwegungen sind in Verbund- oder Pflastersteinen, Rasensteinen, kleinformatigen Platten oder Spurstreifen aus gleichem Material bis 0,75 m Breite in Verbindung mit Rasen zu erstellen.

(5) Unbebaute Flächen bebauter Grundstücke sind einzufriedigen und gärtnerisch zu unterhalten, soweit sie nicht als Arbeits- und Lagerflächen benötigt werden.

(6) Vorgärten dürfen nicht als Lagerplätze und Arbeitsflächen genutzt werden und sind genau wie unbebaute Flächen bebauter Grundstücke gärtnerisch zu unterhalten und einzufriedigen.

(7) Stellplätze für bewegliche Abfallbehälter sind so anzulegen, daß die Abfallbehälter vom öffentlichen Verkehrsraum aus nicht sichtbar sind.

§ 4 Bauart und Bauform

(1) Bauliche Anlagen haben sich in Form, Maßstab, Gliederung, Werkstoff und Farbe ihrer jeweiligen Umgebung nach Maßgabe folgender Absätze anzupassen.

(2) Mauerwerk soll grundsätzlich verputzt oder gestrichen werden, ausgenommen Naturstein. Alle grellen Farben, Glasuren sowie polierte Materialien sind zu vermeiden. Die Verwendung von nicht ortsüblichem oder nicht werkgerechtem Material darf nicht zur Beeinträchtigung des überkommenen Stadtbildes führen.

(3) In der geschlossenen Bauweise ist die Stellung von Traufen- und Giebelhäusern zueinander so auszubilden, daß die Dachflächen einen einheitlichen, zusammenhängenden Baukörper bilden. Neubauten müssen unter Beachtung der gesetzlichen Bestimmungen den bereits vorhandenen Geschoß-, Trauf- und Firsthöhe angeglichen werden.

(4) Die Anbringung von Rundfunk- oder Fernsehantennen auf und an den Gebäuden soll je Haus nur als Gemeinschaftsantenne ausgeführt werden.

(5) Dacheindeckungen dürfen nur in Ziegeln erfolgen, ausgenommen Schiefer-, Blei-, Zink- oder Kupferdächer. Untergeordnete Nebenbauten mit Flachdächern sind von der Regelung ausgenommen.

(6) Dachausbauten und Dachgauben haben sich in die Dachflächen einzufügen. Die Dächer der Gauben sind in Material dem Dach anzupassen, sofern es sich nicht um Gauben mit Flachdächern handelt. Die Außenflächen sind zu verschiefern oder mit Holz zu verkleiden.

(7) Die im besonderen durch Kirchtürme bestimmte Silhouette darf durch Art und Höhe der Neubauten nicht beeinträchtigt werden.

(8) Materialien, welche in Struktur, Farbe, Form und Maßstab den in Abschnitt II genannten zulässigen Werkstoffen gleichkommen, können ausnahmsweise verwendet werden.

§ 5 Erhaltung des historisch gewachsenen Stadtbildes und -grundrisses

Innerhalb der Schutzzonen können zur Wahrung der historischen Bedeutung oder sonstiger erhaltenswerter Eigenart die Abstandsflächen und Bauwiche nach den §§ 7 und 8 Abs. 2 der BauO NW bis höchstens $1/_3$ unterschritten werden.

§ 6 Werbeanlagen und Warenautomaten

(1) Werbeanlagen sind nur an der Stätte der eigenen Leistung zulässig.

(2) Werbeanlagen sind unzulässig:

a) an Ruhebänken und Papierkörben,

b) an Einfriedigungen mit Ausnahme von Hinweisschildern auf Beruf und Gewerbe, sofern sie nach Umfang und Darstellung nicht verunstaltend wirken,

c) in Vorgärten,

d) an Bäumen, Böschungen, Masten, Außentreppen, Balkonen und Fensterläden,

e) an Brücken aller Art,

f) auf Flächen von Straßen und Dächern,

g) an Giebelwänden oberhalb der Traufen, an Türmen und Schornsteinen,

h) an Bauzäunen mit Ausnahme von Hinweisen auf den Bauherrn und die an der Bauausführung Beteiligten.

(3) Leuchtschrift ist nur als weißliches und hellgelbliches Licht zugelassen. Im Kerngebiet sind schwach getönte Leuchtfarben zulässig.

(4) Je Geschäft ist zusätzlich zur Firmenbezeichnung nur ein Leuchttransparent an Wandflächen oder als Ausleger im Rahmen des Abs. 3 bis zu einer Größe von 0,8 qm zulässig.

(5) Bewegliche (laufende) und solche Lichtwerbungen, bei denen die Beleuchtung ganz oder teilweise im Wechsel an- und ausgeschaltet wird, sind unzulässig.

(6) Einrichtungen der Lichtwerbungen müssen sich auch bei Tage einwandfrei in das Straßenbild einfügen. Technische Hilfsmittel von Werbeeinrichtungen (z. B. Kabelzuführungen) sollen unsichtbar verlegt werden.

(7) Werbestandarten jeder Art, die im Blickfeld von Denkmälern stehen, sind unzulässig.

(8) Auf einem Tankstellengrundstück ist für jede Treibstoffirma nur je eine Markenwerbung zulässig; diese Werbungen dürfen zusammen nicht zu einer Häufung oder einer Störung des Straßen- und Ortsbildes führen.

(9) In den Markenfarben der Treibstoffirmen dürfen lediglich die Zapfsäulen, nicht aber die sonstigen baulichen Anlagen oder Teile derselben erscheinen.

(10) An Tankstellen dürfen Werbeattrappen und bewegliche Werbeschilder nicht verwendet werden.

(11) Auf Sonderleistungen (Wagenwäsche, Abschmierdienst usw.) ist insgesamt nicht durch mehr als ein Schild hinzuweisen.

(12) Das Anbringen von Warenautomaten auf der Gebäudefassade und auf Türen, soweit sie vom öffentlichen Verkehrsraum aus sichtbar sind, ist nicht gestattet.

(13) Mehr als ein Warenautomat muß in einer Gruppe zusammengefaßt angebracht werden.

(14) Für Warenautomaten dürfen keine Farben verwendet werden, die eine störende oder aufdringliche Wirkung zur Umgebung hervorrufen.

(15) Ausnahmen für zeitlich begrenzte Werbungen für kirchliche, kulturelle, politische, sportliche o. ä. Veranstaltungen können gestattet werden.

III. Schützenswerte Bürgerbauten

§ 7 Besondere Anforderungen

Neben den im Abschnitt II getroffenen Regelungen gelten für die schützenswerten Bürgerbauten folgende Absätze.

(2) Bauliche oder andere Veränderungen in der äußeren Erscheinung der baulichen Anlagen dürfen nur unter Wahrung der erhaltenswerten Eigenart dieser Gebäude und des besonderen Eindrucks, den sie hervorrufen, vorgenommen werden.

(3) Fassadengliederungen, sichtbares Fachwerk, Gesimse u. a. dürfen nicht entfernt, verändert oder überdeckt werden. Das gleiche gilt für Plastiken und Wappenepitaphe.

(4) Rolladenkästen dürfen nicht sichtbar sein.

(5) An- und Erweiterungsbauten an schützenswerten Bürgerbauten müssen in Form, Maßstab, Verhältnis der Baumassen und Bauteile zueinander so gestaltet sein, daß sie sich dem schützenswerten Bürgerbau unterordnen.

(6) Für Dacheindeckungen in Ziegeln dürfen nur rote Pfannen verwendet werden.

IV. Baudenkmäler, schützenswerte Straßen und Plätze

§ 8 Besondere Anforderungen an bauliche Anlagen

(1) Außer den in den Abschnitten II und III getroffenen Regelungen gelten für Baudenkmäler, schützenswerte Straßen und Plätze die nachfolgenden Absätze.

(2) An den schützenswerten Straßen und Plätzen müssen Neubauten, bauliche oder andere Veränderungen der äußeren Erscheinung vorhandener Bauten in Form, Abmessung und Maßstab sowie Gestaltung auf die zu schützenden Bauten in der Weise Rücksicht nehmen, daß deren Eigenart und Wirkung auf ihre Umgebung nicht beeinträchtigt wird. Dies gilt auch in der Umgebung von Baudenkmälern.

(3) Entscheidungen ergehen nach Anhören des Landeskonservators.

§ 9 Besondere Anforderungen an Werbeanlagen

(1) Die Leuchtwerbung darf nicht über Brüstungshöhe des ersten Obergeschosses angebracht werden. Leuchtschrift darf nur weißliches oder hellgelbliches Licht ausstrahlen.

(2) Das Auf- und Einstellen von Werbeplakaten, Transparenten usw. oberhalb des Erdgeschosses und an den Scheiben der oberen Geschosse ist nicht gestattet.

V. Verwaltungsvorschriften

§ 10 Ordnungswidrigkeiten

Wer vorsätzlich oder fahrlässig gegen die §§ 3, 4, 6, 7, 8 und 9 der Satzung verstößt, handelt ordnungswidrig im Sinne von § 101 Abs. 1, Nr. 1 der BauO NW in der jeweils geltenden Fassung.

§ 11 Inkrafttreten

Diese Satzung tritt am Tage nach der Bekanntmachung in Kraft. Am gleichen Tage treten außer Kraft:

§ 3 Satz 8 der Satzung zum Bebauungsplan Nr. 4 vom 21. 12. 1966,
§ 3 Satz 9 der Satzung zum Bebauungsplan Nr. 5 vom 21. 12. 1966,
§ 3 Abs. 1 Satz 2, Abs. 3 Satz 4 und § 4 der Satzung zum Bebauungsplan Nr. 70 vom 24. 5. und 10. 11. 1966, soweit die Bebauungspläne in die Schutzzone fallen, die Satzung der Stadt Soest über Außenwerbung vom 27. 4. 1965, soweit sie in den Geltungsbereich der Schutzzone fällt.

Bekanntmachungsanordnung:

Die vorstehende vom Reg.-Präsidenten in Arnsberg mit Verfügung vom 28. 3. 1973 genehmigte Satzung wird hiermit öffentlich bekanntgemacht.

Die Karten der Anlage A I sowie die Zeichnungen der Anlage B 1—20 liegen zu jedermanns Einsicht im Dienstgebäude am Seel 2, Zimmer 5, während der Dienststunden offen.

Soest, den 18. 4. 1973

Klemann
Bürgermeister

Anlage A I

Satzung der Stadt Soest v. 18. 4. 1973 über besondere Anforderungen an bauliche Anlagen, Werbeanlagen und Automaten in den historischen Ortsteilen der Stadt

Flur 4
Flurstück 140

Flur 30
Flurstück 27, 28, 29
.
.
.
.

Flur 58
Flurstück 18, 19, 20, 21, 22, 24, 59, 61, 65, 66, 67, 68, 69, 91, 93, 95, 97, 99, 103, 112, 123, 124, 126, 128, 165, 166, 169, 170, 172, 173, 174, 175, 176, 177, 178, 179
Gemarkung Meiningsen
Flur 5
Flurstück 15, 21, 21/1, 21/2, 22, 23, 24, 25, 26, 51, 126, 127, 156/28, 167/20, 171/43, 187/116
Gemarkung Ostönnen
Flur 7
Flurstück 76, 77, 78, 79, 80, 81, 82, 83, 84, 85, 86, 87, 126

Anlage A II

Satzung der Stadt Soest v. 18. 4. 1973 über besondere Anforderungen an bauliche Anlagen, Werbeanlagen und Automaten in den historischen Ortsteilen der Stadt

Lfd. Nr.	Straße u. Hausnummer	Jahr	Eigentümer
1	Am großen Teich 3	1654	Stadt Soest
2	Am Hohnekirchhof 1		Hohnekirchengmd.
3	Am Hohnekrichhof 3		Köhlers
.			
.			
.			

334	Wiesenstraße 30		Gischas
335	Soest-Müllingsen		
	Alter Glockenweg 5	1800	Wegmann
336	Soest-Paradiese		
	Dominikanerinnenkloster	1253	Kortmann

Anlage III A

Satzung der Stadt Soest v. 18. 4. 1973 über besondere Anforderungen an bauliche Anlagen, Werbeanlagen und Automaten in den historischen Ortsteilen der Stadt

1.	Patrocli Münster	um 954	kath. Kirchengemeinde St. Patrocli
2.	Petrikirche	um 700	evang. Kirchengemeinde St. Petri
3.	Minoritenkirche	um 1292	evang. Kirchengemeinde St. Thomae
.			
.			
.			
27.	Ostönner Kirche	1150	evang. Kirchengemeinde Ostönnen
28.	„Motte" „Am Hinderking"		Münstermann
29.	Rathausstraße 9		
	Rathaus	1713	Stadt Soest

Satzung der Stadt Werne über besondere Anforderungen an Werbeanlagen vom 19. Juni 1978*)

Aufgrund der §§ 4 Abs. 1 und 28 Abs. 1 g der Gemeindeordnung für das Land Nordrhein-Westfalen in der Fassung der Bekanntmachung vom 19. Dezember 1974 (GV NW 1975 S. 91/SGV NW 2023), zuletzt geändert durch Gesetz vom 8. April 1975 (GV NW S. 304), und des § 103 Abs. 1 Ziff. 2 der Bauordnung für das Land Nordrhein-Westfalen — Landesbauordnung — (BauO NW) in der Fassung der Bekanntmachung vom 27. Januar 1970 (GV NW S. 96/SVG NW 232) zuletzt geändert durch Gesetz vom 15. Juli 1976 (GV NW S. 264) hat der Rat der Stadt Werne in seiner Sitzung am 26. September 1977 folgende Satzung beschlossen:

Präambel

Zur Wahrung des Charakters der Stadt Werne als Mittelstadt mit einer durch zahlreiche öffentliche Grünanlagen aufgegliederten Siedlungsform und als einer Stadt von geschichtlicher Bedeutung mit zahlreichen historischen Bauwerken sowie des Ortsteils Stockum als ländlich-industrieller Siedlung mit aufgelockerter, stark durchgrünter Bauweise werden an Anlagen der Außenwerbung (Werbeanlagen) und Warenautomaten für die nachfolgenden Schutzbereiche neben den allgemeinen gesetzlichen Erfordernissen besondere Anforderungen nach Maßgabe dieser Satzung gestellt.

§ 1 Werbeanlagen

Werbeanlagen sind alle örtlich gebundenen Einrichtungen, die der Ankündigung oder Anpreisung oder als Hinweis auf Gewerbe oder Beruf dienen und vom öffentlichen Verkehrsraum aus sichtbar sind. Hierzu zählen insbesondere Schilder, Beschriftungen, Bemalungen, Lichtwerbungen, Schaukästen sowie für Zettel- und Bogen-Anschläge oder Lichtwerbung bestimmte Säulen, Tafeln und Flächen.

§ 2 Allgemeine Vorschriften

(1) Für die in den §§ 3, 4 und 5 näher bezeichneten Schutzbereiche gelten die nachstehenden allgemeinen Vorschriften. In den Fällen, in denen Straßen, Wege oder Plätze als Grenzen angegeben sind, fallen auch die Außenseiten derselben einschl. der von ihnen einzusehenden Gebäudewände bis zu einer Tiefe von 40 m in die Schutzbereiche.

(2) Werbeanlagen sind nur an der Stätte der Leistung zulässig.

(3) Mehrere Werbeanlagen für eine Stätte der Leistung sind zusammenzufassen.

(4) Mehrere Werbeanlagen an einem Gebäude sind hinsichtlich ihrer Art, Gestaltung, Anbringung und Beleuchtung aufeinander abzustimmen, soweit sie gleichzeitig einsehbar sind.

(3) Unzulässig sind:

1. großflächige Werbeanlagen an Gebäudewänden, insbesondere in Form der Giebelbemalung oder Beschriftung zu Werbezwecken, sofern sie mehr als 10 % der zusammenhängenden Wandfläche bedecken,

2. Werbeanlagen für Zettel- und Bogenanschläge,

3. Plakatanschläge an der Außenseite von Schaufenstern, wie auch solche auf der Innenseite auf einer Fläche von mehr als $1/_5$ der zusammenhängenden Schaufensterfläche,

---

*) Amtliches Bekanntmachungsblatt der Stadt Werne a. d. Lippe — Teil A, Heft 76 vom 19. Juni 1978.

4. Werbeanlagen und Warenautomaten auf, an oder in

a) Einfriedigungen, Bauzäunen, Vorgärten, Bäumen

b) Leitungsmasten, Schornsteinen

c) Türen, Toren, Fensterläden, ausgenommen Beschriftungen und Zeichen an Geschäftseingängen, die lediglich auf den Betrieb und den Betriebsinhaber hinweisen

d) Böschungen, Stützmauern, Brücken, Straßenunter- und -überführungen

e) Balkonen, Brüstungen, Erkern, Schwibbögen

f) Brandmauern, Giebeln, Dächern, Straßenflächen,

5. sich bewegende Werbeanlagen und Lichtwerbung in Form von Lauf-, Wechsel- oder Blinklicht,

6. Stromzuführungen zu Werbeanlagen oder Warenautomaten als Freileitung,

7. Werbeanlagen in, an oder hinter Fenstern oberhalb der Erdgeschoßzone.

(6) Werbeanlagen müssen einen Abstand zum Fahrbahnraum einer öffentlichen Straße von mindestens 0,70 m einhalten.

(7) Die Unterkante einer vorstehenden Werbeanlage muß mindestens 2,50 m über der nächsten Verkehrsweg- bzw. Geländeoberfläche liegen.

(8) Werbeanlagen, die senkrecht zur Außenwand baulicher Anlagen angebracht werden, insbesondere Namenschilder, dürfen je Seite eine Ansichtsfläche von 0,50 qm und eine gesamte Ausladung von 1,00 m nicht überschreiten. Für Werbeanlagen mit besonderer künstlerischer Gestaltung können Ausnahmen zugelassen werden.

(9) Die Länge einer Werbeanlage darf höchstens zwei Drittel der Länge der Gebäudeseite betragen.

(10) Die Werbeanlagen sind in Material und Farbe so zu gestalten, daß sie sich dem historischen Charakter eines Gebäudes und der Umgebung einfügen und nicht dominieren. Unzulässig sind grelle Farben sowie Farben und Materialien, die eine glänzende Oberfläche ergeben. Die gleiche Regelung gilt für Warenautomaten.

§ 3 Schutz bestimmter Ortsteile

Historischer Stadtkern

(1) Das Gebiet wird, wie in den beiliegenden und Bestandteil dieser Satzung bildenden Plänen (Nr. 1–3) dargestellt, begrenzt, und zwar im Norden durch die Penningrode, im Osten durch die Straßen Heckhof, Heckgeist, Münsterstraße, Waschgraben, Am Neutor, im Süden durch die Straße Schüttenwall, im Westen durch das westliche Ufer des Hornebaches, den Konrad-Adenauer-Platz und die Straße am Hornebach (B 54).

(2) In diesem Gebiet, bestehend aus drei Zonen mit unterschiedlicher städtebaulicher Bedeutung, gelten folgende Schutzbereiche und Beschränkungen:

1. Schutzbereich 1 (historische Gebäudegruppe und Hauptgebäude)

Kirchhof I., Roggenmarkt II. und der Bereich des Kapuzinerklosters III., begrenzt durch die Straßen Am Neutor, Schüttenwall, Am Dreipeturm und Südmauer im Plan Nr. 1 mit I., II. bzw. III. bezeichnet.

Im Schutzbereich 1 ist vor Erteilung der Genehmigung der Landeskonservator zu hören. Zulässig sind nur an der Gebäudewand angebrachte waagerechte Schriften und Werbesymbole bis zu einer Höhe von maximal 40 cm. Die Anbringung der Werbeanlagen ist auf den Fassadenbereich oberhalb der Erdgeschoßfenster und unterhalb der Fensterbrüstungen des 1. Obergeschosses mit einer Ausladung von maximal 15 cm beschränkt.

Warenautomaten dürfen ein Ausmaß von 1 qm nicht überschreiten und über die Außenwand nicht mehr als 15 cm vorstehen.

2. Schutzbereich 2 (Haupteinkaufszone)

Der im Plan Nr. 2 dargestellte Schutzbereich 2 umfaßt den Platz und die Straße Markt, die Steinstraße vom Marktplatz einschl. der Einmündung der Burgstraße, die Bonenstraße von der Kreuzung der Straßen Markt/Bült bis zur Kreuzung mit den Straßen Ostmauer/Konrad-Adenauer-Platz sowie die Fußgängerbereiche „Am Steinhaus" und Straße Borg.

In diesem Schutzbereich ist die Anbringung von Werbeanlagen auf die Fassadenfläche unterhalb der Fenster im Obergeschoß mit einer maximalen Ausladung von 1 m beschränkt.

Warenautomaten dürfen ein Ausmaß von 1 qm nicht überschreiten und über die Außenwand nicht mehr als 15 cm vorstehen.

3. Schutzbereich 3 (sonstiger Kernbereich)

Der im Plan Nr. 3 dargestellte Schutzbereich 3 umfaßt alle weiteren Verkehrsflächen des in Absatz 1 umschriebenen Stadtkernbereiches.

Im Schutzbereich 3 sind Werbeanlagen und Warenautomaten nur an Gebäuden zulässig. Werbeanlagen dürfen bis zur Fensterbrüstung des 2. Obergeschosses angebracht werden, wenn das Gewerbe oder der Beruf, für das oder für die geworben werden soll, nicht im Erdgeschoß ausgeübt wird.

Werbeanlagen und Warenautomaten dürfen nicht mehr als 15 cm vor der Außenwand des Gebäudes vorstehen.

§ 4 Schutz bestimmter Bauten

(1) Zusätzlichen Beschränkungen unterliegen Werbeanlagen und Warenautomaten bei folgenden Gebäuden einschl. ihrer Schutzbereiche; diese umfassen die genannten Straßen und angrenzenden Gebäude in einem Abstand von jeweils bis 150 m von der Außenkante der Kirchengebäude:

1. Die evangelische Stadtkirche
   Der Schutzbereich wird begrenzt von der Martin-Luther-Straße, Kamener Straße, Freiherr-vom-Stein-Straße, dem Verbindungsweg zwischen Freiherr-vom-Stein-Straße und Beethovenstraße (Wichernstraße).

2. Die Kirche Maria Frieden
   Der Schutzbereich wird begrenzt von den Straßen Ovelgönne, Merianstraße, Windmühlenberg und Goetheweg.

3. Die Kirche St. Johannes
   Der Schutzbereich wird begrenzt durch die Horster Straße, die Straße Holtkamp und die Straße St. Johannes.

4. Die evangelische Kirche am Ostring
   Der Schutzbereich wird umgrenzt durch die Straße Ostring sowie durch die katasteramtlichen Grenzen des Kirchengrundstückes, bestehend aus dem Flurstück 661, Flur 29.

5. Die Kirche St. Konrad
   Der Schutzbereich wird begrenzt durch die Stockumer Straße, die Lippestraße und die Hüsingstraße.

6. Die Kirche St. Sophia im Ortsteil Stockum
   Der Schutzbereich wird begrenzt durch die Hammer Straße, die Kirchstraße und die Boymerstraße.
7. Die evangelische Kirche in Stockum
   Der Schutzbereich wird begrenzt von einer Linie 20 m nördlich parallel zur Kirchengrundstücksgrenze, die östliche Planstraße (Wagnerstraße), die Graf-von-Westerholt-Straße und die westliche Planstraße (Brucknerstraße).
8. Die katholische Kirche in Horst
   Der Schutzbereich besteht aus den Grundstücken Gemarkung Stockum, Flur 13, Flurstücke 31, 32, 33, 34, 60, 73 und 74.

(2) An den Gebäuden und in den Schutzbereichen nach Abs. 1 ist die Anbringung von Werbeanlagen und Warenautomaten bis zur Höhe der Dachtraufe beschränkt.

§ 5 Schutz bestimmter Grünanlagen

(1) Hornegrünzug zwischen Ottostraße und Ecke Münsterstraße bis Südring

Dieser Schutzbereich wird begrenzt im Norden durch die Münsterstraße, im Osten durch die östlichen Parzellengrenzen der Flurstücke 289, 290, 292, 293 und 373 der Flur 27, die Straße Penningrode, die westliche Grenze des Sanierungsgebietes gemäß § 3 Abs. 1, die Steinstraße, den Schüttenwall, die Straße Am Hagen, die Elsa-Brandström-Straße, die südliche Grenze der südlichen Bebauung der Freiherr-vom-Stein-Straße bis ca. 40 m westlich der Kamener Straße, 40 m parallel zur westlichen Grenze der Kamener Straße, nach Süden hin bis zur Straße Südring, die Straße Südring, die Straße Horneburg, die Lünener Straße, die Jüngststraße, die Cappenberger Straße, die westliche Grenze des Steintorparks, den Nachtigallenweg, die Straße Becklohhof, die Selmer Straße, die Tenhagenstraße, die Straße Fürstenhof und die Ottostraße.

(2) Gebiet Lindert — Stadtwald

Dieser Schutzbereich wird umgrenzt im Osten durch die Bahnlinie Münster—Lünen, im Süden die Straße Münsterfort und deren Verlängerung bis zur Bahnlinie, im Westen durch die z. Z. bekannte Trasse der Intercitybahnlinie Münster—Dortmund und im Norden durch die z. Z. bekannte Trasse der Nordlippestraße.

(3) In den vorgenannten Bereichen der Grünanlagen sind Werbeanlagen nur auf den Fassadenflächen unterhalb der Fenster des 1. Obergeschosses zulässig. Sie dürfen nicht mehr als 15 cm vor der Außenwand des Gebäudes vorstehen.

Warenautomaten sind nur innerhalb von Gebäuden zulässig.

§ 6 Anwendungsbereich

Die Vorschriften dieser Satzung gelten auch für genehmigungs- und anzeigefreie Werbeanlagen.

§ 7 Anzeigepflicht

Werbeanlagen in den Schutzzonen der §§ 3, 4, 5 dieser Satzung sind anzeigepflichtig, soweit sie nicht nach § 82 BauO NW genehmigungspflichtig sind.

§ 8 Ausnahmen

(1) Ausnahmen von dieser Satzung können vorübergehend für solche Werbeanlagen zugelassen werden, die für Ankündigungen kultureller, politischer, sportlicher oder kirchlicher Veranstaltungen bestimmt sind. Diese Ausnahmen gelten unter den gleichen Voraussetzungen auch bei Werbeanlagen für Zettel- und Bogenanschläge,

sofern sichergestellt wird, daß ihre Anbringung ohne Sachbeschädigung erfolgt und die Entfernung nach Ablauf des Anlasses umgehend vorgenommen wird.

(2) Bei Werbeanlagen für zeitlich begrenzte Veranstaltungen können Ausnahmen von dieser Satzung für einen der Veranstaltungsdauer angemessenen Zeitraum innerhalb von 14 Tagen vor Beginn der Veranstaltung zugelassen werden.

§ 9 Übergangsvorschrift

Soweit bestehende Werbeanlagen und Warenautomaten dieser Satzung widersprechen, sind sie bei Änderungen oder Erneuerungen den Forderungen dieser Satzungsvorschriften anzupassen.

§ 10 Ordnungswidrigkeiten

Ordnungswidrig handelt, wer vorsätzlich oder fahrlässig gegen die Bestimmungen der §§ 2; 3 Abs. 2; 4 Abs. 2 und 5 Abs. 3 dieser Satzung verstößt. Die Ordnungswidrigkeit wird gemäß § 101 BauO NW mit einem Bußgeld geahndet.

§ 11 Schlußvorschrift

Die Satzung tritt am Tage nach der Bekanntmachung im Amtlichen Bekanntmachungsblatt der Stadt Werne in Kraft. Gleichzeitig tritt die Satzung der Stadt Werne über besondere Anforderungen an Werbeanlagen vom 21. April 1972 außer Kraft.

Der Wortlaut vorstehender Satzung stimmt mit dem Beschluß des Rates der Stadt Werne vom 26. September 1977 überein. Das nach § 2 Abs. 1 und 2 der Bekanntmachungsverordnung vom 12. September 1969 (SGV NW 2023) vorgeschriebene Verfahren ist eingehalten worden.

Werne, den 19. Juni 1978

Der Stadtdirektor, gez. Dr. Hoffschulte

Die vorstehende Satzung wird hiermit öffentlich bekanntgemacht.

Werne, den 19. Juni 1978

gez. Grube, Bürgermeister

Satzung der Stadt Münster zum Schutz des Orts- und Straßenbildes, zur Erhaltung baulicher Anlagen und zur Erweiterung der Anzeigepflicht für Werbeanlagen in der Altstadt*)

Der Rat der Stadt Münster hat am 5. 9. 1979 auf Grund des § 39 h Bundesbaugesetz — BBauG — in der Fassung der Bekanntmachung vom 18. 8. 1976 (BGBl. I S. 2257) und des § 103 Abs. 1 Ziff. 1, 2, 4 und 5 sowie Abs. 2 Ziff. 2 der Landesbauordnung — BauO NW — in der Fassung der Bekanntmachung vom 15. 7. 1976 (GV. NW S. 264/SGV NW 232) in Verbindung mit §§ 4 und 28 (1) der Gemeindeordnung für das Land Nordrhein-Westfalen in der Fassung der Bekanntmachung vom 27. 6. 1978 (GV. NW S. 268/SGV. NW 2023) die nachstehende Satzung beschlossen:

§ 1 Örtlicher Geltungsbereich

Diese Satzung gilt für die innerhalb des Promenadenringes gelegene Altstadt, für den Bereich der Promenade und der an diese angrenzenden öffentlichen und privaten Grünanlagen und Baugrundstücke, für den Schloßgarten und den Überwasser-Friedhof sowie für folgende Straßen mit angrenzenden Grundstücken: Adenauerallee, Hindenburgplatz, Schloßplatz, Himmelreichallee (gerade Hausnummern), Hüfferstraße 1—21.

§ 2 Erhaltung baulicher Anlagen

(1) Im Geltungsbereich dieser Satzung bedarf der Abbruch, der Umbau oder die Änderung von baulichen Anlagen einer Genehmigung nach § 39 h BBauG.

(2) Die Genehmigung darf nur versagt werden, wenn die bauliche Anlage erhalten bleiben soll,

a) weil sie allein oder im Zusammenhang mit anderen baulichen Anlagen das Ortsbild, die Stadtgestalt oder das Landschaftsbild prägt oder

b) weil sie von städtebaulicher, insbesondere geschichtlicher oder künstlerischer Bedeutung ist.

§ 3 Umgebungsschutz

Bauvorhaben in der Umgebung der in der Anlage dieser Satzung aufgeführten denkmalwerten Bauten und erhaltenswerten Objekte müssen dieser in der Wahl des Materials, in der handwerklichen Ausführung sowie in ihrer Farbe und Form so angepaßt werden, daß die Eigenart der Bauten oder der Eindruck, den diese hervorrufen, durch die Bauausführung nicht beeinträchtigt werden.

§ 4 Allgemeine Gestaltungsgrundsätze

(1) Bauliche Anlagen dürfen im Geltungsbereich dieser Satzung nur so gestaltet werden, daß ein gestalterischer Bezug zum historischen Charakter der Altstadt entsteht.

(2) Dächer sind mit Dachneigung von mindestens 35 Grad alter Teilung auszubilden und mit hellroten Dachpfannen zu decken.

(3) Die Traufe mit vorgehängter Rinne soll straßenseitig einen Vorsprung von mindestens 25 cm, höchstens 40 cm aufweisen. Ausnahmen können zugelassen werden, wenn kein unmittelbarer Bezug zur benachbarten Bebauung besteht.

---

*) Amtsblatt der Stadt Münster — 22. Jahrgang, Nr. 31 vom 10. Dezember 1979

(4) Neubauten haben sich in der Materialauswahl für Wandflächen dem Material anzupassen, das für die historische Altstadt charakteristisch ist.

Diese wird wesentlich geprägt durch die Ausbildung von Ziegelsichtmauerwerk, durch glatte Putzflächen und durch Verwendung von Sandstein, vor allem für Gliederungselemente. Hiervon abweichendes Material kann als Ausnahme zugelassen werden, wenn es sich in Farbe und Struktur anpaßt.

§ 5 Schutz bestimmter Straßen und Plätze

In den nachstehend aufgeführten Straßen und Plätzen von geschichtlicher oder künstlerischer Bedeutung müssen Bauvorhaben in der Verwendung des Materials, in ihrer handwerklichen Ausführung sowie in ihrer Farbe und Form der besonderen Eigenart des Straßenbildes, insbesondere auch der vorhandenen Bebauung, soweit sie für diese Straßen charakteristisch ist, angepaßt werden:

Aegidiikirchplatz, An der Apostelkirche, Bäckergasse, Bergstraße, Buddenstraße, Breite Gasse, Bogenstraße, Domplatz, Drubbel, Domgasse, Frauenstraße, Grüne Gasse, Stiftsherrenstraße, Hollenbeckerstraße, Horsteberg, Jüdefelder Straße, Kuhstraße, Katthagen, Kreuzstraße, Krummer Timpen, Krumme Straße, Lamberti-Kirchplatz, Martinikirchplatz, Michaelisplatz, Prinzipalmarkt, Roggenmarkt, Ringoldsgasse, Rosenplatz, Rothenburg, Schloßplatz, Spiekerhof, Spiegelturm, Schlaunstraße, Servatii-Kirchplatz, Wilmergasse, Überwasser-Kirchplatz.

§ 6 Schutz des Straßenzuges Prinzipalmarkt/Bogenstraße

(1) Für Prinzipalmarkt, Lamberti-Kirchplatz, Drubbel, Roggenmarkt und Bogenstraße gelten folgende Sonderbestimmungen:

(2) An diesen Straßen dürfen nur Giebelhäuser mit einer Traufenhöhe bis zu 11,25 m errichtet werden.

Es ist nicht gestattet, die Zahl und Maße der Giebel, Säulen und Bogen zu verändern. Die Bogengänge sind zu verputzen und mit weißem Anstrich zu versehen. Die Unterkante der Decke des 1. Obergeschosses muß dabei mindestens 10 cm über dem Scheitel des Bogens liegen. Verkleidungen mit Holz oder anderen Materialien sind unzulässig. Alle sichtbaren Architekturteile wie Säulen, Bögen, Gewände, Gesimse usw. sind aus gelbgrauem, natürlichem Werkstein auszuführen oder mit einem gelbgrauen Kalkputz zu versehen. Werkstein, der erfahrungsgemäß eine schwarze Färbung annimmt, ist nicht zu verwenden. Die nicht durch Architekturteile unterbrochenen Fensterflächen in den Obergeschossen dürfen nur eine lichte Weite bis zu 1,25 m Breite haben. Die Fenster in den Obergeschossen sind mit Sprossen zu versehen.

§ 7 Schutz des Promenadenbereichs

(1) Alle von der Promenade aus sichtbaren Bauteile müssen dem Landschaftsbild der Promenade angepaßt sein.

Nebengebäude dürfen nur ein Geschoß hoch sein.

(2) Auch die Höfe sind dem Landschaftsbild der Promenade anzupassen. Freiflächen, die von der Promenade eingesehen werden können, sind gärtnerisch zu gestalten und dürfen nicht als Arbeits- oder Lagerflächen oder Stellplätze für Kraftfahrzeuge verwendet werden. Die an der Promenade liegenden Höfe, Gärten und unbebauten Flächen sind mit Hecken oder Zäunen bis zur Höhe von 1,20 m

einzufriedigen. Mauern und Sockel von Zäunen bis zu einer Höhe von 1,00 m sind ebenfalls zulässig.

Zufahrten zu den Grundstücken von der Promenade her dürfen nicht angelegt werden. Die Anlegung von Zugängen kann widerruflich gestattet werden, es sei denn, daß öffentliche Grünanlagen durchschnitten werden.

(3) Bei der Errichtung von Gebäuden muß zur stadteinwärts gelegenen Grenze des Promenadenringes, zu dessen Bereich die Promenadenböschungen und -gräben gehören (Eigentumsgrenze), ein Abstand von mindestens 15 m eingehalten werden. Gebäude, die innerhalb dieser Entfernung von dieser Grenze liegen, dürfen weder erhöht noch erweitert werden.

(4) An der nach dem äußeren Stadtteil hin gelegenen Seite des Promenadenringes muß ein Abstand von 6 m von der Grenze der mit der Promenade in Verbindung stehenden öffentlichen Grünanlagen eingehalten werden. Auch innerhalb dieser Entfernung dürfen vorhandene Gebäude weder erhöht noch erweitert werden.

§ 8

Ausnahmen von § 7 Abs. 3 und 4 können zugelassen werden

a) sofern ein vorhandenes Gebäude an der nach dem inneren Stadtteil hin gelegenen Seite des Promenadenringes, das gleichzeitig an einer die Promenade kreuzenden Fahrstraße liegt, erhöht oder durch ein neues Bauwerk ersetzt werden soll; dabei darf der Abstand des neuen Bauwerkes gegenüber dem Abstand des früheren Bauwerkes zur Promenade nicht verringert und die bebaute Fläche nicht vergrößert werden;

b) sofern ein mit der Hauptfront zur Promenade gelegenes Gebäude durch ein neues ersetzt werden soll und bei Einhaltung der in § 7 geforderten Abstände zur Promenade das Grundstück nach den bauaufsichtlichen Vorschriften nicht mehr zur Bebauung geeignet wäre; der frühere Abstand zur Promenade darf dabei nicht verringert und das neue Gebäude im Verhältnis zum alten nicht nach Umfang und Höhe erweitert werden.

§ 9 Schutz der Aa-Uferpromenade

(1) Für die Bebauung der an die Aa-Uferpromenade angrenzenden und der am anderen Ufer der Aa gelegenen Grundstücke im Geltungsbereich dieser Satzung gilt folgendes: Alle von der Aa-Uferpromenade aus sichtbaren Bauteile müssen dem Orts- und Landschaftsbild der Aa-Uferpromenade angepaßt sein. Die von der Aa-Uferpromenade aus sichtbaren Freiflächen und Höfe sind gärtnerisch zu gestalten.

§ 10 Werbeanlagen, Allgemeines

Werbeanlagen sind unzulässig:

a) bei regelloser Anbringung,

b) bei Häufung gleicher oder miteinander nicht zu vereinbarender Werbeanlagen,

c) bei aufdringlicher Wirkung, insbesondere durch übermäßige Größe, grelle Farben, Ort und Art der Anbringung,

d) wenn Giebelflächen, tragende Bauteile oder architektonische Gliederungen in störender Weise bedeckt, bemalt oder überschritten werden.

Bei der Beurteilung von Werbung in Platzräumen ist nicht die Wirkung von Einzelstandpunkten maßgebend, vielmehr muß der Gesamtraum berücksichtigt werden, in dem die Anlage sichtbar ist.

§ 11 Ausschluß bestimmter Arten von Werbeanlagen

Als Werbeanlagen sind ausgeschlossen:

a) Spannbänder und Werbefahnen, soweit sie nicht für besondere Veranstaltungen, Schlußverkäufe u. ä. vorübergehend genehmigt werden,

b) Lichtwerbung mit Laufschriften,

c) Lichtwerbung durch Leuchtkörper, die in kurzen Abständen ein- und ausgeschaltet werden oder ihre Farbe wechseln,

d) Lichtwerbung durch Leuchtkörper die bewegt werden oder deren Träger bewegt wird,

e) Lichtwerbungen in signalrot oder signalgrün,

f) fluoreszierende Werbung.

§ 12 Beschränkung von Werbeanlagen auf Teile der baulichen Anlagen

Unzulässig ist die Anbringung von Werbeanlagen:

a) oberhalb der Traufe,

b) in Fenstern der Obergeschosse, wo auch das Zurschaustellen von Waren nicht gestattet ist,

c) an Türen, Toren und Einfriedigungen,

d) an Schornsteinen, Hauskaminen und ähnlichen hochragenden Bauteilen.

§ 13 Werbung durch Zettel- und Bogenanschläge

(1) Werbeanlagen für Zettel- und Bogenanschläge dürfen nur in Form von Litfaßsäulen ausgeführt werden.

(2) Die Werbung durch Zettel- und Bogenanschläge ist außerhalb bauaufsichtlich genehmigter Anschlagflächen, die den Abs. 1 bezeichneten Formen und Maßen entsprechen, unzulässig; dies gilt nicht für Werbung in Schaufenstern und Schaukästen.

(3) Von den vorstehenden Absätzen können befristete Ausnahmen für besondere Veranstaltungen zugelassen werden, wenn für die Zulassung einer Ausnahme ein erhebliches öffentliches Interesse besteht.

(4) Außerdem können befristete Ausnahmen von den Absätzen 1 und 2 für vorübergehend aufgestellte Bauzäune zugelassen werden.

§ 14 Größenbeschränkung für Werbeanlagen

(1) Flachtransparente (Werbeträger, die flach auf der Gebäudewand befestigt sind) dürfen nicht stärker als 0,15 m sein. Die Gesamthöhe darf das Maß von 0,60 m, die Schrifthöhe das Maß von 0,50 m nicht überschreiten. Die Länge von Flachtransparenten darf höchstens 2/3 der Länge der Gebäudeseite erreichen, die Fläche darf höchstens 3,00 m betragen.

(2) Einzelbuchstaben dürfen nicht höher als 0,50 m sein. Für die Länge der Werbung gilt Absatz 1.

(3) Ausleger dürfen nicht mehr als 1,20 m über die Gebäudefront hinausragen. Von der Verkehrsfläche ist ein Abstand von 0,70 m einzuhalten. Die lichte Durchgangshöhe muß mindestens 3,00 m betragen. Die maximale Fläche von Auslegern beträgt 0,5 m , die maximale Breite 0,25 m.

§ 15 Werbung im Bereich der Promenade und der Aa-Uferpromenade

(1) Für die an die Promenade und an die Aa-Uferpromenade angrenzenden Grundstücke gelten folgende Einschränkungen:

Schaufenster, Schaukästen, Automaten, Reklameschilder, Aufschriften, Abbildungen und sonstige Werbemittel sind an der Promenade und an der Aa-Uferpromenade zugewandten Gebäude- und Grundstücksteilen nicht zulässig.

(2) Soweit Schaufenster bereits bei Inkrafttreten dieser Ortssatzung zur Promenade liegen, dürfen diese nicht vergrößert werden. Das Verbot des Anbringens von Automaten und Werbeeinrichtungen gilt auch für Gebäude mit Schaufenstern zur Promenade hin, soweit es sich nicht um Werbeeinrichtungen innerhalb der Schaufenster handelt.

(3) Soweit Grundstücke nur von der Promenade oder der Aa-Uferpromenade erschlossen werden, gilt § 16 Abs. 2 und 3 entsprechend.

§ 16 Werbung an Straßen von besonderer historischer und künstlerischer Bedeutung

(1) In folgenden Straßenbereichen dürfen Werbeanlagen nur bis zur Unterkante der Fenster des 1. Obergeschosses angebracht werden.

Es sind nur Firmenbezeichnungen in Einzelbuchstaben mit einer Höhe bis zu 0,50 m zulässig:

Aegidiikirchplatz, Alter Steinweg 1-7, 50, Alter Fischmarkt 1-6, 26-28, Drubbel, Domgasse, Domplatz, Bogenstraße, Geisbergweg, Gruetgasse, Horsteberg, Jesuitengang, Johannisstraße 1-21, Klemensstraße, Kirchherrengasse, Lamberti-Kirchplatz, Ludgeristraße 1, 110-116, Michaelisplatz, Marienplatz, Martinistraße, Martinikirchplatz, Pferdegasse, Roggenmarkt, Salzstraße 61, Servatiikirchplatz, Siegelkammer, Spiegelturm, Syndikatgasse.

Ausnahmen können zugelassen werden für Geschäftsbetriebe, die ihre Geschäftsräume nur in Obergeschossen haben.

(2) An den Bogenhäusern folgender Straßen dürfen nur Firmennamen in Form unbeleuchteter Einzelbuchstaben in waagerechter Anordnung auf der Fläche zwischen dem Scheitel der Bögen und der Unterkante der Fenster des 1. Obergeschosses oder, soweit unter den Fenstern ein Gesims verläuft, nur zwischen dem Scheitel der Bögen und diesem Gesims angebracht werden: Bogenstraße, Roggenmarkt 1-8, Rothenburg 1-3, 44 Prinzipalmarkt.

(3) Zulässig sind Hinweise auf die Branche durch Text oder Zeichnungen, die nach Größe, Material und Farbe der Firmenbezeichnung angepaßt sein müssen. Die gesamte Länge der Werbung darf 2/3 der Fassadenbreite nicht überschreiten.

§ 17 Werbeanlagen an Wohnstraßen und anderen besonders schutzbedürftigen Bereichen

(1) Werbeanlagen sind nur zulässig an der Stätte der Leistung und zusätzlich zur Firmenbezeichnung höchstens ein weiterer Werbeträger.

(2) Außer Flachtransparenten sind Ausleger nur zulässig als unbeleuchtete Firmenbezeichnung aus Holz oder Metall. Die Anbringung hat unterhalb der Unterkante der Fenster des 1. Obergeschosses zu erfolgen.

(3) Als Wohnstraßen und besonders schutzbedürftige Bereiche gelten:
Am Stadtgraben, An der Apostelkirche, Arztkarrengasse, Bäckergasse, Badestraße, Bergstraße 17-57, Bispinghof, Breite Gasse, Breul, Buddenstraße, Frauenstraße, Gerichtsstraße, Georgskommende, Grüne Gasse, Harsewinkelgasse, Stiftsherrenstraße, Himmelreichallee, Hindenburgplatz, Hörsterstraße 28-36, Hollenbeckerstraße, Hüfferstraße, Jungfer-Wilhelmin-Stiege, Jüdefelderstraße 1-22, 59-71, Katthagen, Klosterstraße, Korduanenstraße, Kuhstraße, Krummer Timpen, Krumme Straße, Loerstraße, Lotharingerstraße 4-30, 13, Lütke Gasse, Magdalenenstraße, Mühlenstraße, Münzstraße, Marievengasse, Neubrückenstraße 66-74, Ritterstraße, Rosenstraße, Salzstraße 10-51, Schafgasse, Schlaunstraße, Schützenstraße, Sonnenstraße, Steingasse, Tibusstraße, Universitätsstraße, Wallgasse, Wevelinghofergasse, Wilmergasse, Winkelstraße, Verspoel 10-12.

§ 18 Werbeanlagen an Geschäftsstraßen

(1) Werbeanlagen sind in Form von Auslegern und Flachtransparenten bis zur Unterkante der Fenster des 1. Obergeschosses zulässig.

Ausnahmen können zugelassen werden, für Geschäftsbetriebe, die ihre Geschäftsräume nur in Obergeschossen haben.

(2) Als Geschäftsstraßen gelten:
Aegidiistraße, Asche, Alter Fischmarkt 7-24, Alter Steinweg (außer 1-7, 50), Beelertstiege, Bergstraße 1-10, 67-75, Bolandsgasse, Bült, Heinrich-Brüning-Straße, Hötteweg, Hörsterstraße 5-27, 37-57, Johannisstraße 22-25, Jüdefelderstraße 29-59, Königsstraße, Kreuzstraße, Lotharingerstraße 25, 27, 29, Ludgeristraße 36-63, Mauritzstraße, Neubrückenstraße 8-65, Rothenburg (außer 1-3), Spiekerhof, Stubengasse, Syndikatgasse, Syndikatplatz, Verspoel, Voßgasse, Wasserstraße, Windthorststraße.

§ 19 Werbeanlagen an Hauptgeschäftsstraßen

Werbeanlagen sind in Form von Auslegern und Flachtransparenten bis zur Unterkante der Fenster des obersten Vollgeschosses zulässig.

Als Hauptgeschäftsstraße gelten:
Ludgeristraße 5-36, 72-109, Salzstraße 1-9, 52-60.

§ 20 Anzeigepflicht für Werbeanlagen, die nach § 82 Abs.2 BauO NW anzeige- und genehmigungsfrei sind.

Im Geltungsbereich dieser Satzung ist die Anbringung auch solcher Werbeanlagen anzuzeigen, die nach § 82 Abs. 2 BauO NW anzeigefrei sind, weil sie die Größe von 0,50 m nicht überschreiten.

§ 21 Ordnungswidrigkeiten

(1) Ordnungswidrig nach § 156 Abs. 4 BBauG handelt, wer entgegen § 2 dieser Satzung ohne Genehmigung ein Gebäude oder eine sonstige bauliche Anlage abbricht oder ändert.

(2) Ordnungswidrig nach § 101 Abs. 1 Ziff. 1 BauO NW handelt, wer vorsätzlich oder fahrlässig

a) entgegen § 7 Abs. 2 Satz 2 oder § 9 dieser Satzung es unterläßt, die von der Promenade oder Aa-Uferpromenade einsehbaren Freiflächen seines Grundstücks gärtnerisch zu gestalten oder wer diese Freiflächen als Arbeits- oder Lagerflächen oder zum Abstellen für Kraftfahrzeuge benutzt;

b) entgegen § 13 Abs. 2 zur Werbung Zettel, Bögen oder Plakate außerhalb bauaufsichtlich genehmigter Anschlagflächen anbringt, soweit es sich nicht um Werbung in Schaufenstern oder Schaukästen handelt;

c) entgegen § 15 Abs. 1 dieser Satzung an der Promenade oder der Aa-Uferpromenade zugewandten Gebäude oder Grundstückteilen Schaukästen, Werbeschilder, Aufschriften, Abbildungen, sonstige Werbemittel anbringt;

d) entgegen § 20 dieser Satzung Werbeanlagen ohne vorherige Anzeige oder in Abweichung davon anbringt.

(3) Ordnungswidrigkeiten nach den vorstehenden Absätzen 1 und 2 können mit einer Geldbuße bis zu 50 000,— DM geahndet werden (§ 156 Abs. 2 BBauG, § 101 Abs. 3 BauO NW).

§ 22 Inkrafttreten

Diese Satzung tritt am Tage nach der öffentlichen Bekanntmachung in Kraft. Zum gleichen Zeitpunkt treten außer Kraft:

a) die Ortssatzung der Stadt Münster zum Schutze der Eigenart des Orts- und Straßenbildes und zur Durchführung bestimmter baugestalterischer Absichten vom 31. 7. 1964 (ABl. Mstr. S. 103);

b) die Satzung der Stadt Münster über die Erhaltung baulicher Anlagen und die Erweiterung der Anzeigepflicht für Werbeanlagen im Kuhviertel vom 29. 1. 1979 (ABl. Mstr. S. 19).

Die vorstehende Satzung wurde vom Regierungspräsidenten in Münster mit Verfügung vom 8. 11. 1979 gemäß § 39 h BBauG und § 103 Abs. 1 und 2 BauO NW genehmigt und wird hiermit öffentlich bekannt.

Auf die Rechtsfolgen der nachstehenden Bestimmungen des BBauG und der Gemeindeordnungen (GO) NW wird hingewiesen:

§ 44 c Abs. 1 Satz 1 und 2 sowie Abs. 2 BBauG:

„(1) Der Entschädigungsberechtigte kann Entschädigung verlangen, wenn die in den §§ 39 j, 40 und 42 bis 44 bezeichneten Vermögensnachteile eingetreten sind. Er kann die Fälligkeit des Anspruchs dadurch herbeiführen, daß er die Leistung der Entschädigung schriftlich bei den Entschädigungspflichtigen beantragt.

(2) Ein Entschädigungsanspruch erlischt, wenn nicht innerhalb von drei Jahren nach Ablauf des Kalenderjahres, in dem die in Absatz 1 Satz 1 bezeichneten Vermögensnachteile eingetreten sind, die Fälligkeit des Anspruchs herbeigeführt wird."

§ 155 a Abs. 1 und 3 BBauG:

„(1) Eine Verletzung von Verfahrens- oder Formvorschriften dieses Gesetzes bei der Aufstellung von Flächennutzungsplänen oder von Satzungen nach diesem Gesetz ist unbeachtlich, wenn sie nicht schriftlich innerhalb eines Jahres seit Bekanntmachung des Flächennutzungsplanes oder der Satzung gegenüber der Gemeinde geltend gemacht worden ist; der Sachverhalt der die Verletzung begründen soll, ist darzulegen.

(3) Absatz 1 gilt nicht für die Verletzung von Vorschriften über die Genehmigung und die Bekanntmachung des Flächennutzungsplanes oder der Satzung."

§ 4 Abs. 6 Satz 1 GO NW:

„Die Verletzung von Verfahrens- oder Formvorschriften dieses Gesetzes kann gegen Satzungen und sonstige ortsrechtliche Bestimmungen nach Ablauf eines Jahres seit ihrer Verkündung nicht mehr geltend gemacht werden, es sei denn

a) eine vorgeschriebene Genehmigung fehlt,

b) die Satzung oder die sonstige ortsrechtliche Bestimmung ist nicht ordnungsgemäß öffentlich bekanntgemacht worden,

c) der Gemeindedirektor hat den Ratsbeschluß vorher beanstandet oder

d) der Form- oder Verfahrensmangel ist gegenüber der Gemeinde vorher gerügt und dabei die verletzte Rechtsvorschrift und die Tatsache bezeichnet worden, die den Mangel ergibt."

Münster, den 28. November 1979

Dr. Pierchalla

(L.S.)

Oberbürgermeister

ANLAGE zu § 3 der Satzung der Stadt Münster zum Schutz des Orts- und Straßenbildes, zur Erhaltung baulicher Anlagen und zur Erweiterung der Anzeigepflicht für Werbeanlagen in der Altstadt.

zu § 3: Liste der denkmalwerten Bauten (Straßennummern in Fettdruck) und erhaltenswerten Objekten im Geltungsbereich der o.a. Satzung:

Aegidiistraße 21, **39**
Alter Fischmarkt 1, **26**
Alter Steinweg **1, 7,** 25, 33, 36/39, 42
.
.
.

Denkmäler

Domplatz: **Skulptur des hl. Georg** am Landesmuseum
Fürstenbergstraße: Ehrenmal in der Grünanlage
Ludgeriplatz: Ehrenmal in der Grünanlage
Hörsterplatz: Ehrenmal in der Grünanlage

Kreuztor: Denkmal Anette von Droste Hülshoff, Denkmal Julius Otto Grimm
Marienplatz: Mariensäule
Promenade (südwestl. Abschnitt) Ehrenmal
Spiekerhof: Kiepenkerl-Denkmal
Überwasserkirchplatz: Denkmal Bernhard Overberg
Weseler Straße: **Denkmal des Hl. Nepomuk,** Ehrenmal in der Grünanlage

Reste der Stadtbefestigung

Alter Zoologischer Garten: **Wasserbär**
Am Stadtgraben: Reste der **Stadtmauer** und des **Neuwerks**
Promenade: an der Badestraße Durchlaß der Aa, an der Kleimannstraße **Wasserbär**

Parkanlagen und Friedhöfe

Kasinogarten (hinter dem Hindenburgplatz 63-71)
Promenade mit Hörstertor, Mauritztor, Servatiitür, Engelschanze, Aegidiitor, und Kanonenberg, Kreuzschanze

338

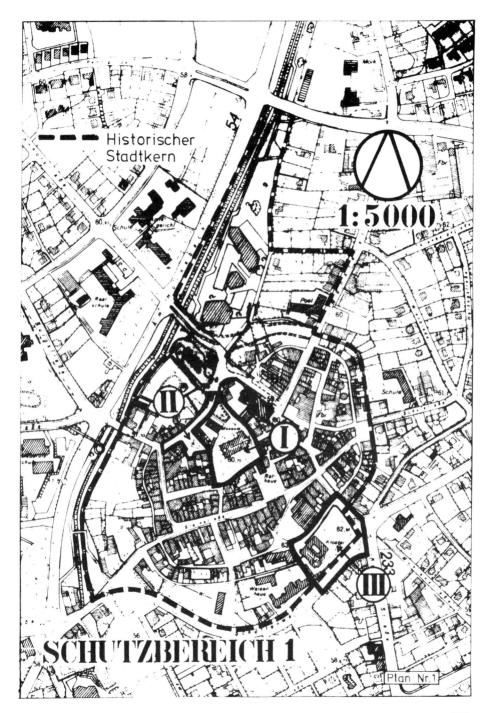

Historischer Stadtkern

1:5000

SCHUTZBEREICH 1

Plan Nr.1

339

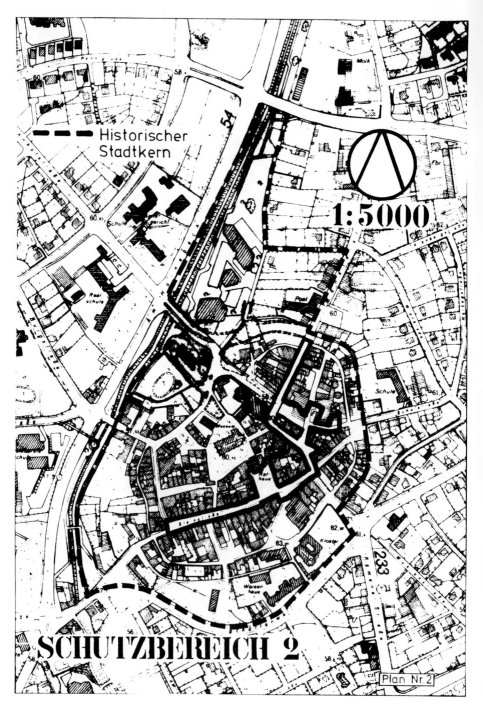

Historischer
Stadtkern

1:5000

SCHUTZBEREICH 2

Plan Nr. 2

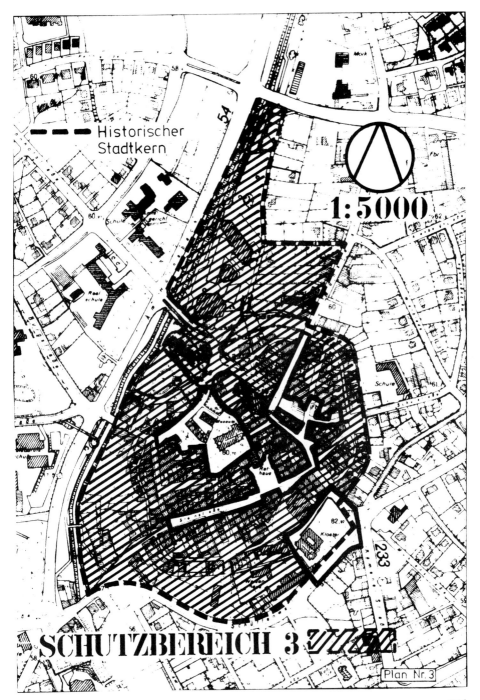

Historischer
Stadtkern

1:5000

SCHUTZBEREICH 3

Plan Nr. 3

341

Rheinland-Pfalz:

Satzung über die Zulässigkeit, die Anbringung und die Gestaltung von Außenwerbung sowie Automaten in der Stadt Trier

Auf Grund des § 24 der Gemeindeordnung für das Land Rheinland-Pfalz in der zuletzt gültigen Fassung vom 28. 4. 1975 (GVBl. S. 169) und des § 123 Abs. 1 Nr. 2, Abs. 3 Nr. 2, Abs. 4 und 5 der Landesbauordnung für das Land Rheinland-Pfalz — LBauO — in der zuletzt gültigen Fassung vom 27. 2. 1974 (GVBl. S. 53) wird gemäß Stadtratsbeschluß vom 20. 7. 1977,

der nach Anhörung der zuständigen Denkmalpflegebehörde vom 30. Juni 1977 (Az.: II-I-2831/77)

gefaßt wurde, und mit Genehmigung der Bezirksregierung vom 13. 9. 1977 (Az.: 404-003)

folgende Satzung erlassen:

Präambel

Zur Erhaltung des charakteristischen Bildes der Stadt Trier reicht es nicht aus, den Baubestand und seine Formen zu bewahren oder nur die wichtigsten Zeugnisse der zweitausendjährigen baugeschichtlichen Vergangenheit Triers vor störenden Eingriffen zu schützen. Vielmehr kommt es darauf an, den besonderen Erlebniswert der Stadt Trier zu vermitteln; das ist nur möglich, wenn die Merkmale, die ihn ausmachen, in ihrer Wirkung nicht durch — optische — Störungen beeinträchtigt werden.

Daraus ergeben sich besondere Forderungen für und an die Gestaltung von Werbeanlagen, damit sie sowohl dem berechtigten Werbebedürfnis der Wirtschaft entsprechen als auch den jeweiligen historischen Bereichen oder städtebaulichen Zusammenhängen des Stadtgebietes gerecht werden. Gleiches gilt für Automaten. Dieses Ziel kann nur erreicht werden, wenn dort, wo es nach § 123 Abs. 1 Nr. 2 LBauO geboten erscheint, der Maßstab eines geschulten Betrachters angelegt wird.

Nach der unterschiedlichen historischen kulturellen und städtebaulichen Bedeutung bestimmter Bauten, Straßen, Plätze oder Ortsteile sowie der Denkmale muß die Intensität der Anforderungen differenziert werden; dem dient die vorgenommene Einteilung in die Zonen I, II und III, die der Satzung als Anlage A beigegebene Liste über die Zonen und die besonders zu beachtenden denkmalwerten Bauanlagen sowie die zur graphischen Verdeutlichung als Anlage B beigefügten Karten über die Lage der vorgenannten Zonen und Denkmale.

Teil I: Allgemeine Vorschriften

§ 1 Geltungsbereich

(1) Diese Satzung gilt für die als Zonen I, II und III in der ihr beiliegenden Liste und Karten aufgeführten und abgegrenzten Bereiche des Stadtgebietes Trier; sie hat auch Geltung für die außerhalb dieser Zonen befindlichen denkmalwerten Bauanlagen einschließlich ihrer Umgebung. Die Liste und die Karten sind als Anlage A (Liste) und Anlage B (Karten) Bestandteile dieser Satzung.

(2) Diese Satzung regelt hinsichtlich der in Absatz 1 bezeichneten Bereiche und Denkmäler die Zulässigkeit, das Anbringen, die Anordnung und die Gestaltung von Werbeanlagen und Automaten i. S. des § 79 LBauO.

§ 2 Genehmigungspflicht

Die Errichtung, Aufstellung, Anordnung, Anbringung und Änderung von nach § 92 Abs. 1 Ziff. 17 LBauO nur anzeigebedürftigen sowie von nach § 93 Abs. 1 Ziff. 25, 26, 27 und 29 LBauO genehmigungs- und anzeigefreien Werbeanlagen und Automaten bedürfen der Genehmigung durch die Bauaufsichtsbehörde, soweit es sich nicht um Schilder in der Zone III handelt, die einzeln eine Größe von 0,20 qm und mit mehreren zusammen eine Gesamtfläche von 0,50 qm nicht überschreiten. Werbung, die sich im Rahmen des § 93 Abs. 1 Ziff. 26 LBauO auf Jubiläums-, Räumungs- sowie Aus- und Schlußverkäufe bezieht, bleibt genehmigungs- und anzeigefrei.

§ 3 Allgemeine Anforderungen

(1) Werbeanlagen sind nur an der Stätte der Leistung statthaft. Davon können in der Zone III (§ 7) Ausnahmen für Werbeanlagen auf Giebelflächen zugelassen werden, wenn diese mit dem Baukörper und der Werbeanlage eine gestalterisch abgestimmte Lösung ergeben; auf einer Giebelfläche darf jeweils nur eine Werbeanlage angebracht werden.

(2) Werbeanlagen und Automaten müssen in Anordnung, Größe, Gestalt, Aussehen und — bei Leuchtreklamen — Leuchtwirkung dem baulichen Charakter und dem Maßstab des jeweiligen Straßen- und Platzraumes sowie des Gebäudes entsprechen, an dem sie angebracht sind; sie dürfen Bau- und Architekturgliederungen nicht unterschneiden oder überdecken. Soweit ihre der Befestigung dienenden Konstruktionsteile nicht verdeckt angebracht werden können, dürfen sie nicht störend wirken; elektrotechnische Geräte, Kabelzuführungen und Montageleisten dürfen nicht sichtbar sein. Werbeanlagen als laufende Schrift- und Leuchtbänder und auch als Blinklichter sind nicht zulässig.

(3) Plakate sind nur auf den dafür eigens an bauaufsichtlich genehmigten Stellen aufgestellten Säulen und Tafeln zulässig. Solche Säulen und Tafeln können vorbehaltlich der erforderlichen Sondernutzungserlaubnisse des Straßenbaulastträgers nur an solchen Stellen genehmigt werden, an denen sie das Straßen- oder Platzbild bei anspruchsvoller Betrachtungsweise nicht beeinträchtigen. Dies gilt nicht für Werbeanlagen, die anläßlich von Wahlen, Volksbegehren und Volksentscheiden durch politische Parteien und ihre Unterorganisationen sowie von Wählergruppen angebracht oder aufgestellt werden. Diese Anlagen müssen spätestens nach Ablauf einer Woche nach dem Wahl- bzw. Abstimmungstag entfernt sein.

(4) Wenn Werbeanlagen mit mehr als 0,30 m über die Gebäudefront hinaus in den Straßenraum hineinragen, müssen sie untereinander einen Zwischenraum von mindestens 3,00 m und von der Grundstücksgrenze sowie Gebäudeecken einen Abstand von mindestens 1,50 m haben. Geringfügige Abweichungen sind zulässig, wenn die Maße durch die Fassadengliederung nicht eingehalten werden können.

(5) Winklig zur Gebäudefront angebrachte Werbeanlagen dürfen nicht mehr als 1,00 m über die Gebäudefront des Erdgeschosses hinaus ausladen; die Abwicklung der Außenflächen darf bei kastenförmiger Ausführung nicht mehr als 4,50 qm betragen.

(6) Werbeanlagen dürfen den Blick auf ein in einem Straßen- oder Platzraum dominierendes Bauwerk nicht stören oder es in seinem Erscheinungsbild beeinträchtigen. An und auf Türmen, Schornsteinen, Masten, in Vorgärten, an Balkonen und Einfriedigungen werden Werbeanlagen nicht zugelassen; Ausnahmen sind bei über 3,00 m hohen Einfriedigungsmauern möglich.

§ 4 Unterhaltung von Werbeanlagen

Werbeanlagen und Automaten sind ständig in ordentlichem Zustand zu halten. § 3 Abs. 2 Satz 1 gilt entsprechend. Kommt der Inhaber der Genehmigung dieser Verpflichtung nicht nach, kann die Beseitigung der Werbeanlagen und Automaten verlangt werden.

Teil II: Besondere Vorschriften

§ 5 Zone I

(1) Innerhalb der Zone I

a) ist nur eine Werbeanlage und zwar als Hinweis auf Inhaber und Art des gewerblichen Betriebes zulässig,

b) muß eine neu hinzukommende Werbeanlage in Form, Material, Farbe und Maßstab auf bereits an benachbarten Gebäuden vorhandene Werbeanlagen Rücksicht nehmen,

c) darf eine Werbeanlage nur so angebracht werden, daß sie mindestens 10 cm Abstand von Gurtgesimsbändern und anderen Architekturgliederungen hat,

d) ist eine vorstehende Werbeanlage dann zulässig, wenn es sich um ein individuell gestaltetes Vorstehschild in filigraner Metallarbeit handelt; seine Größe muß auf das Bauwerk, an dem es angebracht wird, und dessen Umgebung abgestellt sein; der Flächeninhalt darf innerhalb der äußeren Begrenzungslinien höchstens 1,00 qm betragen; solche Schilder dürfen mit indirektem Licht beleuchtet werden, sie können auch mit einem selbstleuchtenden Anteil von nicht mehr als 20 % der Gesamtfläche versehen sein.

e) ist eine Werbeanlage in der Art einer aufgemalten Schrift oder — flach anliegend — in plastischen, leuchtenden oder nicht leuchtenden Einzelbuchstaben bis zu 35 cm Höhe statthaft, wenn der umfassende Flächeninhalt der Werbeanlage im Erdgeschoßbereich nicht größer als 1,50 qm und in den Obergeschossen nicht größer als 0,80 qm ist und dabei 4 % der Fassadenflächen nicht überschritten wird, bei einer mehrteiligen Werbeanlage gilt das Flächenmaß von 1,50 qm bzw. 0,80 qm für die Gesamtheit aller Teile; die Ausladung der plastischen Schriftzüge darf nicht größer als 12 cm sein,

f) darf bei flach anliegenden Leuchtreklamen nur die Vorderseite (nicht die seitlichen Zargen) lichtdurchlässig sein, eine Ausnahme gilt für indirekte Leuchtschriften, die nach hinten abstrahlen,

g) dürfen flach anliegende unbeleuchtete Werbeanlagen mit einer verdeckten Punktleuchte oder einer abgedeckten Leuchtröhre angestrahlt werden,

h) ist das Beschriften, Bekleben oder Bemalen von Fensterflächen nur im Bereich des Erdgeschosses in der Art von filigranen waagerechten Schriftzügen oder einfarbigen Emblemen in einer Größe von 10 % der Glasfläche des jeweiligen Fensters zulässig; an Fensterflächen der Obergeschosse ist dies ausnahmsweise in dem Geschoß gestattet, in dem ein eigenständiger Betrieb ansässig ist; Ankündigungen von sogenannter Tagesware sind bis zu einer Größe von 25 % der Glasfläche der jeweiligen Fenster im Erdgeschoß zulässig,

i) dürfen Automaten nur in Hauseingängen, Hofeinfahrten, Passagen und an Kiosken aufgestellt oder angebracht werden.

(2) Innerhalb der Zone I sind nicht zulässig

a) Werbeanlagen jeder Art oberhalb der Brüstung des ersten Obergeschosses mit der Ausnahme, daß sich die Werbung auf einen im betreffenden Geschoß ansässigen eigenständigen Betrieb bezieht,

b) die von der übrigen Gestaltung des Obergeschosses abweichende Veränderung (streichen oder verkleiden) der Brüstungszone im ersten Obergeschoß im Zusammenhang mit der Anbringung einer Werbung,

c) Werbeanlagen aller Art auf Giebeln und vorspringenden Bauteilen,

d) Beleuchtungen und Leuchtfarben mit Ausnahme von Weiß oder Weißgelb,

e) Leuchtkästen als Transparente,

f) senkrecht lesbare Werbeeinrichtungen,

g) Werbungen auf Sonnenschutzeinrichtungen aller Art; dies gilt nicht für solche Sonnenschutzeinrichtungen, die an Gebäuden fest montiert sind, wenn an den betreffenden Gebäuden selbst keine Werbeanlage angebracht werden darf; die Beschriftungen oder Bemalungen auf diesen Sonnenschutzeinrichtungen dürfen $1/_4$ ihrer Gesamtfläche nicht überschreiten,

h) Schaukästen, mit Ausnahme von Schaukästen für gastronomische Betriebe zum Aushang von Speise- und Getränkekarten neben Hauseingängen und Schaukästen öffentlicher Institutionen, wenn sie in Form, Material, Farbe und Maßstab auf das Gebäude, an dem sie angebracht werden, abgestimmt sind, sowie Pfeiler, Lisenen und Gewände in ihrer Wirkung nicht beeinträchtigen,

i) Werbeanlagen in, auf und vor Dachflächen.

§ 6 Zone II

(1) Innerhalb der Zone II ist

a) nur eine Werbeanlage, und zwar als Hinweis auf Inhaber und Art des gewerblichen Betriebes zulässig; außerdem kann für höchstens zwei Hersteller je eine Markenwerbung zugelassen werden.

b) eine vorstehende Werbeanlage dann zulässig, wenn es sich um ein individuell gestaltetes Vorstehschild in filigraner Metallarbeit handelt; seine Größe muß auf das Bauwerk, an dem es angebracht wird, und dessen Umgebung abgestellt sein; der Flächeninhalt darf innerhalb der äußeren Begrenzungslinien höchstens 1,5 qm betragen; solche Schilder dürfen mit indirektem Licht beleuchtet werden, sie können mit einem selbstleuchtenden Anteil von nicht mehr als 20 % der Gesamtfläche versehen sein,

c) eine Werbeanlage in der Art einer aufgemalten Schrift oder — flach anliegend — in plastischen, leuchtenden oder nicht leuchtenden Einzelbuchstaben zulässig, wenn der Flächeninhalt der Werbeanlage im Erdgeschoßbereich nicht größer als 3,00 qm und in den Obergeschossen nicht größer als 1,00 qm ist und dabei 7 % der Fassadenfläche nicht überschritten wird, bei einer mehrteiligen Werbeanlage gilt das Flächenmaß von 3,00 qm bzw. 1,00 qm für die Gesamtheit aller Teile; die Ausladung der plastischen Schriftzüge darf 15 cm nicht überschreiten,

d) das Aufstellen von Automaten über das nach § 5 Abs. 1 Buchst. 1 Statthafte hinaus auch außerhalb von Hauseingängen, Hofeinfahrten und Passagen zulässig, wenn sie sich gestalterisch in die Fassade einfügen.

Im übrigen gelten die Vorschriften des § 5 Abs. 1 Buchst. b, c, f, g und h.

(2) Innerhalb der Zone II sind Schaukästen nicht zulässig; ausgenommen sind Schaukästen öffentlicher Institutionen und Schaukästen für gastronomische Be-

triebe zum Aushang von Speise- und Getränkekarten im Bereich des Erdgeschosses, wenn sie in Form, Material, Farbe und Maßstab auf das Gebäude abgestimmt sind, an dem sie angebracht werden, sowie Pfeiler, Lisenen und Gewände in ihrer Wirkung nicht beeinträchtigen. — Im übrigen gelten die Bestimmungen des § 5 Abs. 2 Buchst. a, b, c, e, f, g, und i.

§ 7 Zone III

(1) Innerhalb der Zone III sind

a) Werbeanlagen nur als Hinweis auf Inhaber und Art des gewerblichen Betriebes zulässig; außerdem kann für höchstens drei Hersteller je eine Markenwerbung zugelassen werden,

b) Werbeanlagen zulässig, wenn sie an einem Gebäude zusammen im Erdgeschoßbereich nicht mehr als 4,50 qm und in den Obergeschossen nicht mehr als 1,20 qm einnehmen und 9 % Anteil der Gesamtfläche der Fassade nicht überschreiten; bei einer mehrteiligen Werbeanlage gilt das Flächenmaß von 4,50 qm bzw. 1,20 qm für die Gesamtheit aller Teile; Werbeanlagen in der Form von Leuchtkästen dürfen links und rechts das lichte Maß der Schaufensteröffnungen nicht überschreiten und maximal 60 % der Fassadenbreite lang sein,

c) Beschriftungen, Bemalungen und Beklebungen von Fensterflächen nur im Bereich des Erdgeschosses und in der Größe von 20 % der Glasfläche des jeweiligen Fensters zulässig; an Fensterflächen von Obergeschossen ist dies nur in dem Geschoß zulässig, in dem ein eigenständiger Betrieb ansässig ist. Ankündigungen von sogenannter Tagesware sind bis zu einer Größe von 25 % der Glasfläche der jeweiligen Fenster im Erdgeschoß zulässig.

Im übrigen gelten die Vorschriften des § 5 Abs. 1 Buchst. c und g sowie § 6 Abs. 1 Buchst. d.

(2) Innerhalb der Zone III sind flach an der Wand anliegende oder aufgemalte Werbeanlagen aller Art oberhalb der Brüstung des ersten Obergeschosses nicht zulässig, ausgenommen ist der Fall, daß die Werbung auf einen im betreffenden Geschoß ansässigen eioenständigen Betrieb bezieht.

Im übrigen gelten die Vorschriften des § 5 Abs. 2 Buchst. b und g sowie § 6 Abs. (2) Satz 1.

§ 8 Denkmalwerte Bauanlagen außerhalb der Zone I

Für Werbeanlagen an den in der Anlage A unter Ziffer 4 bezeichneten denkmalwerten Bauanlagen und ihre Umgebung gelten die Bestimmungen des § 5.

Teil III: Sonstige Vorschriften

§ 9 Ausnahmen und Befreiungen

Ausnahmen und Befreiungen regeln sich nach § 98 LBauO.

§ 10 Ordnungswidrigkeiten

Wer vorsätzlich oder fahrlässig unter Verstoß gegen eine Bestimmung dieser Satzung eine Werbeanlage oder einen Automaten anbringt, aufstellt oder verändert, handelt ordnungswidrig und kann gemäß § 125 Abs. 2 LBauO in Verbindung mit § 17 Abs. 1 des Gesetzes über Ordnungswidrigkeiten mit einer Geldbuße bis zu 10 000,— DM, bei fahrlässigem Handeln bis zu 5 000,— DM belegt werden.

Werbeanlagen oder Automaten, auf die sich die Ordnungswidrigkeit gemäß Abs. 1 bezieht, können gemäß § 125 Abs. 5 LBauO in Verbindung mit § 22 des Gesetzes über Ordnungswidrigkeiten eingezogen werden.

§ 11 Inkrafttreten

Diese Satzung tritt am Tage nach ihrer öffentlichen Bekanntmachung in Kraft.

Trier, den 23. Sept. 1977   Dr. Wagner, Oberbürgermeister

Anlage A zur Satzung über die Zulässigkeit, die Anbringung und die Gestaltung von Außenwerbung sowie Automaten in der Stadt Trier

Liste der Zonen und der besonders zu beachtenden denkmalwerten Bauanlagen

(Die Ziffern vor den Straßen und Plätzen bzw. Bauanlagen beziehen sich auf die Karten der Anlage B — Nummern der einzelnen Karten —)

1. Zone 1 (in der Karte — Anlage B — rot gekennzeichnet)
1 Dombering mit folgenden Straßen:
1 An der Meerkatz
1 An der Schellenmauer
1 Banthusstraße
1 Devorastraße, Teilstück zwischen Flanderstraße und Sichelstraße
1 Domfreihof
1 Dominikanerstraße
1 Flanderstraße
1 Große Eulenpfütz
1 Hinter dem Dom
1 Kleine Eulenpfütz
1 Liebfrauenstraße
1 Predigerstraße
1 Sieh um Dich
1 Sternstraße
1 Windstraße

3 Umgebung der St. Matthiasbasilika einschließlich der Abteigebäude mit folgenden Straßen und Plätzen:
3 Abteiplatz bis zum Moselufer
3 Aulstraße bis zur Eisenbahn
3 entlang der Eisenbahn
3 Im Schammat, von der Medardstraße bis zur Eisenbahn
3 Matthiasstraße zwischen Rodestraße und Medardstraße
3 Medardstraße bis zur Straße Im Schammat

5 Umgebung der St. Paulinbasilika mit folgenden Straßen:
5 Alkuinstraße von Balthasar-Neumannstraße bis zur Palmatiusstraße
5 Balthasar-Neumannstraße von der Paulinstraße dem Friedhof entlang bis zur Schöndorferstraße
5 Schöndorferstraße nur im Bereich des Friedhofes
5 Thebäerstraße von der St. Paulinbasilika bis zur Palmatiusstraße

Umgebung der alten Palliener Kirche mit folgenden Straßen:
6 Mühlenweg
6 Palliener Straße
6 Schillingsteg

1 Hauptmarkt

1 Judengasse

1 Krahnenstraße

1 Krahnenufer

1 + 6 Schießgraben

9 Stadtteil Pfalzel:
9 Adulastraße
9 An der Bastion
9 Burgstraße
9 Genovevastraße
9 Golostraße
9 Kirchplatz
9 Klosterstraße
9 Mechtelstraße
9 Moselufer, zwischen der Straße An der Bastion und einschließlich dem Grundstück Sauerzapfstraße 19
9 Münzstraße
9 Residenzstraße
9 Sauerzapfstraße von Haus Nr. 1 bis einschließlich Haus Nr. ►
9 Scholasterei
9 Spielesplatz
9 Stiftstraße
9 Wallmauer

14 Schloß Monaise

8 Schloß Quint

2. Zone II (in der Karte — Anlage B — grün gekennzeichnet)
1 Breitenstein
1 Christophstraße
1 Dietrichstraße zwischen der Kreuzung Justizstraße/Walramsnerstraße und Hauptmarkt
1 Fleischstraße Häuser Nr. 1, 2, 3, 4, 5, 6, 78, 79, 80, 81, 83, 84 und die Fassade Hauptmarkt 13
1 Glockenstraße
1 Grabenstraße
1 Hinter dem Zollamt
1 Irminenfreihof
1 Johanniter-Ufer zwischen Krahnenufer und Dampfschiffstraße
1 Johann-Philipp-Straße
1 Kaiserstraße zwischen Wall- und Hindenburgstraße
1 Kalenfelsstraße
1 + 6 Katharinenufer
1 Konstantinplatz
1 Konstantinstraße
1 Martinsufer
1 Mustorstraße
1 Paulinstraße zwischen der Kreuzung Maarstraße/Maximinstraße und Porta-Nigra-Platz

6 + 7 Moselufer, linke Seite von der Kaiser-Wilhelm-Brücke, Bonner Straße bis einschließlich Haus Nr. 23 in der Biewerer Straße einschließlich Felswand und Weißhaus

1 Porta-Nigra-Umgebung
1 Kutzbachstraße von Simeonstraße bis zum Simeonstiftplatz
1 Nordallee von der Engelstraße bis zum Porta-Nigra-Platz
1 Porta-Nigra-Platz
1 Simeonstiftplatz
1 Johannisstraße Nr. 5, 6, 7, 8, 9, 10
1 Karl-Marx-Straße Nr. 11, 19, 21, 25, 27, 29, 46, 48
1 Kornmarkt 2 (Casino)
1 Neustraße Nr. 1, 2, 5, 12, 15, 20, 21, 22, 23, 24, 35, 42, 83, 91
1 Palaststraße Nr. 11, 12, 13, 15, 19
1 Paulusplatz 3
1 Rindertanzstraße 4 und die Außenfronten der Häuser Sichelstraße 32, 34, 36
1 Sichelstraße 32, 34, 36 und Welschnonnenkirche und Klostergebäude
1 Stockplatz 2

4.3 Außerhalb der Zonen I, II und III
4 Amphitheater
11 Am Hötzberg 4 und Kirche (Tarforst)
1 Antoniuskirche
2 Barbarathermen
1 Basilika (Konstantin)
2 Bäderstraße 6
1 Deutschherrengebäude einschl. Orangerie- und Ökonomiegebäude
6 Drachenhaus im Weißhauswald
10 Duisburger Hof — Eitelsbach
15 Euren, Kirche
6 Exzellenzhaus, Zurmaiener Straße
3 Feyen, Germankapelle
11 Filsch, Kapelle
2 Gilbertstraße 80, 82
4 Heilig-Kreuz-Kapelle
4 Herrenbrünnchen
1 In der Olk 17, 18, 19, 20, 21, 22, 23, 24, 25, 26
12 Irsch, ehem. Burg — heute Pfarrhaus — und Kirche einschl. Friedhof
1 Jakobspitälchen 2/3
1 Jesuitenstraße 13 und Kirche
1 Kaiserthermen
10 Karthäuserhof in Eitelsbach
12 Kernscheid, Kapelle
5 Kürenzer Schlößchen
1 Kurfürstliches Palais mit Palastgarten
1 Kutzbachstraße 12/13
16 Markusberg, Kapelle
6 Martinskirche, Maarstraße
5 St. Maximinkirche
3 Medardkapelle, in der Medardstraße
13 Oberkirch, Kapelle
2 Saarstraße 13, 15, 17, 19, 21, 23, 24, 26, 30, 32, 34, 38, 39, 41, 42, 43, 47, 48, 49, 51, 53, 123, 127, 129, 131
1 Stresemannstraße 3
1 Thomaskapelle, Kutzbachstraße
13 Zewener Turm, Wasserbilliger Straße

Anlage B zur Satzung über die Zulässigkeit, die Anbringung und die Gestaltung von Außenwerbung sowie Automaten der Stadt Trier

Karten Nr. 1 bis Nr. 16 — Teilausschnitte der Stadtkarte Trier im M = 1 : 5 000
  Zone I = rot gekennzeichnet
  Zone II = grün gekennzeichnet
  Zone III = gelb gekennzeichnet

Denkmalwerte Bauanlagen, die außerhalb der Zone 1 liegen und besonders zu beachten sind = blau gekennzeichnet.

— Karten hier nicht abgedruckt —

Zusatz:

Die Anlage B hat gemäß der amtlichen Bekanntmachung der Stadt Trier vom 27. September 1977 im Trierischen Volksfreund in der Zeit vom 3. Oktober 1977 bis einschließlich 11. Oktober 1977 in der Eingangshalle des Rathauses, Augustinerhof, zur Einsicht ausgelegen.

Trier, den 12. Oktober 1977   STADTVERWALTUNG TRIER

Vermerk gemäß den Verwaltungsvorschriften zu § 27 der Gemeindeordnung

Die Satzung über die Zulässigkeit, die Anbringung und die Gestaltung von Außenwerbung sowie Automaten in der Stadt Trier vom 23. September 1977 wurde am 18. Oktober 1977 im Trierischen Volksfreund in vollem Wortlaut einschließlich der Anlagentexte und des Zusatzes vom 12. Oktober 1977 amtlich bekanntgemacht.

Nach § 11 ist die o. a. Satzung am 19. Oktober 1977 in Kraft getreten.

Trier, den 20. Oktober 1977   Steinmetz, Stadtoberinspektor

Erläuterungen zu der Satzung über die Zulässigkeit, die Anordnung, die Gestaltung von Außenwerbung sowie Automaten in der Stadt Trier

(benutzte Literaturquellen siehe Anhang)

Zu den gesetzlichen Grundlagen:

Das Recht der Außenwerbung hat, soweit es um die öffentlich-rechtliche Zulässigkeit von Werbeanlagen geht (neben in anderen Rechtsbereichen) schwerpunktmäßig seinen Platz in der Landesbauordnung. Die Landesbauordnung selbst spricht generelle, d. h. allgemein geltende Zulässigkeitsbeschränkungen für Werbeanlagen aus und gibt den Gemeinden die Ermächtigung, bestimmte örtlich motivierte Zulässigkeitsschranken für Werbeanlagen zu setzen.

§ 123 Örtliche Vorschriften (LBauO)

(1) Die Gemeinden können durch Satzung örtliche Vorschriften erlassen über

1. die äußere Gestaltung baulicher Anlagen sowie von Werbeanlagen und Automaten zur Durchführung gestalterischer Absichten in bestimmten bebauten oder unbebauten Teilen des Gemeindegebietes,

350

2. besondere Anforderungen gestalterischer Art an bauliche Anlagen sowie an Werbeanlagen und Automaten zum Schutz bestimmter Bauten, Straßen, Plätze oder Ortsteile von kultureller, historischer oder städtebaulicher Bedeutung oder zum Schutz von Bau-, Kultur- und Naturdenkmalen; dabei können nach den örtlichen Gegebenheiten insbesondere bestimmte Arten von Werbeanlagen und Automaten ausgeschlossen werden.

Während die generelle Regelung durch die Landesbauordnung überwiegend der Abwehr von Verunstaltungen durch Werbeanlagen dient, sind durch Ortssatzung Möglichkeiten der positiven Einflußnahme auf die Gestaltung von Werbeanlagen in bestimmten Bereichen des Stadtgebietes gegeben, um so der örtlichen Situation gerecht zu werden.

Erläuterungen zur Präambel:

Aufgrund der Erfahrungen der letzten Jahre hat sich herausgestellt, daß der Erlaß einer Ortssatzung geboten erscheint, da die Vorschriften der Landesbauordnung allein nicht ausreichen, dem besonderen Charakter bestimmter Bereiche der Stadt Trier bei der Genehmigung von Außenwerbeanlagen gerecht zu werden. Auch durch Verhandlungen können im Interesse des Stadtbildes nicht mehr die Ergebnisse erzielt werden, die in früheren Jahren möglich waren.

Ziel dieser Satzung ist es, bestimmte Festlegungen für die Genehmigung von Werbeanlagen zu treffen, um das unverwechselbare Erscheinungsbild unserer Stadt in bestimmten, näher festgelegten Bereichen zu erhalten. Hierbei wird auch die Stellung Triers als Oberzentrum der Region und Einkaufsstadt berücksichtigt.

Mit dieser Satzung ist gleichzeitig den Werbetreibenden und -herstellern eine Orientierungshilfe gegeben, wie in den einzelnen Bereichen der Stadt Werbeanlagen gestaltet und angeordnet werden können. Selbst in den historisch anspruchsvollen Bereichen ist eine Uniformierung nicht zu befürchten, da auch hier, wenn auch beschränkt, reizvolle Gestaltungsmöglichkeiten offen bleiben bzw. sogar gefordert werden. Ebenso wird hier im Gegensatz zu einigen Städten mit historischer Prägung nicht auf Lichtwerbung verzichtet. Daraus ergibt sich, daß diese Satzung das berechtigte Interesse der Wirtschaft auf Außenwerbung berücksichtigt. Wohl aber soll diese Satzung die Beeinträchtigung der Atmosphäre unserer Stadt verhindern. Die Atmosphäre unserer Stadt ist je nach Vorhandensein historischer Bausubstanz und Nutzung oder geschäftlicher Präsenz unterschiedlich geprägt; auch dies findet in der Satzung seinen Niederschlag.

Die Anlegung des Maßstabes eines geschulten Betrachters bei der Beurteilung von Fragen zur Gestaltung von Werbeanlagen für den Geltungsbereich dieser Satzung ist abgeleitet von § 5 LBauO Rheinland-Pfalz Abs. 2.

§ 5 Abs. (2) Bauliche Anlagen sind mit ihrer Umgebung derart in Einklang zu bringen, daß sie benachbarte bauliche Anlagen sowie das Straßen-, Orts- oder Landschaftsbild oder deren beabsichtigte Gestaltung nicht stören. Auf Bau-, Kultur- und Naturdenkmale und auf andere erhaltenswerte Eigenarten der Umgebung ist besondere Rücksicht zu nehmen.

Da diese Satzung sich nur auf bestimmte historisch anspruchsvolle Bereiche — also nicht auf das gesamte Stadtgebiet — erstreckt und hier besondere Rücksicht zu nehmen ist, kann nur der Maßstab des geschulten Betrachters angelegt werden.

Erläuterungen zu § 1 — Geltungsbereich

Abs. 1

Aus dem Gesamtstadtgebiet sind nur die Bereiche erfaßt, die hinsichtlich ihres Erlebniswertes besondere Beachtung verdienen. In der Zone I sind Bereiche und

Straßenzüge, die durch eine hervorragende historische Bausubstanz oder eine besondere Atmosphäre ausgestattet bzw. gekennzeichnet sind, erfaßt. In die Zone II sind Straßen und Plätze aufgenommen, die auch von wichtiger städtebaulicher und historischer Bedeutung sind, aber gleichzeitig auch von einem gewissen Flair städtischer Einzelhandelsstruktur in ihrem Erlebniswert mit bestimmt werden (Vergleich: Dombereich = Zone I; Simeonstraße = Zone II — Unterschied der Atmosphäre des Domfreihofs und der Liebfrauenstraße gegenüber der Simeonstraße, die auch eine der bedeutendsten Straßenzüge deutscher Stadtbaukunst ist und zwei historische Bereiche von hohem Rang, wie Porta-Nigra und Hauptmarkt, räumlich verbindet). Während auf dem Domfreihof und in der Liebfrauenstraße zu große oder farbige Lichtwirkungen die dort ruhige Atmosphäre stören würden, erscheinen in der Simeonstraße farbig leuchtende Werbeanlagen im Hinblick auf die Wirkung dieser Straße als Geschäftsstraße angezeigt. In der Zone III dagegen (z. B. in der Brotstraße) sind auch leuchtende Vorstehtransparente oder Kastentransparente möglich, wie hier die vorhandenen Straßen- oder Platzräume hinsichtlich ihrer Fassadenarchitektur nicht die Ansprüche erfordern wie in der Zone I und II, wo zum Beispiel Vorstehtransparente zur Beeinträchtigung der Fassadenarchitektur führen würden. Innerhalb der übrigen Bereiche des Stadtgebietes kann im Interesse der Werbung nach der LBauO verfahren werden. Eine Ausnahme bilden die besonders zu beachtenden denkmalwerten Bauanlagen und Ensembles auch innerhalb der Zone III.

Ausschlaggebend für die Aufnahme in die einzelnen Zonen sind der Gesamtcharakter eines Straßenzuges oder Platzes und die möglichen Nutzungsunterschiede. Je nach Einordnung in die Zone sind dann die zu beachtenden Einzelobjekte oder Ensembles besonders erfaßt, um so den übrigen Teilen eines Straßenzuges größere Werbemöglichkeiten offen zu halten.

Abs. 2

In Absatz 1 des § 79 der LBauO ist die Definition der Werbeanlagen enthalten.

§ 79 Werbeanlagen und Automaten

(1) Anlagen der Außenwerbung (Werbeanlagen) sind alle örtlich gebundenen Einrichtungen, die der Ankündigung oder Anpreisung oder als Hinweis auf Gewerbe oder Beruf dienen und vom öffentlichen Verkehrsraum aus sichtbar sind. Hierzu zählen insbesondere Schilder, sonstige Anschläge, Beschriftungen, Bemalungen, Lichtwerbungen, Schaukästen sowie für Anschläge oder Lichtwerbung bestimmte Säulen, Tafeln und Flächen.

Erläuterungen zu § 2 — Genehmigungspflicht

Die Genehmigungspflicht ist in § 91 der LBauO verankert. § 123 Abs. (3) 2 der LBauO räumt die Möglichkeit ein, für den Geltungsbereich dieser Satzung die nur anzeigebedürftigen und die genehmigungs- und anzeigefreien Werbeanlagen genehmigungspflichtig zu machen.

Hiervon wird deshalb Gebrauch gemacht, da auch kleinere Werbeanlagen und vorübergehende die Wirkung oder den Erlebniswert eines reich gegliederten oder historisch interessanten denkmalwerten Bauwerkes beeinträchtigen können. Die Genehmigungspflicht wird deshalb gefordert, da gegebenenfalls auch Werbeanlagen auf Hinweistafeln, die historische Nachrichten enthalten, abgestimmt werden oder verschiedene Hinweisschilder aufeinander abgestimmt werden müssen.

In der Zone III sind die Anforderungen nicht so hoch zu stellen wie in der Zone I und II. Deshalb können hier Ausnahmen zugelassen werden.

Ferner gewährleistet der letzte Satz bewußt Freizügigkeit für bestimmte Anlässe. Die Anbringung von vorübergehenden Werbeanlagen muß aber auf wenige Anlässe

beschränkt bleiben, um ein permanentes Vorhandensein vorübergehender Werbeanlagen, die oft sehr aufdringlich sind, verhindern zu können.

Ein kurzfristig auf wenige Anlässe beschränkter aufdringlicher Werbeeffekt kann
akzeptiert werden.

Erläuterungen zu § 3 — Allgemeine Aufforderungen:

Abs. 1

soll verhindern, daß Fremdwerbung die geschützten Bereiche überflutet und somit
die Anzahl der Werbeanlagen auf ein verträgliches Maß reduziert wird. Diese
Festlegung ist auch notwendig, um Werbeanlagen an Kreuzungspunkten oder
Hauptstraßen als Hinweise für Firmen oder Geschäfte in Nebenstraßen zu verhindern. Die Anforderungen für Werbeanlagen auf Giebelflächen dienen der Stadtbildpflege und dem Bemühen, die Baukörper befriedigend zu gestalten. Zudem soll der
Häufung entgegengewirkt werden.

Abs. 2

stellt für den ganzen Gültigkeitsbereich dieser Satzung zu erhebende unerläßliche
Forderungen auf. Es soll sichergestellt werden, daß die Architektur bzw. die
Gliederung der Häuser bei der Anbringung von Werbeanlagen berücksichtigt und
eine Hausfassade nicht ausschließlich zum Werbeträger degradiert wird — auch
bezüglich der Farbgebung —. Vorschriften über die Anordnung von Konstruktions-
teilen sind aus der Erfahrung notwendig und sollen eine einwandfreie Gestaltung
der Werbeanlagen bewirken. Laufende Schrift- und Leuchtbänder sowie Blinklichter würden die Atmosphäre innerhalb des Geltungsbereiches dieser Satzung stören.

Abs. 3

dient der Stadtbild- und Landschaftspflege und soll in erster Linie das wilde
Plakatieren verhindern.

Abs. 4

soll verhindern, daß die Werbeanlagen — Vorstehtransparente — zu dicht aufeinan-
der angebracht werden. Dies dürfte, wie die Erfahrung zeigt, auch im Interesse der
Werbetreibenden liegen (bessere Wahrnehmung bei der Schrägsicht aus der
Perspektive des Straßenzuges in Längsrichtung).

Abs. 5

Die hier vorgeschriebene Höchstausladung soll eine zu starke Überdeckung der
Fassadenarchitektur für den Blick aus der Längsrichtung eines Straßenzuges
verhindern. Die Beschränkung der Werbeanlage auf ein Höchstmaß ihrer Außenflächen dient dem gleichen Zweck; der Flächeninhalt ist aber ausreichend werbewirksam.

Bei winklig zur Gebäudefront angebrachten Werbeanlagen sind aus Gründen der
Verkehrssicherheit (Lastwagenverkehr) folgende Abstandsmaße einzuhalten:

bei einer Ausladung von mehr als 0,30 m muß das Maß zwischen Oberkante
Bürgersteig und Unterkante Werbeanlage mehr als 3,00 m betragen; die Ausladung
muß einen horizontalen Abstand von mehr als 0,65 m von der Fahrbahnkante haben.
Ist dieser Abstand nicht einzuhalten, muß die Unterkante der Werbeanlage mindestens 4,20 m über dem Bürgersteig liegen (Sicherheit und Leichtigkeit des Verkehrs
— § 3 LBauO).

Abs. 6

Vor allem sollen die innerhalb der Zone III und die außerhalb der Zonen liegenden
denkmalwerten Bauanlagen unl Ensembles hierdurch geschützt werden. Die inner-

halb der Zonen I und II befindlichen denkmalwerten Bauanlagen sind durch die dort geltenden Vorschriften geschützt.

Ferner soll erreicht werden, daß die Werbeanlagen innerhalb des Geltungsbereiches dieser Satzung überwiegend im unteren Bereich der Bebauung angebracht werden, um so die besondere Charakteristik der Trierer Stadtsilhouette nicht zu beeinträchtigen, die sich von Städten, die als Industrie- oder Handelsmetropolen gelten und durch Hochhäuser gekennzeichnet sind, deutlich unterscheidet. Diese Forderung ist besonders im Hinblick auf die Tallage Triers und die bei Dunkelheit angestrahlten Baudenkmäler zu erheben (Einsicht von den Einfallstraßen der Höhenzüge aus — Pellinger Straße, Bitburger Straße).

Werbeanlagen an Balkonen und Einfriedigungen sind gestalterisch nicht befriedigend zu lösen. Die Anbringung von Werbeanlagen bei hoher Mauereinfriedigung muß möglich sein, da die Erdgeschoßbereiche der dahinter liegenden Häuser oft nicht einsehbar sind.

Erläuterungen zu § 4 — Unterhaltung von Werbeanlagen:

Mit dieser Vorschrift ist eine Möglichkeit der Instandsetzung oder Entfernung verwahrloster Werbeanlagen, sofern sie sich nachteilig auf das Straßen- oder Platzbild auswirken, gegeben.

Erläuterungen zu § 5 — Zone I:

Abs. 1 a)

soll sicherstellen, daß zusätzliche Werbeslogans oder Markenfirmenzeichen der Depothaltung usw. bzw. Verkaufsangebote nicht Bestandteil von Werbeanlagen (mit Ausnahme an Fensterflächen nach § 5 Abs. 1 Buchst. h) sind. Dies entspricht der bisherigen Praxis in Trier. In letzter Zeit versuchen einige Firmen dies zu durchbrechen, was negative Einwirkungen erzeugen würde.

Abs. 1 b)

dient der Verhinderung disharmonischer Wirkungen; aber im höheren Grad als bei § 3 Abs. 2 dieser Satzung. Es ist keineswegs eine „Uniformierung" der Werbeanlagen beabsichtigt.

Abs. 1 c)

Diese genaue Festlegung ist notwendig, um die Werbeanlagen klar von der architektonischen Gliederung eines Gebäudes abzusetzen bzw. ihre gestalterisch befriedigende Einbeziehung in eine Hausfassade zu erzielen. Hierdurch sollen laufende Diskussionen vermieden werden.

Abs. 1 d)

Vorstehtransparente würden den Blick auf die Fassaden der Bauwerke verdecken und können auch den Erlebniswert eines Bereiches verändern bzw. beeinträchtigen.

Künstlerisch individuell gestaltete und filigran gehaltene Vorstehschilder dagegen können zur Bereicherung (auch in moderner Auffassung) beitragen. Die Forderung auf künstlerische individuelle und filigrane Gestaltung muß erhoben werden, um an diesen Stellen die diesbezüglich serienmäßig hergestellten sogenannten „historischen" Sonderangebote der Industrie auszuschalten; denn diese entsprechen durchweg nicht den Anforderungen.

Abs. 1 e)

Mit dieser Vorschrift ist eine Gestaltung gefordert, wie sie für historisch bedeutende Bereiche, auch in anderen Städten, üblich ist. Werbeanlagen dieser Art reichen aus, da sie nicht so konkurrierend angeordnet werden, als in anderen Zonen. Wie bereits vorerwähnt, wird hier im Gegensatz zu einigen anderen Städten mit historischer Prägung nicht auf Leuchtwerbung verzichtet. Der „umfassende" Flächeninhalt entsteht innerhalb der äußeren umschreibenden Linie der Anlage.

Abs. 1 f)

Hierdurch soll auch dem besonderen Charakter anspruchsvoller Zonen entsprochen werden. Zudem wird durch diese Vorschrift eine bessere Lesbarkeit der Schrift gewährleistet.

Abs. 1 g)

Dies dürfte z. B. bei schmiedeeisernen Vorstehtransparenten oder aufgemalten Schriftzügen vorkommen. Hierbei ist aber jede Blendung von Passanten und Anliegern aus Gründen der Verkehrssicherheit bzw. des Nachbarschutzes zu vermeiden.

Abs. 1 h)

Die Fensterflächen sind, gegliedert oder ungegliedert, wesentlicher Bestandteil der Architektur eines Bauwerkes und beeinflussen somit auch den Charakter eines Straßen- oder Platzraumes. Deshalb müssen hier auch gestalterische Forderungen erhoben werden.

Die Einbeziehung der Fensterglasflächen für Werbung bewirkt in übertriebener Form eine starke Beeinträchtigung und muß auf ein erträgliches Maß je nach den Anforderungen reduziert werden; d. h., daß Werbung auf Fensterflächen nicht ganz ausgeschlossen ist.

Abs. 1 i)

Durch das Aufstellen von Automaten in Hauseingängen, Hofeinfahrten und Passagen wird eine Störung des Straßen- oder Platzbildes vermieden.

Abs. 2 a)

Durch die geschäftliche Nutzung der Erdgeschoßzonen der Häuser und deren damit verbundenen baulichen Gestaltung bestimmt in vielen Fällen nur noch die Obergeschoßzone der Häuser den Charakter eines Straßen- oder Platzraumes. Deshalb sollen die Obergeschoßzonen (unter Berücksichtigung der hier angeführten Ausnahmen) frei von Werbeanlagen bleiben.

Abs. 2 b)

Hierdurch soll die gestalterische Einheit der Wandflächen der Obergeschoßzone eines Hauses gewährleistet werden.

Abs. 2 c)

In der Zone I bestimmen vorspringende Bauteile oder Giebelflächen mit das Bild eines Straßenzuges oder Platzes oder sie stehen in einer bedeutenden Blicksituation zu einer denkmalwerten Baugruppe. Deshalb müssen Werbeanlagen hier vermieden werden.

Abs. 2 d)

Die Forderung wird im Hinblick auf die besondere Atmosphäre innerhalb der Zone I erhoben.

Abs. 2 e)

Leuchtkästen werden untersagt, da sie nicht nur den Maßstab sprengen, sondern vielmehr durch ihren Helligkeitseffekt die Atmosphäre stören.

Abs. 2 f)

Senkrecht lesbare Werbeanlagen sind mehr industriell und geschäftlich geprägten Bereichen zugeordnet und sollen in der Zone I keine Verwendung finden; sie sind zudem schlecht lesbar.

Abs. 2 g)

Diese Vorschrift richtet sich nicht gegen Sonnenschutzeinrichtungen, sondern verhindert, daß Sonnenschutzeinrichtungen aus modischen Gründen als Werbeträger Verwendung finden.

Abs. 2 h)

Richtet sich gegen die Anbringung von Schaukästen auf Pfeilern und Mauerflächen und räumt nur diese Ausnahme ein.

Abs. 2 i)

Wie bei § 3 Abs. (6) zweiter Satz. Zudem sind Werbeanlagen im Bereich von Steildächern selten gestalterisch ohne störende Hilfskonstruktionen befriedigend zu lösen.

Erläuterungen zu § 6 — Anforderungen in der Zone II:

Ergänzend zu den Erläuterungen zu § 1 dieser Satzung ist der Unterschied festzustellen, daß in der Zone II das wirtschaftliche Leben mehr berücksichtigt wird. Hier können — 1 a — für jeden Inhaber der Genehmigung zusätzliche Markenwerbung zugelassen werden. Bei 1 b und 1 c sind die Maße nicht so eng gesetzt. Der Flächeninhalt der Werbeanlagen ist größer. Das Aufstellen von Automaten beschränkt sich nicht mehr nur auf Hauseingänge, Passagen und Hofeinfahrten. Allerdings müssen in diesen Fällen die Bürgersteige breiter als 2,00 m sein und die Automaten nicht mehr als 0,15 m über die Gebäudeflucht im Erdgeschoß vorstehen. Schaukästen gastronomischer Betriebe und öffentlicher Institutionen sind auch an anderen Stellen des Erdgeschosses möglich. In der Zone II sind die Leuchtfarben nicht nur auf weiß und gelb beschränkt; es können auch andere Farben zur Anwendung kommen.

Erläuterungen zu § 7 — Anforderungen in der Zone III:

Ebenfalls ergänzend zu den Erläuterungen zu § 1 dieser Satzung ist festzustellen, daß hier weitgehende Möglichkeiten der Außenwerbung gegeben sind. Es können hier neben dem Hinweis auf Inhaber und Art des Betriebes zusätzlich je eine Markenwerbung bis zu drei Herstellern zugelassen werden. Darüber hinauszugehen empfiehlt sich nicht — es sei denn außerhalb der Zonen —, da sonst eine zu starke Überladung entstehen würde, die bei Vorsteh-Transparenten zur Folge haben kann, daß sich eine Fülle von Transparenten anhäuft. Die Hausfassaden würden somit ihre raumbildende Wirkung einbüßen.

In der Zone III sind neben Einzelbuchstaben auch Leuchttransparente in Kastenform zulässig. Beleuchtete Vorstehtransparente sind auch in Kastenform möglich; ferner Giebelreklamen.

Erläuterungen zu § 8 — Denkmalwerte Bauanlagen außerhalb der Zone I:

Es handelt sich nur um Bauanlagen, die Beachtung verdienen, oder um Ensembles, die besonders charakteristisch sind und die Stadtbildqualität fördern.

Schleswig-Holstein:

Satzung der Stadt Flensburg über besondere Anforderungen an bauliche und Werbeanlagen im Bereich der Altstadt (Altstadtsatzung)

Aufgrund des § 111 Abs. 1 Nr. 1 und 2 der Landesbauordnung für das Land Schleswig-Holstein (LBO) in der Fassung vom 20. Juni 1975 (GVOBl. Schl.-H. S. 142) in Verbindung mit § 4 der Gemeindeordnung für Schleswig-Holstein vom 24. Januar 1950 in der Fassung vom 6. April 1973 (GVOBl. Schl.-H. S. 89 wird nach Beschlußfassung durch die Ratsversammlung vom 12. 5. 1977 mit Genehmigung des Innenministers vom . . . . . die folgende Satzung über besondere Anforderungen an bauliche und Werbeanlagen erlassen:

Präambel

(1) Der Erhaltung und Pflege sowie der Weiterentwicklung des Stadtbildes der Flensburger Altstadt kommt im Rahmen zunehmender Stadterneuerungsbestrebungen ein vorrangiges öffentliches Interesse zu.

(2) ¹Die topographische Situation Flensburgs hat in dem schmalen Raum zwischen der Förde und den angrenzenden Höhen einen ganz spezifischen Stadtgrundriß entstehen lassen, der sich wesentlich vom Standardtyp der mittelalterlichen Stadt unterscheidet. ²Sehr schmale, dafür aber um so tiefere Grundstücke haben eine Bebauung geprägt, die über Jahrhunderte hinweg die Identität der Altstadt ausmachte. ³Die Erhaltung des überkommenen, von der Grundstücksstruktur abzuleitenden Maßstabes bildet deshalb eine wesentliche Voraussetzung für die Bewahrung des Stadtbildes.

(3) ¹Die Häuser der Altstadt sind zu unterschiedlichen Zeiten geplant, erbaut, renoviert, verändert, zerstört, wiederaufgebaut, umgebaut und modernisiert worden. ²Als Ergebnis dessen hat jedes Einzelgebäude innerhalb der gemeinsamen Stadtgeschichte sein eigenes Gepräge erhalten, ablesbar an unterschiedlichen Baumaterialien, Abmessungen, Fassadengliederungen, Dachformen etc. ³Diese Unterschiedlichkeit im Rahmen des allen Häusern gemeinsamen Maßstabes soll erhalten und gepflegt werden. ⁴Denn gerade in der individuellen Vielfalt und in der aufeinander abgestimmten Abwechslung liegt die Schönheit des Stadtbildes. ⁵Diese Satzung soll deshalb nicht Ungleiches gleich machen, sondern eine stadtbildgemäße Weiterentwicklung des historischen Orts- und Straßenbildes ermöglichen.

(4) ¹Neben dieser die überwiegenden Teile der Altstadt erfassenden Satzung sind für die Umgebung denkmalgeschützter Bauwerke sowie einzelner Platzräume weitere Baugestaltungssatzungen notwendig. ²Diese werden für bestimmte „Schutzbereiche" wie Norder- und Kompagnietor, Marien-, Nikolai- und Johanniskirchhof, Toosbay- und Rathausstraße weitergehende Festsetzungen getroffen, welche der besonderen Situation des Einzelraumes Rechnung tragen. ³Das gleiche gilt für den Bereich der die Altstadt umgebenden Hänge.

(5) Die Bestimmungen dieser Satzung gelten auch für bauliche Maßnahmen, die nach § 85 der Landesbauordnung nicht anzeigepflichtig sind.

Teil I: Allgemeine Vorschriften

§ 1 Räumlicher Geltungsbereich

Teil I: Allgemeine Vorschriften

§ 1 Räumlicher Geltungsbereich

Diese Satzung gilt für alle vom Straßenraum der folgenden Straßen der Flensburger Altstadt einzusehenden Teile der baulichen und Werbeanlagen, soweit sie sich auf Grundstücken an diesen Straßen befinden:

Am Nordertor
Norderstraße
Norderfischerstraße
Schloßstraße (von Norderstraße bis Königstraße)
Herrenstall
Marientreppe
Oluf-Samson-Gang
Toosbüystraße
Am Burgfried
Neue Straße
Kompagniestraße
Marienstraße
Marienkirchhof
Schiffbrücke (von Schiffbrückstraße bis Haus Nr. 42)
Schiffbrückstraße
Nordermarkt
Große Straße
Heiliggeistgang
Rathausstraße
Holm
Nikolaistraße
Nikolaikirchhof
Südermarkt

Friesische Straße (von Südermarkt bis Stuhrsallee)
Rote Straße
Dr. Todsen-Straße
Angelburger Straße
Süderfischerstraße
Johanniskirchhof
Am Dammhof
Jürgenstraße (von Kurze Straße bis Friedastraße)
Kurze Straße
Steuermannsgang
Platzbygang
Tötensgang
Ravensgang
Pilkentafel

Teil II: Gestaltung baulicher Anlagen

§ 2 Allgemeine Anforderungen

[1]Neubauten und bauliche Veränderungen sind nach Maßgabe der §§ 3—9 zu gestalten. [2]Sie müssen sich insbesondere nach Stellung, Größe, Gestaltung, nach Bauart und Baustoff, Maßstab, Form- und Farbgebung gut in den Ensemblecharakter des Straßenraumes einfügen.

§ 3 Baukörper

(1) Die bisherige Straßenflucht einschließlich ihrer Vor- und Rücksprünge ist einzuhalten bzw. wiederherzustellen.

(2) [1]Werden Bauwiche oder Traufgassen überbaut, so muß der Baukörper in diesem Bereich um mindestens einen Meter hinter die Bauflucht zurückgesetzt werden und ein vom Hauptkörper abgesetztes Dach erhalten. [2]Dieses gilt nicht, wenn die Grundstücksbreite, die nunmehr überbaut werden soll, weniger als sechs Meter beträgt.

(3) [1]Werden Flurstücksgrenzen überbaut, so sind die Hausfronten im Bereich dieser Grenze in einzelne Fassaden zu unterteilen. [2]Die Hausfronten sind auch dann in einzelne Fassaden zu unterteilen, wenn in den folgenden Straßen die Breite der Flurstücke mehr als 16 Meter beträgt:

Norderstraße
Herrenstall
Oluf-Samson-Gang
Kompagniestraße
Marienstraße
Schiffbrücke (von Schiffbrückstraße bis Haus Nr. 42)
Nordermarkt (von Haus Nr. 3 bis 7)
Große Straße
Holm
Südermarkt
Angelburger Straße
Johanniskirchhof
Jürgenstraße (von Kurze Straße bis Friedastraße)

§ 4 Fassaden

(2) [1]Die einzelnen Fassaden müssen durch deutliche vertikale Begrenzungen ablesbar sein. [2]Der vertikale Fassadenrand ist durch eine geschlossene Wandfläche von mindestens 50 cm Breite zu bilden.

(2) [1]Fassadenwiederholungen sind unzulässig. [2]Die Fassaden müssen sich mindestens in ihrer Traufhöhe um 50 cm und in der Höhe ihrer Fensterbrüstungen um 15 cm unterscheiden.

(3) [1]Fassaden müssen, auch in den Obergeschossen, durch Türen und/oder Fenster gegliedert werden. [2]Der Anteil dieser Öffnungen an der Gesamtfläche einer Fassade soll zwischen 15 und 50 Prozent liegen.

(4) Sind Fenster und andere Öffnungen wegen der Nutzung des Gebäudes nicht erforderlich, so ist es zulässig, die Gliederung der Fassade auf andere Weise vorzunehmen.

§ 5 Fenster

(1) [1]Es sind, mit Ausnahme der Schaufenster, „stehende" Fensterformate zu verwenden. [2]Die Breite darf höchstens neun Zehntel der Höhe betragen.

(2) [1]Fensterreihungen sind nur zulässig, wenn das „stehende Format" der Einzelfenster durch deutlich wirksame vertikale Unterteilungen optisch bestimmend bleibt. [2]Eine Fensterreihung muß mindestens alle drei Meter durch geschlossene Wandflächen von mindestens 50 cm Breite unterbrochen werden.

§ 6 Schaufenster

(1) Schaufenster sind nur im Erdgeschoß zulässig.

(2) Die Schaufensterzone ist aus der Gesamtfassade zu entwickeln und hat sich dieser unterzuordnen.

(3) Schaufenster sind seitlich und mindestens alle drei Meter durch geschlossene Wandflächen von mindestens 50 cm Breite einzufassen, es sei denn, sie liegen hinter Arkaden.

(4) Markisen sind entsprechend der Schaufenstergliederung zu unterteilen.

§ 7 Vordächer

(1) [1]Vordächer dürfen nur über Schaufenstern und Ladeneingängen sowie über dazwischenliegenden Pfeilern bis zu einem Meter Breite angeordnet werden. [2]Sie müssen von der seitlichen Begrenzung der einzelnen Fassaden einen seitlichen Abstand von mindestens 50 cm einhalten.

(2) [1]Vordächer dürfen maximal einen Meter auskragen. [2]Die Höhe der auskragenden Teile darf maximal 20 cm betragen.

§ 8 Dächer

(1) [1]Es sind Satteldächer und verwandte Dachformen wie Mansarddächer vorzusehen. [2]Für untergeordnete Nebengebäude bis zu zwei Geschossen und 100 qm Grundfläche sind andere Dachformen zulässig.

(2) Staffelgeschosse sind unzulässig.

(3) ¹Die Summe der Länge von Dachaufbauten und -einschnitten darf die Hälfte der Trauflänge nicht überschreiten. ²Zu den seitlichen Grenzen ist ein Abstand von mindestens 1,50 Meter einzuhalten.

(4) Die Dachfläche zwischen Traufe und Gaube oder Dacheinschnitt muß — in der Dachschräge gemessen — mindestens einen Meter breit sein.

§ 9 Materialien und Farbgebung

(1) Für die Fassaden ist die Verwendung von Material mit spiegelnder Oberfläche, insbesondere Reflektionsglas, glasierter Keramik, poliertem oder geschliffenem Werkstein, unzulässig.

(2) ¹Für die Eindeckung geneigter Dächer sind Ziegel, Pfannen oder Schiefer zu verwenden. ²Für die Eindeckung von Kirchen, Utluchten, Erkern, Dachgauben usw. ist auch Kupferblech zulässig.

(3) Bei verputzten Fassaden ist die Wirkung von Gliederungselementen durch farbliche Behandlung zu unterstreichen.

(4) Für die Dacheindeckung sind nur rote, rotbraune, blaue und graue Farbtöne zulässig.

Teil III: Gestaltung von Werbeanlagen

§ 10 Anbringung

(1) ¹Werbeanlagen sind nur unterhalb der Fensterbrüstung des ersten Obergeschosses und nur bis zu einer Höhe von fünf Metern über dem Straßenniveau zulässig. ²An Bauteilen, die in den Straßenraum hineinragen, wie Utluchten, Erker, Balkonen, Kragplatten, sind Werbeanlagen nicht zulässig.

(2) ¹In Vorgärten, an Einfriedigungen, Böschungen und Brücken dürfen Werbeanlagen weder aufgestellt noch angebracht werden. ²Ausgenommen hiervon sind Hinweisschilder bis zu einer Größe von 0,25 qm, welche in Vorgärten und an Einfriedigungen zulässig sind.

(3) Werbeanlagen und Warenautomaten dürfen wesentliche Gliederungselemente von Fassaden weder verdecken noch überschneiden.

(4) Spannbänder und Fahnen dürfen zu Werbezwecken nur für die Dauer zeitlich begrenzter Sonderveranstaltungen angebracht werden.

§ 11 Gestaltung

¹Werbeanlagen dürfen nicht mehr als einen Meter hoch sein und nicht weiter als 15 cm in den Straßenraum hineinragen. ²Dies gilt nicht für Berufszeichen als handwerklich gestaltete Auslegeschilder, Apothekenembleme sowie Uhren ohne Werbeaufschriften.

§ 12 Lichtwerbung

(1) ¹Unzulässig ist die Verwendung von wechselndem oder bewegtem Licht und transparenten Leuchtschildern.

(2) Die Anbringung von Lichtleisten oder anderen Beleuchtungskörpern oberhalb der Brüstung des ersten Obergeschosses und in einer Höhe von mehr als fünf Metern über dem Straßenniveau ist unzulässig.

Teil IV: Schlußvorschrift

§ 13 Inkrafttreten

Diese Baugenehmigung tritt am ersten Tage des auf ihre Bekanntmachung folgenden Monats in Kraft.

Genehmigung

Hiermit genehmige ich nach § 111 Abs. 4 der Landesbauordnung die von der Ratsversammlung am 12. 5. 1977 beschlossene und mit Bezugsberichtigung vorgelegte Satzung der Stadt Flensburg über besondere Anforderungen an bauliche und Werbeanlagen im Bereich der Altstadt (Altstadtsatzung).

Kiel, den 20. 5. 1977   Der Innenminister des Landes Schleswig-Holstein
— IV 830 b — 515.032 — 1 —
gez. Domning

**Urteil des Bundesverwaltungsgerichts
über die Rechtmäßigkeit der Außenwerbungs-Verordnung
der Stadt Landsberg am Lech**

Die Außenwerbungs-Verordnung (AWV) der Stadt Landsberg am Lech, die in ihrer Fassung vom 22. 12. 1971 einem Urteil des Bundesverwaltungsgerichts vom 22. 02. 1980 – Az.: 4 C 44.76 – zugrunde lag und deren § 11 als rechtmäßig bestätigt worden ist, kann als eine beispielhafte Regelung für das Gebiet einer historischen Altstadt angesehen werden. Zwar mag die Verordnung auf den ersten Blick zu sehr ins einzelne gehend erscheinen. Indessen ist diese Art der Behandlung sowohl sachlich wie rechtlich begründet. Der Gewerbe- oder Werbetreibende weiß genau, woran er ist, was er wo und in welchem Umfange darf oder nicht darf. Das Bundesverwaltungsgericht läßt in seinem Urteil erkennen, daß eine solche, alle Einzelheiten und Möglichkeiten erfassende Verordnung zweckmäßig ist. Sie muß den gesetzlichen Vorschriften entsprechen und einer Nachprüfung durch die Rechtsprechung standhalten.

Auf das entsprechende Urteil des Bundesverwaltungsgerichts (BVerwG) vom 22. 02. 1980 wird im folgenden Abschnitt näher eingegangen. Die Außenwerbungs-Verordnung der Stadt Landsberg am Lech kann nach Inhalt, Zweck und Ausmaß im Sinne der Ermächtigungsgrundlage des Art. 107 Abs. 1 Bayerische Bauordnung i.d.F. vom 31. Juli 1970 (GVBl. S. 345) als hinreichend befunden werden. Die Gründe des höchstrichterlichen Urteils zeigen ebenso wie schon die des Berufungsgerichts (Bayer. VGH, Urteil vom 16. 03. 1976 – Nr. 151 VI 74) die vielfältigen Rechtsfragen, die sich schon aus verfassungsrechtlicher Sicht, namentlich aus Art. 80, 14, 20 und 3 des Grundgesetzes, ergeben. Das Verwaltungsgericht München (Urteil vom 21. 05. 1975 – MX – 9864/72), der Bayerische Verwaltungsgerichtshof in dem erwähnten Berufungsurteil und schließlich das Bundesverwaltungsgericht sind, wenn auch nicht immer mit der gleichen Begründung, so doch im Ergebnis übereinstimmend, zu dem Spruch gekommen, daß § 11 der Außenwerbungs-Verordnung allen rechtlichen und tatsächlichen Beanstandungen des klagenden Gewerbetreibenden standhält. Von einem Abdruck der beiden vorinstanzlichen Entscheidungen kann abgesehen werden, weil das Revisionsurteil alle Einwendungen gegen die Rechtmäßigkeit des § 11 Außenwerbungs-Verordnung sehr eingehend behandelt und verworfen hat.

In den Urteilsgründen geht das Bundesverwaltungsgericht auf die verschiedenen Werbemöglichkeiten ein, die dem Gewerbe- oder Werbungtreibenden neben der nur ausnahmsweise (für nachtarbeitende Betriebe) erlaubbaren Lichtreklame verbleiben. Da das Gericht in dieser Hinsicht keine Beanstandungen erhebt und sich sehr ausführlich über die rechtlich erlaubten Möglichkeiten zur Einschränkung der Werbung, aber auch über die dem Werbewilligen verbleibenden Möglichkeiten ausläßt, hat es unseres Erachtens – nicht bloß mittelbar – anerkannt, daß nicht allein § 11 Außenwerbungs-Verordnung, sondern auch die übrigen Bestimmungen der Außenwerbungs-Verordnung vor einer höchstrichterlichen Nachprüfung bestehen würden.

Das für viele Städte und Gemeinden bedeutsame Urteil des Bundesverwaltungsgerichts, mit dem, wie in den Vorinstanzen, die Einwendungen eines Gewerbetreibenden gegen die Nichtgenehmigung einer Leuchtreklame im Altstadtgebiet zurückgewiesen wurden, beschäftigt sich u. a. mit folgenden Fragen:

- Rechtsgültigkeit von Ermächtigungsvorschriften einer Landesbauordnung (im vorliegenden Fall des Art. 107 Abs. 2 der bayerischen Bauordnung – BayBO) für den Erlaß einer Außenwerbungs-Verordnung bzw. Außenwerbungs-Satzung.

- Probeme der Eigentumsgarantie des Art. 14 Grundgesetz (GG) hinsichtlich der Anlagen der Außenwerbung, und hierbei besonders auch mit der die Baugestaltung angehenden Sozialpflichtigkeit des Eigentums.

- Verfassungsmäßigkeit des generellen Ausschlusses von Lichtreklame in einer alten Stadt und der Zumutbarkeit eines Lichtreklame-Verbots für Gewerbetreibende.

- Zulassung von Lichtreklame an der Stätte der Leistung nur für nachtarbeitende Betriebe und Ausschluß der Lichtreklame für tagsüber arbeitende Betriebe in einer alten Stadt.

- Entscheidungsfreiheit der Stadt als Verordnungsgeber, was hinsichtlich von Anlagen der Außenwerbung im wesentlichen gleich und was als so verschieden anzusehen ist, daß die Verschiedenheit eine Ungleichbehandlung rechtfertigt.

Im folgenden werden die Kernpunkte des Urteils in Leitsätzen wiedergegeben. Die Gründe des Urteils werden wegen der Bedeutung der Entscheidung in ihrem rechtlichen Teil in vollem Wortlaut abgedruckt.

Leitsätze

a) Art. 107, Abs. 1 BayBO reicht als Ermächtigungsnorm für die Außenwerbungs-VO – AWV – einer historischen Stadt aus, weil er Inhalt, Zweck und Ausmaß hinreichend bestimmt. Allerdings kann nicht Art. 80 Abs. 1 Satz 2 GG den Prüfungsmaßstab für die Ermächtigungsnorm des Art. 107 Abs. 1 BayBO abgeben, weil sich Art. 80 GG nur auf Bundesrecht bezieht, vgl. BVerfG, Beschl. v. 2. 5. 1961 – 1 BvR 203/53 – BVerfGE 12, 319 (325) und BVerwG, Urtl. v. 29. 5. 1964 – IV C 22.63 – BVerwGE 18, 324 (326). Welche Anforderungen das Bayerische Landesverfassungsrecht an Ermächtigungsnormen stellt, entscheidet sich allein in Auslegung und Anwendung des irrevisiblen Landesrechts (vgl. §§ 137 Abs. 1, 173 VwGO i. V. mit §§ 549, 562 ZPO). Ob das Rechtsstaatsgebot des Art. 20 Abs. 2 GG ebenso hohe Anforderung an eine Ermächtigungsnorm stellt, kann auf sich beruhen, weil die Ermächtigungsnorm des Art. 107 Abs. 1 BayBO sogar diesen hohen Anforderungen genügt.

b) Die Begriffe „Inhalt, Zweck und Ausmaß" sind nicht, jeweils von einander isoliert zu betrachten, sondern daraufhin, ob sie sich – weil nicht exakt gegeneinander abgrenzbar – bei der jeweiligen konkreten Ermächtigungsnorm gegenseitig ergänzen und durchdringen. Das ist hier der Fall.

c) Art. 107 Abs. 1 BayBO hält auch der Eigentumsgarantie des Art. 14 GG stand, weil er Inhalt und Schranken des Eigentums in Übereinstimmung mit den Beschlüssen des BVerfG vom 15. 1. 1969 – 1 BvL 3/66 – BVerfGE 25, 112 (117) und vom 19. 6. 1969 – 1 BvR 353/67 – GVerfGE 26, 215 (222) sowie in Übereinstimmung mit der Rspr. des erk. Senats, vgl. Urt. v. 28. 4. 1972 – IV C 11.69 – BVerfGE 40, 94 (98) bestimmt. Die sich in Vorschriften über die Baugestaltung konkretisierende Sozialpflichtigkeit des Eigentums berührt dessen Substanz um so weniger, als das Gestaltungsbelieben des Eigentümers nicht durch Werbeverbote grundsätzlich eingeschränkt, sondern nur hinsichtlich der Art und Gestaltung der Werbung beschränkt wird.

d) Die Ansicht, § 11 AWV sei nicht verfassungsgemäß, weil diese Bestimmung Lichtreklame in der gesamten historischen Altstadt allgemein verbiete und den Betrieben so den „Kontakt nach außen" nehme, geht fehl. Das baugestalterische Ziel, eine Beeinträchtigung des vorhandenen oder durch Planung erstrebten Charakters eines Baugebiets durch funktionswidrige Anlagen zu verhindern, ist ein „beachtenswertes öffentliches Anliegen". Demgemäß sind generalisierende Regelungen, welche die Zulässigkeit bestimmter Werbeanlagen von der Art des Baugebietes abhängig machen, wiederholt als vertretbar angesehen worden, vgl. die Respr.-Nachweise im Urt. des Senats vom 28. 4. 1972 aaO S. 99).

e) Selbst wenn die durch die AWV geschützte Altstadt nicht schon als „Altstadt" ein einheitliches Gebiet i. S. des Kataloges der Baunutzungsverordnung (BNVO) darstellt, so zeigt jedoch die nähere Betrachtung, daß das in § 11 AWV enthaltene repressive Verbot (mit Ausnahmevorbehalt für nachtarbeitende Betriebe) Art. 14 GG gerecht wird: Die für eine generalisierende Werberegelung vorauszusetzende Einheitlichkeit des zu schützenden Gebietes wird hier zwar nicht durch eine Homogenität i. S. der planungsrechtlichen Gebietseinteilungen gewährleistet, wohl aber durch die einheitliche historische und deswegen städtebaulich bedeutsame Prägung eines bestimmten Teilgebietes der Stadt, nämlich der sog. Altstadt. Selbst wenn der Schutz des § 11 AWV, wie von GB festgestellt, weiter reicht als der in der BayBO vorgesehene allgemeine Schutz vor Verunstaltung, so rechtfertigen doch historisch, künstlerisch oder städtebaulich bedeutsame Gebiete einen noch vor der Schwelle des Verunstaltungsverbots liegenden Schutz vor unpassender und damit daß § 11 AWV auch insoweit Art. 14 GG standhält. Den Gewerbetreibenden ist das Lichtreklameverbot zuzumuten, weil sie nicht gehindert sind, in geeigneter anderer Weise – auch an der Stätte der Leistung – zu werben. Ihnen wird daher der „Kontakt nach außen" nicht in einer Art. 14 GG verletzenden Weise genommen.

f) Auch mit der Kerngewährleistung des Anliegergebrauchs nach Art. 14 Abs. 1 GG ist es vereinbar, die – vom Anliegergebrauch sonst gedeckten – Werbemöglichkeiten nicht nur dem Umfang, sondern auch der Art nach einzuschränken, wenn dafür sachliche Gründe sprechen. Das Ausnutzen anderer Werbemöglichkeiten garantiert den hinreichenden „Kontakt nach außen". Das hat der Senat in seinem Urt. v. 18. 10. 74 – IV C 4.72 – Buchholz 11 Art. 14 GG Nr. 155 unter Hinweis auf BGHZ 57, 359 (361) näher dargelegt; daran ist festzuhalten.

g) § 11 AWV verstößt auch nicht gegen Art. 3 GG. Nach der Rspr. des BVerfG hat der Gesetzgeber – hier der VOgeber – grundsätzlich selbst zu entscheiden, was im wesentlichen gleich und was als so verschieden anzusehen ist, daß die Verschiedenheit eine Ungleichbehandlung rechtfertigt (BVerfG 6, 280; 9, 10; 10, 73, 13, 228). Ihm kommt dabei eine weitgehende Gestaltungsfreiheit zu (BVerfG 21, 219; 23, 25; 25, 292). Seiner Gestaltungsfreiheit setzt Art. 3 Abs. 1 GG nur insoweit eine Grenze, als jede Regelung dem Willkürverbot unterliegt (BVerfG 4, 155 und 9, 337). Es ist nicht in diesem Sinne willkürlich, für nachtarbeitende Betriebe Ausnahmen vorzusehen, für tagarbeitende Betriebe aber nicht; denn die Werbung an der Stätte der

Leistung durch Lichtreklame ist für nachtarbeitende Betrieb (zwar nicht unentbehrlich, aber doch) von größerer Bedeutung als für tagarbeitende Betriebe.

Gründe

„Die Revision bleibt erfolglos; das Berufungsurteil verletzt Bundesrecht nicht (§§ 137 Abs. 1, 144 Abs. 2 VwGO).

Zutreffend hat das Berufungsgericht ausgeführt, daß Art. 107 Abs. 1 der Bayerischen Bauordnung (BayBO) als Ermächtigungsnorm für die Außenwerbungs-Verordnung der beklagten Stadt (AWV) nach Inhalt, Zweck und Ausmaß hinreichend bestimmt sei. Offengelassen hat das Berufungsgericht in diesem Zusammenhang die Frage, ob diese landesrechtliche Verordnungsermächtigung unmittelbar nach Art. 80, Abs. 1 Satz 2 GG oder nach dem Landesverfassungsrecht zu beurteilen sei; es ist der Auffassung, schon das Rechtsstaatsprinzip (Art. 20 Abs. 3 GG) – als dessen Ausformung Art. 80 Abs. 1 Satz 1 GG ohnehin anzusehen sei – erfordere die – hier gegebene – Bestimmtheit der Ermächtigungsnorm.

Dem ist im Ergebnis zu folgen. Allerdings ist durch die Rechtsprechung des Bundesverwaltungsgerichts (vgl. Beschluß vom 2. 5. 1961 – 1 BvR 203/53 – BVerfG 12, 319 [325] und des Bundesverwaltungsgerichts (vgl. Urt. vom 29. 5. 1964 – BVerwG IV C 22.63 – BVerwGE 18, 324 [326]) geklärt, daß sich Art. 80 Abs. 1 Satz 2 GG nur auf Bundesrecht bezieht. Art. 80 Abs. 1 Satz 2 GG vermag deswegen nicht den Prüfungsmaßstab für die Ermächtigungsnorm des Art. 107 Abs. 1 BayBO abzugeben. Welche Anforderung das Bayerische Landesverfassungsrecht an Ermächtigungsnormen stellt, entscheidet sich allein in Auslegung und Anwendung des irrevisiblen Landesrechts (vgl. §§ 137 Abs. 1, 173 VwGO in Verbindung mit §§ 549, 562 ZPO). Ob das Rechtsstaatsgebot des Art. 20 Abs. 2 GG ebenso hohe Anforderungen an eine Ermächtigungsnorm stellt wie Art. 80 Abs. 1 Satz 2 GG kann auf sich beruhen, wenn die Ermächtigungsnorm des Art. 107 Abs. 1 BayBO sogar diesen hohen Anforderungen genügt. Das aber ist der Fall:

Zutreffend hat das Berufungsgericht nämlich ausgeführt, daß die Begriffe „Inhalt, Zweck und Ausmaß" nicht jeweils von einander isoliert zu betrachten sind, sondern daß sie sich – weil nicht exakt gegen einander abgrenzbar – bei der jeweiligen konkreten Ermächtigungsnorm gegenseitig ergänzen und durchdringen. Zur Klärung ihres Begriffsinhalts ist der Sinnzusammenhang mit anderen Normen und das Ziel der gesetzlichen Regelung zu berücksichtigen. Geht man hiervon aus, so ist der „Inhalt" der Ermächtigung des Art. 107 Abs. 1 BayBO nach diesen Grundsätzen eindeutig bestimmt. Den Gemeinden wird ermöglicht, der Gestaltungsfreiheit der werbenden Wirtschaft gewisse Grenzen zu setzen. Bestimmt ist auch – soweit es hier interessiert – der „Zweck" der Ermächtigung. Die Werbung darf nur zum Schutz bestimmter Bauten, Straßen, Plätze oder Ortsteile von geschichtlicher, künstlerischer oder städtebaulicher Bedeutung beschränkt werden. Endlich unterliegt auch die Bestimmtheit des Ausmaßes der Ermächtigung keinem Zweifel, weil die Gemeinden gewisse Anforderungen an die Art der Werbung stellen und hierbei bestimmte Arten von Werbeanlagen oder die Werbung an bestimmten baulichen Anlagen ausschließen, oder Werbeanlagen auf Teile baulicher Anlagen und auf eine bestimmte Farbgestaltung beschränken können.

Beizupflichten ist dem Berufungsgericht ferner darin, daß die Ermächtigungsnorm des Art. 107 Abs. 1 BayBO vor Art. 14 GG standhält: Das Berufungsgericht hat in Übereinstimmung mit den Beschlüssen des Bundesverwaltungsgerichts vom 15. 1. 1969 – 1 BvL 3/66 – BVerfGE 25, 112 [117] und vom 19. 6. 1969 – 1 BvR 353/67 – BVerfGE 26, 215 [222] sowie in Übereinstimmung mit der Rechtsprechung des erkennenden Senats, (vgl. Urt. vom 28. 4. 1972 – BVerwG IV C 11.69 – BVerwGE 40, 94 [98] ausgeführt, daß nach Art. 14 Abs. 1 Satz 2 GG Inhalt und Schranken des Eigentums vom Gesetzgeber zu bestimmen sind. Dabei ist das Sozialmodell zu verwirklichen, dessen normative Elemente sich einerseits aus der Anerkennung des Privateigentums durch Art. 14 Abs. 1 Satz 1 GG über die Verpflichtung des Eigentums ergeben. Zum verfassungsrechtlichen

Inhalt des Privateigentums gehört danach grundsätzlich die freie Verfügungsbefugnis über den Eigentumsgegenstand. Andererseits umfaßt die verfassungsrechtliche Forderung, die Nutzung des Privateigentums am Gemeinwohl auszurichten, das Gebot der Rücksichtnahme auf Belange der Allgemeinheit. Die sich in Vorschriften über die Baugestaltung konkretisierende Sozialpflichtigkeit des Eigentums berührt dessen Substanz um so weniger, als das Gestaltungsbelieben des Eigentümers nicht durch Werbeverbote grundsätzlich eingeschränkt, sondern nur hinsichtlich der Art und Gestaltung der Werbung beschränkt wird.

So liegt es hier: Art. 107 Abs. 1 BayBO läßt nur die Beschränkung der Werbung für besonders schutzwürdige Bauten, Straßen, Plätze oder Gebiete zu. Abgehoben wird dabei auf die historische, künstlerische oder städtebauliche Bedeutung. Das ist verfassungsrechtlich unbedenklich. Das verkennt auch die Revision nicht, die nicht die Verfassungsmäßigkeit der Ermächtigungsnorm, sondern die des § 11 Abs. 1 AWV in Zweifel zieht, dies besonders mit dem Hinweis, daß der generelle Ausschluß von Lichtreklame in der gesamten Altstadt von Landsberg nicht verfassungsgemäß sei, weil den Betrieben so der „Kontakt nach außen" genommen werde. Aber auch die ortsrechtliche Regelung des § 11 Abs. 1 AWV ist mit Art. 14 GG vereinbar:

Ausgehend von dem soeben näher beschriebenen Verständnis des Art. 14 GG hat der erkennende Senat im Hinblick auf die Abwägung der Belange der Gemeinschaft mit den privaten Interessen des einzelnen – besonders den privaten Interessen der auf Werbung angewiesenen Gewerbetreibenden – stets anerkannt, daß das baugestalterische Ziel, eine Beeinträchtigung des vorhandenen oder durch Planung erstrebten Charakters eines Baugebiets durch funktionswidrige Anlagen zu verhindern, ein „beachtenswertes öffentliches Anliegen" ist. Demgemäß sind generalisierende Regelungen, die die Zulässigkeit von Werbeanlagen überhaupt oder die Zulässigkeit bestimmter Werbeanlagen von der Art des Baugebietes abhängig machen, wiederholt als vertretbar angesehen worden (vgl. die Rechtsprechungsnachweise im Urteil des Senats vom 28. 4. 1972 a. a. O. S. 99). Insbesondere ist für rechtmäßig die generalisierende Regelung erachtet worden, durch die z. B. in Dorfgebieten, Kleinsiedlungsgebieten und allgemeinen Wohngebieten nur für Zettel- und Bogenanschläge bestimmte Werbeanlagen sowie Werbeanlagen an der Stätte der Leistung zugelassen, andere Werbeanlagen jedoch ausgeschlossen waren (Urteil vom 25. 6. 1965 – BVerwG IV C 73.65 – BVerwGE 21, 251). Dabei war die Einsicht maßgebend, daß Werbeanlagen, die etwa in einem Gewerbe- oder Industriegebiet als angemessen empfunden werden und dort deshalb nicht generell untersagt werden dürfen, in anderen Baugebieten im Hinblick auf deren unterschiedliche städtebauliche Funktion und auf die sich daraus ergebende anders geartete Eigentumssituation einen störenden Eingriff bedeuten könne (so das bereits zitierte Urteil vom 28. 4. 1972 a. a. O. S. 99).

Wendet man diese Grundsätze auf den vorliegenden Fall an, so ist der Revision zwar einzuräumen, daß die durch die AWV geschützte Altstadt nicht schon als „Altstadt", als ein einheitliches Gebiet i. S. des Kataloges der Baunutzungsverordnung (BNVO), anzusehen ist; demgemäß könnte – entsprechend der Rechtsprechung des Senats, wonach z. B. in Mischgebieten das generelle Verbot einer Großflächentafelwerbung gegen Art. 14 GG verstößt – auch ein generelles Verbot der Lichtwerbung in dem gesamten Altstadtbereich verfassungsrechtlich bedenklich sein.

Nähere Betrachtung zeigt jedoch, daß das in § 11 AWV enthaltene repressive Verbot (mit Ausnahmevorbehalt für nachtarbeitende Betriebe) Art. 14 GG gerecht wird: Die für eine generalisierende Werberegelung vorauszusetzende Einheitlichkeit des zu schützenden Gebiets wird hier zwar nicht durch eine Homogenität im Sinne der planungsrechtlichen Gebietseinteilung gewährleistet, wohl aber durch die einheitliche historische und deswegen städtebaulich bedeutsame Prägung eines bestimmten Teilgebiets der Stadt, nämlich der sog. Altstadt. Daß die Altstadt von Landsberg nicht nur von einigen künstlerisch besonders wertvollen Gebäuden geprägt wird, sondern insgesamt den Charakter einer mittelalterlichen Stadt bewahrt hat, ist unter den Parteien ebenso unstreitig wie die Unterschutzstellung der Altstadt unter Ensembleschutz nach dem Bayerischen Denkmalschutzgesetz. Verleiht diese historische Prägung der Altstadt eine gewisse Einheitlichkeit, so ist es von daher gerechtfertigt, ein solches Gebiet selbst dann durch eine generalisierende Regelung vor bestimmten, den Charakter des Altstadtgebiets beeinträchtigenden Formen der Werbung zu schützen, wenn Teilbereiche der Altstadt (nur) dem Wohnen, andere Teilbereiche aber auch der gewerblichen Nutzung (etwa durch Einzelhandelsgeschäfte oder Gastwirtschaften usw.) dienen.

Die Allgemeinheit hat ein besonderes Interesse daran, daß historische Stadtkerne durch Werbeanlagen nicht beeinträchtigt werden. Dabei hält § 11 AWV auch insoweit vor Art. 14 GG stand, als das Berufungsgericht in einer das Revisionsgericht bindenden Weise diese Vorschrift des Ortsrechtes dahin ausgelegt hat, daß ihr Schutz weiter reicht als der in der Bayer. Bauordnung vorgesehene allgemeine Schutz vor Verunstaltung. Das Verunstaltungsverbot gilt nämlich in allen Baubereichen, auch in solchen, die städtebaulich keine besonderen Merkmale aufweisen; freilich mag die Grenze dessen, was im Einzelfall verunstaltend ist, je nach Maßgabe des Landesrechts auch durch die vorhandene Bebauung mitbestimmt werden. Historisch, künstlerisch oder städtebaulich bedeutsame Gebiete rechtfertigen jedoch einen noch vor der Schwelle des Verunstaltungsverbots liegenden Schutz vor unpassender und damit den „einheitlichen" Charakter solcher Gebiete beeinträchtigender Werbung. Das Verbot der Lichtreklame hebt in diesem Sinne auf das „Unpassende" dieser Art der Werbung in der historisch bedeutsamen Altstadt von Landsberg ab. Aus der besonderen Situationsgebundenheit der in diesem Gebiet liegenden Grundstücke rechtfertigt sich das repressive Verbot; den Gewerbetreibenden ist ein solches Verbot zumutbar, weil sie im übrigen nicht gehindert sind, in geeigneter anderer Weise – auch an der Stätte ihrer Leistung – zu werben.

Daß den Gewerbetreibenden auf diese Weise der „Kontakt nach außen" nicht in einer Art. 14 GG verletzenden Weise genommen wird, liegt auf der Hand. Auch mit der Kerngewährleistung des Anliegerverbrauchs nach Art. 14 Abs. 1 ist es nämlich vereinbar, die – vom Anliegergebrauch sonst gedeckten – Werbemöglichkeiten nicht nur dem Umfang, sondern auch der Art nach einzuschränken, wenn dafür sachliche Gründe sprechen. Das Ausnutzen anderer Werbemöglichkeiten garantiert den hinreichenden „Kontakt nach außen".

Das hat der Senat in seinem Urteil vom 18. 10. 1974 – BVerwG IV C 4.72 – Buchholz 11 Art. 14 GG Nr. 155 unter Hinweis auf BGHZ 57, 359 [361] näher gelegt; daran ist festzuhalten. § 11 AWV vertößt auch nicht gegen Art. 3 GG. Nach der Rechtsprechung des Bundesverfassungsgerichts hat der Gesetzgeber – hier der Verordnungsgeber – grundsätzlich selbst zu entscheiden, was im wesentlichen gleich und was als so verschieden anzusehen ist, daß die Verschiedenheit eine Ungleichbehandlung rechtfertigt (BVerwGE 6, 280; 9, 10; 10, 73; 13, 228). Dem Gesetzgeber kommt dabei eine weitgehende Gestaltungsfreiheit zu (BVerfGE 21, 219; 23, 25; 25, 292). Seiner Gestaltungsfreiheit setzt Art. 3 Abs. 1 GG nur insoweit eine Grenze, als jede Regelung dem Willkürverbot unterliegt (BVerfGE 4, 155 und 9, 337). Es ist nicht in diesem Sinne willkürlich, für nachtarbeitende Betriebe Ausnahmen vorzusehen, für tagarbeitende Betriebe jedoch nicht: Der tagarbeitende Betrieb arbeitet überwiegend zu Zeiten, in denen auch unbeleuchtete Werbeschilder zu lesen sind. Der nachtarbeitende Betrieb arbeitet ebenso überwiegend zu Zeiten, in denen regelmäßig nur beleuchtete Reklamen zu erkennen sind. Die Werbung an der Stätte der Leistung durch Lichtreklame ist also für nachtarbeitende Betriebe (zwar nicht unentbehrlich, aber doch) von größerer Bedeutung als für tagarbeitende Betriebe. Daß jede der beiden Betriebsarten zu den Zeiten und mit den zu diesen Zeiten sichtbaren Werbemitteln werben darf, die ihrer Arbeitszeit entsprechen, genügt jedenfalls noch als sachliche Differenzierung.

Die Revision ist nach alledem mit Kostenentscheidung nach § 154 Abs. 2 VwGO zurückzuweisen."

Diether Wildeman

Die Altstadt auch als wirtschaftlicher Werbefaktor

Altstädte und Ortskerne, erfüllt mit Leben und Treiben gesunder, zufriedener Einwohner, die sich durch die künstlerische Vielfalt ihrer gebauten Nahumwelt bereichert, durch beruhigende Harmonie und durch die besondere Atmosphäre angeregt fühlen und sich bewußt und stolz mit „ihrer Stadt" identifizieren: Auch das gehört zu den Zielen heutiger Denkmalpflege.

Bei Nennung eines Stadtnamens stehen uns meist Bild und bauliche Akzente des historischen Kernes vor Augen, die schlechthin den Begriff eben nur dieser Stadt darstellen. Münster, für 14 000 Einwohner gebaut, hat sich auf über 200 000 verfünfzehnfacht. Entfernte man die außen angewachsenen 14/15, so wäre Münster noch. Nähme man jedoch das e i n e Ausgangsfünfzehntel, d. h. die Mitte innerhalb des Promenadenringes, fort: Münster wäre nicht mehr!

Dies möchte ich als Altstadt-Phänomen bezeichnen. Es ist zugleich der wesentliche Ansatz für die Stadtentwicklung. Wie schwer scheint es doch durch weltweite Nivellierungstendenzen auch auf den Gebieten von Architektur und Städtebau zu sein, eigenes Gesicht zu wahren oder echt neu zu schaffen.

Verluste oder Teilverluste des Stadtherzens sind nahezu unersetzbar (z.B. Frankfurt, am Römer). Neue Mitten bleiben oft nur Kunst-Herzen. Die historischen Stadtmitten sind seit Jahrhunderten die Zentren von Handel, Wirtschaft (City-Funktion) und Kommunikation. Die Erhaltung lebensvoller, echter Mitten liegt im Interesse aller. Ein Ort kann sein eigenes Gesicht bewahren, wenn seine Bewohner dies Einmalige und Unwiederbringliche behalten wollen. Dazu gehören auch z. B. die knorrige Dorflinde mit Steinbank, der alte Brunnen, die Wegekapelle und die gebogene Dorfstraße, in die das Schulhaus keck hineinragt.

Der Markt war immer ein steinerner Platz. Um die Kirche mit ehemaligen Grabstätten bildete sich eine Grünfläche. Grade diese Gegensätze schaffen reizvolle Raumfolgen und müssen daher in ihren Charakteren erhalten bleiben. Kirchplätze für Autos zu asphaltieren wäre ebenso widersinnig wie die raumzerstörende Terrassierung von Marktplätzen mit Waschbetontreppen und -beeten zu einer kleinen Bundesgartenschau.

Historische Stadtkerne und geschlossene Dorfanlagen stellen in ihrer Eigenart als Ganzes auch einen stetig wachsenden Werbewert dar, solange es gelingt, diese umgrenzbaren Sondergebiete außer der strukturellen und baulichen Unterhaltung zugleich von zerstörerischer Reklame freizuhalten. Die Schonung und Pflege der Individualität einer Altstadt, die den Extrakt kultureller Leistungen vieler Generationen in sich birgt und uns heute anbietet, stellt mit ihrer besonderen Stimmung und dem Lokalcolorit auch werbewirksames Kapital dar: Kunstvolle Vielfalt regt an, vertraute Umgebung steigert das Wohlbefinden: „Stadt mit Air und Flair". In solchem „Großgehäuse Stadt" entsteht Heimat- und Geborgenheitsgefühl. Das führt zu frohen Menschen, und die sind u.a. auch gute Käufer (Abb. 1).

Abb. 1:

Für die Menschen zurückgewonnene Einkaufsstraße in der Lüneburger Altstadt. Kunstvolle Vielfalt der Straßenfronten regt an, vertraute Umgebung steigert das Wohlbefinden: „Stadt mit Air und Flair". Das führt zu frohen Menschen, und die sind u. a. auch gute Käufer.

Wodurch wird das Gesamtkunstwerk Altstadt bedroht?

Flächensanierungen, d. h. Total-Ausradierungen, sind in der BRD längst keine Hilfe, sondern als zusätzliche Belastung erkannt (z. B. Karlsruhe „Dörf'le").

370

Jedoch: Tägliche Einzelverluste können sich gefährlich addieren (Salami-Taktik).

Ausschließliches Rendite-Denken erzeugt bauliche Verfremdung (internationales Nivellement).
Funktionswandel kann bestehende Gehäuse sprengen, und damit Parzellenrhythmus, Maßstab und Charakter des Straßen- und Ortsbildes.

Zeitlose Gesetzmäßigkeiten werden oft übersehen:
Straßen-Leitwirkung, Polygonzüge, zum kubischen gehört ebenso der Flächenmaßstab, Räume brauchen senkrechte Wände und auf den Menschen bezogene Proportionen, um Geborgenheitsgefühl vermitteln zu können.

Folge sich summierender Verluste kann sein:
Umkipp-Gefahr für Stadtbild und -begriff und damit Individualitäts- und Identitäts-Auslöschung.

Ist der „Werbefaktor kunstvolle Altstadt" im ganzen auf die Dauer nicht zugkräftiger als eine Häufung schriller (und teurer) Einzelreklamen?

Was sollte geschehen?

Eine Wiederbelebung historisch wertvoller Stadtkerne durch Anhebung von Wohnqualität (Verkehrsberuhigung u.a.), Kaufangebote in gemischt genutzten, vorrangig dem Fußgänger vorbehaltenen Bereichen, Aktivierung von Höfen, Passagen und Zwischenzonen zu dem Ziel:
Gesamt-Altstadt = Großeinkaufzentrum mit persönlicher Beratung. Der Mensch möchte dem Menschen begegnen. Kommunikation und Freizeitwert: Verzehr im Freien, wie z. B. im „Bonner Sommer" (Abb. 2).

Wie ist dies zu erreichen?

Stadtplaner, Grundeigentümer, Geschäftsleute, Fachberater und Politiker sollten zu einem Dauerdialog zusammenfinden zur Auswertung und Anwendung wissenschaftlicher städtebaulicher, soziologischer und psychologischer Untersuchungen, auch auf den Gebieten von Handel und Gewerbe. Dabei ist dem „Blutdruck" im wirtschaftlichen Organismus der Stadt besondere Aufmerksamkeit zu widmen.

Stadtentwicklungsgeschichtlich: Vorsicht vor „historischen Inseln", die in absterbende Isolierung geraten können, sondern eine die Altstadt

Abb. 2:
Diese einmalige Platzsituation, mit der sich die Einwohner identifizieren können, vermittelt Geborgenheitsgefühl. Die Bürger ergreifen Besitz von ihrer Stadt. Das sollte gemeinsames Ziel sein: Menschen begegnen einander, wie z. B. im „Bonner Sommer". Hier: Marienplatz in München.

überziehende Netzstruktur von in optischer Beziehung zueinander stehenden individuellen, städtebaulichen Akzentgruppen.

Mit gestaltwertanalytischen Ermittlungen für die jeweilige Stadt können Erhaltungs- (nach BauGB) und Gestaltungs-Satzungen (nach den jeweiligen Landesbauordnungen) aufgestellt werden.

Es gilt, Gesamt-Straßenwände und Platzfronten besonders in der Erdgeschoßzone im Charakter der Architektur, in der Sprache des ortsüblichen Materials zu bewahren, Schaufenster in Größe, Art und Detail auf die Fassade abzustimmen und notwendige Namen und Hinweise harmonisch in die Fronten einzufügen (Abb. 3 u. 4). Der Anziehungsreiz umrahmter Schauöffnungen (die nicht immer groß sein brauchen), die Kontakt-Enge zu Waren in Vitrinen und die Anlockung durch farbige Markisen (anstelle grauer Beton-Kragplatten) sind oft nicht erkannt. Vor allem die Werbung mit künstlerisch gestaltetem Detail, Aushänger u. a., sollte das kritischer und anspruchsvoller gewordene Publikum berücksichtigen, dem sich durch enorm gewachsene Reisehorizonte viele Vergleichsmöglichkeiten mit Städten und

Abb. 3:
Es gilt, Straßenwände und Platzfronten, besonders in der Erdgeschoßzone, im Charakter der Architektur und in der Sprache des ortsüblichen Materials zu bewahren. Schaufenster können in Größe, Art und Detail auf die Gesamtfassade abgestimmt werden, wie z. B. hier in Potsdam.

Dörfern der Nachbarländer geöffnet haben. Hierbei kann die im jeweiligen Ort gewachsene, echte Ursprünglichkeit mit eigenen Bezügen zu Geschichte, Entwicklung und beruflicher Struktur wirkungsvoll hilfreich sein.

Bei Arkaden und Kollonaden bleibt der städtebauliche Rahmen und Gesamteindruck ungestört, wenn Schaufenster und Werbung sich darunter entfalten (Abb. 5). Verglasung bis zum Erdboden wäre hier u. U. möglich, jedoch wenig sinnvoll, wenn mit Plakaten zugeklebt. Für wertvolle Artikel sind kleine, vitrinenartige Schaufenster oft anziehender. Diese lassen sich auch in Fachwerkbauten innerhalb des Balkengefüges einrichten, ohne daß das Konstruktionsprinzip zerstört zu werden braucht.

Plastische Architektur-Gliederungen können noch gesteigert werden durch dezent aufeinander abgestimmte Farbgruppen und besonders abends durch Anstrahlung. Hierbei lassen sich gegebenenfalls auch bei Zusammenschluß mehrerer Geschäftsleute zu verbessertem Effekt erhebliche Reklamekosten einsparen (Abb. 6).

Darüber hinaus können Gassen und Hinterhöfe zu Passagen, Galerien und Innenhof-Cafe's aktiviert, anziehend möbliert und durch Pflasterung, alte Mauern, Grün und Blumenschmuck einladend hergerichtet werden.

Aus Struktur-Folgerungen bipolar-peripher angesiedelte Kaufhäuser beleben die Wirtschaftskraft.

So entstehen Stätten des Einkaufs und der Begegnung, eingebettet in eine Erlebniskette von Räumen unter freiem Himmel, reizvoll vielgestaltig und durch Einwohner und Besucher immer gefüllt mit Leben: Das echte Herz der Stadt, wirtschaftlich m. E. durchaus konkurrenzfähige Alternative zum Superdepot auf grüner Wiese!

Voraussetzung zu diesem hohen Ziel ist Mitwirkung aller zu einer Gesamt-Harmonie, in der Neubauten, auch Geschäftshäuser, zu edlem Wettbewerb um „Meisterleistungen in guter Einfügung" einander anspornen sollten. Dominanten bleiben die stadtbild-akzentuierenden, einmaligen und Orientierung bietenden Bau- und Kulturdenk-

Abb. 4:
Straßenfronten mit „Gesicht" sind weltweit wieder gefragt. Markantes Profil und handwerklich solide Durchbildung im Detail schaffen bei entsprechender Materialwahl und Farbgebung eindrucksvolle Straßen- und Ortsbilder, die zu weiteren Entdeckungsgängen reizen und auf die die Bewohner stolz sind. (Wuppertal-Nord)

Abb. 5:
Bei Arkaden und Kolonnaden bleibt der städtebauliche Rahmen erhalten, wenn Schaufenster und Werbung sich darunter entfalten. So kommen Stadtbild und Geschäftswelt zu ihrem Recht. Nach 70 % Kriegszerstörung gelang mit Ortssatzung ein Aufbau, der wieder Freudenstadt darstellt. Das neue, zentrale Stadthaus fügt sich in die Dachlandschaft der Altstadt bereichernd ein.

male, mit denen nach UNO-Statistik 70 % der Städte in aller Welt für sich werben (Abb. 7).

Trends sich wandelnder Lebensverhältnisse sind frühzeitig zu erspüren und aufzugreifen in ehrlichem Verständnis und Miteinander von Beginn an zum Wohl wieder der Allgemeinheit.

Für die örtliche Identität darüberhinaus entscheidend ist die Pflege der originalen Einheit des Ortes mit der Kulturlandschaft, mit Wallhecken,

Erd- und Grün-Böschungen, Gehölzen, natürlichen Bachläufen oder Flußufern, Hügelkränzen und Bergkuppen. Der wuchernden „Verkrämerung" der Landschaft muß Einhalt geboten werden.

Stellte das Europäische Naturschutzjahr 1970 die Ausgeglichenheit der Naturhaushalte, das biologische Gleichgewicht heraus, so wies das Europäische Denkmalschutzjahr 1975 auf die erhaltenswerten Kunst- und Kulturbauwerke, auf die Harmonie der gebauten Nahumwelt, auf ausgewogene Kontinuität in der baulichen Regenerierung hin. Beider Ziel ist der natürliche und menschlich gesunde Lebensraum. Diesen zu erhalten und weiterzugehen gehört zu unserer Verantwortung vor der Zukunft:

Das baukünstlerische Erbe Europas weiterzureichen (Abb. 8). Den Städten und Orten wird wachsend Aufmerksamkeit zuteil werden, die einer im Anblick immer gleichförmiger erscheinenden Umwelt ihre ureigene, unverfälschte Individualität und örtlich entwickelte Mannigfaltigkeit noch natürlich echt und lebensvoll gegenüberstellen können.

Abb. 6:
Plastische Architektur — Gliederungen können noch gesteigert werden durch behutsam aufeinander abgestimmte Farbgruppen und abends durch Anstrahlung. Dies kann Neon-Außenreklame voll ersetzen: Die Umsätze am Prinzipalmarkt in Münster (Foto) sind bedeutend.

Abb. 7:
Dominanten bleiben die, das Stadtbild akzentuierenden, unersetzbaren und Orientierung bietenden Bau- und Kulturdenkmale, mit deren Einmaligkeit nach UNO — Statistik 70 % der Städte in aller Welt für sich werben. (Blomberg in Lippe)

Abb. 8:
Auch steigende Ansprüche an Freizeitwert kann ein geschichtlich und künstlerisch vielgestaltiger Stadtkern u. a. miterfüllen, besonders im Vergleich zu seelenlosen Wohnmaschinen in Ballungsräumen. Derart attraktive Städte werden zunehmend Menschen anziehen, und diese brauchen Lebensunterhalt.